Versionskontrolle mit Subversion

Versionskontrolle mit Subversion

Ben Collins-Sussman, Brian W. Fitzpatrick
& C. Michael Pilato

Deutsche Übersetzung von Kathrin Lichtenberg

O'REILLY®
Beijing · Cambridge · Farnham · Köln · Paris · Sebastopol · Taipei · Tokyo

Kommentare und Fragen können Sie gerne an uns richten:
O'Reilly Verlag
Balthasarstr. 81
50670 Köln
Tel.: 0221/9731600
Fax: 0221/9731608
E-Mail: kommentar@oreilly.de

1. Auflage 2005

Die Originalausgabe erschien 2004 unter dem Titel
Version Control with Subversion, O'Reilly Media, Inc.

Bibliografische Information Der Deutschen Bibliothek
Die Deutsche Bibliothek verzeichnet diese Publikation in der
Deutschen Nationalbibliografie; detaillierte bibliografische Daten
sind im Internet über *http://dnb.ddb.de* abrufbar.

Übersetzung und deutsche Bearbeitung: Kathrin Lichtenberg
Lektorat: Stephanie Buckstegge & Christine Haite
Fachgutachten: Andreas J. König, Berlin & Clifford Wolf, Wien
Korrektorat: Petra Fecke, Düsseldorf
Satz: G&U e.Publishing Services GmbH, Flensburg
Umschlaggestaltung: Ellie Volckhausen, Hanna Dyer & Clay Fernald, Boston
Produktion: Karin Driesen, Köln
Belichtung, Druck und buchbinderische Verarbeitung:
Druckerei Kösel, Krugzell; www.koeselbuch.de

ISBN 3-89721-390-7

Dieses Buch ist auf 100% chlorfrei gebleichtem Papier gedruckt.

Inhalt

Vorwort

Eine schlechte Liste mit häufig gestellten Fragen (Frequently Asked Questions; FAQ) besteht nicht aus den Fragen, die die Leute tatsächlich gestellt haben, sondern aus den Fragen, von denen sich der Autor der FAQ *wünscht*, dass die Leute sie gestellt hätten. Sie haben diese Art vielleicht bereits gesehen:

> F: Wie kann ich mit Hilfe von Glorbosoft XYZ die Produktivität unseres Teams steigern?
>
> A: Viele unserer Kunden wollen wissen, wie sie die Produktivität durch den Einsatz unserer patentierten Office-Groupware-Innovationen maximieren können. Die Antwort ist ganz einfach: Klicken Sie zuerst auf das Menü DATEI, scrollen Sie nach unten zum Menüpunkt PRODUKTIVITÄT STEIGERN, anschließend ...

Das Problem bei solchen FAQs besteht darin, dass es sich im Wortsinne überhaupt nicht um FAQs handelt. Niemand würde eine technische Hotline anrufen und fragen: »Wie können wir die Produktivität steigern?«. Stattdessen fragen die Leute nach ganz speziellen Dingen wie: »Wie können wir das Kalendersystem so anpassen, dass wir bereits zwei Tage im Voraus Erinnerungen verschicken können, anstatt nur einen Tag im Voraus?« usw. Es ist aber natürlich viel einfacher, eine Liste mit imaginären häufig gestellten Fragen aufzustellen, als die echten Fragen zu entdecken. Das Zusammenstellen einer echten FAQ-Liste erfordert eine konzentrierte, organisierte Anstrengung: Während der gesamten Lebensdauer einer Software müssen eingehende Fragen geprüft, Antworten überwacht und alles zu einem kohärenten, durchsuchbaren Ganzen zusammengefasst werden, das die kollektive Erfahrung der Benutzer widerspiegelt. Diese Arbeit schreit nach der geduldigen, aufmerksamen Haltung eines Feldforschers. Keine großen Hypothesen, keine visionären Verkündigungen – hier sind einfach nur offene Augen und genaues Hinhören erforderlich.

Ich mag an diesem Buch besonders, dass es aus genau einem solchen Prozess heraus entstanden ist und dies auch auf jeder Seite zeigt. Es ist das direkte Ergebnis der Begegnungen der Autoren mit den Benutzern. Alles begann mit der Beobachtung von Ben Collins-

Sussman, dass die Leute über die Subversion-Mailinglisten immer wieder die gleichen Fragen gestellt haben: Wie sehen die Standardarbeitsabläufe bei der Benutzung von Subversion aus? Funktionieren Zweige und Tags auf die gleiche Weise wie bei anderen Versionskontrollsystemen? Wie kann ich feststellen, wer eine bestimmte Änderung vorgenommen hat?

Ben, der frustriert darüber war, jeden Tag die gleichen Fragen zu sehen, arbeitete im Sommer 2002 mehr als einen Monat lang intensiv an *The Subversion Handbook*, einem sechzigseitigen Handbuch, das die Grundlagen der Benutzung von Subversion behandelt. Das Handbuch war bei weitem nicht vollständig, aber es wurde mit Subversion verteilt und erleichterte den Benutzern den Einstieg. Als O'Reilly beschloss, ein ganzes Subversion-Buch zu veröffentlichen, war der Weg des geringsten Widerstands offensichtlich: Das Subversion-Handbuch musste einfach erweitert werden.

Den drei Koautoren des neuen Buches bot sich eine ungewöhnliche Möglichkeit. Offiziell bestand ihre Aufgabe darin, ein Buch top-down herunterzuschreiben, beginnend beim Inhaltsverzeichnis und einem ersten Entwurf. Sie hatten aber auch Zugang zu einem ständigen Strom – genauer gesagt, zu einem unkontrollierbaren Geysir – weiteren Quellmaterials. Subversion befand sich bereits in den Händen Tausender »Early Adopters«, und diese Benutzer lieferten Unmengen an Rückmeldungen, nicht nur über Subversion, sondern auch über seine bestehende Dokumentation.

Während der gesamten Zeit, in der sie an dem Buch schrieben, trieben sich Ben, Mike und Brian unaufhörlich auf den Subversion-Mailinglisten und in den Chat-Rooms herum und gingen sorgfältig auf die Probleme ein, die Benutzer in der täglichen Arbeit mit Subversion hatten. Das Überwachen solcher Rückmeldungen gehört sowieso zu ihren Aufgaben bei CollabNet und bot ihnen einen riesigen Vorteil bei der Dokumentation von Subversion. Das Buch, das daraus entstanden ist, gründet sich auf den Fels der Erfahrung und nicht auf den Treibsand des Wunschdenkens; es kombiniert die besten Aspekte eines Benutzerhandbuches und einer FAQ-Liste. Diese Dualität ist beim ersten Lesen vielleicht nicht zu bemerken. Liest man es einfach von vorn bis hinten durch, dann ist dieses Buch lediglich eine Beschreibung einer Software. Es gibt einen Überblick, die obligatorische geführte Tour, das Kapitel über die administrative Konfiguration, einige Themen für Fortgeschrittene und natürlich eine Befehlsreferenz und Hinweise zur Fehlersuche. Erst wenn Sie später darauf zurückkommen, weil Sie die Lösung für ein bestimmtes Problem suchen, schimmert seine Authentizität durch: Die vielsagenden Einzelheiten, die nur aus der Begegnung mit dem Unerwarteten resultieren können, die Beispiele, die ihren Ursprung in echten Anwendungsfällen haben, und vor allem das Wissen um die Bedürfnisse und Sichtweisen der Benutzer.

Natürlich kann niemand versprechen, dass dieses Buch alle Fragen beantworten wird, die Sie in Bezug auf Subversion haben. Manchmal scheint die Genauigkeit, mit der Ihren Fragen vorgegriffen wird, geradezu telepathisch zu sein, gelegentlich jedoch stoßen Sie auf eine Lücke im Wissen der Gemeinschaft und bleiben mit leeren Händen zurück.

Wenn dies geschieht, dann schicken Sie am besten eine E-Mail an *users@subversion.tigris.org* und stellen Ihr Problem dar. Die Autoren sind immer noch dort und beobachten die Szene, und es sind nicht nur die drei, die auf dem Buchumschlag stehen, sondern viele weitere, die Korrekturen und Originalmaterial geliefert haben. Aus Sicht der Gemeinschaft ist das Lösen Ihres Problems lediglich eine erfreuliche Nebenwirkung eines viel größeren Projekts – nämlich der Anpassung dieses Buches und schließlich von Subversion selbst an die Art und Weise, wie die Leute es tatsächlich benutzen. Sie sind begierig, von Ihnen zu hören – nicht nur, weil sie Ihnen helfen können, sondern, weil Sie ihnen helfen. Mit Subversion, wie mit allen aktiven, freien Softwareprojekten, *sind Sie nicht allein*.

Dieses Buch soll Ihr erster Begleiter sein.

Karl Fogel, Chicago, 14. März 2004

Einleitung

Wenn Sie mit C genügend Seil haben, um sich aufzuhängen,
dann stellen Sie sich Subversion als einen Schrank für die Seile vor.
Brian W. Fitzpatrick

In der Welt der Open Source-Software war das Concurrent Versions System (CVS) für lange Zeit das Werkzeug der Wahl für die Versionskontrolle. Und das mit Recht. CVS ist selbst eine freie Software. Sein nicht-restriktiver Modus Operandi und seine Unterstützung für den Netzwerkbetrieb – die es Dutzenden verstreut lebenden Programmierern erlaubt, gemeinsam zu arbeiten – entsprechen ziemlich genau der Natur der Open Source-Welt, in der Zusammenarbeit groß geschrieben wird. CVS und sein halbchaotisches Entwicklungsmodell sind zu Eckpfeilern der Open Source-Kultur geworden.

Doch ebenso wie viele andere Werkzeuge beginnt auch CVS nun Alterungserscheinungen zu zeigen. Subversion ist ein relativ neues Versionskontrollsystem, das als Nachfolger zu CVS gedacht ist. Die Entwickler wollen auf zwei Wegen die Herzen der CVS-Benutzer gewinnen: indem sie ein Open Source-System gestalten, dessen Aufbau (und »Look and Feel«) ähnlich dem von CVS ist, und indem sie versuchen, die offensichtlichsten Mängel von CVS zu beheben. Das Ergebnis ist zwar nicht unbedingt die nächste große Entwicklung im Versionskontrolldesign, Subversion *ist* aber in der Tat sehr leistungsfähig, sehr brauchbar und sehr flexibel.

Dieses Buch soll die Version 1.0 des Versionskontrollsystems Subversion dokumentieren. Wir haben versucht, in unserer Behandlung des Themas so gründlich wie möglich zu sein. Allerdings ist die Entwicklergemeinschaft von Subversion sehr eifrig und energisch. Es gibt daher bereits eine ganze Reihe von Funktionen und Verbesserungen, die für künftige Versionen von Subversion vorgesehen sind und Auswirkungen auf einige der Befehle und besonderen Anmerkungen in diesem Buch haben könnten.

Die Zielgruppe

Dieses Buch ist für Leute gedacht, die sich mit Computern auskennen und Subversion einsetzen wollen, um ihre Daten zu verwalten. Subversion läuft zwar unter einer ganzen Reihe von Betriebssystemen, seine wichtigste Benutzerschnittstelle jedoch ist kommandozeilenbasiert. Dieses Kommandozeilenwerkzeug (`svn`) wird im vorliegenden Buch besprochen und verwendet. Aus Gründen der Konsistenz gehen die Beispiele in diesem Buch davon aus, dass der Leser ein Unix-artiges Betriebssystem benutzt und relativ vertraut mit Unix und Kommandozeilenschnittstellen ist.

Nichtsdestoweniger läuft das Programm `svn` auch auf Nicht-Unix-Plattformen wie Microsoft Windows. Mit wenigen Ausnahmen, wie etwa der Benutzung von Rückstrichen (`\`) an Stelle von Schrägstrichen (`/`) als Pfadtrenner, sind die Eingaben und Ausgaben dieses Werkzeugs beim Betrieb unter Windows identisch mit denen seines Unix-Gegenstücks. Allerdings mögen Windows-Benutzer mehr Erfolg haben, wenn sie die Beispiele in der Unix-Emulation Cygwin ausführen.

Wir nehmen an, dass unsere Leser Programmierer oder Systemadministratoren sind, die Änderungen an Quellcodes im Auge behalten müssen. Dies ist die gebräuchlichste Anwendung für Subversion und bildet daher das Szenario, das allen Beispielen in diesem Buch zu Grunde liegt. Mit Subversion kann man aber auch alle anderen Arten von Informationen verwalten: Bilder, Musik, Datenbanken, Dokumentationen usw. Für Subversion sind Daten einfach Daten.

Dieses Buch wurde zwar unter der Annahme geschrieben, dass der Leser noch nie eine Versionskontrolle benutzt hat, wir haben aber auch versucht, Anwendern von CVS den Umstieg auf Subversion zu erleichtern. Im Text dafür vorgesehene Kästen gehen gelegentlich auf CVS ein, und ein spezieller Anhang fasst die meisten der Unterschiede zwischen CVS und Subversion zusammen.

Wie Sie dieses Buch lesen sollten

Mit diesem Buch haben wir uns zum Ziel gesetzt, Leute mit unterschiedlichem Hintergrundwissen anzusprechen – von Leuten, die sich überhaupt nicht mit der Versionskontrolle auskennen bis hin zu erfahrenen Systemadministratoren. Je nach Ihrem eigenen Hintergrund werden bestimmte Kapitel für Sie mehr oder weniger wichtig sein. Im Folgenden finden Sie Empfehlungen für die verschiedenen Lesertypen:

Erfahrene Systemadministratoren
: Hier herrscht die Annahme, dass Sie wahrscheinlich bereits früher CVS benutzt haben und darauf brennen, so schnell wie möglich einen Subversion-Server an den Start zu bringen. Die Kapitel 5 und 6 zeigen Ihnen, wie Sie Ihr erstes Repository anlegen und es über das Netzwerk verfügbar machen. Danach bilden Kapitel 3 und Anhang A die schnellsten Wege, um den Subversion-Client kennen zu lernen, wobei Sie auf Ihren CVS-Erfahrungen aufbauen können.

Neue Anwender
: Ihr Administrator hat vermutlich bereits Subversion eingerichtet, und Sie müssen nun lernen, mit dem Client umzugehen. Falls Sie noch nie ein Versionskontrollsystem (wie CVS) benutzt haben, bieten die Kapitel 2 und 3 eine gute Einführung. Kennen Sie sich dagegen bereits mit CVS aus, dann beginnen Sie am besten mit Kapitel 3 und Anhang A.

Fortgeschrittene Benutzer
: Unabhängig davon, ob Sie Benutzer oder Administrator sind, irgendwann wird Ihr Projekt größer. Sie wollen wissen, wie Sie ausgefallenere Dinge mit Subversion erledigen können, etwa, wie Sie Zweige benutzen und Zusammenführungen ausführen (Kapitel 4), wie Sie die Subversion-Unterstützung für Eigenschaften anwenden, wie Sie Laufzeitoptionen konfigurieren (Kapitel 7) und anderes. Die Kapitel 4 und 7 sind zunächst nicht so wichtig, lesen Sie sie aber auf jeden Fall, wenn Sie sich mit den Grundlagen vertraut gemacht haben.

Entwickler
: Vermutlich sind Sie bereits mit Subversion vertraut und wollen es nun entweder erweitern oder auf der Grundlage seiner vielen APIs neue Software entwickeln. Kapitel 8 ist genau richtig für Sie.

Das Buch endet mit Referenzmaterial – Kapitel 9 enthält eine Referenz für alle Subversion-Befehle – und die Anhänge behandeln eine Reihe von nützlichen Themen. Auf diese Kapitel werden Sie wahrscheinlich zurückkommen, nachdem Sie dieses Buch beendet haben.

Konventionen in diesem Buch

Dieser Abschnitt behandelt die verschiedenen Konventionen, die in diesem Buch benutzt werden.

Typographische Konventionen

KAPITÄLCHEN
: werden für Menü-Überschriften und -Buttons verwendet.

`Nichtproportionalschrift`
: wird für Befehle, Befehlsausgaben und Schalter benutzt.

`Nichtproportionalschrift kursiv`
: wird für benutzbare Objekte in Code und Text benutzt.

Kursivschrift
: wird für Datei- und Verzeichnisnamen eingesetzt.

Symbole

Dieses Symbol kennzeichnet einen Hinweis oder einen hilfreichen Tipp, der sich auf den benachbarten Text bezieht.

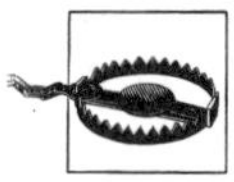

Dieses Symbol kennzeichnet eine Warnung, die sich auf den benachbarten Text bezieht.

Beachten Sie, dass es sich bei den Quellcodebeispielen genau darum handelt – um Beispiele. Mit den richtigen Compilerbeschwörungen lassen sie sich zwar kompilieren, sie sollen aber lediglich das behandelte Problem verdeutlichen und nicht unbedingt als Beispiele für guten Programmierstil dienen.

Der Aufbau dieses Buches

Die folgenden Kapitel und ihr Inhalt werden hier zusammengefasst:

Kapitel 1, *Einführung*
: Behandelt die Geschichte von Subversion sowie seine Funktionen, seine Architektur, seine Komponenten und die Installationsmethoden. Enthält außerdem Hinweise für den Schnelleinstieg.

Kapitel 2, *Grundlegende Konzepte*
: Erläutert die Grundlagen der Versionskontrolle und die verschiedenen Versionierungsmodelle sowie Subversions Repository, Arbeitskopien und Revisionen.

Kapitel 3, *Geführte Tour*
: Führt Sie durch einen Tag im Leben eines Subversion-Benutzers. Dieses Kapitel demonstriert, wie Sie Subversion einsetzen, um Daten zu beziehen, zu modifizieren und zu bestätigen.

Kapitel 4, *Verzweigen und Zusammenführen*
: Diskutiert Zweige, Zusammenführungen und Tagging, einschließlich der besten Vorgehensweisen für das Verzweigen und Zusammenführen, gebräuchliche Anwendungsfälle, wie sich Änderungen rückgängig machen lassen und wie leicht Sie von einem Zweig zu einem anderen wechseln können.

Kapitel 5, *Repository-Administration*
: Beschreibt die Grundlagen des Subversion-Repository, wie Sie ein Repository erzeugen, konfigurieren und warten sowie die Werkzeuge, um all dies zu erledigen.

Kapitel 6, *Server-Konfiguration*
: Erklärt, wie Sie Ihren Subversion-Server konfigurieren sowie die drei Möglichkeiten, auf Ihr Repository zuzugreifen: `HTTP`, das `svn`-Protokoll und den lokalen Zugriff. Es behandelt außerdem die Einzelheiten der Authentifizierung, Autorisierung und des anonymen Zugriffs.

Kapitel 7, *Themen für Fortgeschrittene*
: Erkundet die Konfigurationsdateien des Subversion-Client, die Datei- und Verzeichniseigenschaften, wie Dateien in Ihrer Arbeitskopie mit `ignore` ignoriert werden können, wie Sie externe Bäume in Ihre Arbeitskopie einfügen und schließlich wie Sie mit Herstellerzweigen umgehen.

Kapitel 8, *Informationen für Entwickler*
: Beschreibt die Interna von Subversion, das Subversion-Dateisystem und die administrativen Bereiche der Arbeitskopie aus Sicht eines Programmierers. Demonstriert, wie Sie die öffentlichen APIs benutzen können, um ein Programm zu schreiben, das Subversion verwendet, und – am wichtigsten – wie Sie an der Entwicklung von Subversion teilhaben können.

Kapitel 9, *Vollständige Subversion-Referenz*
: Erläutert ausführlich alle Unterbefehle von `svn`, `svnadmin` und `svnlook` mit vielen Beispielen für alle Gelegenheiten!

Anhang A, *Subversion für CVS-Benutzer*
: Behandelt die Ähnlichkeiten und Unterschiede zwischen Subversion und CVS mit zahlreichen Vorschlägen dahingehend, wie Sie all die schlechten Gewohnheiten aufgeben können, die Sie in den langen Jahren der Benutzung von CVS angenommen haben. Sie finden hier Beschreibungen von Subversion-Revisionsnummern, versionierten Verzeichnissen, Offline-Operationen, den Vergleich von `update` und `status`, Zweige, Tags, Metadaten, Konfliktauflösung und Authentifizierung.

Anhang B, *Fehlerbehandlung*
: Behandelt häufig auftretende Probleme und Schwierigkeiten beim Kompilieren und Benutzen von Subversion.

Anhang C, *WebDAV und Autoversionierung*
: Beschreibt die Einzelheiten von WebDAV und DeltaV und wie Sie Ihr Subversion-Repository so konfigurieren können, dass es lese- und schreibfähig als DAV-Freigabe gemountet wird.

Anhang D, *Werkzeuge von Drittanbietern*
: Stellt Werkzeuge vor, die Subversion unterstützen oder verwenden, einschließlich alternativer Client-Programme, Repository-Browser usw.

Anhang E, *Die Creative Commons-Lizenz*
: Enthält die deutsche Adaption des vollständigen juristischen Textes der Creative Commons-Lizenz.

Dieses Buch ist frei

Dieses Buch war ursprünglich eine Sammlung von Dokumentationen, die von den Entwicklern des Subversion-Projekts geschrieben und dann zu einem Werk zusammengefasst und umgeschrieben wurden. Als solches unterlag es immer der gleichen freien Open Source-Lizenz wie Subversion selbst. Um genau zu sein, wurde das Buch unter den Augen der Öffentlichkeit geschrieben, als Teil von Subversion. Das bedeutet zweierlei:

- Sie können immer die neueste englischsprachige Version dieses Buches in Subversions eigenem Quellbaum finden.
- Sie können dieses Buch nach Belieben verteilen und Änderungen daran vornehmen – es unterliegt einer freien Lizenz. Anstatt natürlich Ihre eigene private Version dieses Buches zu verteilen, hätten wir es lieber, wenn Sie Rückmeldungen und Verbesserungen an die Subversion-Entwicklergemeinschaft schicken würden. In »Etwas zu Subversion beitragen« in Kapitel 8 erfahren Sie, wie Sie dieser Gemeinschaft beitreten können.

Eine relativ aktuelle (englische) Online-Version dieses Buches finden Sie unter *http://svnbook.red-bean.com*.

Danksagungen

Dieses Buch wäre ohne Subversion nicht möglich (und auch nicht sehr nützlich). Daher möchten die Autoren Brian Behlendorf und CollabNet für die Vision danken, ein solch riskantes und ambitioniertes neues Open Source-Projekt zu unterstützen, Jim Blandy für den ursprünglichen Subversion-Namen und -Entwurf – wir lieben dich, Jim – und Karl Fogel[1] dafür, dass er ein solch guter Freund und großartiger Leiter der Gemeinschaft ist – in dieser Reihenfolge.

Dank auch an O'Reilly und unsere Lektoren Linda Mui und Tatiana Diaz für ihre Geduld und Unterstützung.

Schließlich danken wir den zahllosen Menschen, die mit zwanglosen Rezensionen, Vorschlägen und Fehlerberichten dieses Buchprojekt unterstützt haben. Dies ist zwar jetzt ohne Zweifel keine vollständige Liste, aber dieses Buch wäre unvollständig und fehlerhaft, wenn nicht folgende Leute daran mitgeholfen hätten: Jani Averbach, Ryan Barrett, Francois Beausoleil, Jennifer Bevan, Matt Blais, Zack Brown, Martin Buchholz, Brane Cibej, John R. Daily, Peter Davis, Olivier Davy, Robert P. J. Day, Mo DeJong, Brian Denny, Joe Drew, Nick Duffek, Ben Elliston, Justin Erenkrantz, Shlomi Fish, Julian Foad, Chris Foote, Martin Furter, Dave Gilbert, Eric Gillespie, Matthew Gregan, Art Haas, Greg Hudson, Alexis Huxley, Jens B. Jorgensen, Tez Kamihira, David Kimdon,

1 Oh, und danke, Karl, dass du zu überarbeitet warst, um dieses Buch selbst zu schreiben.

Mark Benedetto King, Andreas J. Koenig, Nuutti Kotivuori, Matt Kraai, Scott Lamb, Vincent Lefevre, Morten Ludvigsen, Paul Lussier, Bruce A. Mah, Philip Martin, Feliciano Matias, Patrick Mayweg, Gareth McCaughan, Jon Middleton, Tim Moloney, Mats Nilsson, Joe Orton, Amy Lyn Pilato, Kevin Pilch-Bisson, Dmitriy Popkov, Michael Price, Mark Proctor, Steffen Prohaska, Daniel Rall, Tobias Ringstrom, Garrett Rooney, Joel Rosdahl, Christian Sauer, Larry Shatzer, Russell Steicke, Sander Striker, Erik Sjoelund, Johan Sundstroem, John Szakmeister, Mason Thomas, Eric Wadsworth, Colin Watson, Alex Waugh, Chad Whitacre, Josef Wolf, Blair Zajac und die gesamte Subversion-Gemeinschaft.

Von Ben Collins-Sussman

Ich danke meiner Frau Frances, die viele Monate lang statt des üblichen »Liebling, ich muss noch ein paar E-Mails schreiben!« ein »Liebling, ich arbeite noch an dem Buch!« zu hören bekam. Ich weiß gar nicht, wo sie all die Geduld hernimmt! Sie ist mein genaues Gegenstück.

Ein Dank geht auch an meine große Familie für ihre aufrichtige Ermutigung, obwohl sie an dem Thema eigentlich nicht interessiert war. (Sie wissen schon, diejenigen, die sagen: »Ohh, du schreibst ein Buch?« – und bei der Information, dass es sich um ein Computerbuch handelt, schnell abschalten.)

Danke an all meine Freunde, die mich sehr, sehr reich machen. Schaut mich nicht so an – Ihr wisst schon.

Von Brian W. Fitzpatrick

Ein riesiges Dankeschön geht an meine Frau Marie dafür, dass sie so verständnisvoll, hilfreich und vor allem geduldig war. Dank an meinen Bruder Eric, der mich damals an die Unix-Programmierung herangeführt hat. Ich danke meiner Mutter und meiner Großmutter für ihre Unterstützung, ganz besonders an den Weihnachtsfeiertagen, an denen ich nach Hause kam und mich sofort hinter meinem Laptop vergrub, um an dem Buch zu arbeiten.

An Mike und Ben: Es war eine Freude, mit euch an dem Buch zu arbeiten. Jungs, was sage ich, es ist immer eine Freude, mit euch zu arbeiten!

An alle in der Subversion-Gemeinschaft und der Apache Software Foundation: Danke, dass ihr mich aufgenommen habt. Es vergeht kein Tag, an dem ich nicht wenigstens von einem von euch etwas lerne.

Schließlich danke ich meinem Großvater, der mich immer gelehrt hat, dass Freiheit gleichbedeutend ist mit Verantwortung. Ich stimme dem voll und ganz zu.

Von C. Michael Pilato

Ein besonderer Dank an meine Frau Amy für ihre Liebe und ihre geduldige Unterstützung, dafür, dass sie lange Nächte in Kauf genommen und sogar ganze Abschnitte dieses Buches korrigiert hat – du tust immer ein bisschen mehr und das auch noch mit unglaublicher Anmut. Gavin, wenn du irgendwann einmal lesen kannst, wirst du hoffentlich genauso stolz auf deinen Daddy sein, wie er auf dich ist. Mom und Dad (und der Rest der Familie), danke für eure stetige Unterstützung und euren Enthusiasmus.

Hut ab vor Shep Kendall, durch den sich die Welt der Computer das erste Mal für mich geöffnet hat, Ben Collins-Sussman, meinen Reiseführer durch die Open Source-Welt, Karl Fogel – du *bist* mein *.emacs*, Greg Stein, für das Beisteuern seines praktischen Programmiererwissens, Brian Fitzpatrick dafür, dass er seine Erfahrungen beim Schreiben mit mir geteilt hat. An die vielen Leute, von denen ich andauernd neue Kenntnisse aufschnappe – macht weiter so!

Schließlich an den Einen, der Kreativität in Perfektion gezeigt hat – ich danke dir.

KAPITEL 1

Einführung

Versionskontrolle bezeichnet die Kunst, Änderungen von Informationen zu verwalten. Für Programmierer, die üblicherweise viel Zeit damit verbringen, kleine Änderungen an Software vorzunehmen und diese Änderungen am nächsten Tag wieder zu verwerfen, ist sie schon lange ein wichtiges Werkzeug. Der Wert von Versionskontrollsoftware reicht jedoch weit über die Grenzen der Softwareentwicklungswelt hinaus. Wo immer Menschen Computer einsetzen, um sich häufig ändernde Informationen zu verwalten, gibt es Gelegenheit für den Einsatz einer Versionskontrolle. Und an dieser Stelle kommt Subversion ins Spiel.

Dieses Kapitel enthält eine Einführung in Subversion: Was es ist, was es tut, wie Sie es bekommen.

Was ist Subversion?

Subversion ist ein freies/Open Source-Versionskontrollsystem. Das heißt, Subversion verwaltet Dateien und Verzeichnisse über einen Zeitraum hinweg. Ein Dateibaum wird in einem zentralen *Repository* abgelegt. Das Repository ist im Grunde ein normaler Fileserver, mit der Ausnahme, dass es sich an jede Änderung erinnert, die jemals an den Dateien und Verzeichnissen vorgenommen wurde. Dies erlaubt es Ihnen, ältere Versionen der Daten wiederherzustellen oder zu untersuchen, in welcher Weise Sie Ihre Daten im Laufe der Zeit geändert haben. Insofern stellen sich viele Leute ein Versionskontrollsystem als eine Art Zeitmaschine vor.

Subversion kann über Netzwerkgrenzen hinweg auf sein Repository zugreifen, wodurch die Nutzung durch Personen auf unterschiedlichen Computern möglich ist. Zu einem gewissen Grad wird die Zusammenarbeit gefördert durch die Möglichkeit, dass unterschiedliche Leute die gleichen Daten von ihren verschiedenen Standorten aus ändern und verwalten können. Ein schnellerer Fortschritt ist möglich, wenn es nicht nur einen einzigen Kanal gibt, den alle Änderungen passieren müssen. Und da die Arbeit versioniert ist, müssen Sie nicht befürchten, dass durch das Einsparen dieses Kanals die Qualität auf der

Strecke bleibt – wenn eine Änderung an den Daten verkehrt ist, dann machen Sie diese Änderung einfach rückgängig.

Manche Versionskontrollsysteme sind gleichzeitig Systeme zur Softwarekonfigurationsverwaltung (Software Configuration Management; SCM). Diese Systeme sind speziell darauf ausgerichtet, Quellcodebäume zu verwalten, und besitzen viele Funktionen, die eigens für die Softwareentwicklung angelegt wurden – sie verstehen von sich aus Programmiersprachen oder bringen Werkzeuge zum Kompilieren von Software mit. Subversion gehört allerdings nicht zu diesen Systemen. Es handelt sich vielmehr um ein allgemeines System, das eingesetzt werden kann, um *jede* Sammlung von Dateien zu verwalten. Bei Ihnen sind diese Dateien vielleicht Quellcode – bei anderen geht es eher um Einkaufslisten oder Videoproduktionen oder anderes mehr.

Die Geschichte von Subversion

Am Anfang des Jahres 2000 begann das Unternehmen CollabNet, Inc. (*http://www.collab.net*) damit, Entwickler zu suchen, die einen Ersatz für CVS schreiben sollten. CollabNet bietet eine Collaboration Software Suite namens SourceCast, die als eine Komponente eine Versionskontrolle enthält. SourceCast benutzte zwar CVS als sein anfängliches Versionskontrollsystem, die Grenzen von CVS waren jedoch von Beginn an offensichtlich, und bei CollabNet wusste man, dass man schließlich etwas Besseres finden müsste. Leider hatte sich CVS zu einem Quasi-Standard in der Open Source-Welt entwickelt, weil es nichts Besseres *gab*, zumindest nicht unter einer freien Lizenz. Deshalb beschloss man bei CollabNet, ein von Grund auf neues Versionskontrollsystem zu schreiben, das sich zwar an den grundlegenden Ideen von CVS orientiert, allerdings ohne die Bugs und Fehler.

Im Februar 2000 kontaktierte das Unternehmen Karl Fogel, den Autor des Buches *Open Source Development with CVS* (Coriolis, 1999), und fragte ihn, ob er an diesem neuen Projekt mitarbeiten wolle. Zufälligerweise diskutierte Karl zu dieser Zeit gerade das Konzept für ein neues Versionskontrollsystem mit seinem Freund Jim Blandy. 1995 hatten die beiden Cyclic Software gegründet, eine Firma, die CVS-Dienstleistungsverträge anbot. Und obwohl sie später das Unternehmen verkauften, benutzten sie weiterhin CVS bei ihrer täglichen Arbeit. Ihr Frust mit CVS hatte Jim dazu veranlasst, über bessere Möglichkeiten der Verwaltung versionierter Daten nachzudenken. Er hatte sich dabei nicht nur den Namen Subversion bereits ausgedacht, sondern konnte auch schon das grundlegende Design des Subversion-Repository vorweisen. Als CollabNet anrief, stimmte Karl sofort zu, an dem Projekt mitzuarbeiten, und Jim brachte seinen Arbeitgeber, RedHat Software, dazu, ihn auf unbestimmte Zeit für das Projekt freizustellen. CollabNet stellte Karl und Ben Collins-Sussman ein, und die eigentliche Entwurfsarbeit begann im Mai. Mit Hilfe einiger gut platzierter Hinweise von Brian Behlendorf und Jason Robbins von CollabNet und Greg Stein (zu diesem Zeitpunkt unabhängiger Entwickler, aktiv im WebDAV/DeltaV-Spezifikationsprozess) lockte Subversion schnell eine Gemeinschaft aktiver Entwickler an. Es stellte sich heraus, dass viele Leute die gleichen frustrierenden Erfahrungen mit CVS gemacht hatten und die Chance nutzen wollten, endlich etwas daran zu ändern.

Das ursprüngliche Entwurfsteam einigte sich auf einfache Ziele. Man wollte keine neuen Wege in der Versionskontrollmethodik beschreiten, sondern einfach nur CVS verbessern. Das Team war sich darin einig, dass Subversion dem CVS-Funktionsumfang entsprechen und das gleiche Entwicklungsmodell wahren, nicht jedoch die offensichtlichsten Fehler von CVS kopieren sollte. Zwar musste es kein transparenter Ersatz für CVS sein, sollte aber CVS dennoch so weit gleichen, dass ein Umstieg für jeden CVS-Benutzer mit minimalem Aufwand möglich war.

Nach 14 Monaten Programmierung wurde Subversion am 31. August 2001 eigenständig, das heißt, die Subversion-Entwickler stiegen bei der Verwaltung des Quellcodes von CVS auf Subversion um.

Obwohl CollabNet das Projekt ins Leben rief und auch weiterhin einen großen Teil der Arbeit finanziert (das Unternehmen bezahlt einige der Vollzeitentwickler von Subversion), wird Subversion wie die meisten Open Source-Projekte betrieben, gesteuert durch eine lockere, transparente Menge von Regeln, die die Meritokratie fördern. Die Copyright-Lizenz von CollabNet geht vollständig mit den Debian Free Software Guidelines konform. Mit anderen Worten, es steht jedem frei, Subversion nach Belieben herunterzuladen, zu verändern und weiterzugeben; er benötigt keine Erlaubnis von CollabNet oder sonst wem.

Eigenschaften von Subversion

Die Funktionen und Eigenschaften, die Subversion für die Versionskontrolle auf das Tapet bringt, lassen sich am besten dadurch beschreiben, inwiefern sie das Design von CVS verbessern. Falls Sie mit CVS nicht vertraut sind, werden Sie möglicherweise nicht alle Eigenschaften verstehen. Und falls Sie sich mit Versionskontrolle überhaupt nicht auskennen, sollten Sie vermutlich sowieso erst Kapitel 2 lesen, wo wir eine Einführung in die Versionskontrolle im Allgemeinen liefern.

Subversion bietet:

Verzeichnisversionierung
: CVS verfolgt nur die Historie einzelner Dateien, während Subversion ein virtuelles versioniertes Dateisystem implementiert, das nachvollzieht, wie sich ganze Verzeichnisbäume im Laufe der Zeit ändern. Dateien *und* Verzeichnisse werden versioniert.

Echte Versionshistorie
: Da CVS sich auf die Dateiversionierung beschränkt, werden solche Operationen wie Kopieren und Umbenennen – die an Dateien ausgeführt werden könnten, aber in Wirklichkeit Änderungen an einem übergeordneten Verzeichnis vornehmen – in CVS nicht unterstützt. Außerdem können Sie in CVS eine versionierte Datei nicht durch ein neues Objekt des gleichen Namens ersetzen, ohne dass das neue Objekt die

Geschichte der alten – möglicherweise gar nicht damit in Beziehung stehenden – Datei erbt. Bei Subversion können Sie sowohl Dateien als auch Verzeichnisse hinzufügen, löschen, kopieren und umbenennen. Und jede neu hinzugefügte Datei beginnt mit einer frischen, neuen und eigenen Geschichte.

Atomare Änderungsbestätigungen (Commits)
: Eine Sammlung von Modifikationen wird entweder vollständig oder überhaupt nicht in das Repository übernommen. Dadurch haben Entwickler die Möglichkeit, Änderungen als logische Einheiten aufzubauen und zu bestätigen. Das beugt Problemen vor, die auftreten könnten, wenn nur ein Teil einer bestimmten Menge von Änderungen erfolgreich an das Repository geschickt wird.

Versionierte Metadaten
: Mit jeder Datei und jedem Verzeichnis ist eine Menge von Eigenschaften – Schlüssel und deren Werte – verknüpft. Sie können beliebige Schlüssel-/Wert-Paare anlegen und speichern. Die Eigenschaften werden ebenso wie die Dateiinhalte über die Zeit versioniert.

Wahl der Netzwerkschichten
: Subversion verfolgt eine abstrahierte Auffassung des Repository-Zugriffs, wodurch neue Netzwerkmechanismen leichter implementiert werden können. Subversion kann als Erweiterungsmodul an den Apache-HTTP-Server angeschlossen werden. Dadurch hat Subversion einen großen Vorteil hinsichtlich Stabilität und Interoperabilität sowie sofortigen Zugriff auf existierende Funktionen, die von diesem Server zur Verfügung gestellt werden – Authentifizierung, Autorisierung, transparente Komprimierung (Wire Compression) und so weiter. Ein abgespeckter autonomer Subversion-Server-Prozess ist ebenfalls verfügbar. Dieser Server verwendet ein eigenes Protokoll, das leicht über SSH getunnelt werden kann.

Konsistente Behandlung der Daten
: Subversion drückt Dateiunterschiede mit Hilfe eines binären Differenzialgorithmus aus, der auf (vom Menschen lesbaren) Text- und (vom Menschen nicht lesbaren) Binär-Dateien identisch funktioniert. Beide Dateitypen werden gleich komprimiert im Repository abgelegt, Differenzen werden in beide Richtungen über das Netzwerk übertragen.

Effizientes Verzweigen und Markieren
: Die Kosten für das Verzweigen (Branching) und Markieren (Tagging) müssen nicht proportional zur Projektgröße verlaufen. Subversion erzeugt Verzweigungen und Marken (Tags), indem es einfach das Projekt kopiert, wobei ein Mechanismus zum Einsatz kommt, der ähnlich einem harten Link ist. Dadurch erfordern diese Operationen nur einen kleinen, konstanten Zeitaufwand.

Wartbarkeit
: Subversion trägt keinen historischen Ballast mit sich herum; das System ist als eine Sammlung von Shared-C-Bibliotheken mit wohldefinierten APIs implementiert. Dadurch kann Subversion außerordentlich gut gewartet und von anderen Anwendungen und Sprachen genutzt werden.

Die Architektur von Subversion

Auf der einen Seite befindet sich ein Subversion-Repository, das alle Ihre versionierten Daten aufnimmt. Auf der anderen Seite liegt Ihr Subversion-Client-Programm, das die lokalen Wiedergaben von Teilen dieser versionierten Daten verwaltet (so genannte Arbeitskopien). Zwischen diesen Extremen gibt es mehrere Wege durch verschiedene Repository Access-(RA-)Ebenen. Einige dieser Wege verlaufen durch Computernetzwerke und Netzwerk-Server, die dann auf das Repository zugreifen. Andere umgehen das Netzwerk ganz und gar und greifen direkt auf das Repository zu.

Abbildung 1-1 zeigt eine Art Gesamtansicht des Subversion-Designs.

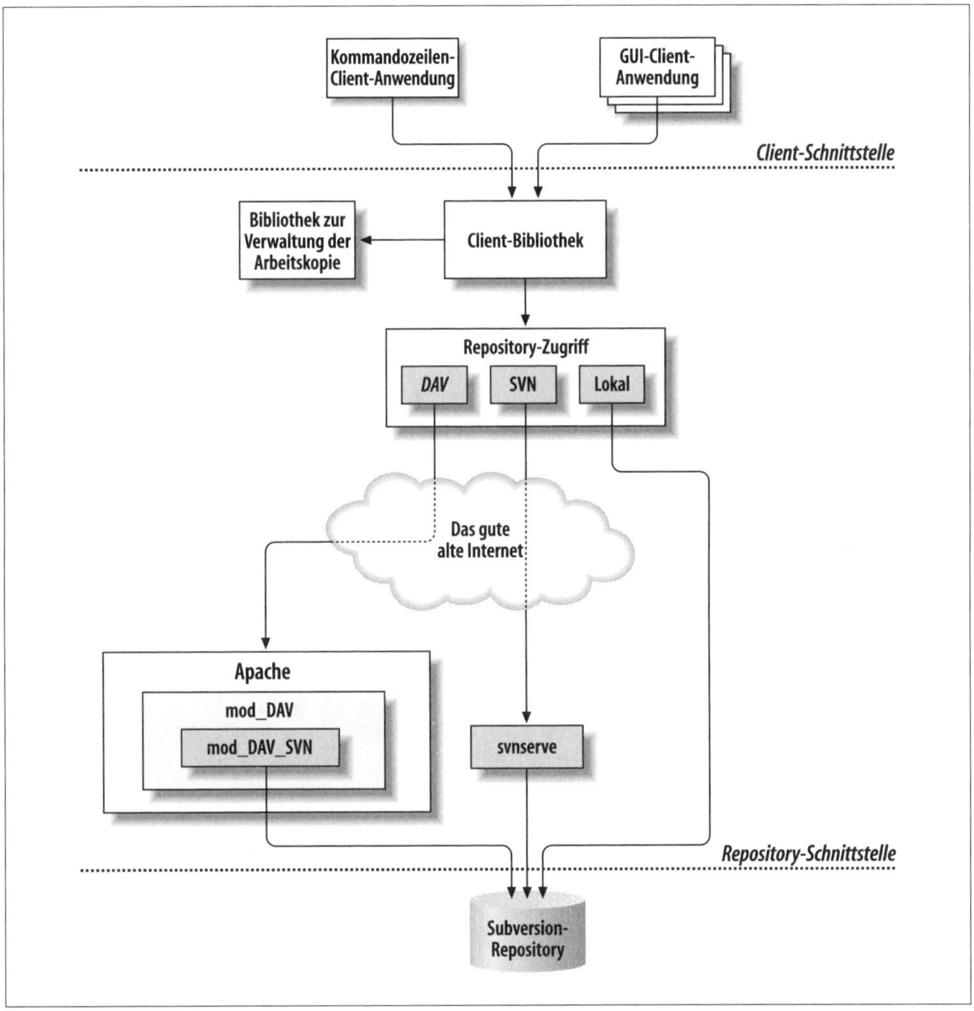

Abbildung 1-1: Die Architektur von Subversion

Subversion installieren

Subversion baut auf einer Portabilitätsschicht namens APR (die Apache-Portable-Runtime-Bibliothek) auf. Das bedeutet, dass Subversion auf allen Betriebssystemen funktionieren sollte, auf denen der Apache-Httpd-Server läuft: Windows, Linux, alle Arten von BSD, Mac OS X, Netware und so weiter.

Am einfachsten kommen Sie an Subversion heran, indem Sie ein Binärpaket herunterladen, das für Ihr Betriebssystem gedacht ist. Auf der Subversion-Website (*http://subversion.tigris.org*) stehen diese Pakete oft zum Herunterladen zur Verfügung, bereitgestellt von Freiwilligen. Die Site enthält normalerweise auch grafische Installer-Pakete für Benutzer von Microsoft-Betriebssystemen. Wenn Sie ein Unix-artiges Betriebssystem betreiben, können Sie die Paketverwaltung verwenden, die auf Ihrem System üblich ist (RPMs, DEBs, den Ports Tree usw.), um Subversion zu bekommen.

Alternativ können Sie Subversion direkt aus dem Quellcode erstellen. Laden Sie von der Subversion-Website die neueste Quellcodeversion herunter. Nach dem Entpacken folgen Sie den Anweisungen in der Datei *INSTALL*, um sie zu kompilieren. Beachten Sie, dass ein freigegebenes Quellenpaket alles enthält, was Sie brauchen, um einen Kommandozeilen-Client zu erstellen, der in der Lage ist, mit einem entfernten Repository zu kommunizieren (insbesondere die Apr-, Apr-util- und Neon-Bibliotheken). Optionale Teile von Subversion weisen allerdings viele andere Abhängigkeiten auf, wie etwa Berkeley DB und möglicherweise Apache-httpd. Falls Sie ein komplettes Paket erstellen wollen, müssen Sie sicherstellen, dass Sie alle Pakete haben, die in der Datei *INSTALL* dokumentiert sind. Sollten Sie vorhaben, an Subversion selbst zu arbeiten, dann können Sie Ihr Client-Programm verwenden, um den allerneuesten Quellcode herunterzuladen. Dies wird im Abschnitt »Den Quellcode bekommen« in Kapitel 8 beschrieben.

Die Komponenten von Subversion

Subversion enthält nach der Installation eine Anzahl unterschiedlicher Teile. Im Folgenden bekommen Sie einen Überblick darüber, was Sie erwartet. Wundern Sie sich nicht, wenn Sie nach diesen kurzen Beschreibungen nicht viel schlauer sind als vorher – dieses Buch hat noch *viele* Seiten, die Licht ins Dunkel bringen werden.

svn
: Das Kommandozeilen-Client-Programm

svnversion
: Ein Programm zum Anzeigen des Zustands (im Sinne einer Überprüfung der vorhandenen Objekte) einer Arbeitskopie

svnlook
: Ein Werkzeug zum Untersuchen eines Subversion-Repository

svnadmin
: Ein Werkzeug zum Erzeugen, Optimieren oder Reparieren eines Subversion-Repository

svndumpfilter
: Ein Programm zum Filtern der Subversion-Repository-Streams im Dumpfile-Format

mod_dav_svn
: Ein Plugin-Modul für den Apache-HTTP-Server, das eingesetzt wird, um Ihr Repository über ein Netzwerk erreichbar zu machen

svnserve
: Ein eigenes autonomes Server-Programm, das entweder als Daemon-Prozess laufen oder über SSH aufgerufen werden kann; eine andere Möglichkeit, Ihr Repository anderen über ein Netzwerk zur Verfügung zu stellen

Vorausgesetzt, Sie haben Subversion korrekt installiert, sollten Sie jetzt beginnen können. Die nächsten beiden Kapitel zeigen Ihnen schrittweise die Benutzung von `svn`, dem Kommandozeilen-Client-Programm von Subversion.

Ein Schnelleinstieg

Es gibt Leute, die Probleme damit haben, eine neue Technik per Top-down-Ansatz aufzunehmen, wie dieses Buch ihn bietet. Dieser Abschnitt ist eine sehr kurze Einführung in Subversion und soll Lernenden eine Chance bieten, die sich einem Problem eher von unten nähern möchten. Falls Sie zu den Leuten gehören, die eher aus eigener Anschauung lernen, dann wird die folgende Vorführung Ihnen den richtigen Weg weisen. Nebenbei geben wir Hinweise auf die entsprechenden Kapitel dieses Buches.

Sollte Ihnen das gesamte Konzept der Versionskontrolle oder das *Kopieren-Verändern-Zusammenführen-Modell* (copy-modify-merge) neu sein, das sowohl von CVS als auch von Subversion eingesetzt wird, dann müssten Sie zuerst Kapitel 2 lesen.

> Das folgende Beispiel geht davon aus, dass bei Ihnen `svn`, der Subversion-Kommandozeilen-Client, und `svnadmin`, das Administrationswerkzeug, laufen. Außerdem wird vorausgesetzt, dass Ihr `svn`-Client mit Unterstützung für die Berkeley DB kompiliert wurde. Um dies festzustellen, rufen Sie `svn --version` auf und überprüfen, ob das Modul `ra_local` verfügbar ist. Ohne dieses Modul kann der Client nicht auf `file://`-URLs zugreifen.

Subversion speichert alle versionierten Daten in einem zentralen Repository. Erzeugen Sie zuerst ein neues Repository:

```
$ svnadmin create /pfad/auf/repository
$ ls /pfad/auf/repository
conf/  dav/  db/  format  hooks/  locks/  README.txt
```

Dieser Befehl legt ein neues Verzeichnis */pfad/auf/repository* an, das ein Subversion-Repository enthält. Achten Sie darauf, dass sich dieses Verzeichnis auf einer lokalen Festplatte und *nicht* auf einem Netzwerklaufwerk befindet. Dieses neue Verzeichnis enthält hauptsächlich eine Sammlung von Berkeley DB-Datenbankdateien. Sie finden Ihre versionierten Dateien erst, wenn Sie in diese Dateien hineinschauen. Weitere Informationen über das Anlegen und Pflegen eines Repository gibt es in Kapitel 5.

Erzeugen Sie als Nächstes einen Baum aus Dateien und Verzeichnissen, die in das Repository importiert werden sollen. Aus Gründen, die später erklärt werden (siehe Kapitel 4), muss Ihre Struktur die drei Top-Level-Verzeichnisse *branches*, *tags* und *trunk* aufweisen:

```
/tmp/project/branches/
/tmp/project/tags/
/tmp/project/trunk/
               foo.c
               bar.c
               Makefile
               ...
```

Sobald Ihnen eine Datenbank zur Verfügung steht, importieren Sie die Daten mit dem Befehl `svn import` in das Repository (»svn import« in Kapitel 3):

```
$ svn import /tmp/project file:///pfad/auf/repository -m "initial import"
Adding         /tmp/project/branches
Adding         /tmp/project/tags
Adding         /tmp/project/trunk
Adding         /tmp/project/trunk/foo.c
Adding         /tmp/project/trunk/bar.c
Adding         /tmp/project/trunk/Makefile
...
Committed revision 1.
$
```

Das Repository enthält nun Ihren Dateibaum. An dieser Stelle erzeugen Sie eine Arbeitskopie des Verzeichnisses *trunk*. Hier findet Ihre eigentliche Arbeit statt:

```
$ svn checkout file:///pfad/auf/repository/trunk project
A  project/foo.c
A  project/bar.c
A  project/Makefile
...
Checked out revision 1.
```

Jetzt haben Sie eine persönliche Kopie von Teilen des Repository in einem neuen Verzeichnis namens *project*. Sie können die Dateien in Ihrer Arbeitskopie bearbeiten und diese Änderungen dann wieder zurück in das Repository schreiben:

- Öffnen Sie Ihre Arbeitskopie, und bearbeiten Sie den Inhalt einer Datei.
- Führen Sie `svn diff` aus, um einen *unified Diff-Output*[1] Ihrer Änderungen zu erhalten.

---

1 Dieser Begriff bezeichnet den Output des `diff`-Befehls mit der Option `-u`. (Anmerkung des Fachgutachters Andresas J. König.)

- Führen Sie `svn commit` aus, um die neue Version Ihrer Datei in das Repository zu schreiben.
- Rufen Sie `svn update` auf, um Ihre Arbeitskopie auf den gleichen Stand zu bringen wie Ihr Repository.

Eine vollständige Aufzählung der Aktionen, die Sie mit Ihrer Arbeitskopie ausführen können, erhalten Sie in Kapitel 3.

An dieser Stelle haben Sie die Möglichkeit, Ihr Repository anderen über ein Netzwerk zur Verfügung zu stellen. In Kapitel 6, lernen Sie die unterschiedlichen Arten von Server-Prozessen kennen, die Sie nutzen können, und erfahren, wie Sie sie konfigurieren.

KAPITEL 2

Grundlegende Konzepte

Dieses Kapitel ist eine kurze, lockere Einführung in Subversion. Falls Sie noch keine Ahnung von Versionskontrolle haben, sollten Sie dieses Kapitel unbedingt lesen. Wir beginnen mit einer Diskussion der allgemeinen Konzepte der Versionskontrolle, nähern uns dann an die speziellen Ideen hinter Subversion an und zeigen einige einfache Beispiele für Subversion in Aktion.

Auch wenn in den Beispielen dieses Kapitels Sammlungen von Programmquellcode gemeinsam genutzt werden, kann Subversion durchaus alle Arten von Dateisammlungen verwalten – es beschränkt sich nicht darauf, Programmierer zu unterstützen.

Das Repository

Subversion ist ein zentralisiertes System zum gemeinsamen Benutzen von Informationen. Seinen Kern bildet ein Repository, das den zentralen Datenspeicher darstellt. Das Repository speichert Informationen in Form eines *Dateisystembaums* – eine typische Hierarchie von Dateien und Verzeichnissen. Eine beliebige Anzahl *Clients* stellt eine Verbindung mit dem Repository her und liest oder schreibt dann diese Dateien. Durch das Schreiben der Daten stellt ein Client die Informationen anderen zur Verfügung; durch das Lesen der Daten empfängt der Client Informationen von anderen. Abbildung 2-1 illustriert dies. Weshalb ist das interessant? Bisher klingt es wie die Definition eines typischen Fileservers. Und das Repository *ist* in der Tat eine Art Fileserver, allerdings keiner von der üblichen Sorte. Das Besondere an einem Subversion-Repository besteht darin, dass es sich *jede Änderung merkt*, die jemals in ihm festgehalten wurde: alle Änderungen an allen Dateien und sogar Änderungen am Verzeichnisbaum selbst, wie etwa Ergänzungen, Löschungen und die Neuanordnung von Dateien und Verzeichnissen.

Wenn ein Client Daten aus dem Repository liest, sieht er normalerweise nur die neueste Version des Dateisystembaums. Der Client besitzt aber auch die Fähigkeit, *frühere*

Zustände des Dateisystems anzuschauen. Beispielsweise kann ein Client Fragen zur Historie stellen, wie etwa: Was enthielt dieses Verzeichnis am letzten Mittwoch? Oder: Welche Person hat als Letztes Änderungen an dieser Datei vorgenommen, und welche Änderungen waren das? Solche Fragen bilden das Herzstück jedes *Versionskontrollsystems*: Systeme, die dafür vorgesehen sind, Änderungen an Daten über einen Zeitraum hinweg aufzuzeichnen und zu verfolgen.

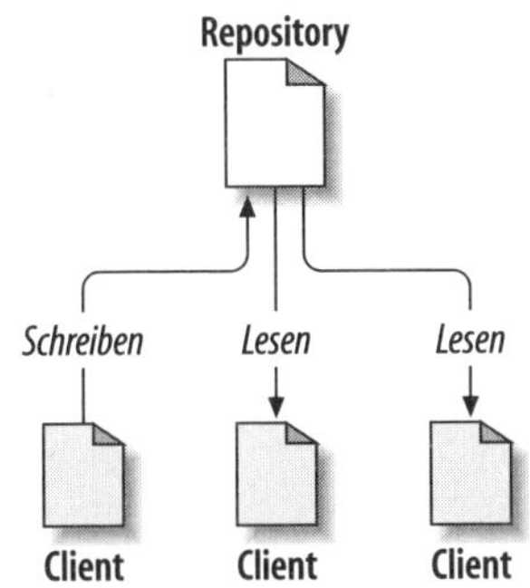

Abbildung 2-1: Ein typisches Client/Server-System

Versionierungsmodelle

Die Hauptaufgabe eines Versionskontrollsystems besteht darin, das gemeinschaftliche Bearbeiten und Benutzen von Daten zu ermöglichen. Allerdings verwenden unterschiedliche Systeme auch unterschiedliche Strategien, um dieses Ziel zu erreichen.

Das Problem des Filesharing

Alle Versionskontrollsysteme müssen das gleiche grundlegende Problem lösen: Wie kann das System es Benutzern erlauben, Informationen gemeinsam zu nutzen, und gleichzeitig verhindern, dass die Benutzer sich versehentlich auf die Füße treten? Es ist ausgesprochen einfach für Benutzer, versehentlich fremde Änderungen im Repository zu überschreiben.

Betrachten Sie das Szenario, das in Abbildung 2-2 gezeigt wird. Angenommen, wir haben zwei Kollegen, Harry und Sally. Sie beschließen jeweils, gleichzeitig die gleiche Repository-Datei zu bearbeiten. Falls Harry seine Änderungen am Repository zuerst speichert, dann könnte es passieren, dass Sally (einige Augenblicke später) diese versehentlich mit ihrer eigenen neuen Version der Datei überschreibt. Harrys Version der Datei wird zwar nicht für immer verloren gehen (weil das System sich alle Änderungen merkt), allerdings werden Änderungen, die Harry vorgenommen hat, *nicht* in Sallys neuerer Version der Datei vorhanden sein, da sie Harrys Änderungen nie zu Gesicht bekommen hat. Harrys

Arbeit ist im Prinzip immer noch verloren – oder fehlt zumindest in der neuesten Version der Datei – und das wahrscheinlich aus Versehen. Diese Situation wollen wir unbedingt verhindern!

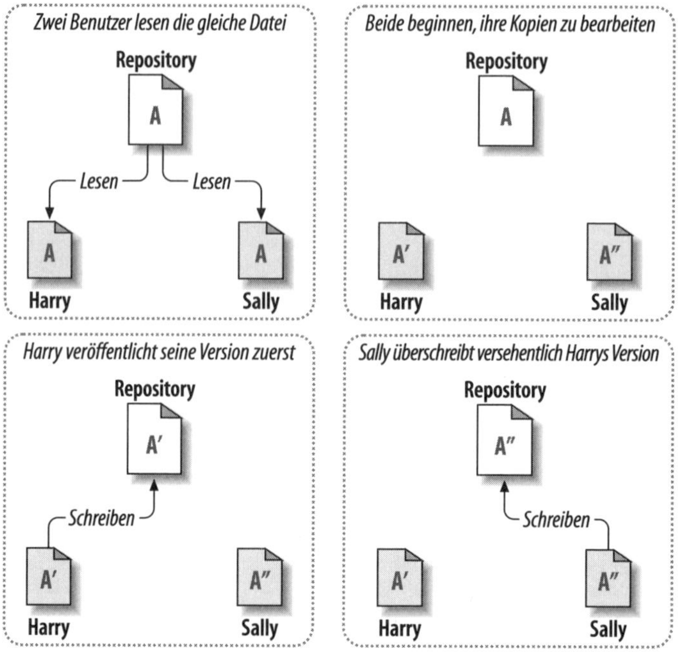

Abbildung 2-2: Das Problem, das es zu vermeiden gilt

Die Sperren-Verändern-Entsperren-Lösung

Viele Versionskontrollsysteme nutzen ein *Sperren-Verändern-Entsperren*-Modell (*lock-modify-unlock*), um diesem Problem zu begegnen. In einem solchen System erlaubt es das Repository nur einer einzigen Person, eine Datei zu einem Zeitpunkt zu verändern. Zuerst muss Harry die Datei sperren, bevor er beginnen kann, Änderungen an ihr vorzunehmen. Das Sperren einer Datei ist etwa mit dem Ausleihen eines Buches aus der Bibliothek vergleichbar; wenn Harry die Datei gesperrt hat, kann Sally sie nicht ändern. Wenn sie versucht, die Datei zu sperren, weist das Repository die Anforderung zurück. Sie kann die Datei lediglich lesen und darauf warten, dass Harry seine Änderungen abschließt und die Sperre wieder aufhebt. Nachdem Harry die Datei entsperrt hat, ist seine Zeit um, und nun kann Sally die Datei sperren und bearbeiten. Abbildung 2-3 verdeutlicht diese einfache Lösung.

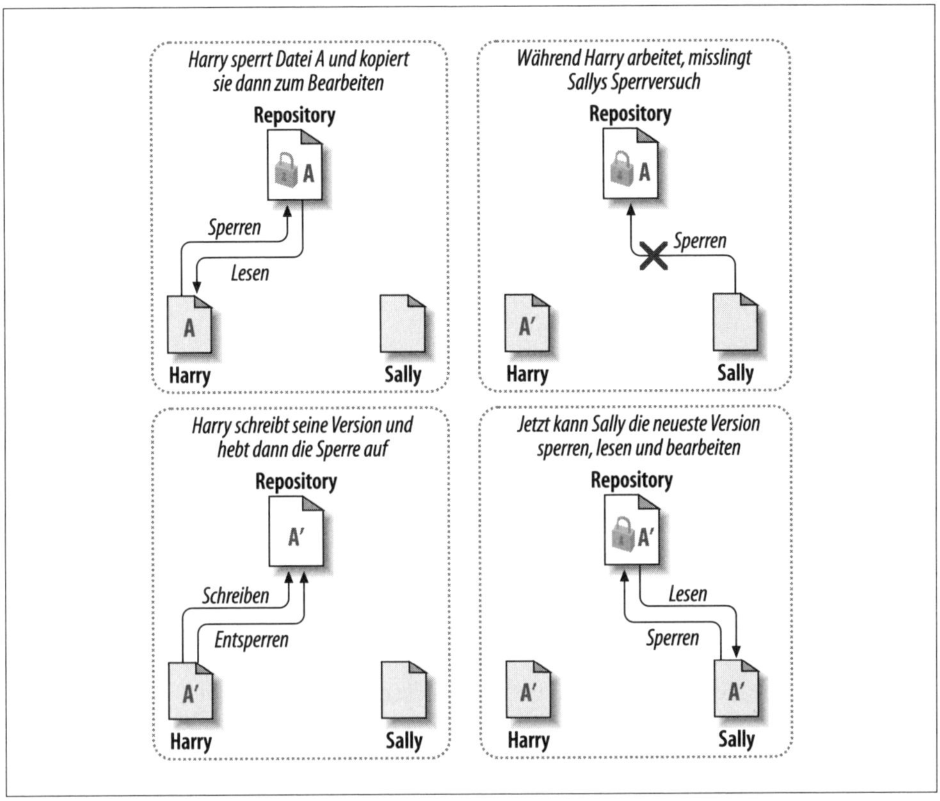

Abbildung 2-3: Die Sperren-Verändern-Entsperren-Lösung

Das Problem beim Sperren-Verändern-Entsperren-Modell besteht darin, dass es ein wenig restriktiv ist und für die Benutzer oft zu einem Hemmschuh wird:

Das Sperren könnte zu administrativen Problemen führen.
: Manchmal sperrt Harry eine Datei und vergisst sie dann. In der Zwischenzeit sind Sally die Hände gebunden, weil sie darauf warten muss, dass sie die Datei wieder bearbeiten kann. Und dann geht Harry in den Urlaub. Jetzt muss Sally einen Administrator bemühen, der Harrys Sperre aufhebt. Die Situation verursacht eine Menge unnötiger Verzögerungen und verschwendet Zeit.

Das Sperren könnte zu einer unnötigen Serialisierung führen.
: Was ist eigentlich, wenn Harry den Anfang einer Textdatei bearbeitet und Sally einfach nur das Ende der gleichen Datei bearbeiten möchte? Diese Änderungen überschneiden einander überhaupt nicht. Die beiden könnten die Datei gleichzeitig bearbeiten. Es würde kein großer Schaden entstehen, vorausgesetzt, die Änderungen werden richtig wieder zusammengesetzt. Es besteht kein Grund für sie, sich in dieser Lage bei der Arbeit abzuwechseln.

Das Sperren könnte ein falsches Sicherheitsgefühl erzeugen.
Angenommen, Harry sperrt und bearbeitet Datei A, während Sally gleichzeitig Datei B sperrt und bearbeitet. Stellen Sie sich nun aber vor, dass A und B voneinander abhängen und die durchgeführten Änderungen jeweils semantisch inkompatibel sind. Plötzlich funktionieren A und B nicht mehr zusammen. Das Sperrsystem war nicht in der Lage, dieses Problem zu verhindern – es hat im Gegenteil sogar eine falsche Sicherheit vorgegaukelt. Harry und Sally gehen davon aus, dass sie durch das Sperren von Dateien jeweils eine sichere, isolierte Aufgabe beginnen. Sie versäumen es dadurch, ihre inkompatiblen Änderungen vorab zu besprechen.

Die Kopieren-Verändern-Zusammenführen-Lösung

Subversion, CVS und andere Versionskontrollsysteme nutzen ein Kopieren-Verändern-Zusammenführen-Modell als Alternative zum Sperren. Bei diesem Modell kontaktiert der Client jedes Benutzers das Projekt-Repository und legt eine persönliche *Arbeitskopie* an – eine lokale Wiedergabe der Dateien und Verzeichnisse des Repository. Die Benutzer arbeiten dann parallel und verändern ihre privaten Kopien. Schließlich werden die privaten Kopien zu einer neuen, endgültigen Version zusammengeführt. Das Versionskontrollsystem assistiert häufig beim Zusammenführen, aber letztendlich ist ein Mensch dafür verantwortlich, dass dies richtig geschieht.

Hier ist ein Beispiel. Nehmen Sie einmal an, dass Harry und Sally jeweils Arbeitskopien des gleichen Projekts anlegen, das sie aus dem Repository kopiert haben. Sie arbeiten gleichzeitig und nehmen Änderungen an der gleichen Datei A aus ihren Kopien vor. Sally speichert ihre Änderungen zuerst im Repository. Wenn Harry später versucht, seine Änderungen zu sichern, setzt ihn das Repository davon in Kenntnis, dass seine Datei A *nicht mehr aktuell* ist. Mit anderen Worten, diese Datei A aus dem Repository hat sich irgendwie geändert, seit er sie das letzte Mal kopiert hat. Harry bittet daher seinen Client, alle neuen Änderungen aus dem Repository in seine Arbeitskopie von Datei A zu *überführen*. Aller Wahrscheinlichkeit nach überschneiden sich seine eigenen Änderungen nicht mit denen von Sally. Das heißt, sobald beide Änderungsmengen integriert wurden, speichert er seine Arbeitskopie wieder zurück in das Repository. Die Abbildungen 2-4 und 2-5 zeigen diesen Vorgang.

Was passiert jedoch, wenn sich Sallys Änderungen *doch* mit denen von Harry überschneiden? Was dann? Diese Situation wird als *Konflikt* bezeichnet und stellt normalerweise kein großes Problem dar. Wenn Harry seinen Client auffordert, die neuesten Repository-Änderungen in seine Arbeitskopie zu überführen, wird seine Kopie von Datei A dahingehend gekennzeichnet, dass sie sich im Konfliktzustand befindet: Er kann nun beide Mengen von widerstreitenden Änderungen einsehen und manuell zwischen ihnen wählen. Beachten Sie, dass Software Konflikte nicht automatisch lösen kann; nur Menschen sind in der Lage, die notwendige intelligente Auswahl zu treffen. Sobald Harry die einander überschneidenden Änderungen manuell aufgelöst hat – möglicherweise nach einer Diskussion mit Sally –, kann er die zusammengeführte Datei sicher zurück in das Repository speichern.

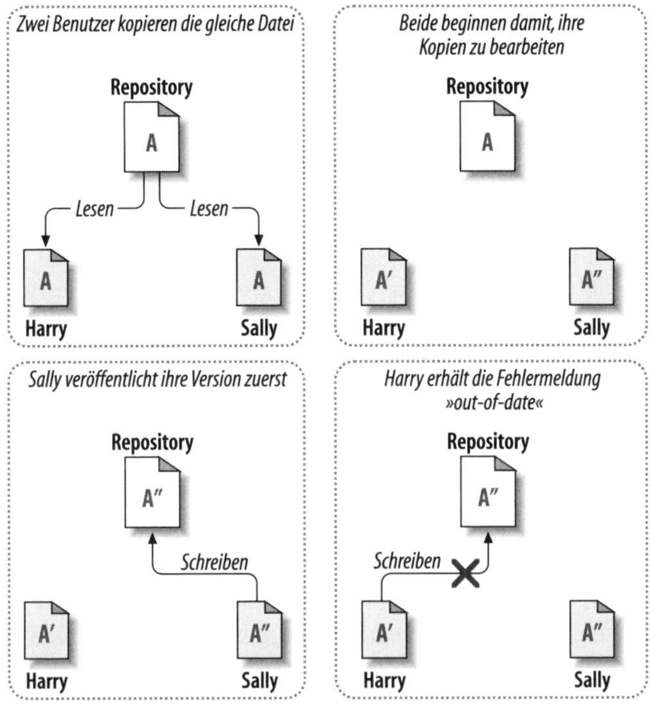

Abbildung 2-4: Die Kopieren-Verändern-Zusammenführen-Lösung

Das Kopieren-Verändern-Zusammenführen-Modell klingt vielleicht ein bisschen chaotisch, läuft in der Praxis aber außerordentlich reibungslos ab. Benutzer können parallel arbeiten und müssen nie aufeinander warten. Wenn sie an den gleichen Dateien arbeiten, stellt sich oft genug heraus, dass die meisten ihrer gleichzeitig vorgenommenen Änderungen sich überhaupt nicht überlappen; Konflikte sind selten. Und der Zeitaufwand, der erforderlich ist, um Konflikte zu lösen, ist viel geringer als die Zeit, die durch ein sperrendes Systems verloren geht.

Am Ende läuft alles auf einen entscheidenden Faktor hinaus: Benutzerkommunikation. Wenn die Benutzer nicht miteinander reden, nehmen die syntaktischen und semantischen Konflikte zu. Kein System kann Benutzer zwingen, perfekt miteinander zu kommunizieren, und kein System kann semantische Konflikte aufdecken. Es gibt also keinen Grund, sich in der falschen Gewissheit zu wiegen, dass ein sperrendes System auf irgendeine Weise Konflikte verhindert; in der Praxis scheint kein Modell die Produktivität so zu behindern wie das Sperren.

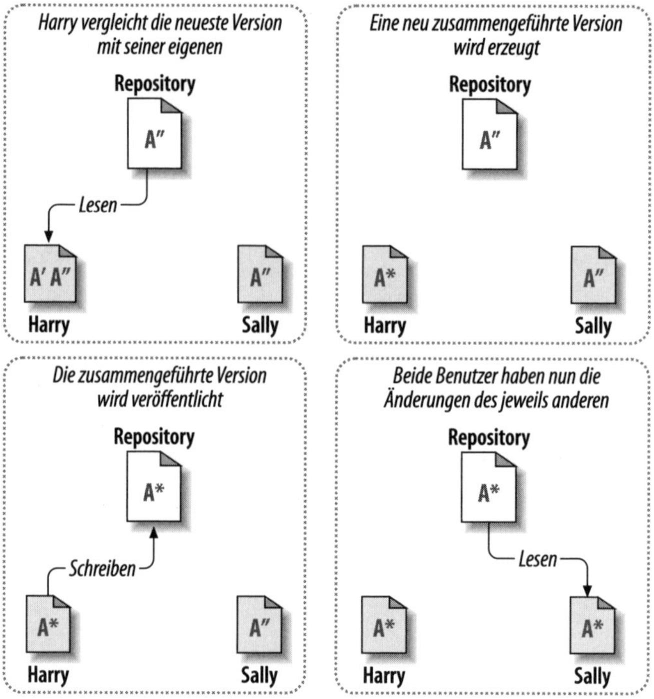

Abbildung 2-5: Die Kopieren-Verändern-Zusammenführen-Lösung (Fortsetzung)

Subversion in Aktion

Nun wird es Zeit, konkret zu werden. In diesem Abschnitt zeigen wir Ihnen tatsächliche Beispiele für die Benutzung von Subversion.

Arbeitskopien

Sie haben bereits von Arbeitskopien gelesen; jetzt werden wir Ihnen demonstrieren, wie der Subversion-Client diese anlegt und benutzt.

Eine Subversion-Arbeitskopie ist ein normaler Verzeichnisbaum auf Ihrem lokalen System, der eine Sammlung von Dateien enthält. Sie können diese Dateien beliebig bearbeiten. Und falls es sich um Quellcodedateien handelt, können Sie Ihr Programm auf die übliche Weise aus ihnen kompilieren. Ihre Arbeitskopie ist Ihr eigener, privater Arbeitsbereich: Subversion bezieht niemals Änderungen anderer Leute ein oder stellt Ihre Änderungen anderen zur Verfügung, es sei denn, Sie weisen es ausdrücklich an, dies zu tun.

Nachdem Sie einige Änderungen an den Dateien in Ihrer Arbeitskopie vorgenommen und überprüft haben, dass sie richtig funktionieren, bietet Ihnen Subversion die Befehle an, mit deren Hilfe Sie Ihre Änderungen den anderen Leuten bekannt machen können, die gemeinsam mit Ihnen an Ihrem Projekt arbeiten (indem die Änderungen in das Repository geschrieben werden). Wenn die anderen Leute ihre eigenen Änderungen veröffentlichen, stellt Subversion Ihnen Befehle zur Verfügung, mit denen Sie diese Änderungen in Ihr Arbeitsverzeichnis überführen können (indem die Änderungen aus dem Repository gelesen werden).

Eine Arbeitskopie enthält außerdem einige zusätzliche Dateien, die von Subversion erzeugt und gewartet werden und diesem helfen, diese Befehle auszuführen. Im Besonderen enthält jedes Verzeichnis in Ihrer Arbeitskopie ein Unterverzeichnis namens *.svn*, auch als *administratives Verzeichnis* der Arbeitskopie bezeichnet. Die Dateien in den einzelnen administrativen Verzeichnissen helfen Subversion dabei zu erkennen, welche Dateien nicht veröffentlichte Änderungen enthalten und welche Dateien in Bezug auf die Arbeit anderer nicht mehr aktuell sind.

Ein typisches Subversion-Repository enthält oft die Dateien (oder den Quellcode) für mehrere Projekte; üblicherweise ist jedes Projekt ein Unterverzeichnis im Dateisystembaum des Repository. In diesem Arrangement entspricht die Arbeitskopie eines Benutzers dann normalerweise einem bestimmten Teilbaum des Repository.

Nehmen Sie beispielsweise an, Sie haben ein Repository, das zwei Softwareprojekte enthält, *paint* und *calc*. Jedes Projekt befindet sich in seinem eigenen Top-Level-Verzeichnis, wie in Abbildung 2-6 gezeigt.

Um eine Arbeitskopie zu erhalten, müssen Sie einen Teilbaum des Repository *auschecken*. (Der Begriff »auschecken« mag eigenartig klingen; er bezeichnet einfach den Vorgang des Anlegens Ihrer privaten Kopie des Projektes.) Falls Sie zum Beispiel */calc* auschecken, bekommen Sie eine solche Arbeitskopie:

```
$ svn checkout http://svn.example.com/repos/calc
A  calc
A  calc/Makefile
A  calc/integer.c
A  calc/button.c

$ ls -a calc
Makefile  integer.c  button.c  .svn/
```

Die Liste der Buchstaben A zeigt an, dass Subversion eine Reihe von Objekten zu Ihrer Arbeitskopie hinzufügt. Sie verfügen nun über eine persönliche Kopie des Verzeichnisses */calc* des Repository mit einem zusätzlichen Eintrag – *.svn* –, der die bereits erwähnten Zusatzinformationen enthält, die von Subversion benötigt werden.

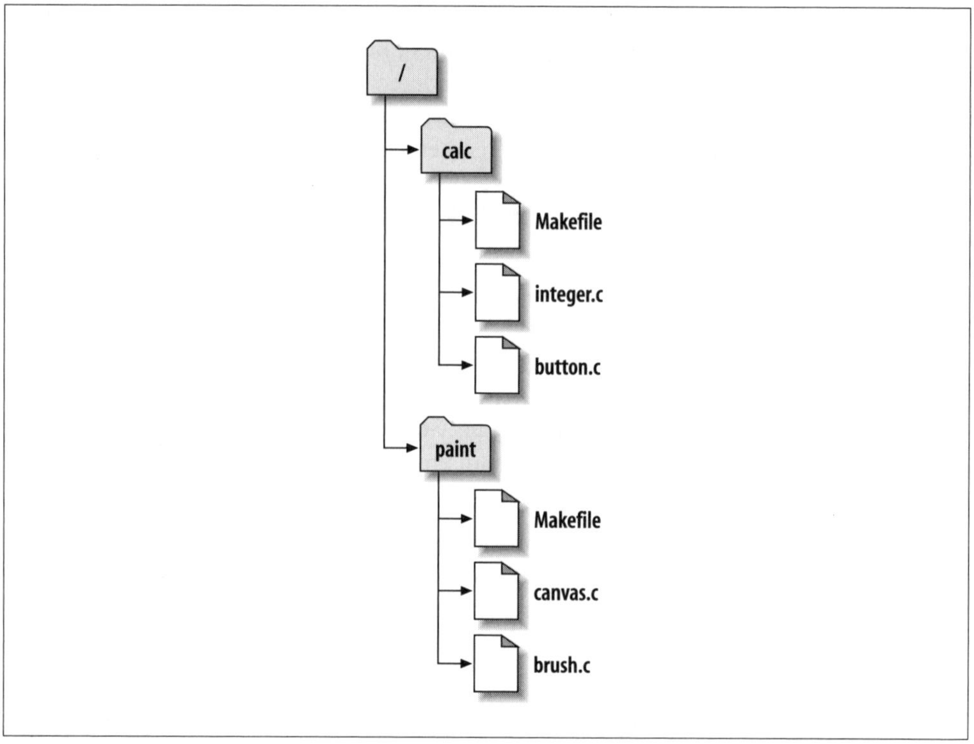

Abbildung 2-6: Das Dateisystem des Repository

Nehmen Sie einmal an, Sie nehmen Änderungen an *button.c* vor. Da das Verzeichnis *.svn* sich den Zeitpunkt der Änderung der Datei und den ursprünglichen Inhalt merkt, kann Subversion feststellen, dass Sie die Datei geändert haben. Allerdings veröffentlicht Subversion Ihre Änderungen erst dann, wenn Sie es ausdrücklich dazu anweisen. Der Vorgang des Veröffentlichens Ihrer Änderungen wird gemeinhin als *Bestätigen* (*Commit*) oder *Einchecken* der Änderungen im Repository bezeichnet.

Um Ihre Änderungen anderen bekannt zu machen, können Sie den Subversion-Befehl `commit` benutzen:

```
$ svn commit button.c
Sending        button.c
Transmitting file data .
Committed revision 57.
```

Nun sind Ihre Änderungen an *button.c* im Repository bestätigt; falls ein anderer Benutzer eine Arbeitskopie von */calc* auscheckt, sieht er Ihre Änderungen in der neuesten Version der Datei.

Repository-URLs

Subversion-Repositorys können mittels vieler verschiedener Methoden angesprochen werden – auf der lokalen Festplatte oder durch verschiedene Netzwerkprotokolle. Ein Repository-Standort ist jedoch immer eine URL. Tabelle 2-1 beschreibt, welche URL-Schemata den verfügbaren Zugriffsmethoden entsprechen.

Meist verwenden Subversions URLs die Standardsyntax, wodurch Server-Namen und Port-Nummern als Teile der URL angegeben werden können. Denken Sie daran, dass die `file:`-Zugriffsmethode nur für Ablageorte auf dem gleichen Server wie der Client Gültigkeit besitzt – das heißt, gemäß der Konvention muss der Server-Namensbestandteil der URL entweder fehlen oder `localhost` lauten:

```
$ svn checkout file:///pfad/auf/repository
...
$ svn checkout file://localhost/pfad/auf/repository
...
```

Auch Benutzer des `file:`-Schemas auf Windows-Plattformen müssen eine inoffizielle Standardsyntax verwenden, um auf Repositorys zuzugreifen, die sich auf dem gleichen Rechner, aber auf einem anderen Laufwerk als dem aktuellen Arbeitslaufwerk des Clients befinden. Die beiden folgenden URL-Pfadangaben sind möglich, wobei `X` das Laufwerk bezeichnet, auf dem sich das Repository befindet:

```
C:\> svn checkout file:///X:/pfad/auf/repository
...
C:\> svn checkout "file:///X|/pfad/auf/repository"
...
```

Bei der zweiten Syntax müssen Sie die URL mit Anführungszeichen schützen, damit der senkrechte Strich nicht als Pipe-Zeichen interpretiert wird.

Beachten Sie, dass eine URL normale Schrägstriche verwendet, auch wenn die native (Nicht-URL-)Form eines Pfades unter Windows mit Rückstrichen angegeben wird.

Tabelle 2-1: Zugriffs-URLs für Repositorys

Schema	Zugriffsmethode
`file:///`	Direkter Zugriff auf das Repository (auf der lokalen Festplatte).
`http://`	Zugriff über das WebDAV-Protokoll auf einen Subversion-fähigen Apache-Server.
`https://`	Identisch mit `http://`, allerdings mit SSL-Verschlüsselung.
`svn://`	Zugriff über ein eigenes Protokoll auf einen `svnserve`-Server.
`svn+ssh://`	Identisch mit `svn://`, allerdings durch einen SSH-Tunnel.

Stellen Sie sich nun vor, Sie haben eine Mitarbeiterin namens Sally, die zur gleichen Zeit wie Sie eine Arbeitskopie von */calc* ausgecheckt hat. Wenn Sie Ihre Änderungen an *button.c* einchecken, bleibt Sallys Arbeitskopie unverändert; Subversion ändert die Arbeitskopien nur auf Anforderung des Benutzers.

Um ihr Projekt auf den neuesten Stand zu bringen, kann Sally Subversion auffordern, ihre Arbeitskopie zu *aktualisieren*, indem sie den Subversion-Befehl `update` einsetzt. Dadurch werden Ihre sowie die Änderungen aller anderen in ihre Arbeitskopie eingebunden, die seit Sallys Auschecken der Datei bestätigt worden sind.

```
$ pwd
/home/sally/calc

$ ls -a
.svn/ Makefile integer.c button.c

$ svn update
U button.c
```

Die Ausgabe des Befehls `svn update` zeigt an, dass Subversion den Inhalt von *button.c* aktualisiert hat. Beachten Sie, dass Sally nicht angeben musste, welche Dateien aktualisiert werden sollten; Subversion benutzt die Informationen aus dem Verzeichnis *.svn* sowie weitere Informationen aus dem Repository, um zu entscheiden, welche Dateien auf den neuesten Stand gebracht werden müssen.

Revisionen

Eine `svn commit`-Operation kann Änderungen an einer beliebigen Anzahl von Dateien und Verzeichnissen in einer einzigen atomaren Transaktion veröffentlichen. In Ihrer Arbeitskopie können Sie den Inhalt Ihrer Dateien ändern, Dateien und Verzeichnisse anlegen, löschen, umbenennen und kopieren sowie die gesammelten Änderungen dann als eine Einheit wieder einchecken.

Im Repository wird jedes Commit als eine atomare Transaktion behandelt: Entweder alle Änderungen des Commit werden vollzogen, oder keine von ihnen wird durchgeführt. Subversion versucht diese Atomarität im Hinblick auf Programm- oder Systemabstürze, Netzwerkprobleme oder Aktionen anderer Benutzer beizubehalten.

Jedes Mal, wenn das Repository ein Commit akzeptiert, wird ein neuer Zustand des Dateisystembaums erzeugt, eine so genannte *Revision*. Jeder Revision wird eine eindeutige natürliche Zahl zugewiesen, die um eins größer ist als die Nummer der vorherigen Revision. Die Ausgangsrevisionsnummer eines neu angelegten Repository ist 0 und besteht aus nichts weiter als einem leeren Wurzelverzeichnis.

In Abbildung 2-7 wird das Repository gut veranschaulicht. Stellen Sie sich eine Reihe von Revisionsnummern vor, beginnend bei 0, die sich von links nach rechts erstreckt. Unter jeder Revisionsnummer hängt ein Dateisystembaum, und jeder Baum ist eine Momentaufnahme davon, wie das Repository nach einem Commit ausgesehen hat.

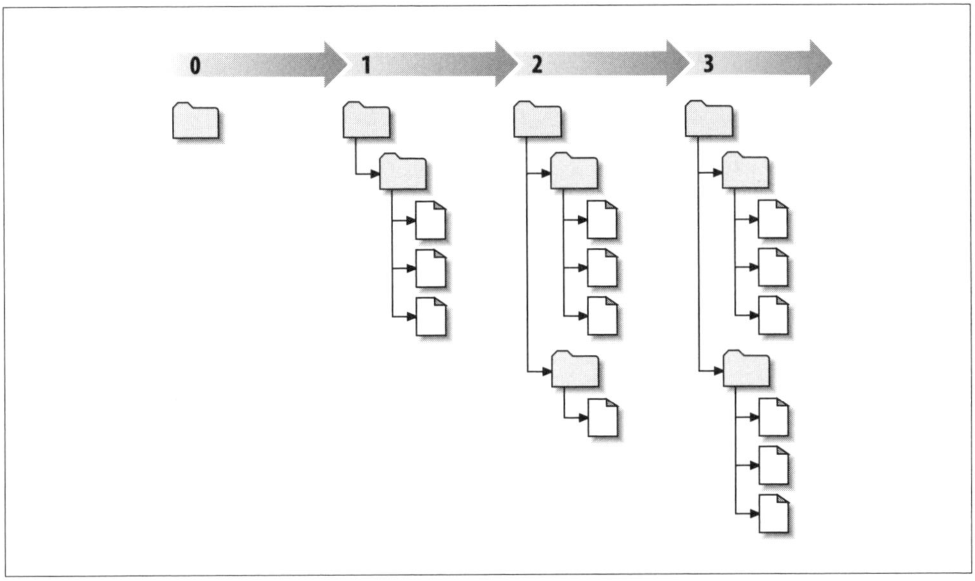

Abbildung 2-7: Das Repository

> ### Globale Revisionsnummern
>
> Im Gegensatz zu denen vieler anderer Versionskontrollsysteme gelten die Revisionsnummern von Subversion für *ganze Bäume*, nicht nur für einzelne Dateien. Jede Revisionsnummer wählt einen kompletten Baum aus, einen bestimmten Zustand des Repository nach einer bestätigten, d. h. eingecheckten Änderung. Sie können sich das auch so vorstellen: Revision N repräsentiert den Zustand des Repository-Dateisystems nach dem N-ten Commit. Wenn ein Subversion-Benutzer über Revision 5 von *foo.c* spricht, dann meint er in Wirklichkeit *foo.c*, wie die Datei in Revision 5 auftritt. Beachten Sie, dass sich die Revisionen N und M im Allgemeinen *nicht* unbedingt unterscheiden! Da CVS dateiweise Revisionsnummern verwendet, sollten CVS-Benutzer in Anhang A die weiteren Einzelheiten nachlesen.

Es ist wichtig festzuhalten, dass Arbeitskopien nicht immer mit einer einzelnen Revision im Repository korrespondieren; sie können Dateien aus mehreren unterschiedlichen Revisionen enthalten. Nehmen Sie beispielsweise an, Sie checken eine Arbeitskopie aus einem Repository aus, dessen neueste Revision 4 ist:

```
calc/Makefile:4
     integer.c:4
     button.c:4
```

Im Moment entspricht dieses Arbeitsverzeichnis exakt der Revision 4 im Repository. Stellen Sie sich nun jedoch vor, Sie nehmen eine Änderung an *button.c* vor und checken diese Änderung ein. Vorausgesetzt, dass keine weiteren Commits stattgefunden haben, erzeugt Ihr Commit Revision 5 des Repository. Ihre Arbeitskopie sieht nun so aus:

```
calc/Makefile:4
     integer.c:4
     button.c:5
```

Nehmen Sie nun an, dass an dieser Stelle Sally eine Änderung an *integer.c* eincheckt und auf diese Weise Revision 6 erzeugt. Falls Sie `svn update` einsetzen, um Ihre Arbeitskopie auf den neuesten Stand zu bringen, sieht diese jetzt so aus:

```
calc/Makefile:6
     integer.c:6
     button.c:6
```

Sallys Änderungen an *integer.c* erscheinen in Ihrer Arbeitskopie, und Ihre Änderungen sind immer noch in *button.c* vorhanden. In diesem Beispiel ist der Text von *Makefile* in den Revisionen 4, 5 und 6 identisch, Subversion allerdings markiert Ihre Arbeitskopie von *Makefile* mit Revision 6, um anzuzeigen, dass sie immer noch aktuell ist. Das bedeutet, nachdem Sie eine saubere Aktualisierung mit Ihrer Arbeitskopie durchgeführt haben, entspricht diese im Allgemeinen exakt einer Revision im Repository.

Wie Arbeitskopien das Repository verfolgen

Für jede Datei in einem Arbeitsverzeichnis zeichnet Subversion zwei wichtige Informationen im administrativen Bereich *.svn/* auf:

- auf welcher Revision Ihre Arbeitsdatei beruht (dies wird als *Arbeitsrevision* der Datei bezeichnet)
- einen Zeitstempel, der festhält, wann die lokale Kopie das letzte Mal durch das Repository aktualisiert wurde

Mit Hilfe dieser Informationen kann Subversion durch Kommunikation mit dem Repository feststellen, in welchem der folgenden vier Zustände sich eine Arbeitsdatei befindet:

Unverändert und aktuell
: Die Datei ist unverändert im Arbeitsverzeichnis, und im Repository wurden keine Änderungen an dieser Datei eingecheckt, seit seine Arbeitsrevision angelegt wurde. Ein `svn commit` der Datei tut nichts, und ein `svn update` der Datei tut ebenfalls nichts.

Lokal geändert und aktuell
: Die Datei wurde im Arbeitsverzeichnis geändert. Seit seiner `BASE`-Revision wurden keine Änderungen an dieser Datei in das Repository eingecheckt. Es gibt lokale Änderungen, die nicht an das Repository übertragen wurden, das heißt, ein `svn commit` der Datei würde Ihre Änderungen erfolgreich veröffentlichen, ein `svn update` der Datei tut nichts.

Unverändert und unaktuell

Die Datei wurde im Arbeitsverzeichnis nicht verändert, hat sich aber im Repository geändert. Die Datei sollte irgendwann aktualisiert werden, um sie an die öffentliche Revision anzupassen. Ein `svn commit` der Datei tut nichts, ein `svn update` der Datei bringt die neuesten Änderungen in Ihre Arbeitskopie ein.

Lokal geändert und unaktuell

Die Datei hat sich sowohl im Arbeitsverzeichnis als auch im Repository geändert. Ein `svn commit` der Datei schlägt fehl (»out-of-date«). Die Datei sollte zuerst aktualisiert werden; ein `svn update` versucht, die öffentlichen Änderungen und die lokalen Änderungen zusammenzuführen. Falls Subversion das Zusammenführen nicht automatisch auf plausible Weise abschließen kann, überlässt es dem Benutzer die Aufgabe, den Konflikt aufzulösen.

Das klingt, als gäbe es eine Menge Dinge, auf die man achten müsse. Dabei zeigt der Befehl `svn status` Ihnen den Zustand aller Objekte in Ihrer Arbeitskopie. Weitere Informationen über diesen Befehl finden Sie im Abschnitt »svn status« in Kapitel 3.

Die Beschränkungen gemischter Revisionen

Ein allgemeines Prinzip von Subversion besteht darin, dass es versucht, so flexibel wie möglich zu sein. Eine besondere Art der Flexibilität ist die Möglichkeit, dass eine Arbeitskopie gemischte Revisionsnummern enthält.

Zunächst ist es möglicherweise nicht ganz offensichtlich, weshalb diese Art von Flexibilität ein besonderes Feature und nicht eine Verpflichtung sein soll. Nach dem Abschluss eines Commit im Repository liegen die frisch eingecheckten Dateien und Verzeichnisse in einer neueren Arbeitsrevision vor als der Rest der Arbeitskopie. Das ist ein ganz schönes Durcheinander. Wie zuvor demonstriert, kann die Arbeitskopie immer in eine einzige Arbeitsrevision überführt werden, indem man `svn update` aufruft. Weshalb sollte man *ganz bewusst* eine Mischung von Arbeitsrevisionen haben wollen?

Wenn Ihr Projekt hinreichend komplex ist, werden Sie feststellen, dass es manchmal schöner ist, wenn man Teile der Arbeitskopie zwangsweise in eine frühere Revision zurückdatieren kann; wie dies geht, erfahren Sie in Kapitel 3. Vielleicht wollen Sie eine frühere Version eines Untermoduls testen, das in einem Unterverzeichnis enthalten ist. Oder Sie möchten eine Reihe früherer Versionen einer Datei im Kontext des neuesten Baums untersuchen.

Wie auch immer Sie gemischte Revisionen in Ihrer Arbeitskopie einsetzen, dieser Flexibilität sind Grenzen gesetzt.

Erstens können Sie das Löschen einer Datei oder eines Verzeichnisses nicht bestätigen, das nicht vollständig auf dem neuesten Stand ist. Wenn eine neuere Version des Objekts im Repository existiert, dann wird Ihr Löschversuch abgewiesen, um zu verhindern, dass Sie versehentlich Änderungen zerstören, die Sie noch gar nicht gesehen haben.

Zweitens können Sie Änderungen an Metadaten eines Verzeichnisses erst dann einchecken, wenn dieses vollständig auf dem neuesten Stand ist. In Kapitel 6 erfahren Sie mehr über das Zuweisen von Eigenschaften zu Objekten. Die Arbeitsrevision eines Verzeichnisses definiert eine besondere Menge von Einträgen und Eigenschaften. Durch das Einchecken einer Eigenschaft an einem unaktuellen Verzeichnis könnten Sie Eigenschaften zerstören, die Sie noch gar nicht gesehen haben.

Zusammenfassung

Wir haben in diesem Kapitel eine Reihe grundlegender Subversion-Konzepte behandelt:

- Wir haben die Begriffe des zentralen Repository, der Client-Arbeitskopie und der fortlaufenden Reihe von Repository-Revisionsbäumen eingeführt.
- Wir haben einige einfache Beispiele dafür geliefert, wie zwei Kollegen Subversion verwenden können, um mit Hilfe des Modells Kopieren-Verändern-Zusammenführen gegenseitig Änderungen zu veröffentlichen und zu empfangen.
- Wir haben die Art und Weise erläutert, wie Subversion Informationen in einer Arbeitskopie verfolgt und verwaltet.

Jetzt sollten Sie eine grobe Vorstellung davon haben, wie Subversion funktioniert. Bewaffnet mit diesem Wissen müssten Sie nun bereit sein, sich zum nächsten Kapitel zu begeben, in dem Sie eine ausführliche Übersicht über die Befehle und Funktionen von Subversion erhalten.

KAPITEL 3
Geführte Tour

Jetzt befassen wir uns mit den Details der Subversion-Benutzung. Nach dem Lesen dieses Kapitels werden Sie in der Lage sein, alle Aufgaben auszuführen, die erforderlich sind, um Subversion bei der normalen Arbeit einzusetzen. Sie beginnen mit einem ersten Auschecken Ihres Codes, nehmen dann Änderungen vor und untersuchen diese Änderungen. Außerdem erfahren Sie, wie Sie Änderungen, die andere vornehmen, in Ihre Arbeitskopie integrieren, sie untersuchen und Konflikte beheben, die durch diese Änderungen auftreten können.

Beachten Sie, dass dieses Kapitel nicht als umfassende Auflistung aller Subversion-Befehle gedacht ist – stattdessen ist es eine Einführung in die gebräuchlichsten Subversion-Aufgaben, mit denen Sie es zu tun bekommen werden. Wir gehen davon aus, dass Sie Kapitel 2 gelesen und verstanden haben und mit dem allgemeinen Modell von Subversion vertraut sind. Eine vollständige Referenz aller Befehle finden Sie in Kapitel 9.

Hilfe!

Bevor Sie weiterlesen, schauen Sie sich hier den wichtigsten Befehl an, den Sie brauchen, wenn Sie mit Subversion arbeiten: `svn help`. Der Subversion-Kommandozeilen-Client ist selbstdokumentierend – ein schnelles `svn help <befehl>` beschreibt jederzeit die Syntax, die Schalter und das Verhalten von `befehl`.

Import

Sie verwenden `svn import`, um ein neues Projekt in ein Subversion-Repository zu importieren. Das ist zwar vermutlich das Erste, was Sie tun werden, wenn Sie Ihren Subversion-Server einrichten, allerdings kommt es nicht allzu häufig vor. Eine ausführliche Beschreibung des Imports finden Sie im Abschnitt »svn import« weiter hinten in diesem Kapitel.

Revisionen: Nummern, Schlüsselwörter und Daten

Bevor wir weitermachen, sollten Sie etwas darüber erfahren, wie Sie eine bestimmte Revision in Ihrem Repository identifizieren. Wie Sie im Abschnitt »Revisionen« in Kapitel 2 gelernt haben, handelt es sich bei einer Revision um eine Momentaufnahme des Repository zu einem bestimmten Zeitpunkt. Wenn Sie immer mehr Dinge in Ihr Repository übernehmen und dieses damit weiter anwächst, benötigen Sie einen Mechanismus, um diese Momentaufnahmen zu identifizieren.

Sie wählen diese Revisionen, indem Sie den Schalter `--revision` (`-r`) sowie die gewünschte Revision (`svn --revision REV`) angeben. Sie können aber auch einen Bereich festlegen, indem Sie zwei Revisionen durch einen Doppelpunkt trennen (`svn --revision REV1:REV2`). Subversion erlaubt es Ihnen, diese Revisionen mit Hilfe einer Nummer, eines Schlüsselwortes oder eines Datums zu benennen.

Revisionsnummern

Wenn Sie ein neues Subversion-Repository anlegen, beginnt dieses sein Leben bei der Revision null. Jedes nachfolgende Commit erhöht die Revisionsnummer um eins. Nach dem Abschließen eines Commit informiert Subversion Sie über die neue Revisionsnummer:

```
$ svn commit --message "Corrected number of cheese slices."
Sending        sandwich.txt
Transmitting file data .
Committed revision 3.
```

Falls Sie irgendwann in Zukunft auf diese Revision zurückgreifen wollen (wir zeigen Ihnen später in diesem Kapitel, wie das geht und weshalb Sie das tun sollten), können Sie sich mit 3 darauf beziehen.

Revisionsschlüsselwörter

Der Subversion-Client versteht eine Reihe von *Revisionsschlüsselwörtern* (Revision Keywords). Diese Schlüsselwörter können an Stelle der Integer-Argumente mit dem Schalter `--revision` eingesetzt werden und werden von Subversion in spezielle Revisionsnummern umgewandelt:

Jedes Verzeichnis in Ihrer Arbeitskopie enthält ein administratives Unterverzeichnis namens *.svn*. Für jede Datei in einem Verzeichnis hält Subversion eine Kopie im administrativen Bereich vor. Diese Kopie ist eine unveränderte Kopie der Datei (keine Schlüsselworterweiterung, keine Übersetzung der Zeilenenden, kein gar nichts), wie sie in der letzten Revision vorlag (die so genannte `BASE`-Revision), die Sie in Ihrer Arbeitskopie aktualisiert haben. Wir bezeichnen diese Datei als *ursprüngliche Kopie* (»pristine copy«) oder *textbasierte* Version Ihrer Datei. Es ist immer eine exakte, byteweise Kopie der Datei, wie sie sich im Repository befindet.

HEAD
Die neueste Revision im Repository

BASE
Die ursprüngliche Revision eines Objekts in einer Arbeitskopie

COMMITTED
Die letzte Revision, in der sich ein Objekt geändert hat, vor (oder bei) `BASE`

PREV
Die Revision direkt *vor* der letzten Revision, in der ein Objekt geändert wurde (technisch gesehen `COMMITTED - 1`)

Es folgen einige Beispiele für die Revisionsschlüsselwörter in Aktion. Machen Sie sich keine Sorgen, wenn die Befehle Ihnen noch nichts sagen; wir werden sie im Laufe dieses Kapitels erläutern:

```
$ svn diff --revision PREV:COMMITTED foo.c
# zeigt die letzte Änderung, die an foo.c bestätigt wurde

$ svn log --revision HEAD
# zeigt Protokollmeldungen für das neueste Repository-Commit

$ svn diff --revision HEAD
# vergleicht Ihre Arbeitsdatei (mit lokalen Modifikationen) mit der neuesten Version
# im Repository

$ svn diff --revision BASE:HEAD foo.c
# vergleicht Ihre ursprüngliche foo.c (keine lokalen Modifikationen) mit der
# neuesten Version im Repository

$ svn log --revision BASE:HEAD
# zeigt alle Commit-Meldungen seit der letzten Aktualisierung

$ svn update --revision PREV foo.c
# geht zur letzten Änderung an foo.c zurück
# (die Arbeitsrevision von foo.c wird verringert)
```

Diese Schlüsselwörter erlauben es Ihnen, viele gebräuchliche (und nützliche) Operationen durchzuführen, ohne dass Sie spezielle Revisionsnummern nachschlagen oder sich an die exakte Revision Ihrer Arbeitskopie erinnern müssen.

Revisionsdaten

Überall, wo Sie eine Revisionsnummer oder ein Schlüsselwort angeben, können Sie auch ein Datum festlegen, das Sie in geschweifte Klammern { } setzen. Sie können sogar auf einen Bereich von Änderungen im Repository zugreifen, indem Sie sowohl Datums- als auch Revisionsangaben benutzen!

Hier sind Beispiele für die Datumsformate, die Subversion akzeptiert. Denken Sie daran, Anführungszeichen um jedes Datum zu setzen, das Leerzeichen enthält.

```
$ svn checkout --revision {2002-02-17}
$ svn checkout --revision {15:30}
$ svn checkout --revision {15:30:00.200000}
$ svn checkout --revision {"2002-02-17 15:30"}
$ svn checkout --revision {"2002-02-17 15:30 +0230"}
$ svn checkout --revision {2002-02-17T15:30}
$ svn checkout --revision {2002-02-17T15:30Z}
$ svn checkout --revision {2002-02-17T15:30-04:00}
$ svn checkout --revision {20020217T1530}
$ svn checkout --revision {20020217T1530Z}
$ svn checkout --revision {20020217T1530-0500}
...
```

Wenn Sie ein Datum als Revision angeben, sucht Subversion nach der neuesten Revision des Repository zu diesem Datum:

```
$ svn log --revision {2002-11-28}
------------------------------------------------------------------------
r12 | ira | 2002-11-27 12:31:51 -0600 (Wed, 27 Nov 2002) | 6 lines
...
```

Ist Subversion einen Tag zu früh dran?

Wenn Sie ein einzelnes Datum als Revision angeben, ohne zusätzlich die Tageszeit festzulegen (zum Beispiel `2002-11-27`), dann gehen Sie vielleicht davon aus, dass Subversion Ihnen die letzte Revision liefert, die am 27. November stattfand. Stattdessen erhalten Sie eine Revision vom 26. oder sogar noch früher. Denken Sie daran, dass Subversion die *neueste Revision des Repository* mit dem von Ihnen angegebenen Datum sucht. Wenn Sie ein Datum ohne Zeitstempel angeben, wie `2002-11-27`, nimmt Subversion als Zeit 00:00:00 an. Das Suchen nach der neuesten Version liefert daher nichts vom 27. selbst zurück.

Wollen Sie den 27. in Ihre Suche einbeziehen, dann geben Sie entweder den 27. mit einer Zeit an (`{"2002-11-27 23:59"}`), oder legen Sie einfach den nächsten Tag fest (`{2002-11-28}`).

Sie können auch einen Datumsbereich verwenden. Subversion sucht alle Revisionen zwischen den und einschließlich der beiden Daten:

```
$ svn log --revision {2002-11-20}:{2002-11-29}
...
```

Wie wir gezeigt haben, können Sie auch Daten und Revisionen mischen:

```
$ svn log --revision {2002-11-20}:4040
```

Benutzer müssen sich allerdings der Feinheiten bewusst sein, die durchaus zu einem Stolperstein werden können, wenn es um Daten in Subversion geht. Da der Zeitstempel einer Revision als Eigenschaft der Revision – eine nicht versionierte, veränderbare Eigenschaft

– gespeichert wird, können Revisionszeitstempel geändert werden und auf diese Weise die wirkliche Chronologie falsch wiedergeben. Sie können sogar gelöscht werden. Dies schadet der internen Datum-zu-Revision-Konvertierung, die Subversion ausführt.

Das erste Auschecken

Meist beginnen Sie die Benutzung eines Subversion-Repository mit einem *Checkout* Ihres Projekts. Durch das Auschecken eines Repository wird eine Kopie davon auf Ihrem lokalen Rechner angelegt. Diese Kopie enthält den `HEAD` (neueste Revision) des Subversion-Repository, den Sie auf der Kommandozeile angeben:

```
$ svn checkout http://svn.collab.net/repos/svn/trunk
A  trunk/subversion.dsw
A  trunk/svn_check.dsp
A  trunk/COMMITTERS
A  trunk/configure.in
A  trunk/IDEAS
...
Checked out revision 2499.
```

Repository-Layout

Falls Sie sich fragen, was es mit `trunk` in der obigen URL auf sich hat, dann nur so viel: Es ist Teil der Methode, die wir Ihnen zum Anlegen Ihres Subversion-Repository empfehlen. Mit diesem Thema befassen wir uns eingehender in Kapitel 4.

Das gezeigte Beispiel checkt das *trunk*-Verzeichnis aus; Sie können aber auch genauso gut ein tiefer gelegenes Unterverzeichnis eines Repository auschecken, indem Sie das Unterverzeichnis in der Checkout-URL angeben:

```
$ svn checkout http://svn.collab.net/repos/svn/trunk/doc/book/tools
A  tools/readme-dblite.html
A  tools/fo-stylesheet.xsl
A  tools/svnbook.el
A  tools/dtd
A  tools/dtd/dblite.dtd
...
Checked out revision 3678.
```

Da Subversion ein Kopieren-Verändern-Zusammenführen-Modell nutzt und nicht auf dem Sperren, Verändern und erneuten Entsperren basiert (siehe Kapitel 2), sind Sie bereits in der Lage, Änderungen an den Dateien und Verzeichnissen in Ihrer Arbeitskopie vorzunehmen. Ihre Arbeitskopie ist wie jede andere Sammlung von Dateien und Verzeichnissen auf Ihrem System. Sie können sie bearbeiten und verändern, sie verschieben,

Sie können sogar die gesamte Arbeitskopie löschen und sie aus Ihrem Gedächtnis verbannen.

> Ihre Arbeitskopie stellt zwar nur eine weitere Sammlung von Dateien und Verzeichnissen auf Ihrem System dar, dennoch müssen Sie Subversion davon in Kenntnis setzen, falls Sie irgendetwas innerhalb Ihrer Arbeitskopie umsortieren. Falls Sie ein Objekt in einer Arbeitskopie kopieren oder verschieben, sollten Sie an Stelle der entsprechenden Befehle Ihres Betriebssystems `svn copy` oder `svn move` benutzen. Wir kommen weiter hinten in diesem Kapitel auf `svn copy` und `svn move` zurück.

Es besteht kein Grund, den Subversion-Server darüber zu benachrichtigen, dass Sie etwas getan haben, es sei denn, Sie wollen eine neue Datei oder ein neues Verzeichnis einchecken.

> Jedes Verzeichnis in einer Arbeitskopie enthält einen administrativen Bereich, ein Unterverzeichnis namens *.svn*. Normalerweise wird dieses Verzeichnis durch Befehle zum Auflisten von Verzeichnissen nicht angezeigt, nichtsdestotrotz handelt es sich um ein wichtiges Verzeichnis. Was auch immer Sie tun, löschen oder ändern Sie niemals etwas in diesem administrativen Bereich! Subversion verlässt sich darauf beim Verwalten Ihrer Arbeitskopie.

Es ist zwar möglich, eine Arbeitskopie mit der URL des Repository als einzigem Argument auszuchecken, Sie können aber auch ein Verzeichnis hinter Ihrer Repository-URL angeben. Dadurch wird Ihre Arbeitskopie in ein neues, von Ihnen benanntes Verzeichnis gesetzt. Zum Beispiel:

```
$ svn checkout http://svn.collab.net/repos/svn/trunk subv
A  subv/subversion.dsw
A  subv/svn_check.dsp
A  subv/COMMITTERS
A  subv/configure.in
A  subv/IDEAS
...
Checked out revision 2499.
```

Ihre Arbeitskopie gelangt hier in ein Verzeichnis namens `subv` anstatt in ein Verzeichnis namens `trunk`, wie zuvor demonstriert.

Der wesentliche Arbeitsablauf

Subversion besitzt zahlreiche Funktionen, Optionen und allerlei Schnickschnack, allerdings werden Sie bei Ihrer täglichen Arbeit höchstwahrscheinlich nur wenige davon benutzen. In diesem Abschnitt schauen wir uns die Dinge an, die bei Ihrer Arbeit mit Subversion am häufigsten anfallen.

Der typische Arbeitsablauf sieht folgendermaßen aus:

- Aktualisieren Ihrer Arbeitskopie
  - `svn update`
- Vornehmen von Änderungen
  - `svn add`
  - `svn delete`
  - `svn copy`
  - `svn move`
- Überprüfen Ihrer Änderungen
  - `svn status`
  - `svn diff`
  - `svn revert`
- Einbringen der Änderungen anderer Benutzer
  - `svn merge`
  - `svn resolved`
- Bestätigen Ihrer Änderungen
  - `svn commit`

Aktualisieren Ihrer Arbeitskopie

Wenn Sie mit einem Team an einem Projekt arbeiten, werden Sie Ihre Arbeitskopie aktualisieren wollen, um alle Änderungen zu erhalten, die seit der letzten Aktualisierung von den anderen Entwicklern des Projektes vorgenommen wurden. Benutzen Sie `svn update`, um Ihre Arbeitskopie mit der neuesten Revision im Repository zu synchronisieren.

```
$ svn update
U  foo.c
U  bar.c
Updated to revision 2.
```

In diesem Fall hat jemand anderes Veränderungen sowohl an *foo.c* als auch an *bar.c* eingecheckt, seit Sie das letzte Mal aktualisiert haben. Subversion hat Ihre Arbeitskopie daraufhin aktualisiert, um diese Änderungen einzubinden.

Lassen Sie uns die Ausgabe von `svn update` ein bisschen näher untersuchen. Wenn der Server Änderungen an Ihre Arbeitskopie sendet, wird neben jedem Objekt ein Buchstabencode angezeigt, um Sie darüber zu informieren, welche Aktionen Subversion ausgeführt hat, um Ihre Arbeitskopie auf den neuesten Stand zu bringen:

`U foo`
: Datei *foo* wurde aktualisiert – `U`pdate (hat Änderungen vom Server empfangen).

`A foo`
: Datei oder Verzeichnis *foo* wurde Ihrer Arbeitskopie hinzugefügt (`A`dded).

`D foo`
: Datei oder Verzeichnis *foo* wurde aus Ihrer Arbeitskopie gelöscht (`D`eleted).

`R foo`
: Datei oder Verzeichnis *foo* wurde in Ihrer Arbeitskopie ersetzt (`R`eplaced); das heißt, *foo* wurde gelöscht, und ein neues Objekt des gleichen Namens wurde hinzugefügt. Diese Objekte mögen zwar den gleichen Namen tragen, das Repository jedoch betrachtet sie als unterschiedliche Objekte mit unterschiedlichen Historien.

`G foo`
: Datei *foo* hat neue Änderungen aus dem Repository empfangen, Ihre lokale Kopie der Datei jedoch enthielt Ihre Änderungen. Die Änderungen haben sich allerdings nicht überschnitten, weshalb Subversion die Änderungen aus dem Repository problemlos in die Datei überführt (mer`G`ed) hat.

`C foo`
: Datei *foo* hat widersprüchliche (`C`onflicting) Änderungen vom Server empfangen. Die Änderungen vom Server überschneiden sich direkt mit Ihren eigenen Änderungen an der Datei. Das ist jedoch kein Grund, in Panik zu geraten. Diese Überschneidung muss von einem Menschen (von Ihnen) aufgelöst werden; wir werden weiter hinten in diesem Kapitel auf diese Situation eingehen.

Änderungen an Ihrer Arbeitskopie vornehmen

Nun können Sie loslegen und Änderungen an Ihrer Arbeitskopie vornehmen. Am bequemsten ist es normalerweise, wenn Sie eine bestimmte Änderung (oder mehrere Änderungen) durchführen, wie etwa das Schreiben einer neuen Funktion, das Beheben eines Fehlers usw. Die hierzu benötigten Subversion-Befehle sind `svn add`, `svn delete`, `svn copy` und `svn move`. Falls Sie hingegen lediglich eine Datei (oder mehrere Dateien) bearbeiten, die sich bereits in Subversion befindet, müssen Sie diese Befehle vermutlich gar nicht benutzen, bis Sie die Änderungen bestätigen. Folgende Änderungen können Sie an Ihrer Arbeitskopie vornehmen:

Dateiänderungen
: Dies ist die einfachste Form der Änderung. Sie müssen Subversion nicht mitteilen, dass Sie vorhaben, eine Datei zu ändern; führen Sie einfach Ihre Änderungen durch. Subversion stellt automatisch fest, welche Dateien geändert wurden.

Baumänderungen
: Sie können Subversion auffordern, Dateien und Verzeichnisse für ein planmäßiges Entfernen, Hinzufügen, Kopieren oder Verschieben zu kennzeichnen. In Ihrer Arbeitskopie werden diese Änderungen sofort durchgeführt, im Repository dagegen finden sie erst statt, wenn Sie dies bestätigen.

Um Dateiänderungen durchzuführen, benutzen Sie Ihren Texteditor, eine Textverarbeitung, ein Grafikprogramm oder ein beliebiges anderes Werkzeug, welches Sie normalerweise einsetzen. Subversion verarbeitet Binärdateien genauso einfach wie Textdateien – und ebenso effizient.

Die folgenden vier Subversion-Befehle werden Sie am häufigsten einsetzen, um Baumänderungen vorzunehmen (wir werden `svn import` und `svn mkdir` später behandeln).

`svn add foo`
: Plant *foo* für das Einfügen in das Repository ein. Wenn Sie das nächste Mal ein Commit ausführen, wird *foo* zu einem Kindeintrag seines übergeordneten Verzeichnisses. Falls *foo* ein Verzeichnis ist, wird alles unterhalb von *foo* ebenfalls für das Hinzufügen vorgesehen. Wollen Sie nur *foo* selbst einstellen, dann übergeben Sie den Schalter `--non-recursive (-N)`.

`svn delete foo`
: Plant *foo* für das Löschen aus dem Repository ein. Falls es sich bei *foo* um eine Datei handelt, wird diese sofort aus Ihrer Arbeitskopie gelöscht. Ist *foo* ein Verzeichnis, dann wird dieses nicht gelöscht, Subversion plant es aber für eine Löschung ein. Wenn Sie Ihre Änderungen bestätigen, wird *foo* aus Ihrer Arbeitskopie und aus dem Repository entfernt.

  Natürlich wird nichts jemals völlig aus dem Repository gelöscht – nur aus dem `HEAD` des Repository. Sie können alles, was Sie löschen, zurückbekommen, indem Sie eine frühere Revision auschecken (oder Ihre Arbeitskopie entsprechend aktualisieren) als diejenige, in der Sie gelöscht haben.

`svn copy foo bar`
: Erzeugt ein neues Objekt *bar* als Duplikat von *foo*. *bar* wird automatisch für das Hinzufügen eingeplant. Wenn *bar* beim nächsten Commit zum Repository hinzugefügt wird, dann wird seine Kopierhistorie aufgezeichnet (nämlich, dass es ursprünglich von *foo* stammt). `svn copy` erzeugt keine vorübergehenden Verzeichnisse.

`svn move foo bar`
: Dieser Befehl verhält sich exakt wie die Ausführung von `svn copy foo bar; svn delete foo`. Das heißt, *bar* wird für das Hinzufügen als Kopie von *foo* eingeplant, und *foo* wird zum Löschen vorgesehen. `svn move` erzeugt keine vorübergehenden Verzeichnisse.

Überprüfen Ihrer Änderungen

Sobald Sie mit Ihren Änderungen fertig sind, müssen Sie sie in das Repository einbringen, d. h. sie bestätigen. Zuvor sollten Sie sich jedoch noch einmal genau anschauen, was Sie geändert haben. Durch die Untersuchung Ihrer Änderungen vor dem Bestätigen können Sie eine exaktere Protokollmeldung verfassen. Möglicherweise stellen Sie auch fest, dass Sie eine Datei versehentlich geändert haben. Jetzt haben Sie noch die Möglichkeit, diese

> **Ändern des Repository ohne Arbeitskopie**
>
> Weiter vorn in diesem Kapitel haben wir gesagt, dass Sie alle Änderungen bestätigen müssen, die Sie vornehmen, damit das Repository diese Änderungen widerspiegelt. Das ist nicht die ganze Wahrheit – es gibt einige Fälle, in denen Baumänderungen sofort im Repository bestätigt werden. Dies geschieht nur, wenn ein Unterbefehl direkt auf einer URL operiert anstatt auf dem Arbeitskopienpfad. Vor allem spezielle Anwendungen von `svn mkdir`, `svn copy`, `svn move` und `svn delete` können mit URLs arbeiten.
>
> URL-Operationen verhalten sich so, weil Befehle, die auf einer Arbeitskopie operieren, die Arbeitskopie als eine Art Sammelpunkt zum Einstellen Ihrer Änderungen benutzen können, bevor Sie diese im Repository bestätigen. Befehle, die auf URLs operieren, haben diesen Luxus nicht, das heißt, wenn Sie direkt auf einer URL arbeiten, dann stellen alle angeführten Aktionen ein sofortiges Commit dar.

Änderungen vor dem Bestätigen wieder rückgängig zu machen. Außerdem ist dies eine gute Gelegenheit, Änderungen vor der Veröffentlichung zu überdenken und zu hinterfragen. Mit Hilfe von `svn status`, `svn diff` und `svn revert` können Sie genau feststellen, welche Änderungen Sie vorgenommen haben. Normalerweise verwenden Sie die ersten beiden Befehle, um herauszufinden, welche Dateien sich in Ihrer Arbeitskopie geändert haben, und den dritten Befehl, um einige (oder alle) Änderungen zurückzunehmen.

Subversion wurde daraufhin optimiert, Sie bei dieser Aufgabe zu unterstützen, und kann viele Dinge erledigen, ohne mit dem Repository zu kommunizieren. Vor allem enthält Ihre Arbeitskopie im *.svn*-Bereich eine geheime, unverfälschte Kopie jeder Datei im Versionskontrollsystem. Auf Grund dessen kann Subversion schnell anzeigen, wie sich Ihre Arbeitsdateien geändert haben, oder es Ihnen sogar erlauben, Ihre Änderungen rückgängig zu machen, ohne Kontakt mit dem Repository aufzunehmen.

svn status

Wahrscheinlich werden Sie den Befehl `svn status` häufiger als jeden anderen Subversion-Befehl einsetzen.

Falls Sie `svn status` ohne Argumente mit Ihrer Arbeitskopie ausführen, ermittelt dieser Befehl alle Datei- und Baumänderungen, die Sie vorgenommen haben. Dieses Beispiel soll Ihnen die unterschiedlichen Statuscodes zeigen, die `svn status` zurückliefern kann. (Beachten Sie, dass der Text, der dem #-Zeichen in unserem Beispiel folgt, nicht von `svn status` ausgegeben wird.)

```
$ svn status
  L     abc.c               # svn hat eine Sperre in seinem .svn-Verzeichnis für abc.c
M       bar.c               # der Inhalt von bar.c weist lokale Modifikationen auf
 M      baz.c               # baz.c weist Änderungen der Dateieigenschaften, aber nicht
                            # des Inhalts auf
```

```
?       foo.o               # foo.o wird nicht von svn verwaltet
!       some_dir            # svn verwaltet dies, aber es fehlt entweder oder ist
                            # unvollständig
~       qux                 # versioniert als Verzeichnis, ist aber eine Datei, oder
                            # umgekehrt
A  +    moved_dir           # enthält die Historie, woher es stammt
M  +    moved_dir/README    # enthält die Historie und weist lokale Modifikationen auf
D       stuff/fish.c        # diese Datei ist für die Löschung vorgesehen
A       stuff/loot/bloo.h   # diese Datei ist für das Hinzufügen vorgesehen
C       stuff/loot/lump.c   # diese Datei weist Konflikte aus einer Aktualisierung auf
    S stuff/squawk          # diese Datei oder dieses Verzeichnis wurde in einen Zweig
                            # verschoben
...
```

CVS-Benutzer: Nein zu Update!

Wahrscheinlich sind Sie daran gewöhnt, mit `cvs update` festzustellen, welche Änderungen Sie an Ihrer Arbeitskopie vorgenommen haben. `svn status` liefert Ihnen alle Informationen, die Sie bezüglich der Änderungen an Ihrer Arbeitskopie benötigen – ohne auf das Repository zuzugreifen oder potenziell neue Änderungen einzubeziehen, die andere Benutzer veröffentlicht haben.

In Subversion tut `update` genau das, was es soll – es aktualisiert Ihre Arbeitskopie mit allen Änderungen, die seit Ihrer letzten Aktualisierung der Arbeitskopie in das Repository eingebracht worden sind. Sie werden wohl Ihre Gewohnheit aufgeben müssen, den Befehl `update` dazu einzusetzen, Ihre lokalen Modifikationen zu ermitteln.

In diesem Ausgabeformat gibt `svn status` fünf Spalten mit Zeichen aus, gefolgt von mehreren Whitespace-Zeichen, gefolgt von einem Datei- oder Verzeichnisnamen. Die erste Spalte gibt Auskunft über den Status einer Datei oder eines Verzeichnisses und/oder über deren Inhalt. Die ausgegebenen Codes stellen sich so dar:

`A datei_oder_verzeichnis`
: Die Datei oder das Verzeichnis *datei_oder_verzeichnis* wurde zur Hinzufügung in das Repository eingeplant.

`C datei_oder_verzeichnis`
: *datei_oder_verzeichnis* befindet sich im Konfliktzustand. Das bedeutet, Änderungen, die während einer Aktualisierung vom Server empfangen wurden, überschneiden sich mit lokalen Änderungen, die Sie in Ihrer Arbeitskopie haben. Sie müssen diesen Konflikt lösen, bevor Sie Ihre Änderungen in das Repository einbringen.

`D datei_oder_verzeichnis`
: Die Datei oder das Verzeichnis *datei_oder_verzeichnis* wurde zur Löschung aus dem Repository eingeplant.

`M datei`
: Der Inhalt der Datei *datei* wurde geändert.

`X verzeichnis`
: Das Verzeichnis *verzeichnis* ist nicht versioniert, hängt aber mit einer Externals-Definition von Subversion zusammen. Nähere Informationen über Externals-Definitionen finden Sie im Abschnitt »Externals-Definitionen« in Kapitel 7.

`? datei_oder_verzeichnis`
: Die Datei oder das Verzeichnis *datei_oder_verzeichnis* unterliegt nicht der Versionskontrolle. Sie können die Fragezeichen unterdrücken, indem Sie entweder den Schalter `--quiet` (`-q`) an `svn status` übergeben oder die Eigenschaft `svn:ignore` im übergeordneten Verzeichnis setzen. Weitere Informationen über ignorierte Dateien finden Sie im Abschnitt »svn:ignore«.

`! datei_oder_verzeichnis`
: Die Datei oder das Verzeichnis *datei_oder_verzeichnis* unterliegt der Versionskontrolle, fehlt jedoch oder ist unvollständig. Das Objekt kann beispielsweise fehlen, wenn es mit einem Nicht-Subversion-Befehl gelöscht wurde. Ein Verzeichnis könnte unvollständig sein, weil Sie das Auschecken oder die Aktualisierung unterbrochen haben. Der Befehl `svn update` würde die Datei oder das Verzeichnis erneut aus dem Repository abrufen, mit `svn revert file` könnten Sie eine fehlende Datei wiederherstellen.

`~ datei_oder_verzeichnis`
: Die Datei oder das Verzeichnis *datei_oder_verzeichnis* befindet sich im Repository als eine andere Art von Objekt als sie in Ihrer Arbeitskopie vorliegt. Beispielsweise könnte Subversion eine Datei in seinem Repository haben, Sie haben jedoch die Datei gelöscht und an deren Stelle ein Verzeichnis angelegt, ohne die Befehle `svn delete` oder `svn add` zu benutzen.

Die zweite Spalte gibt Auskunft über die Eigenschaften einer Datei oder eines Verzeichnisses (Näheres über Eigenschaften finden Sie im Abschnitt »Eigenschaften« in Kapitel 7). Falls ein `M` in der zweiten Spalte auftaucht, wurden die Eigenschaften verändert, ansonsten erscheint hier eine Leerstelle.

Die dritte Spalte zeigt nur Whitespace oder ein `L`, was bedeutet, dass Subversion das Objekt im *.svn*-Arbeitsbereich gesperrt hat. Sie sehen ein `L`, wenn Sie ein `svn status` in einem Verzeichnis ausführen, in dem ein `svn commit` im Gang ist – wahrscheinlich, wenn Sie die Protokollmeldung bearbeiten. Falls Subversion nicht läuft, dann wurde es vermutlich unterbrochen, und die Sperre muss mit Hilfe des Befehls `svn cleanup` entfernt werden (mehr darüber weiter hinten in diesem Kapitel).

Die vierte Spalte zeigt nur ein `+` oder Whitespace, was bedeutet, dass die Datei oder das Verzeichnis planmäßig hinzugefügt oder modifiziert werden soll, wobei zusätzlich eine Historie zugewiesen wurde. Dies geschieht typischerweise, wenn Sie eine Datei oder ein Verzeichnis mit `svn move` oder `svn copy` behandeln. Falls Sie `A  +` sehen, dann bedeutet dies, dass das Objekt für das Hinzufügen-mit-Historie vorgesehen ist. Es könnte sich um eine Datei oder um die Wurzel eines kopierten Verzeichnisses handeln. + bedeutet, dass das Objekt Teil eines Unterbaums ist, der für das Hinzufügen-mit-Historie vorgesehen ist, d. h., ein übergeordnetes Objekt wurde kopiert, und dieses kommt entsprechend mit. `M +` bedeutet, dass das Objekt Teil eines Unterbaums ist, der für das Hinzufügen-mit-Historie vorgesehen ist, und lokale Veränderungen aufweist. Wenn Sie ein Commit ausführen, wird zuerst das übergeordnete Objekt hinzugefügt-mit-Historie (kopiert), was bedeutet, dass diese Datei automatisch in der Kopie existiert. Dann werden die lokalen Modifikationen in die Kopie geladen.

Die fünfte Spalte zeigt nur ein `S` oder Whitespace. Dies signalisiert, dass die Datei oder das Verzeichnis aus dem Pfad der restlichen Arbeitskopie in einen Zweig verschoben wurde (mit `svn switch`).

Falls Sie einen bestimmten Pfad an `svn status` übergeben, liefert Ihnen der Befehl Informationen über das speziell bezeichnete Objekt:

```
$ svn status stuff/fish.c
D      stuff/fish.c
```

`svn status` besitzt auch den Schalter `--verbose` (`-v`), der Ihnen den Status aller Objekte in Ihrer Arbeitskopie ausgibt, auch wenn sich nichts geändert hat:

```
$ svn status --verbose
M              44      23    sally     README
               44      30    sally     INSTALL
M              44      20    harry     bar.c
               44      18    ira       stuff
               44      35    harry     stuff/trout.c
D              44      19    ira       stuff/fish.c
               44      21    sally     stuff/things
A               0       ?     ?        stuff/things/bloo.h
               44      36    harry     stuff/things/gloo.c
```

Dies ist die Langfassung der Ausgabe von `svn status`. Die erste Spalte bleibt gleich, die zweite Spalte dagegen zeigt die Arbeitsrevision des Objekts. Die dritte und vierte Spalte geben die Revision an, in der sich das Objekt das letzte Mal geändert hat, und von wem die Änderung vorgenommen wurde.

Bei keinem der bereits erwähnten Aufrufe von `svn status` wird das Repository kontaktiert; sie operieren lokal, indem die Metadaten im Verzeichnis *.svn* mit der Arbeitskopie verglichen werden. Schließlich gibt es noch den Schalter `--show-updates` (`-u`), mit dem das Repository kontaktiert wird und Informationen über Dinge hinzugefügt werden, die nicht mehr auf dem neuesten Stand sind:

```
$ svn status --show-updates --verbose
M       *      44      23    sally     README
M              44      20    harry     bar.c
        *      44      35    harry     stuff/trout.c
```

```
D               44      19    ira      stuff/fish.c
A                0       ?     ?       stuff/things/bloo.h
Status against revision:    46
```

Beachten Sie die beiden Sternchen: Würden Sie svn update an dieser Stelle ausführen, dann würden Sie Änderungen an *README* und *trout.c* empfangen. Daran erkennen Sie Folgendes: Sie müssen aktualisieren und die Server-Änderungen an *README* erhalten, bevor Sie ein Commit ausführen, oder das Repository weist Ihr Commit zurück, weil es nicht mehr auf dem neuesten Stand ist. (Mehr dazu später.)

svn diff

Eine weitere Möglichkeit, Ihre Änderungen zu untersuchen, bietet der Befehl svn diff. Sie können *exakt* ermitteln, wie Sie die Dinge verändert haben, indem Sie svn diff ohne Argumente ausführen. Dabei werden Dateiänderungen im *unified Diff-Format* ausgegeben:[1]

```
$ svn diff
Index: bar.c
===================================================================
--- bar.c        (revision 3)
+++ bar.c        (working copy)
@@ -1,7 +1,12 @@
+#include <sys/types.h>
+#include <sys/stat.h>
+#include <unistd.h>
+
+#include <stdio.h>

 int main(void) {
-  printf("Sixty-four slices of American Cheese...\n");
+  printf("Sixty-five slices of American Cheese...\n");
 return 0;
 }

Index: README
===================================================================
--- README        (revision 3)
+++ README        (working copy)
@@ -193,3 +193,4 @@
+Note to self:  pick up laundry.

Index: stuff/fish.c
===================================================================
```

1 Subversion benutzt standardmäßig seine interne diff-Engine, die unified Diff-Format erzeugt. Falls Sie eine diff-Ausgabe in einem anderen Format haben wollen, dann geben Sie mit --diff-cmd ein externes diff-Programm an und übergeben gewünschte Flags mit dem Schalter --extensions. Um beispielsweise lokale Unterschiede in der Datei *foo.c* im Kontext-Ausgabeformat zu erhalten, wobei Änderungen bei den Leerstellen ignoriert werden sollen, könnten Sie svn diff --diff-cmd /usr/bin/diff --extensions '-bc' foo.c aufrufen.

```
--- stuff/fish.c        (revision 1)
+++ stuff/fish.c        (working copy)
-Welcome to the file known as 'fish'.
-Information on fish will be here soon.

Index: stuff/things/bloo.h
===================================================================
--- stuff/things/bloo.h        (revision 8)
+++ stuff/things/bloo.h        (working copy)
+Here is a new file to describe
+things about bloo.
```

Der Befehl svn `diff` erzeugt diese Ausgabe, indem er Ihre Arbeitsdateien mit den gespeicherten ursprünglichen Kopien im *.svn*-Bereich vergleicht. Dateien, die zur Hinzufügung vorgesehen sind, werden als hinzugefügter Text dargestellt, Dateien, die für die Löschung eingeplant sind, erscheinen als gelöschter Text.

Die Ausgabe wird im unified Diff-Format dargestellt. Das heißt, entfernten Zeilen ist ein - vorangestellt, und hinzugefügte Zeilen sind mit einem + versehen. Der Befehl `svn diff` gibt auch Dateinamen- und Offset-Informationen aus, die für das Programm `patch` nützlich sind, so dass Sie Patches erstellen können, indem Sie die diff-Ausgabe an eine Datei umlenken:

```
$ svn diff > patch_datei
```

Beispielsweise könnten Sie die Patch-Datei per E-Mail an einen anderen Entwickler schicken, der sie dann vor dem Freigeben überprüft oder testet.

svn revert

Jetzt nehmen Sie einmal an, Sie sehen die vorherige diff-Ausgabe und stellen fest, dass Ihre Änderungen an *README* fehlerhaft sind; möglicherweise haben Sie diesen Text in Ihrem Editor in die falsche Datei eingegeben.

Das ist *die* Gelegenheit, `svn revert` einzusetzen.

```
$ svn revert README
Reverted 'README'
```

Subversion führt die Datei in den Zustand vor der Modifikation zurück, indem es sie mit der gespeicherten ursprünglichen Kopie aus dem *.svn*-Bereich überschreibt. Beachten Sie außerdem, dass `svn revert` *alle* geplanten Operationen rückgängig machen kann – beispielsweise könnten Sie beschließen, dass Sie eine neue Datei überhaupt nicht hinzufügen wollen:

```
$ svn status foo
?      foo

$ svn add foo
A         foo
```

```
$ svn revert foo
Reverted 'foo'

$ svn status foo
?      foo
```

svn revert *OBJEKT* hat die gleiche Wirkung wie das Löschen von *OBJEKT* aus Ihrer Arbeitskopie und das anschließende Ausführen von svn update -r BASE *OBJEKT*. Falls Sie jedoch eine Datei zurückführen, zeigt svn revert einen sehr bedeutenden Unterschied – es muss nicht mit dem Repository kommunizieren, um Ihre Datei wiederherzustellen.

Oder vielleicht haben Sie fälschlicherweise eine Datei aus der Versionskontrolle gelöscht:

```
$ svn status README
       README

$ svn delete README
D         README

$ svn revert README
Reverted 'README'

$ svn status README
       README
```

Konflikte auflösen (Änderungen anderer Benutzer einbringen)

Wir haben bereits gesehen, wie svn status -u Konflikte vorhersagen kann. Nehmen Sie an, Sie führen svn update aus, und es geschehen einige interessante Dinge:

```
$ svn update
U  INSTALL
G  README
C  bar.c
Updated to revision 46.
```

Die Codes U und G sind kein Grund zur Sorge; diese Dateien haben Änderungen aus dem Repository sauber aufgenommen. Die mit U gekennzeichneten Dateien enthielten keine lokalen Änderungen, wurden aber mit Änderungen aus dem Repository aktualisiert (Updated). Das G steht für merGed (zusammengeführt), was bedeutet, dass die Datei zunächst lokale Änderungen enthielt, die Änderungen aus dem Repository damit jedoch nicht kollidierten.

Das C dagegen bedeutet einen Konflikt. Das heißt, dass die Änderungen vom Server sich mit Ihren eigenen Änderungen überschnitten. Jetzt müssen Sie manuell zwischen ihnen entscheiden.

Immer wenn ein Konflikt auftritt, geschehen drei Dinge, die Ihnen beim Aufdecken und Beseitigen dieses Konfliktes helfen:

- Subversion gibt während der Aktualisierung ein `C` aus und erinnert daran, dass die Datei sich in einem Konfliktzustand befindet.
- Subversion setzt *Konfliktmarker* – besondere Text-Strings, die die Seiten des Konflikts abstecken – in die Datei, um die einander überschneidenden Bereiche sichtbar zu kennzeichnen.
- Für jede konfliktbehaftete Datei setzt Subversion drei zusätzliche Dateien in Ihre Arbeitskopie:

  dateiname.mine
  : Dies ist Ihre Datei, so wie sie in Ihrer Arbeitskopie vorlag, bevor Sie diese aktualisiert haben – das heißt, ohne Konfliktmarker. Diese Datei enthält Ihre neuesten Änderungen und sonst nichts.

  dateiname.rOLDREV
  : Diese Datei stellt die `BASE`-Revision dar, bevor Sie Ihre Arbeitskopie aktualisiert haben. Das heißt, das ist die Datei, die Sie ausgecheckt haben, bevor Sie Ihre neuesten Bearbeitungsschritte ausgeführt haben.

  dateiname.rNEWREV
  : Dies ist die Datei, die Ihr Subversion-Client gerade vom Server empfangen hat, als Sie Ihre Arbeitskopie aktualisiert haben. Diese Datei entspricht der `HEAD`-Revision des Repository.

  `OLDREV` ist hier die Revisionsnummer der Datei in Ihrem *.svn*-Verzeichnis, und `NEWREV` ist die Revisionsnummer des Repository-`HEAD`.

Beispielsweise nimmt Sally Änderungen an der Datei *sandwich.txt* im Repository vor. Harry hat die Datei in seiner Arbeitskopie gerade geändert und sie dann eingecheckt. Sally aktualisiert ihre Arbeitskopie vor dem Einchecken und erhält einen Konflikt:

```
$ svn update
C  sandwich.txt
Updated to revision 2.
$ ls -1
sandwich.txt
sandwich.txt.mine
sandwich.txt.r1
sandwich.txt.r2
```

An dieser Stelle erlaubt Subversion es Ihnen erst *dann*, die Datei *sandwich.txt* mit Commit zu bestätigen, wenn die drei temporären Dateien gelöscht sind.

```
$ svn commit --message "Add a few more things"
svn: Commit failed (details follow):
svn: Aborting commit: '/home/sally/svn-work/sandwich.txt' remains in conflict
```

Falls Sie in einen Konflikt geraten, gibt es drei Dinge, die Sie tun können:

- Sie können den konfliktbehafteten Text von Hand zusammenführen (indem Sie die Konfliktmarker in der Datei untersuchen und bearbeiten).
- Sie kopieren eine der temporären Dateien an die Stelle Ihrer Arbeitsdatei.
- Sie führen `svn revert <dateiname>` aus, um alle Ihre lokalen Änderungen zu verwerfen.

Sobald Sie den Konflikt gelöst haben, müssen Sie Subversion davon in Kenntnis setzen, indem Sie `svn resolved` ausführen. Dadurch werden die drei temporären Dateien gelöscht, und Subversion betrachtet die Datei nicht mehr als konfliktbehaftet.[2]

```
$ svn resolved sandwich.txt
Resolved conflicted state of 'sandwich.txt'
```

Konfliktbehaftete Texte von Hand zusammenführen

Das manuelle Zusammenführen konfliktbehafteter Texte kann beim ersten Versuch durchaus einschüchternd sein, mit ein bisschen Übung ist es jedoch ein Kinderspiel.

Hier ist ein Beispiel. Auf Grund eines Missverständnisses haben Sie und Sally, Ihre Kollegin, die Datei *sandwich.txt* gleichzeitig bearbeitet. Sally bestätigt ihre Änderungen. Wenn Sie Ihre Arbeitskopie aktualisieren, erhalten Sie einen Konflikt und müssen die Datei *sandwich.txt* bearbeiten, um die Konflikte zu lösen. Schauen wir uns zuerst die Datei an:

```
$ cat sandwich.txt
Top piece of bread
Mayonnaise
Lettuce
Tomato
Provolone
<<<<<<< .mine
Salami
Mortadella
Prosciutto
=======
Sauerkraut
Grilled Chicken
>>>>>>> .r2
Creole Mustard
Bottom piece of bread
```

Die Strings aus Kleiner-als-Zeichen, Gleichheitszeichen und Größer-als-Zeichen sind Konfliktmarker und nicht Teil der tatsächlich konfliktbehafteten Daten. In der Regel werden Sie dafür sorgen, dass diese Zeichen wieder aus der Datei entfernt werden, bevor Sie das

2 Sie können temporäre Dateien immer auch selbst löschen, aber wollen Sie das wirklich tun, wenn Subversion es für Sie erledigen kann?

nächste Commit ausführen. Der Text zwischen den ersten beiden Markern besteht aus den Änderungen, die Sie in dem problematischen Bereich vorgenommen haben:

```
<<<<<<< .mine
Salami
Mortadella
Prosciutto
=======
```

Der Text zwischen dem zweiten und dem dritten Marker stammt aus dem Text, den Sally bestätigt hat:

```
=======
Sauerkraut
Grilled Chicken
>>>>>>> .r2
```

Normalerweise löschen Sie nicht einfach die Konfliktmarker und Sallys Änderungen – sie wäre bestimmt auch sehr überrascht, wenn das Sandwich ankommt und nicht ihren Erwartungen entspricht. Deshalb werden Sie an dieser Stelle zum Telefonhörer greifen oder in Sallys Büro marschieren und ihr erklären, dass Sie an einer italienischen Imbissbude bestimmt kein Sauerkraut bekommen werden. Sobald Sie sich auf die Änderungen geeinigt haben, die Sie einchecken wollen, bearbeiten Sie Ihre Datei und entfernen die Konfliktmarker.

```
Top piece of bread
Mayonnaise
Lettuce
Tomato
Provolone
Salami
Mortadella
Prosciutto
Creole Mustard
Bottom piece of bread
```

Anschließend führen Sie `svn resolved` aus und können dann Ihre Änderungen bestätigen:

```
$ svn resolved sandwich.txt
$ svn commit -m "Go ahead and use my sandwich, discarding Sally's edits."
```

Denken Sie daran, falls Sie beim Bearbeiten einer konfliktbehafteten Datei einmal durcheinander kommen, können Sie immer die drei Dateien konsultieren, die Subversion für Sie in Ihrer Arbeitskopie erzeugt – einschließlich Ihrer eigenen Datei vor der Aktualisierung. Sie können sogar ein interaktives Merging-Werkzeug eines Drittanbieters benutzen, um diese drei Dateien zu untersuchen.

Eine Datei an die Stelle Ihrer Arbeitsdatei kopieren

Falls ein Konflikt auftritt und Sie beschließen, Ihre Änderungen zu verwerfen, können Sie einfach eine der temporären Dateien, die von Subversion angelegt wurde, an die Stelle der Datei in Ihrer Arbeitskopie kopieren:

```
$ svn update
C  sandwich.txt
Updated to revision 2.
$ ls sandwich.*
sandwich.txt  sandwich.txt.mine  sandwich.txt.r2  sandwich.txt.r1
$ cp sandwich.txt.r2 sandwich.txt
$ svn resolved sandwich.txt
```

svn revert verwenden

Falls ein Konflikt auftritt und Sie nach einer Untersuchung beschließen, dass Sie Ihre Änderungen verwerfen und erneut mit dem Bearbeiten beginnen wollen, können Sie Ihre Änderungen einfach rückgängig machen:

```
$ svn revert sandwich.txt
Reverted 'sandwich.txt'
$ ls sandwich.*
sandwich.txt
```

Wenn Sie eine widersprüchliche Datei in einen früheren Zustand zurückversetzen, müssen Sie übrigens nicht `svn resolved` ausführen.

Nun können Sie Ihre Änderungen einchecken. Beachten Sie, dass `svn resolved` im Gegensatz zu den meisten anderen Befehlen, die wir in diesem Kapitel behandelt haben, ein Argument verlangt. Sie müssen auf jeden Fall vorsichtig sein und sollten `svn resolved` wirklich nur ausführen, wenn Sie sich sicher sind, dass Sie den Konflikt in Ihrer Datei behoben haben – sobald die temporären Dateien gelöscht wurden, erlaubt es Ihnen Subversion, die Datei zu bestätigen, auch wenn diese noch Konfliktmarker enthält.

Ihre Änderungen bestätigen

Endlich! Ihre Arbeiten sind beendet, Sie haben alle Änderungen vom Server einfließen lassen und können Ihre Änderungen nun dem Repository bestätigen.

Der Befehl `svn commit` sendet alle Ihre Änderungen an das Repository. Wenn Sie eine Änderung bestätigen, dann müssen Sie eine *Protokollmeldung* angeben, die Ihre Änderung beschreibt. Ihre Protokollmeldung wird an die von Ihnen erzeugte neue Revision angehängt. Falls diese Nachricht nur kurz ist, könnten Sie sie gleich auf der Kommandozeile eingeben; dazu verwenden Sie die Option `--message` (oder `-m`):

```
$ svn commit --message "Corrected number of cheese slices."
Sending        sandwich.txt
Transmitting file data .
Committed revision 3.
```

Erstellen Sie allerdings Ihre Protokollmeldung im Laufe der Arbeit, dann werden Sie möglicherweise Subversion anweisen wollen, die Nachricht aus einer Datei zu beziehen, indem Sie den Dateinamen mit dem Schalter `--file` übergeben:

```
$ svn commit --file logmsg
Sending        sandwich
Transmitting file data .
Committed revision 4.
```

Wenn Sie es versäumen, die Schalter `--message` oder `--file` anzugeben, startet Subversion automatisch Ihren bevorzugten Editor (der in der Umgebungsvariablen `$EDITOR` definiert ist), damit Sie eine Protokollmeldung verfassen können.

> Falls Sie in Ihrem Editor eine Bestätigungsnachricht schreiben und dann beschließen, Ihr Commit abzubrechen, können Sie einfach den Editor beenden, ohne die Änderungen zu speichern. Haben Sie die Bestätigungsnachricht bereits gespeichert, dann löschen Sie einfach den Text und speichern noch einmal.
>
> ```
> $ svn commit
> Waiting for Emacs...Done
> Log message unchanged or not specified
> a)bort, c)ontinue, e)dit
> a
> $
> ```

Das Repository weiß nicht und kümmert sich auch nicht darum, ob Ihre Änderungen insgesamt sinnvoll sind; es prüft nur, dass niemand Änderungen an den gleichen Dateien wie Sie vorgenommen hat, als Sie nicht hingeschaut haben. *Hat* jemand das getan, dann schlägt Ihr gesamtes Commit fehl. Sie erhalten dann eine Nachricht, die Ihnen mitteilt, dass eine oder mehrere Ihrer Dateien nicht mehr auf dem neuesten Stand sind:

```
$ svn commit --message "Add another rule"
Sending        rules.txt
svn: Commit failed (details follow):
svn: Out of date: 'rules.txt' in transaction 'g'
```

Jetzt müssen Sie erneut `svn update` aufrufen, Dinge zusammenführen oder Konflikte lösen, die eventuell aufgetreten sind, und Ihre Bestätigung noch einmal versuchen.

Dies ist der wesentliche Arbeitsablauf bei der Benutzung von Subversion. Es gibt viele weitere Funktionen in Subversion, die Sie verwenden können, um Ihr Repository und Ihre Arbeitskopie zu verwalten, Sie kommen aber mit den wenigen Befehlen, die wir bisher in diesem Kapitel diskutiert haben, ziemlich weit.

Die History untersuchen

Wie bereits erwähnt, ist das Repository wie eine Zeitmaschine. Es führt eine Übersicht aller Änderungen, die jemals bestätigt wurden, und erlaubt es Ihnen, seine Historie durchzusehen, indem Sie sich frühere Versionen von Dateien und Verzeichnissen sowie ihre Metadaten ansehen. Mit einem einzigen Subversion-Befehl können Sie das Repository genauso auschecken (oder eine existierende Arbeitskopie wiederherstellen), wie es an einem beliebigen Datum oder unter einer bestimmten Revisionsnummer in der Vergangenheit war. Manchmal jedoch wollen Sie einfach in der Vergangenheit »herumstöbern«, anstatt in die Vergangenheit »zurückzureisen«.

Es gibt mehrere Befehle, die Ihnen historische Daten aus dem Repository liefern:

`svn log`
: Zeigt Ihnen umfassende Informationen: Protokollmeldungen, die an Revisionen angehängt sind, sowie die Pfade, die sich in den einzelnen Revisionen geändert haben.

`svn diff`
: Zeigt Ihnen, wie sich eine Datei im Einzelnen über die Zeit geändert hat.

`svn cat`
: Wird dazu verwendet, eine Datei so anzuzeigen, wie sie in einer bestimmten Revisionsnummer vorlag.

`svn list`
: Zeigt für eine bestimmte Revision die Dateien in einem Verzeichnis.

svn log

Um Informationen über die History einer Datei oder eines Verzeichnisses zu erhalten, verwenden Sie den Befehl `svn log`. `svn log` liefert Ihnen einen Eintrag mit Angaben dazu, wer Änderungen an einer Datei oder einem Verzeichnis vorgenommen hat, in welcher Revision die Änderung geschah, sowie mit Zeit und Datum dieser Revision und – falls angegeben – der Protokollmeldung, die dieses Commit begleitet hat.

```
$ svn log
------------------------------------------------------------------------
r3 | sally | Mon, 15 Jul 2002 18:03:46 -0500 | 1 line

Added include lines and corrected # of cheese slices.
------------------------------------------------------------------------
r2 | harry | Mon, 15 Jul 2002 17:47:57 -0500 | 1 line

Added main( ) methods.
------------------------------------------------------------------------
r1 | sally | Mon, 15 Jul 2002 17:40:08 -0500 | 1 line

Initial import
------------------------------------------------------------------------
```

Beachten Sie, dass die Protokollmeldungen standardmäßig in *umgekehrter chronologischer Reihenfolge* ausgegeben werden. Falls Sie einen anderen Bereich von Revisionen in einer bestimmten Reihenfolge oder nur eine einzelne Revision sehen wollen, dann benutzen Sie den Schalter `--revision` (`-r`):

```
$ svn log --revision 5:19    # zeigt Protokoll 5 bis 19 in chronologischer Reihenfolge

$ svn log -r 19:5            # zeigt Protokoll 5 bis 19 in umgekehrter Reihenfolge

$ svn log -r 8               # zeigt das Protokoll für Revision 8
```

Sie können auch die Protokoll-History einer einzelnen Datei oder eines einzelnen Verzeichnisses untersuchen. Zum Beispiel:

```
$ svn log foo.c
...
$ svn log http://foo.com/svn/trunk/code/foo.c
...
```

Weshalb liefert mir svn log eine leere Antwort?

Wenn Benutzer eine Weile mit Subversion gearbeitet haben, wird ihnen irgendwann einmal so etwas begegnen:

```
$ svn log -r 2
------------------------------------------------------------------------
$
```

Auf den ersten Blick scheint das ein Fehler zu sein. Rufen Sie sich jetzt jedoch ins Gedächtnis zurück, dass Revisionen sich zwar auf das gesamte Repository beziehen, `svn log` hingegen auf einem Pfad im Repository operiert. Falls Sie keinen Pfad angeben, verwendet Subversion das aktuelle Arbeitsverzeichnis als vorgegebenes Ziel. Arbeiten Sie daher in einem Unterverzeichnis Ihrer Arbeitskopie und versuchen, das Protokoll einer Revision zu untersuchen, in der sich weder dieses Verzeichnis noch seine untergeordneten Verzeichnisse geändert haben, liefert Ihnen Subversion als Ergebnis ein leeres Protokoll. Wollen Sie sehen, was sich in dieser Revision geändert hat, dann versuchen Sie, `svn log` direkt auf die oberste URL Ihres Repository zu verweisen, etwa: `svn log -r 2 http://svn.collab.net/repos/svn`.

Hier werden die Protokollmeldungen *nur* für solche Revisionen angezeigt, in denen sich die Arbeitsdatei (oder URL) geändert hat.

Falls Sie noch mehr Informationen über eine Datei oder ein Verzeichnis haben wollen, dann versteht `svn log` auch den Schalter `--verbose` (`-v`). Da Subversion es Ihnen erlaubt, Dateien und Verzeichnisse zu verschieben und zu kopieren, ist es wichtig, Pfadänderungen im Dateisystem verfolgen zu können. Deshalb fügt `svn log` im ausführlichen Modus eine Liste der geänderten Pfade einer Revision in seine Ausgabe ein:

```
$ svn log -r 8 -v
------------------------------------------------------------------------
r8 | sally | 2002-07-14 08:15:29 -0500 | 1 line
Changed paths:
U /trunk/code/foo.c
U /trunk/code/bar.h
A /trunk/code/doc/README

Frozzled the sub-space winch.

------------------------------------------------------------------------
```

svn diff

Wir haben svn diff bereits betrachtet – dieser Befehl zeigt Dateiunterschiede im unified Diff-Format und wurde verwendet, um die lokalen Änderungen auszugeben, die Sie an Ihrer Arbeitskopie vorgenommen haben, bevor Sie diese dem Repository bestätigt haben.

Im Prinzip gibt es *drei* unterschiedliche Anwendungen von svn diff:

- Durchsehen lokaler Änderungen
- Vergleichen Ihrer Arbeitskopie mit dem Repository
- Vergleichen eines Repositorys mit einem Repository

Untersuchen lokaler Änderungen

Wie wir gesehen haben, werden beim Aufruf von svn diff ohne Schalter Ihre Arbeitsdateien mit den gespeicherten ursprünglichen Kopien im *.svn*-Bereich verglichen:

```
$ svn diff
Index: rules.txt
===================================================================
--- rules.txt       (revision 3)
+++ rules.txt       (working copy)
@@ -1,4 +1,5 @@
 Be kind to others
 Freedom = Responsibility
 Everything in moderation
-Chew with your mouth open
+Chew with your mouth closed
+Listen when others are speaking
$
```

Vergleichen der Arbeitskopie mit dem Repository

Wenn eine einzelne --revision (-r)-Nummer übergeben wird, dann wird Ihre Arbeitskopie mit der angegebenen Revision im Repository verglichen.

```
$ svn diff --revision 3 rules.txt
Index: rules.txt
```

```
===================================================================
--- rules.txt       (revision 3)
+++ rules.txt       (working copy)
@@ -1,4 +1,5 @@
 Be kind to others
 Freedom = Responsibility
 Everything in moderation
-Chew with your mouth open
+Chew with your mouth closed
+Listen when others are speaking
$
```

Vergleichen eines Repositorys mit einem Repository

Falls zwei Revisionsnummern, getrennt durch einen Doppelpunkt, über `--revision` (`-r`) übergeben werden, dann werden die beiden Revisionen direkt verglichen.

```
$ svn diff --revision 2:3 rules.txt
Index: rules.txt
===================================================================
--- rules.txt       (revision 2)
+++ rules.txt       (revision 3)
@@ -1,4 +1,4 @@
 Be kind to others
-Freedom = Chocolate Ice Cream
+Freedom = Responsibility
 Everything in moderation
 Chew with your mouth closed
$
```

Sie können svn `diff` nicht nur dazu verwenden, die Dateien in Ihrer Arbeitskopie mit dem Repository zu vergleichen. Bei Angabe eines URL-Arguments lassen sich auch die Unterschiede zwischen Objekten im Repository ermitteln – selbst wenn Sie keine Arbeitskopie haben. Das bietet sich vor allem dann an, wenn Sie Änderungen in einer Datei überprüfen wollen, aber keine Arbeitskopie auf Ihrem lokalen Rechner haben:

```
$ svn diff --revision 4:5 http://svn.red-bean.com/repos/example/trunk/text/rules.txt
...
$
```

svn cat

Wollen Sie eine frühere Version einer Datei untersuchen und nicht unbedingt die Unterschiede zwischen zwei Dateien, dann können Sie svn cat einsetzen:

```
$ svn cat --revision 2 rules.txt
Be kind to others
Freedom = Chocolate Ice Cream
Everything in moderation
Chew with your mouth closed
$
```

Sie können die Ausgabe auch direkt in eine Datei umlenken:

```
$ svn cat --revision 2 rules.txt > rules.txt.v2
$
```

Vermutlich fragen Sie sich jetzt, weshalb wir nicht einfach `svn update --revision` benutzen, um die Datei auf die ältere Revision zu aktualisieren. Es gibt einige Gründe, `svn cat` zu bevorzugen.

Erstens wollen Sie möglicherweise die Unterschiede zwischen zwei Revisionen einer Datei mit Hilfe eines externen diff-Programms sehen (vielleicht mit einem grafischen Programm; möglicherweise liegt Ihre Datei aber auch in einem Format vor, in dem die Ausgabe im unified Diff-Format unsinnig ist). In diesem Fall müssen Sie eine Kopie der alten Revision nehmen, diese in eine Datei umlenken und sowohl diese als auch die Datei in Ihrer Arbeitskopie an das externe diff-Programm übergeben.

Manchmal ist es einfacher, eine ältere Version einer Datei in ihrer Gesamtheit anzuschauen, als nur die Unterschiede zwischen dieser und einer anderen Revision zu betrachten.

svn list

Der Befehl `svn list` zeigt Ihnen, welche Dateien sich in einem Repository-Verzeichnis befinden, ohne die Dateien tatsächlich auf Ihren lokalen Rechner herunterzuladen:

```
$ svn list http://svn.collab.net/repos/svn
README
branches/
clients/
tags/
trunk/
```

Falls Sie eine ausführlichere Liste wünschen, dann übergeben Sie den Schalter `--verbose` (`-v`). Sie erhalten eine solche Ausgabe:

```
$ svn list --verbose http://svn.collab.net/repos/svn
   2755 harry          1331 Jul 28 02:07 README
   2773 sally               Jul 29 15:07 branches/
   2769 sally               Jul 29 12:07 clients/
   2698 harry               Jul 24 18:07 tags/
   2785 sally               Jul 29 19:07 trunk/
```

Die Spalten teilen Ihnen die Revision mit, in der die Datei oder das Verzeichnis zuletzt geändert wurde, den Benutzer, der die Änderung vorgenommen hat, die Größe (falls es sich um eine Datei handelt), das Datum der letzten Änderung und den Namen des Objekts.

Ein letztes Wort zur History

Zusätzlich zu allen genannten Befehlen können Sie `svn update` und `svn checkout` mit dem Schalter `--revision` benutzen, um eine komplette Arbeitskopie in der Zeit zurückzuversetzen. (Sehen Sie? Wir haben Ihnen doch gesagt, dass Subversion eine Zeitmaschine ist.)

```
$ svn checkout --revision 1729 # Checkt eine neue Arbeitskopie bei r1729 aus
...
$ svn update --revision 1729 # Aktualisiert eine bestehende Arbeitskopie auf r1729
...
```

Weitere nützliche Befehle

Die folgenden Befehle sind ebenfalls ganz sinnvoll, auch wenn sie nicht so häufig benötigt werden wie die zuvor in diesem Kapitel genannten Befehle.

svn cleanup

Wenn Subversion Ihre Arbeitskopie (oder irgendwelche Informationen innerhalb von *.svn*) verändert, versucht es, dies so sicher wie möglich zu tun. Bevor es irgendetwas ändert, schreibt es sein Vorhaben in eine Protokolldatei, führt die Befehle in der Protokolldatei aus und entfernt dann die Protokolldatei (ähnlich dem Aufbau eines Journaling-Dateisystems). Wird eine Subversion-Operation unterbrochen (weil beispielsweise der Prozess beendet wird oder der Rechner abstürzt), dann verbleiben die Protokolldateien auf der Festplatte. Durch das erneute Ausführen der Protokolldateien kann Subversion die zuvor angefangene Operation abschließen, und Ihre Arbeitskopie kann von selbst zurück in einen konsistenten Zustand gelangen.

Und genau diese Aktion führt `svn cleanup` aus: Es durchsucht Ihre Arbeitskopie und führt hinterlassene Protokolle aus, wobei Sperren beseitigt werden. Falls Subversion Ihnen einmal mitteilen sollte, dass ein Teil Ihrer Arbeitskopie gesperrt ist, dann sollten Sie diesen Befehl ausführen. `svn status` zeigt außerdem ein `L` neben gesperrten Objekten an:

```
$ svn status
  L    irgendein_verzeichnis
M      irgendein_verzeichnis/foo.c

$ svn cleanup
$ svn status
M      irgendein_verzeichnis/foo.c
```

svn import

Der Befehl `svn import` bietet eine schnelle Methode, um einen nicht versionierten Baum von Dateien in ein Repository zu kopieren. Dabei werden gleich die erforderlichen vorübergehenden Verzeichnisse erzeugt.

```
$ svnadmin create /usr/local/svn/neues_repos
$ svn import mytree file:///usr/local/svn/neues_repos/ein/projekt
Adding         mytree/foo.c
Adding         mytree/bar.c
Adding         mytree/unterverzeichnis
Adding         mytree/unterverzeichnis/quux.h

Committed revision 1.
```

In diesem Beispiel wurde der Inhalt des Verzeichnisses *mytree* unter das Verzeichnis *ein/projekt* im Repository kopiert:

```
$ svn ls file:///usr/local/svn/neues_repos/ein/projekt
bar.c
foo.c
unterverzeichnis/
```

Zusammenfassung

Nun haben wir die meisten der Subversion-Client-Befehle behandelt. Es fehlen eigentlich nur noch diejenigen, die sich mit Abzweigungen und Zusammenführungen (siehe Kapitel 4) sowie Dateieigenschaften (siehe »Eigenschaften« in Kapitel 7) befassen. Vielleicht wollen Sie sich jedoch jetzt einen Augenblick Zeit nehmen und Kapitel 9 überfliegen, um eine Vorstellung von den vielen verschiedenen Subversion-Befehlen zu erhalten – und davon, wie Sie diese einsetzen können, um sich die Arbeit zu erleichtern.

KAPITEL 4

Verzweigen und Zusammenführen

Verzweigen (Branching), Markieren (Tagging) und Zusammenführen (Merging) sind Konzepte, die es bei nahezu allen Versionskontrollsystemen gibt. Falls Sie mit diesen Begriffen nicht vertraut sind, bieten wir in diesem Kapitel eine gute Einführung. Sollten Sie die Konzepte bereits kennen, wird es Sie interessieren zu erfahren, wie Subversion sie umsetzt.

Das Verzweigen ist ein grundlegender Bestandteil der Versionskontrolle. Wenn Sie Ihre Daten mit Subversion verwalten, werden Sie schließlich auf diese Funktion zurückkommen. Wir gehen in diesem Kapitel davon aus, dass Ihnen die Subversion-Grundlagen vertraut sind (siehe Kapitel 2).

Was ist ein Zweig?

Nehmen Sie einmal an, Ihre Aufgabe ist es, für eine Abteilung in Ihrem Unternehmen ein Dokument zu pflegen, etwa ein Handbuch. Eines Tages bittet Sie eine andere Abteilung um das gleiche Handbuch, allerdings sollen einige Teile für sie »angepasst« werden, da es bei ihnen einige kleine Unterschiede gibt.

Was tun Sie in dieser Lage? Vermutlich das Offensichtliche: Sie erstellen eine zweite Kopie Ihres Dokuments und beginnen damit, beide Kopien getrennt zu pflegen. Immer wenn die beiden Abteilungen Sie bitten, kleine Änderungen vorzunehmen, binden Sie diese in die eine oder die andere Kopie ein.

Oft wollen Sie an beiden Kopien die gleichen Änderungen durchführen. Falls Sie beispielsweise in der ersten Kopie einen Tippfehler entdecken, ist es ziemlich wahrscheinlich, dass der gleiche Tippfehler auch in der zweiten Kopie vorliegt. Die beiden Dokumente sind immer noch nahezu identisch; sie unterscheiden sich nur in kleinen, bestimmten Bereichen.

Dies ist das Grundkonzept eines *Zweiges* – und zwar einer Entwicklungslinie, die unabhängig von einer anderen Linie existiert, mit dieser aber immer noch eine gemeinsame Geschichte aufweist, falls Sie weit genug in der Zeit zurückgehen. Ein Zweig entsteht immer als eine Kopie von etwas und geht von dort aus weiter, wobei er seine eigene History entwickelt (siehe Abbildung 4-1).

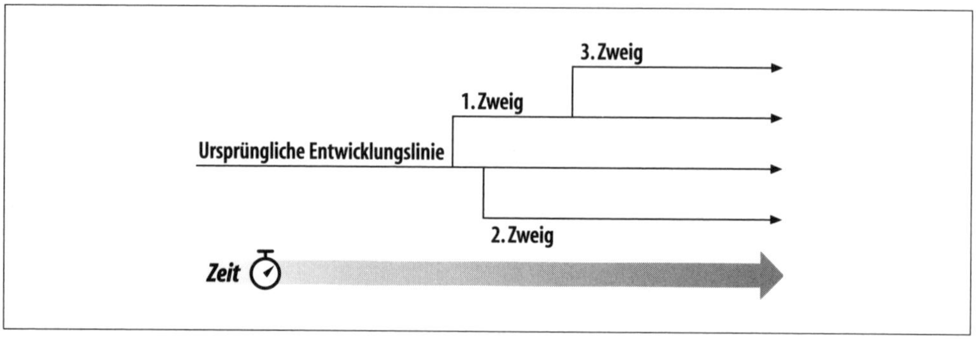

Abbildung 4-1: Entwicklungsrichtungen

Subversion besitzt Befehle, die Ihnen dabei helfen, parallele Zweige Ihrer Dateien und Verzeichnisse zu pflegen. Es erlaubt es Ihnen, Zweige zu erzeugen, indem Sie Ihre Daten kopieren, und merkt sich, dass die Kopien miteinander verwandt sind. Es hilft Ihnen außerdem dabei, Änderungen zwischen Zweigen zu duplizieren. Schließlich kann es dafür sorgen, dass Teile Ihrer Arbeitskopie unterschiedliche Zweige widerspiegeln, so dass Sie unterschiedliche Entwicklungsrichtungen in Ihrer täglichen Arbeit mischen und abstimmen können.

Zweige verwenden

An dieser Stelle sollten Sie verstanden haben, wie jedes Commit einen völlig neuen Dateisystembaum (eine so genannte Revision) im Repository erzeugt. Falls nicht, lesen Sie noch einmal den Abschnitt »Revisionen« in Kapitel 2.

Für dieses Kapitel nehmen wir uns noch einmal das Beispiel aus Kapitel 2 vor. Erinnern Sie sich daran, dass Sie und Ihre Kollegin Sally sich ein Repository teilen, das zwei Projekte enthält, *paint* und *calc*. Beachten Sie jedoch, dass jedes Projektverzeichnis in Abbildung 4-2 nun Unterverzeichnisse namens *trunk* und *branches* enthält. Der Grund dafür wird gleich deutlich.

Nehmen Sie wie zuvor an, dass sowohl Sally als auch Sie Arbeitskopien des calc-Projekts besitzen. Sie haben vor allem beide eine Arbeitskopie von */calc/trunk*. Alle Dateien des Projekts befinden sich in diesem Unterverzeichnis anstatt in */calc* selbst, weil Ihr Team beschlossen hat, dass die Hauptentwicklungsrichtung in */calc/trunk* stattfinden soll.

Ihnen wurde nun die Aufgabe übertragen, eine radikale Neuorganisation des Projekts durchzuführen. Dies dauert sehr lange und betrifft alle Dateien im Projekt. Das Problem hierbei besteht darin, dass Sie Sally nicht stören wollen, die gerade hier und dort kleinere Fehler behebt. Sie verlässt sich auf die Tatsache, dass die neueste Version des Projekts (in */calc/trunk*) immer verfügbar ist. Wenn Sie damit beginnen, Ihre Änderungen Stück für Stück zu bestätigen, werden Sie Sallys Arbeit mit Sicherheit durcheinander bringen.

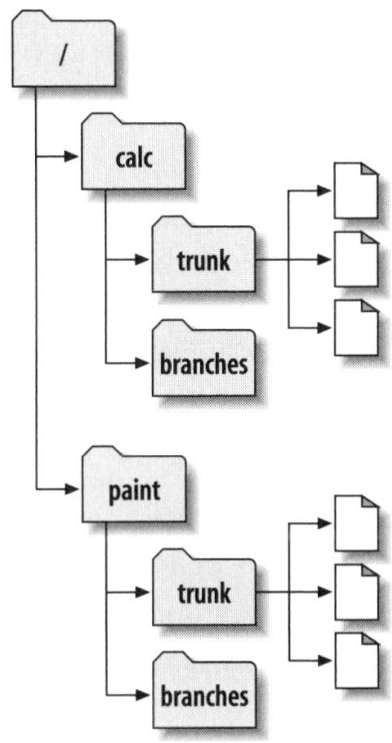

Abbildung 4-2: Anfänglicher Aufbau des Repository

Eine Vorgehensweise würde darin bestehen, sich zu isolieren: Sie und Sally hören für eine oder zwei Wochen auf, Informationen auszutauschen. Das heißt, Sie beginnen damit, die Dateien in Ihrer Arbeitskopie auseinander zu nehmen und umzustrukturieren, bestätigen oder aktualisieren aber erst, wenn Sie die Aufgabe vollständig abgeschlossen haben. Das wirft aber eine Menge Probleme auf. Erstens ist es nicht besonders sicher. Die meisten Leute ziehen es vor, ihre Arbeit häufig im Repository zu speichern, für den Fall, dass etwas Schlimmes mit ihrer Arbeitskopie geschieht. Zweitens ist es nicht sehr flexibel. Falls Sie auf unterschiedlichen Computern arbeiten (vielleicht haben Sie eine Arbeitskopie von */calc/trunk* auf zwei verschiedenen Rechnern), müssen Sie Ihre Änderungen manuell hin und her kopieren oder Ihre ganze Arbeit auf einem einzigen Computer erledigen. In gleicher Weise ist es schwierig, Ihre Änderungen mit jemandem zu teilen. In der Softwareentwicklung ist es recht üblich, Ihren Kollegen zu erlauben, Ihre laufende Arbeit zu begutachten. Wenn niemand Ihre zwischenzeitlichen Commits sieht, gehen Ihnen potenzielle Rückmeldungen verloren. Haben Sie schließlich alle Änderungen abgeschlossen, werden Sie möglicherweise Schwierigkeiten damit haben, Ihre fertige Arbeit wieder in den Hauptteil des Codes Ihres Unternehmens zu integrieren. Sally (oder andere) haben unter Umständen viele andere Änderungen im Repository vorgenommen, die nur schwer in Ihre Arbeitskopie zu überführen sind – vor allem, wenn Sie nach wochenlanger Isolation `svn update` ausführen.

Besser ist es, im Repository Ihren eigenen Zweig oder Ihre eigene Entwicklungsrichtung anzulegen. Dies erlaubt es Ihnen einerseits, Ihre halbfertige Arbeit häufig zu sichern, ohne anderen in die Quere zu kommen, andererseits können Sie ausgewählte Informationen mit Ihren Kollegen teilen. Später werden Sie erfahren, wie dies genau funktioniert.

Einen Zweig anlegen

Das Anlegen eines Zweiges ist sehr einfach – Sie erzeugen mit dem Befehl svn copy eine Kopie des Projekts im Repository. Subversion kann nicht nur einzelne Dateien kopieren, sondern auch ganze Verzeichnisse. In unserem Fall werden Sie eine Kopie des Verzeichnisses */calc/trunk* erzeugen. Wo sollte sich die neue Kopie befinden? Wo immer Sie es wünschen – es ist einfach eine Frage der Projektrichtlinien. Nehmen wir einmal an, dass Ihr Team vereinbart hat, Zweige im Bereich */calc/branches* des Repository anzulegen. Sie wollen Ihren Zweig `my-calc-branch` nennen. Sie legen ein neues Verzeichnis an, */calc/branches/my-calc-branch*, das seine Existenz als Kopie von */calc/trunk* beginnt.

Es gibt zwei unterschiedliche Methoden, eine Kopie zu erzeugen. Wir werden zuerst den umständlichen Weg demonstrieren, um Ihnen erst einmal das Konzept zu verdeutlichen. Checken Sie zunächst eine Arbeitskopie des Wurzelverzeichnisses des Projekts, */calc*, aus:

```
$ svn checkout http://svn.example.com/repos/calc bigwc
A  bigwc/trunk/
A  bigwc/trunk/Makefile
A  bigwc/trunk/integer.c
A  bigwc/trunk/button.c
A  bigwc/branches/
Checked out revision 340.
```

Zum Erstellen einer Kopie werden nun einfach zwei Arbeitskopienpfade an den Befehl svn copy übergeben:

```
$ cd bigwc
$ svn copy trunk/ branches/my-calc-branch
$ svn status
A  +   branches/my-calc-branch
```

In diesem Fall kopiert der Befehl svn copy rekursiv das Arbeitsverzeichnis *trunk/* in das neue Arbeitsverzeichnis *branches/my-calc-branch*. Wie Ihnen der Befehl svn `status` zeigt, ist das neue Verzeichnis nun zur Hinzufügung in das Repository vorgesehen. Beachten Sie aber auch das +-Zeichen neben dem Buchstaben A. Dieses signalisiert, dass die vorgesehene Erweiterung eine *Kopie* von etwas ist, nichts Neues. Wenn Sie Ihre Änderungen bestätigen, erzeugt Subversion */calc/branches/my-calc-branch* im Repository, indem es */calc/trunk* kopiert, anstatt noch einmal alle Arbeitskopiendaten über das Netzwerk zu verschicken:

```
$ svn commit -m "Creating a private branch of /calc/trunk."
Adding         branches/my-calc-branch
Committed revision 341.
```

Jetzt kommt die einfachere Methode zum Anlegen eines Zweiges, die wir Ihnen zuerst hätten verraten sollen: svn copy ist in der Lage, direkt auf zwei URLs zu operieren.

```
$ svn copy http://svn.example.com/repos/calc/trunk \
           http://svn.example.com/repos/calc/branches/my-calc-branch \
      -m "Creating a private branch of /calc/trunk."

Committed revision 341.
```

Eigentlich gibt es keinen Unterschied zwischen diesen beiden Methoden. Beide Prozeduren erzeugen ein neues Verzeichnis in Revision 341; das neue Verzeichnis ist eine Kopie von */calc/trunk*. Sie sehen das in Abbildung 4-3. Beachten Sie jedoch, dass die zweite Methode ein *sofortiges* Commit ausführt. (Subversion unterstützt kein Kopieren zwischen Repositorys. Wenn Sie URLs mit svn copy oder svn move verwenden, können Sie nur Objekte innerhalb des gleichen Repository kopieren.) Diese Vorgehensweise ist einfacher, da sie es nicht erfordert, einen großen, gespiegelten Teil des Repository auszuchecken. Um genau zu sein, benötigen Sie bei dieser Technik nicht einmal eine Arbeitskopie.

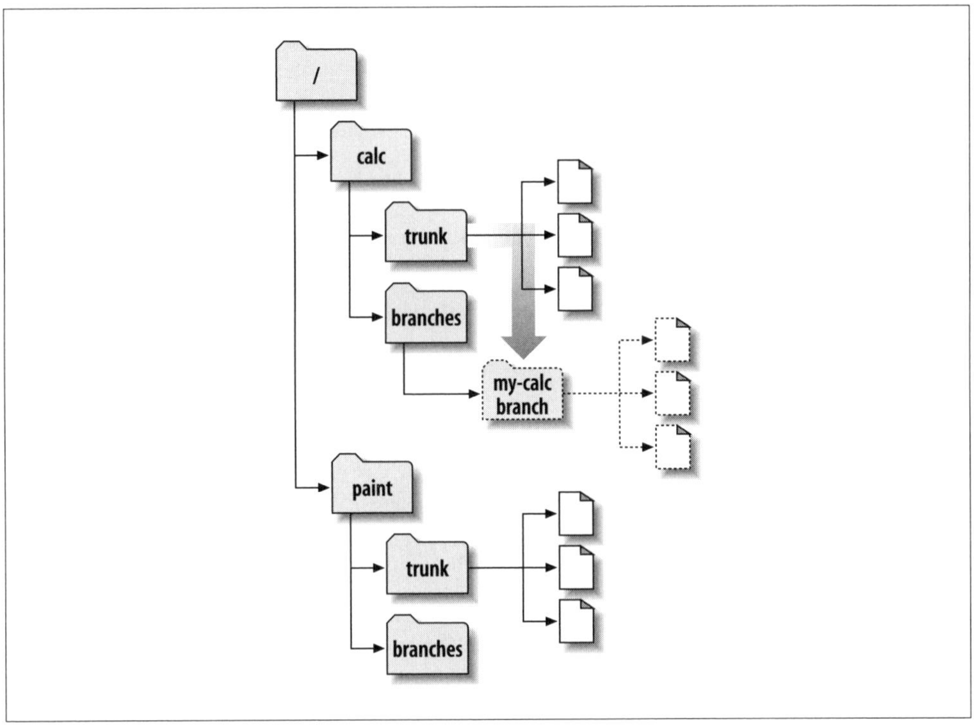

Abbildung 4-3: Repository mit neuer Kopie

Billige Kopien

Subversions Repository hat einen besonderen Aufbau. Wenn Sie ein Verzeichnis kopieren, dann müssen Sie sich keine Sorgen darum machen, dass das Repository riesig wird – eigentlich dupliziert Subversion gar keine Daten. Stattdessen erzeugt es einen neuen Verzeichniseintrag, der auf einen *existierenden* Baum verweist. Falls Sie Unix benutzen, kennen Sie dieses Konzept als harten Link. Dort sagt man, dass es sich um eine »lazy copy« handelt. Das heißt, wenn Sie eine Änderung an einer Datei innerhalb des kopierten Verzeichnisses bestätigen, dann ändert sich nur diese Datei – die restlichen Dateien existieren weiterhin nur als Verweise auf die ursprünglichen Dateien im ursprünglichen Verzeichnis.

Deshalb werden Sie oft hören, dass Subversion-Benutzer über »billige Kopien« sprechen. Es spielt keine Rolle, wie groß das Verzeichnis ist – es erfordert nur eine kurze, konstante Zeitspanne, eine Kopie davon zu erstellen. Um genau zu sein, ist diese Eigenschaft die Grundlage dafür, wie Commits in Subversion funktionieren: Jede Revision ist eine billige Kopie der vorherigen Revision mit nur wenigen tatsächlich geänderten Objekten. (Um mehr darüber zu erfahren, besuchen Sie die Subversion-Website, und lesen Sie in den Dokumenten zum Subversion-Design über die Bubble-Up-Methode.)

Natürlich bleiben dem Benutzer diese internen Mechanismen des Kopierens und Teilens der Daten verborgen; er sieht einfach nur die Kopien von Bäumen. Die Hauptsache hier ist, dass Kopien billig sind, sowohl was die Zeit als auch was den Platz betrifft. Legen Sie Zweige an, sooft Sie wollen.

Mit Ihrem Zweig arbeiten

Nachdem Sie nun einen Zweig des Projekts angelegt haben, können Sie eine neue Arbeitskopie auschecken:

```
$ svn checkout http://svn.example.com/repos/calc/branches/my-calc-branch
A  my-calc-branch/Makefile
A  my-calc-branch/integer.c
A  my-calc-branch/button.c
Checked out revision 341.
```

An dieser Arbeitskopie ist nichts Besonderes; sie spiegelt einfach nur ein anderes Verzeichnis im Repository. Wenn Sie jedoch Änderungen bestätigen, bekommt Sally diese bei einer Aktualisierung nie zu sehen. Ihre Arbeitskopie stammt von */calc/trunk*. (Lesen Sie auf jeden Fall »Eine Arbeitskopie wechseln« weiter hinten in diesem Kapitel: Der Befehl `svn switch` bietet eine alternative Möglichkeit, eine Arbeitskopie eines Zweiges zu erzeugen.)

Lassen Sie uns nun so tun, als wäre eine Woche vergangen. Die folgenden Bestätigungen werden ausgeführt:

- Sie nehmen eine Änderung an */calc/branches/my-calc-branch/button.c* vor, wodurch Revision 342 erzeugt wird.

- Sie nehmen eine Änderung an */calc/branches/my-calc-branch/integer.c* vor, wodurch Revision 343 erzeugt wird.
- Sally nimmt eine Änderung an */calc/trunk/integer.c* vor, wodurch Revision 344 entsteht.

Abbildung 4-4 zeigt, dass es jetzt zwei unabhängige Entwicklungsrichtungen für *integer.c* gibt:

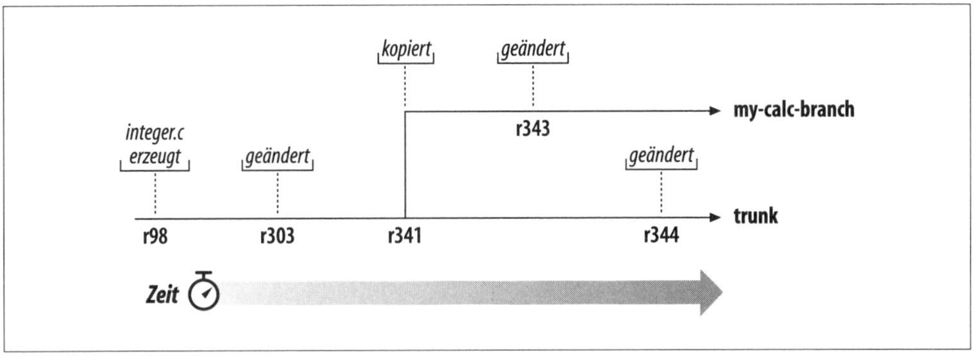

Abbildung 4-4: Die Verzweigung der History einer Datei

Interessant wird es, wenn Sie sich die History der Änderungen anschauen, die an Ihrer Kopie von *integer.c* vorgenommen wurden:

```
$ pwd
/home/user/my-calc-branch

$ svn log --verbose integer.c
------------------------------------------------------------------------
r343 | user | 2002-11-07 15:27:56 -0600 (Thu, 07 Nov 2002) | 2 lines
Changed paths:
   M /calc/branches/my-calc-branch/integer.c

* integer.c:  frozzled the wazjub.

------------------------------------------------------------------------
r341 | user | 2002-11-03 15:27:56 -0600 (Thu, 07 Nov 2002) | 2 lines
Changed paths:
   A /calc/branches/my-calc-branch (from /calc/trunk:340)

Creating a private branch of /calc/trunk.

------------------------------------------------------------------------
r303 | sally | 2002-10-29 21:14:35 -0600 (Tue, 29 Oct 2002) | 2 lines
Changed paths:
   M /calc/trunk/integer.c

* integer.c:  changed a docstring.
```

```
------------------------------------------------------------------------
r98 | sally | 2002-02-22 15:35:29 -0600 (Fri, 22 Feb 2002) | 2 lines
Changed paths:
   M /calc/trunk/integer.c

* integer.c:  adding this file to the project.

------------------------------------------------------------------------
```

Beachten Sie, dass Subversion die History der Datei *integer.c* Ihres Zweiges durch die Zeit zurückverfolgt und sogar den Punkt durchläuft, an dem sie kopiert wurde. Es zeigt die Erzeugung des Zweiges als ein Ereignis in der History, da *integer.c* implizit mit dem gesamten Verzeichnis */calc/trunk/* kopiert wurde. Beobachten Sie, was passiert, wenn Sally den gleichen Befehl auf ihrer Kopie der Datei ausführt:

```
$ pwd
/home/sally/calc

$ svn log --verbose integer.c
------------------------------------------------------------------------
r344 | sally | 2002-11-07 15:27:56 -0600 (Thu, 07 Nov 2002) | 2 lines
Changed paths:
   M /calc/trunk/integer.c

* integer.c:  fix a bunch of spelling errors.

------------------------------------------------------------------------
r303 | sally | 2002-10-29 21:14:35 -0600 (Tue, 29 Oct 2002) | 2 lines
Changed paths:
   M /calc/trunk/integer.c

* integer.c:  changed a docstring.

------------------------------------------------------------------------
r98 | sally | 2002-02-22 15:35:29 -0600 (Fri, 22 Feb 2002) | 2 lines
Changed paths:
   M /calc/trunk/integer.c

* integer.c:  adding this file to the project.

------------------------------------------------------------------------
```

Sally sieht, dass sich ihre eigene Revision 344 ändert, sie sieht aber nicht die Änderungen, die Sie in Revision 343 vorgenommen haben. Soweit es Subversion betrifft, haben diese beiden Commits unterschiedliche Dateien an unterschiedlichen Repository-Standorten beeinflusst. Allerdings *zeigt* Subversion, dass die beiden Dateien eine gemeinsame Geschichte haben. Bevor die Kopie des Zweiges in Revision 341 erstellt wurde, handelte es sich um die gleiche Datei. Aus diesem Grund sehen sowohl Sie als auch Sally die Änderungen aus den Revisionen 303 und 98.

Die Schlüsselkonzepte hinter Zweigen

Es gibt zwei wichtige Lektionen, die Sie aus diesem Abschnitt mitnehmen sollten.

1. Im Gegensatz zu vielen anderen Versionskontrollsystemen existieren Zweige in Subversion als *normale Dateisystemverzeichnisse* im Repository, nicht in einer weiteren Dimension. Diese Verzeichnisse bringen einfach nur ein paar zusätzliche historische Informationen mit.
2. Subversion besitzt kein internes Konzept eines Zweiges – nur Kopien. Wenn Sie ein Verzeichnis kopieren, dann ist das resultierende Verzeichnis nur deshalb ein Zweig, weil *Sie* ihm diese Bedeutung zuweisen. Sie stellen sich dieses Verzeichnis möglicherweise anders vor oder behandeln es anders, aber für Subversion ist es einfach nur ein normales Verzeichnis, das zufällig durch Kopieren entstanden ist.

Änderungen zwischen Zweigen kopieren

Jetzt arbeiten Sie und Sally an parallelen Zweigen des Projekts: Sie arbeiten an einem privaten Zweig, und Sally arbeitet an *trunk*, dem Stamm oder der Hauptentwicklungsrichtung.

Bei Projekten mit vielen Mitwirkenden ist es üblich, dass die meisten Leute Arbeitskopien des Stamms haben. Immer wenn jemand eine dauerhafte Änderung vornehmen muss, die den Stamm wahrscheinlich unterbricht, dann wird normalerweise ein privater Zweig erzeugt. Änderungen werden bis zum Abschluss der Arbeit hier eingebracht.

Die gute Nachricht ist also, dass Sie und Sally einander nicht stören. Die schlechte Nachricht lautet, dass es sehr einfach ist, *zu* weit auseinander zu geraten. Erinnern Sie sich daran, dass eines der Probleme mit der Isolationsstrategie darin bestand, dass es nach Abschluss Ihres Zweiges schlimmstenfalls fast unmöglich ist, Ihre Änderungen wieder in den Stamm zu integrieren, ohne dass eine riesige Anzahl von Konflikten auftritt.

Stattdessen könnten Sie und Sally bei Ihrer Arbeit weiterhin die Änderungen teilen. Sie müssen entscheiden, welche Änderungen es wert sind; Subversion bietet Ihnen die Möglichkeit, selektiv Änderungen zwischen Zweigen zu kopieren. Und wenn Sie Ihren Zweig endgültig abgeschlossen haben, können Ihre gesamten Änderungen wieder zurück in den Stamm kopiert werden.

Spezielle Änderungen kopieren

Im vorherigen Abschnitt haben wir erwähnt, dass sowohl Sie als auch Sally in unterschiedlichen Zweigen Änderungen an *integer.c* vorgenommen haben. Wenn Sie sich Sallys Protokollmeldung für Revision 344 anschauen, werden Sie feststellen, dass sie einige Tippfehler korrigiert hat. Ihre Kopie der gleichen Datei enthält zweifellos die gleichen Tippfehler. Wahrscheinlich werden Ihre künftigen Änderungen an dieser Datei auch die

Bereiche betreffen, in denen die Tippfehler enthalten sind, so dass potenzielle Konflikte vorprogrammiert sind, wenn Sie eines Tages Ihre Zweige wieder zusammenführen. Es ist deshalb besser, Sallys Änderungen jetzt zu holen, *bevor* Sie damit beginnen, intensiv an den gleichen Stellen zu arbeiten.

Jetzt wird es Zeit für den Befehl `svn merge`. Es stellt sich heraus, dass dieser Befehl ein enger Verwandter des Befehls `svn diff` ist (den Sie in Kapitel 3 kennen gelernt haben). Beide Befehle sind in der Lage, zwei beliebige Objekte im Repository zu vergleichen und die Änderungen zu beschreiben. Beispielsweise können Sie `svn diff` bitten, Ihnen die genaue Änderung zu zeigen, die Sally in Revision 344 vorgenommen hat:

```
$ svn diff -r 343:344 http://svn.example.com/repos/calc/trunk

Index: integer.c
===================================================================
--- integer.c       (revision 343)
+++ integer.c       (revision 344)
@@ -147,7 +147,7 @@
     case 6:  sprintf(info->operating_system, "HPFS (OS/2 or NT)"); break;
     case 7:  sprintf(info->operating_system, "Macintosh"); break;
     case 8:  sprintf(info->operating_system, "Z-System"); break;
-    case 9:  sprintf(info->operating_system, "CPM"); break;
+    case 9:  sprintf(info->operating_system, "CP/M"); break;
     case 10:  sprintf(info->operating_system, "TOPS-20"); break;
     case 11:  sprintf(info->operating_system, "NTFS (Windows NT)"); break;
     case 12:  sprintf(info->operating_system, "QDOS"); break;
@@ -164,7 +164,7 @@
     low = (unsigned short) read_byte(gzfile);  /* read LSB */
     high = (unsigned short) read_byte(gzfile); /* read MSB */
     high = high << 8;  /* interpret MSB correctly */
-    total = low + high; /* add them togethe for correct total */
+    total = low + high; /* add them together for correct total */

     info->extra_header = (unsigned char *) my_malloc(total);
     fread(info->extra_header, total, 1, gzfile);
@@ -241,7 +241,7 @@
      Store the offset with ftell() ! */

   if ((info->data_offset = ftell(gzfile))== -1) {
-    printf("error: ftell() retturned -1.\n");
+    printf("error: ftell() returned -1.\n");
     exit(1);
   }

@@ -249,7 +249,7 @@
   printf("I believe start of compressed data is %u\n", info->data_offset);
   #endif

-  /* Set postion eight bytes from the end of the file. */
+  /* Set position eight bytes from the end of the file. */

   if (fseek(gzfile, -8, SEEK_END)) {
     printf("error: fseek() returned non-zero\n");
```

Der Befehl svn merge ist fast identisch. Anstatt jedoch die Änderungen auf Ihr Terminal auszugeben, wendet er sie als *lokale Modifikationen* direkt auf Ihre Arbeitskopie an:

```
$ svn merge -r 343:344 http://svn.example.com/repos/calc/trunk
U  integer.c

$ svn status
M  integer.c
```

Die Ausgabe von svn merge zeigt, dass Ihre Kopie von *integer.c* mit einem Patch versehen ist. Sie enthält nun Sallys Änderung – die Änderung, die vom Hauptbereich in Ihre Arbeitskopie Ihres privaten Zweiges kopiert wurde und jetzt als lokale Modifikation vorliegt. Jetzt müssen Sie die lokale Modifikation begutachten und sicherstellen, dass sie richtig funktioniert.

In einem anderen Szenario ist es möglich, dass die Dinge nicht so gut gelaufen sind und *integer.c* nun mit einem Konflikt behaftet ist. Sie müssten den Konflikt mit Hilfe von Standardprozeduren auflösen (siehe Kapitel 3) oder einfach aufgeben und die lokale Änderung mit dem Befehl svn revert rückgängig machen, falls Sie feststellen, dass das Zusammenführen überhaupt keine gute Idee war.

Doch vorausgesetzt, dass Sie die zusammengeführte Änderung begutachtet haben, können Sie sie wie üblich mit svn commit weiter verarbeiten. Jetzt wurde die Änderung in Ihren Repository-Zweig überführt. In der Versionskontrollterminologie wird dieser Akt des Kopierens von Änderungen zwischen Zweigen gewöhnlich als das *Portieren* von Änderungen bezeichnet.

Wenn Sie die lokale Modifikation bestätigen, dann achten Sie auf eine Angabe in Ihrer Protokollmeldung, dass Sie eine bestimmte Änderung von einem Zweig zu einem anderen portieren. Zum Beispiel:

```
$ svn commit -m "integer.c: ported r344 (spelling fixes) from trunk."
Sending        integer.c
Transmitting file data .
Committed revision 360.
```

Wie Sie in den nächsten Abschnitten erkennen werden, ist dies eine sehr wichtige Vorgehensweise.

Eine Warnung: svn diff und svn merge sind zwar vom Konzept her sehr ähnlich, haben aber in vielen Fällen eine unterschiedliche Syntax. Lesen Sie die Einzelheiten in Kapitel 8 nach, oder bemühen Sie svn help. Beispielsweise verlangt svn merge einen Arbeitskopienpfad als Ziel, d. h. eine Stelle, auf die es die Baumänderungen anwenden soll. Fehlt das Ziel, dann nimmt es an, dass Sie versuchen, eine der folgenden Operationen auszuführen:

1. Sie wollen Verzeichnisänderungen in Ihr aktuelles Arbeitsverzeichnis überführen.
2. Sie wollen die Änderungen an einer bestimmten Datei in eine Datei des gleichen Namens überführen, die in Ihrem aktuellen Arbeitsverzeichnis vorliegt.

Wieso nicht einfach Patches verwenden?

Ihnen geht vielleicht eine Frage durch den Kopf, vor allem, wenn Sie Unix-Benutzer sind: Weshalb muss man sich überhaupt mit svn merge herumschlagen? Wieso nicht einfach den patch-Befehl des Betriebssystems benutzen, um die gleiche Arbeit durchzuführen? Zum Beispiel:

```
$ svn diff -r 343:344 http://svn.example.com/repos/calc/trunk > patchfile
$ patch -p0  < patchfile
Patching file integer.c using Plan A...
Hunk #1 succeeded at 147.
Hunk #2 succeeded at 164.
Hunk #3 succeeded at 241.
Hunk #4 succeeded at 249.
done
```

In diesem speziellen Fall gibt es in der Tat fast keinen Unterschied. Allerdings weist svn merge besondere Fähigkeiten auf, die das patch-Programm übertreffen. Das von patch verwendete Dateiformat ist ziemlich beschränkt; es kann nur Dateiinhalte verarbeiten. Es gibt keine Möglichkeiten, Änderungen an *Bäumen* darzustellen, wie etwa das Hinzufügen, Entfernen oder Umbenennen von Dateien und Verzeichnissen. Hätte Sally bei ihrer Änderung zum Beispiel ein neues Verzeichnis hinzugefügt, dann hätte die Ausgabe von svn diff dies überhaupt nicht erwähnt. svn diff gibt nur das eingeschränkte patch-Format aus, es gibt also einige Dinge, die es einfach nicht ausdrücken kann.[a] Der Befehl svn merge dagegen kann Baumänderungen verdeutlichen, indem er sie direkt auf Ihre Arbeitskopie anwendet.

a *Künftige Pläne im Subversion-Projekt sehen vor, ein erweitertes patch-Format zu benutzen (oder zu erfinden), das Baumänderungen beschreibt.*

Falls Sie ein Verzeichnis zusammenführen und keinen Zielpfad angegeben haben, geht svn merge vom ersten Fall aus und versucht, die Änderungen auf Ihr aktuelles Verzeichnis anzuwenden. Wenn Sie eine Datei zusammenführen, und diese Datei (oder eine Datei des gleichen Namens) existiert in Ihrem aktuellen Arbeitsverzeichnis, geht svn merge vom zweiten Fall aus und versucht, die Änderungen auf eine lokale Datei des gleichen Namens anzuwenden.

Wollen Sie, dass die Änderungen woanders angewandt werden, müssen Sie das explizit sagen. Falls Sie sich beispielsweise im übergeordneten Verzeichnis Ihrer Arbeitskopie befinden, müssen Sie das Zielverzeichnis festlegen, um die Änderungen zu empfangen:

```
$ svn merge -r 343:344 http://svn.example.com/repos/calc/trunk my-calc-branch
U   my-calc-branch/integer.c
```

Die besten Vorgehensweisen für das Zusammenführen

Zusammenführen klingt recht einfach, kann aber in der Praxis einiges Kopfzerbrechen bereiten. Falls Sie nämlich wiederholt Änderungen von einem Zweig zu einem anderen zusammenführen, könnte es passieren, dass Sie versehentlich die gleiche Änderung *zweimal* integrieren. Das hat unter Umständen keine weiteren Auswirkungen. Beim Überarbeiten einer Datei bemerkt Subversion es üblicherweise, ob die Datei die Änderung bereits aufweist, und tut nichts. Wurde die bereits existierende Änderung allerdings irgendwie modifiziert, dann geraten Sie in einen Widerspruch.

Idealerweise sollte Ihr Versionskontrollsystem dieses doppelte Einbringen von Änderungen in einen Zweig verhindern. Es sollte sich automatisch merken, welche Änderungen ein Zweig schon empfangen hat, und in der Lage sein, Ihnen diese aufzulisten. Es sollte diese Informationen nutzen, um Zusammenführungen so weit wie möglich zu automatisieren.

Leider handelt es sich bei Subversion nicht um ein solches System. Ebenso wie CVS zeichnet auch Subversion 1.0 keine Informationen über Zusammenführungsoperationen auf. Wenn Sie lokale Modifikationen bestätigen, dann hat das Repository keine Ahnung, ob diese Änderungen durch den Befehl `svn merge` oder durch eine manuelle Bearbeitung der Dateien entstanden sind.

Das Zusammenführen manuell verfolgen

Was bedeutet das für Sie, den Benutzer? Es bedeutet, dass Sie Informationen über das Zusammenführen selbst sammeln müssen, bis Subversion irgendwann einmal diese Funktion aufweist. Am besten geht das in der Commit-Protokollmeldung. Wie in dem früheren Beispiel demonstriert, sollte Ihre Protokollmeldung eine bestimmte Revisionsnummer (oder einen Bereich von Revisionen) aufführen, die in Ihren Zweig integriert wurde. Später können Sie dann `svn log` ausführen, um zu überprüfen, welche Änderungen Ihr Zweig bereits enthält. Dadurch können Sie sorgfältig einen nachfolgenden `svn merge`-Befehl konstruieren, der mit zuvor portierten Änderungen nicht redundant ist.

Im nächsten Abschnitt zeigen wir einige praktische Beispiele dafür, wie mit dieser Technik Zusammenführungen verfolgt werden.

Vorschau auf das Zusammenführen

Da das Zusammenführen nur lokale Modifikationen ergibt, handelt es sich normalerweise nicht um eine sehr riskante Operation. Falls das Zusammenführen beim ersten Mal nicht funktioniert, führen Sie einfach `svn revert` aus und versuchen es noch einmal.

Es ist jedoch möglich, dass Ihre Arbeitskopie bereits lokale Modifikationen aufweist. Die Änderungen, die durch ein Zusammenführen auftreten, werden mit Ihren bereits zuvor bestehenden Änderungen vermischt, und das Ausführen von `svn revert` ist nun keine Lösung mehr. Die beiden Änderungsmengen lassen sich wahrscheinlich nicht mehr trennen.

In solchen Fällen trösten sich die Leute damit, dass sie Zusammenführungen vorhersagen oder untersuchen können, bevor sie auftreten. Eine einfache Methode dazu besteht darin, svn diff mit den gleichen Argumenten aufzurufen, die Sie an svn merge übergeben wollen, wie wir bereits in unserem ersten Beispiel für das Zusammenführen gezeigt haben. Eine andere Methode der Vorschau ist, die Option --dry-run an den Zusammenführungsbefehl zu übergeben:

```
$ svn merge --dry-run -r 343:344 http://svn.example.com/repos/calc/trunk
U  integer.c

$ svn status
#  keine Ausgabe, Arbeitskopie ist noch unverändert.
```

Die Option --dry-run wendet nicht wirklich alle lokalen Änderungen auf die Arbeitskopie an. Sie zeigt nur Statuscodes, die bei einem tatsächlichen Zusammenführen ausgegeben würden. Das bietet sich an, wenn man eine ausführliche Vorschau auf das potenzielle Zusammenführen haben möchte, wo ansonsten der Befehl svn diff zu viele Einzelheiten liefern würde.

Die Herkunft beachten oder ignorieren

Wenn Sie mit einem Subversion-Entwickler sprechen, dann hören Sie ihn wahrscheinlich auch einmal den Begriff *Herkunft (Ancestry)* erwähnen. Dieses Wort beschreibt die Beziehung zwischen zwei Objekten in einem Repository: Falls sie in einer Beziehung zueinander stehen, dann nennt man das eine Objekt den Vorfahren des anderen.

Nehmen Sie beispielsweise an, dass Sie Revision 100 bestätigen, was auch eine Änderung an einer Datei *foo.c* beinhaltet. Dann ist *foo.c@99* ein Vorfahr von *foo.c@100*. Nehmen Sie weiterhin an, dass Sie das Löschen von *foo.c* in Revision 101 bestätigen und dann eine neue Datei des gleichen Namens in Revision 102 hinzufügen. In diesem Fall könnten *foo.c@99* und *foo.c@102* einander verwandt erscheinen (sie haben den gleichen Pfad), in Wirklichkeit handelt es sich aber um völlig unterschiedliche Objekte im Repository. Sie haben weder die gleiche Geschichte noch die gleiche Herkunft.

Wir erwähnen das deshalb, weil dies einen wichtigen Unterschied zwischen svn diff und svn merge ausmacht. Der vorgenannte Befehl ignoriert die Herkunft, während der letztgenannte Befehl sie beachtet. Hätten Sie beispielsweise svn diff aufgefordert, die Revisionen 99 und 102 von *foo.c* zu vergleichen, würden Sie zeilenbasierte Diffs sehen; der diff-Befehl vergleicht blind zwei Pfade. Würden Sie dagegen svn merge auffordern, die beiden gleichen Objekte zu vergleichen, dann würde dieser Befehl bemerken, dass sie nichts miteinander zu tun haben, und zuerst versuchen, die alte Datei zu löschen, und anschließend die neue Datei hinzufügen. Sie sähen ein D foo.c, gefolgt von A foo.c.

Zu den meisten Zusammenführungen gehört das Vergleichen von Bäumen, die betreffs ihrer Herkunft miteinander in Beziehung stehen; deshalb zeigt svn merge standardmäßig dieses Verhalten. Gelegentlich wollen Sie jedoch, dass der merge-Befehl zwei nicht verwandte Bäume vergleicht. Beispielsweise könnten Sie zwei Quellcodebäume importiert haben, die unterschiedliche Herstellerversionen eines Software-Projekts repräsentieren (siehe den Abschnitt »Herstellerzweige« in Kapitel 7). Hätten Sie `svn merge` aufgefordert, die beiden Bäume zu vergleichen, dann würden Sie sehen, dass der erste Baum gelöscht und anschließend der gesamte zweite Baum hinzugefügt wurde!

In solchen Situationen können Sie `svn merge` veranlassen, nur einen pfadbasierten Vergleich durchzuführen, wobei Beziehungen zwischen Dateien und Verzeichnissen ignoriert werden. Fügen Sie Ihrem merge-Befehl die Option `--ignore-ancestry` hinzu, und er verhält sich wie `svn diff`. (Und umgekehrt: Die Option `--notice-ancestry` veranlasst `svn diff`, sich wie der merge-Befehl zu benehmen.)

Gebräuchliche Anwendungsfälle für das Zusammenführen

Es gibt viele unterschiedliche Anwendungen für `svn merge`. Dieser Abschnitt beschreibt die gebräuchlichsten Szenarien.

Einen ganzen Zweig mit einem anderen zusammenführen

Um unser aktuelles Beispiel abzuschließen, machen wird einen Zeitsprung. Nehmen Sie an, dass mehrere Tage vergangen sind und sowohl im Stamm als auch in Ihrem privaten Zweig viele Änderungen vorgenommen wurden. Sie haben die Arbeiten an Ihrem privaten Zweig beendet, die Funktionsprüfung oder Fehlerbeseitigung ist abgeschlossen, und Sie wollen nun alle Änderungen an Ihrem Zweig wieder zurück in den Stamm überführen, damit auch die anderen etwas davon haben.

Wie nutzen wir nun `svn merge` in dieser Situation? Erinnern Sie sich daran, dass dieser Befehl zwei Bäume vergleicht und die Unterschiede auf eine Arbeitskopie anwendet. Um also die Änderungen zu empfangen, benötigen Sie eine Arbeitskopie des Stammes. Wir gehen davon aus, dass Sie entweder immer noch Ihre originale (vollständig aktualisierte) Kopie irgendwo herumliegen haben oder dass Sie erst kürzlich eine neue Arbeitskopie von */calc/trunk* ausgecheckt haben.

Doch welche beiden Bäume sollten verglichen werden? Auf den ersten Blick scheint die Antwort offensichtlich zu sein: Vergleichen Sie einfach den neuesten Stammbaum mit Ihrem neuesten Zweigbaum. Aber Achtung – diese Annahme ist *falsch* und hat schon so manchen neuen Anwender in die Irre geführt! Da `svn merge` wie `svn diff` arbeitet, wird bei einem Vergleich der neuesten Stamm- und Zweigbäume *nicht* nur lediglich die Menge der Änderungen beschrieben, die Sie an Ihrem Zweig vorgenommen haben. Solch ein Vergleich ergibt zu viele Veränderungen: Er würde nicht nur das Hinzufügen Ihrer Zweigänderungen zeigen, sondern auch das *Entfernen* von Stammänderungen, die an Ihrem Zweig niemals vorgenommen wurden.

Um nur die Änderungen auszudrücken, die an Ihrem Zweig aufgetreten sind, müssen Sie den Anfangszustand Ihres Zweiges mit seinem Endzustand vergleichen. Mit Hilfe des Befehls `svn log` auf Ihrem Zweig können Sie feststellen, dass Ihr Zweig in Revision 341 angelegt wurde. Und der Endzustand Ihres Zweiges ist einfach eine Frage der `HEAD`-Revision. Das bedeutet, dass Sie die Revisionen 341 und `HEAD` Ihres Zweiges vergleichen und diese Änderungen auf eine Arbeitskopie des Stammes anwenden wollen.

> Um herauszufinden, in welcher Revision ein Zweig angelegt wurde (die »Basis« des Zweiges), bietet sich die Verwendung der Option `-stop-on-copy` mit `svn log` an. Der Unterbefehl zum Protokollieren zeigt normalerweise alle Änderungen, die jemals an dem Zweig vorgenommen wurden, einschließlich des Zurückverfolgens durch die Kopie, die den Zweig erzeugt hat – das heißt, Sie würden auch die History des Stammes sehen. Die Option `-stop-on-copy` beendet die Protokollausgabe, sobald `svn log` entdeckt, dass sein Ziel kopiert oder umbenannt wurde.
>
> In unserem Beispiel:
>
> ```
> $ svn log --verbose --stop-on-copy
>     http://svn.example.com/repos/calc/branches/my-calc-branch
> ...
> ------------------------------------------------------------
> r341 | user | 2002-11-03 15:27:56 -0600 (Thu, 07 Nov 2002) |
> 2 lines
> Changed paths:
>  A /calc/branches/my-calc-branch (from /calc/trunk:340)
> $
> ```
>
> Wie erwartet, ist die letzte Revision, die durch diesen Befehl ausgegeben wurde, diejenige, in der *my-calc-branch* durch Kopieren erzeugt wurde.

Hier ist nun die endgültige Zusammenführungsprozedur:

```
$ cd calc/trunk
$ svn update
At revision 405.

$ svn merge -r 341:HEAD http://svn.example.com/repos/calc/branches/my-calc-branch
U  . integer.c
U   button.c
U   Makefile

$ svn status
M   integer.c
M   button.c
M   Makefile
```

```
# ...Diffs, Compile, Test etc. untersuchen...

$ svn commit -m "Merged my-calc-branch changes r341:405 into the trunk."
Sending        integer.c
Sending        button.c
Sending        Makefile
Transmitting file data ...
Committed revision 406.
```

Beachten Sie auch hier, dass die Commit-Protokollmeldung sehr speziell den Bereich der Änderungen erwähnt, die in den Stamm übernommen wurden. Denken Sie immer daran, dies zu tun, da es sich um ausgesprochen wichtige Informationen handelt, die Sie später brauchen werden.

Stellen Sie sich zum Beispiel vor, dass Sie beschließen, noch eine weitere Woche an Ihrem Zweig zu arbeiten, um eine Erweiterung Ihrer ursprünglichen Funktion oder eine Fehlerbearbeitung abzuschließen. Die `HEAD`-Revision Ihres Repository lautet nun 480, und Sie können jetzt eine weitere Zusammenführung Ihres privaten Zweiges mit dem Stamm durchführen. Wie aber schon weiter vorn in diesem Kapitel im Abschnitt »Die besten Vorgehensweisen für das Zusammenführen« angesprochen, wollen Sie nicht die Änderungen zusammenführen, die Sie schon früher erledigt haben. Sie wollen nur die Dinge anfassen, die seit dem letzten Zusammenführen neu hinzugekommen sind. Der Trick besteht nun darin herauszufinden, was neu ist.

Zuerst führen Sie `svn log` auf dem Stamm aus und suchen nach einer Protokollmeldung über das letzte Mal, als Sie aus dem Zweig etwas hinzugefügt haben:

```
$ cd calc/trunk
$ svn log
...
------------------------------------------------------------------------
r406 | user | 2004-02-08 11:17:26 -0600 (Sun, 08 Feb 2004) | 1 line

Merged my-calc-branch changes r341:405 into the trunk.
------------------------------------------------------------------------
...
```

Aha! Da alle Zweigänderungen, die zwischen den Revisionen 341 und 405 vorgenommen wurden, als Revision 406 mit dem Stamm zusammengeführt wurden, wissen Sie nun, dass Sie nur die Zweigänderungen anfassen müssen, die später kamen – Revisionen 406 bis `HEAD`.

```
$ cd calc/trunk
$ svn update
At revision 480.
# Wir stellen fest, dass HEAD momentan 480 ist, benutzen es also zum Zusammenführen:
$ svn merge -r 406:480 http://svn.example.com/repos/calc/branches/my-calc-branch
U integer.c
U button.c
U Makefile
```

```
$ svn commit -m "Merged my-calc-branch changes r406:480 into the trunk."
Sending        integer.c
Sending        button.c
Sending        Makefile
Transmitting file data ...
Committed revision 481.
```

Jetzt enthält der Stamm die vollständige zweite Gruppe der Änderungen, die an dem Zweig vorgenommen wurden. Nun können Sie Ihren Zweig entweder löschen (darauf gehen wir später ein) oder weiter an Ihrem Zweig arbeiten und dieses Vorgehen bei späteren Zusammenführungen wiederholen.

Änderungen rückgängig machen

Ein weiterer gebräuchlicher Anwendungsfall für `svn merge` besteht darin, eine Änderung rückgängig zu machen, die bereits bestätigt wurde. Nehmen Sie einmal an, Sie arbeiten glücklich und zufrieden an einer Arbeitskopie von */calc/trunk* und entdecken auf einmal, dass eine Modifikation an Revision 303, bei der Sie *integer.c* geändert haben, völlig falsch ist. Sie hätte niemals bestätigt werden dürfen. Sie können `svn merge` einsetzen, um die Änderung in Ihrer Arbeitskopie rückgängig zu machen, und anschließend die lokale Modifikation im Repository bestätigen. Dazu müssen Sie einfach nur einen *umgekehrten* Unterschied festlegen:

```
$ svn merge -r 303:302 http://svn.example.com/repos/calc/trunk
U  integer.c

$ svn status
M  integer.c

$ svn diff
...
# Überzeugen Sie sich, dass die Änderung tatsächlich wieder entfernt wurde
...

$ svn commit -m "Undoing change committed in r303."
Sending        integer.c
Transmitting file data .
Committed revision 350.
```

Sie können sich eine Repository-Revision als eine bestimmte Gruppe von Änderungen vorstellen (manche Versionskontrollsysteme bezeichnen dies als *Änderungsmengen* oder *Changesets*). Mit Hilfe des Schalters `-r` können Sie `svn merge` auffordern, eine Änderungsmenge oder einen ganzen Bereich von Änderungsmengen auf Ihre Arbeitskopie anzuwenden. In unserem Fall des Rückgängigmachens einer Änderung weisen wir `svn merge` an, die Änderungsmenge 303 *rückwärts* auf unsere Arbeitskopie anzuwenden.

Merken Sie sich, dass dieses Rückgängigmachen einer Änderung einfach nur eine weitere `svn merge`-Operation ist. Sie sollten daher `svn status` und `svn diff` einsetzen, um sich zu versichern, dass Ihre Arbeit sich jetzt in dem Zustand befindet, in dem Sie sie haben wollen. Dann verwenden Sie `svn commit`, um die endgültige Version an das Repository zu schicken. Nach dem Bestätigen wird diese spezielle Menge von Änderungen nicht mehr in der `HEAD`-Revision widergespiegelt.

Auch hier könnten Sie denken: Nun, dadurch wurde die Bestätigung nicht tatsächlich rückgängig gemacht. Die Änderung existiert weiterhin in Revision 303. Falls jemand eine Version des *calc*-Projekts zwischen den Revisionen 303 und 349 auscheckt, wird er immer noch die falsche Änderung erhalten, oder?

Ja, das stimmt. Wenn wir darüber reden, eine Änderung zu entfernen, dann meinen wir das Entfernen aus `HEAD`. Die ursprüngliche Änderung existiert weiterhin in der History des Repository. Im Allgemeinen ist das ausreichend. Die meisten Leute sind lediglich daran interessiert, den `HEAD` eines Projekts zu verfolgen. Es gibt jedoch Sonderfälle, in denen Sie tatsächlich alle Beweise eines Commit zerstören wollen. (Vielleicht hat jemand versehentlich ein vertrauliches Dokument freigegeben.) Das ist allerdings nicht so einfach, da Subversion absichtlich so gestaltet wurde, dass niemals Informationen verloren gehen. Revisionen sind unveränderliche Bäume, die aufeinander aufbauen. Das Entfernen einer Revision aus der History würde einen Domino-Effekt nach sich ziehen, der Chaos in allen nachfolgenden Revisionen verursacht und möglicherweise alle Arbeitskopien beschädigt.[1]

Gelöschte Objekte zurückholen

Das Tolle an Versionskontrollsystemen ist, dass Informationen niemals verloren gehen. Selbst wenn Sie eine Datei oder ein Verzeichnis löschen, ist es zwar aus der `HEAD`-Revision verschwunden, das Objekt lebt aber in früheren Revisionen weiter. Eine der am häufigsten gestellten Fragen neuer Benutzer lautet: Wie bekomme ich meine alte Datei oder mein altes Verzeichnis zurück?

Der erste Schritt besteht darin, exakt zu definieren, welches Objekt Sie zurückzuholen versuchen. Sie können sich das anhand einer nützlichen Metapher vorstellen: Alle Objekte im Repository existieren in einer Art zweidimensionalem Koordinatensystem. Die erste Koordinate ist ein bestimmter Revisionsbaum, und die zweite Koordinate ist ein Pfad innerhalb dieses Baumes. Jede Version Ihrer Datei oder Ihres Verzeichnisses kann also durch ein bestimmtes Koordinatenpaar definiert werden.

1 Beim Subversion-Projekt gibt es jedoch Pläne, eines Tages einen `svnadmin obliterate`-Befehl zu implementieren, der die Aufgabe des endgültigen Löschens von Informationen übernehmen würde. In der Zwischenzeit finden Sie im Abschnitt »svndumpfilter« möglicherweise Abhilfe.

Subversion besitzt im Gegensatz zu CVS kein *Attic*-Verzeichnis,[2] Sie müssen daher `svn log` verwenden, um das korrekte Koordinatenpaar zu ermitteln, das zurückgeholt werden soll. Eine gute Strategie besteht darin, `svn log --verbose` in dem Verzeichnis auszuführen, in dem sich Ihr gelöschtes Objekt befand. Die Option `--verbose` zeigt eine Liste aller geänderten Objekte in den einzelnen Revisionen – Sie müssen nun nur noch die Revision finden, in der Sie die Datei oder das Verzeichnis gelöscht haben. Entweder Sie sehen sich die Ausgabe genau an, oder Sie untersuchen sie mit einem weiteren Werkzeug (z.B. mit `grep` oder vielleicht mit Hilfe einer inkrementellen Suche in einem Editor.)

```
$ cd parent-dir
$ svn log --verbose
...
------------------------------------------------------------------------
r808 | joe | 2003-12-26 14:29:40 -0600 (Fri, 26 Dec 2003) | 3 lines
Changed paths:
   D /calc/trunk/real.c
   M /calc/trunk/integer.c

Added fast fourier transform functions to integer.c.
Removed real.c because code now in double.c.
...
```

Im Beispiel gehen wir davon aus, dass Sie nach der gelöschten Datei *real.c* suchen. Über die Protokolle eines übergeordneten Verzeichnisses haben Sie herausgefunden, dass diese Datei in Revision 808 gelöscht wurde. Deshalb gab es die letzte Version der Datei in der Revision direkt davor. Schlussfolgerung: Sie wollen den Pfad */calc/trunk/real.c* aus Revision 807 zurückholen.

Das war der schwierige Teil – die Forschung. Nachdem Sie nun wissen, was Sie wiederherstellen wollen, haben Sie zwei Möglichkeiten.

Eine Option wäre es, `svn merge` zu verwenden, um Revision 808 umgekehrt anzuwenden. (Wir haben bereits darüber gesprochen, wie sich Änderungen rückgängig machen lassen; siehe den Abschnitt »Änderungen rückgängig machen« weiter vorn in diesem Kapitel.) Das Ergebnis wäre, dass das erneute Hinzufügen von *real.c* als lokale Modifikation gilt. Die Datei würde zur Hinzufügung vorgesehen werden. Nach dem Bestätigen würde sie wieder in `HEAD` existieren.

In diesem speziellen Beispiel ist das jedoch wahrscheinlich nicht die beste Vorgehensweise. Das umgekehrte Anwenden von Revision 808 würde nicht nur *real.c* für das Hinzufügen vorsehen, die Protokollmeldung signalisiert außerdem, dass auch noch bestimmte Änderungen an *integer.c* rückgängig gemacht werden würden, was Sie ja nicht wollen. Sicherlich könnten Sie Revision 808 erneut zusammenführen und dann mit `svn revert` die lokalen Änderungen an *integer.c* umkehren; diese Technik skaliert allerdings nicht besonders gut. Was wäre denn, wenn sich in Revision 808 90 Dateien geändert hätten?

2 Da CVS Bäume nicht versioniert, legt es als Möglichkeit, sich gelöschte Dateien zu merken, einen *Attic*-Bereich in jedem Repository-Verzeichnis an.

Eine zweite, gezieltere Strategie besteht darin, svn merge überhaupt nicht einzusetzen, sondern den Befehl svn copy zu verwenden. Kopieren Sie einfach das genaue Revisions- und Pfadkoordinatenpaar aus dem Repository in Ihre Arbeitskopie:

```
$ svn copy --revision 807 \
           http://svn.example.com/repos/calc/trunk/real.c ./real.c

$ svn status
A  +   real.c

$ svn commit -m "Resurrected real.c from revision 807, /calc/trunk/real.c."
Adding         real.c
Transmitting file data .
Committed revision 1390.
```

Das Pluszeichen in der Statusausgabe zeigt an, dass das Objekt nicht einfach nur für das Hinzufügen, sondern für das Hinzufügen mit History vorgesehen ist. Subversion merkt sich, woher es kopiert wurde. Zukünftig wird svn log beim Ausführen auf dieser Datei die History durch die Wiederbelebung der Datei hindurch und bis vor Revision 807 verfolgen. Mit anderen Worten, diese neue *real.c* ist nicht wirklich neu, sie ist ein direkter Abkömmling der ursprünglichen, gelöschten Datei.

Unser Beispiel zeigt zwar, wie wir eine Datei zurückholen, diese Technik funktioniert aber auch für das Zurückholen von gelöschten Verzeichnissen.

Eine Arbeitskopie wechseln

Der Befehl svn switch wandelt eine bestehende Arbeitskopie in einen anderen Zweig um. Dieser Befehl ist zwar für das Arbeiten mit Zweigen nicht unbedingt erforderlich, für die Benutzer ist er aber eine schöne Abkürzung. In einem früheren Beispiel haben Sie nach dem Erzeugen Ihres privaten Zweiges eine frische Arbeitskopie des neuen Repository-Verzeichnisses ausgecheckt. Stattdessen können Sie nun Subversion einfach bitten, Ihre Arbeitskopie von */calc/trunk* so zu ändern, dass sie den Standort des neuen Zweiges widerspiegelt:

```
$ cd calc

$ svn info | grep URL
URL: http://svn.example.com/repos/calc/trunk

$ svn switch http://svn.example.com/repos/calc/branches/my-calc-branch
U   integer.c
U   button.c
U   Makefile
Updated to revision 341.

$ svn info | grep URL
URL: http://svn.example.com/repos/calc/branches/my-calc-branch
```

Nach dem Wechsel in den Zweig unterscheidet sich Ihre Arbeitskopie nicht von dem, was Sie nach einem frischen Checkout des Verzeichnisses bekommen würden. Und normalerweise ist es effizienter, diesen Befehl einzusetzen, da Zweige sich häufig nur geringfügig unterscheiden. Der Server sendet nur die minimale Änderungsmenge, die erforderlich ist, damit die Arbeitskopie das Zweigverzeichnis wiedergibt.

Der Befehl `svn switch` nimmt außerdem eine Option `--revision` (`-r`) entgegen, so dass Sie Ihre Arbeitskopie nicht immer an die Spitze des Zweiges verschieben müssen.

Natürlich sind die meisten Projekte komplizierter als unser *calc*-Beispiel, da sie mehrere Unterverzeichnisse enthalten. Subversion-Benutzer gehen bei der Verwendung von Zweigen oft nach bestimmten Regeln vor:

1. Kopieren des gesamten Stammes eines Projekts in ein neues Zweigverzeichnis.
2. Verschieben nur eines Teiles der Arbeitskopie des Stammes zum Spiegeln des Zweiges.

Falls Benutzer also wissen, dass die Arbeit am Zweig nur in einem bestimmten Unterverzeichnis stattfinden muss, benutzen sie `svn switch`, um nur dieses Unterverzeichnis in den Zweig zu verschieben. (Manchmal verschieben Benutzer nur eine einzige Arbeitsdatei in den Zweig!) Auf diese Weise können sie weiterhin normale Aktualisierungen des Stammes für den größten Teil ihrer Arbeitskopie empfangen, die verschobenen Teile dagegen bleiben unberührt (es sei denn, jemand bestätigt eine Änderung an deren Zweig). Diese Funktion erweitert das Konzept der gemischten Arbeitskopie um eine ganze neue Dimension – Arbeitskopien können nun nicht nur eine Mischung aus Arbeitsrevisionen enthalten, sondern sogar eine Mischung aus verschiedenen Stellen des Repository.

Enthält Ihre Arbeitskopie eine Anzahl verschobener Unterbäume von verschiedenen Stellen des Repository, funktioniert sie weiter wie normal. Wenn Sie aktualisieren, empfangen Sie entsprechend Patches für jeden einzelnen Unterbaum. Bei einem Commit werden Ihre lokalen Änderungen weiterhin als eine einzige, untrennbare Änderung an das Repository übergeben.

Beachten Sie, dass es zwar in Ordnung geht, wenn Ihre Arbeitskopie eine Mischung verschiedener Stellen des Repository widerspiegelt, diese Stellen müssen aber alle innerhalb des *gleichen* Repository liegen. Subversion-Repositorys sind bisher nicht in der Lage, miteinander zu kommunizieren; diese Funktion ist für Versionen jenseits von Subversion 1.0 vorgesehen.[3]

Da `svn switch` im Prinzip eine Variante von `svn update` darstellt, haben beide einige Verhaltensweisen gemeinsam; alle lokalen Modifikationen in Ihrer Arbeitskopie werden

3 Sie *können* jedoch `svn switch` mit dem Schalter `--relocate` benutzen, falls die URL Ihres Servers sich ändert und Sie eine bestehende Arbeitskopie nicht verlieren wollen. Im Abschnitt `svn switch` in Kapitel 9 finden Sie weitere Informationen und ein Beispiel.

> **Wechsel und Aktualisierungen**
>
> Haben Sie bemerkt, dass die Ausgaben von `svn switch` und `svn update` gleich aussehen? Der `switch`-Befehl bildet eigentlich eine Obermenge des `update`-Befehls.
>
> Wenn Sie `svn update` ausführen, dann fordern Sie das Repository auf, zwei Bäume zu vergleichen. Das Repository erledigt das und sendet dann eine Beschreibung der Unterschiede zurück an den Client. Der einzige Unterschied zwischen `svn switch` und `svn update` besteht darin, dass der `update`-Befehl immer zwei identische Pfade vergleicht.
>
> Das heißt, falls Ihre Arbeitskopie ein Spiegel von */calc/trunk* ist, vergleicht `svn update` automatisch Ihre Arbeitskopie von */calc/trunk* mit */calc/trunk* in der `HEAD`-Revision. Verschieben Sie Ihre Arbeitskopie in einen Zweig, dann vergleicht `svn switch` Ihre Arbeitskopie von */calc/trunk* mit einem *anderen* Zweigverzeichnis in der `HEAD`-Revision.
>
> Mit anderen Worten, eine Aktualisierung (`update`) verschiebt Ihre Arbeitskopie durch die Zeit. Ein Wechsel (`switch`) verschiebt Ihre Arbeitskopie durch Zeit *und* Raum.

bewahrt, wenn neue Daten vom Repository ankommen. Dies erlaubt es Ihnen, alle möglichen schlauen Tricks anzuwenden.

Nehmen Sie beispielsweise an, Sie haben eine Arbeitskopie von */calc/trunk* und nehmen daran eine Reihe von Änderungen vor. Anschließend merken Sie plötzlich, dass Sie dachten, Sie würden diese Änderungen an einem Zweig durchführen. Kein Problem! Wenn Sie Ihre Arbeitskopie mit `svn switch` in den Zweig verschieben, bleiben die lokalen Änderungen erhalten. Sie können sie dann testen und in dem Zweig bestätigen.

Tags

Ein weiteres übliches Versionskontrollkonzept ist ein *Tag*. Ein Tag ist einfach nur eine weitere Momentaufnahme eines Projekts in der Zeit. In Subversion scheint diese Idee überall zu sein. Jede Repository-Revision ist genau das – eine Momentaufnahme des Dateisystems nach einem Commit.

Die Leute wollen den Tags allerdings oft freundlichere Namen geben, wie etwa `release-1.0`. Und sie wollen Momentaufnahmen von kleineren Unterverzeichnissen des Dateisystems erstellen. Schließlich ist es nicht so einfach sich zu merken, dass release-1.0 einer Software ein bestimmtes Unterverzeichnis von Revision 4822 ist.

Ein einfaches Tag erzeugen

Hier kommt wieder `svn copy` zu Hilfe. Wenn Sie eine Momentaufnahme von */calc/trunk* erstellen wollen, so wie es in der `HEAD`-Revision aussieht, dann machen Sie eine Kopie davon:

```
$ svn copy http://svn.example.com/repos/calc/trunk \
           http://svn.example.com/repos/calc/tags/release-1.0 \
      -m "Tagging the 1.0 release of the 'calc' project."

Committed revision 351.
```

Dieses Beispiel geht davon aus, dass bereits ein Verzeichnis */calc/tags* existiert. Nachdem die Kopie abgeschlossen wurde, stellt das neue Verzeichnis *release-1.0* für immer eine Abbildung dessen dar, wie das Projekt zu dem Zeitpunkt in der HEAD-Revision ausgesehen hat, zu dem Sie die Kopie erzeugt haben. Natürlich werden Sie möglicherweise etwas genauer sein wollen bezüglich dessen, welche Revision Sie kopieren – für den Fall, dass jemand anderes Änderungen im Projekt bestätigt hat, während Sie gerade nicht hingeschaut haben. Wenn Sie also wissen, dass Revision 350 von */calc/trunk* genau der Schnappschuss ist, den Sie haben wollen, dann können Sie dies angeben, indem Sie `-r 350` an den Befehl `svn copy` übergeben.

Aber Moment mal: Ist dieser Vorgang zur Erzeugung eines Tags nicht identisch mit dem Vorgang zum Erzeugen eines Zweiges? Das ist er tatsächlich. In Subversion gibt es keinen Unterschied zwischen einem Tag und einem Zweig. Beide sind nur einfache Verzeichnisse, die durch Kopieren erzeugt werden. Genau wie bei den Zweigen ist ein kopiertes Verzeichnis nur deshalb ein Tag, weil *Menschen* beschlossen haben, es auf diese Weise zu behandeln: Solange niemals jemand ein Commit an diesem Verzeichnis ausführt, bleibt es immer eine Momentaufnahme. Beginnen Leute damit, etwas dorthin zu bestätigen, wird es zu einem Zweig.

Wenn Sie ein Repository administrieren, können Sie verschiedene Ansätze verfolgen, um Tags zu verwalten. Der erste Ansatz heißt »Hände weg«: Im Rahmen der Projektrichtlinien entscheiden Sie, wo sich Ihre Tags befinden werden, und informieren alle Benutzer darüber, wie sie die Verzeichnisse behandeln sollen, die sie dorthin kopieren. (Das heißt, Sie stellen sicher, dass sie wissen, dass sie kein Commit dorthin ausführen dürfen.) Der zweite Ansatz ist noch paranoider: Sie können mit einem der Zugangskontrollskripte, die mit Subversion geliefert werden, verhindern, dass jemand etwas anderes im Tags-Bereich tut, als neue Kopien anzulegen (siehe Kapitel 6). Der paranoide Ansatz ist jedoch normalerweise nicht erforderlich. Wenn ein Benutzer versehentlich eine Änderung in ein Tag-Verzeichnis einbringt, können Sie diese Änderung einfach rückgängig machen, wie im vorherigen Abschnitt besprochen. Das ist schließlich Versionskontrolle.

Ein komplexes Tag erzeugen

Manchmal soll Ihre Momentaufnahme komplizierter sein als nur ein einzelnes Verzeichnis in einer einzelnen Revision.

Stellen Sie sich etwa einmal vor, Ihr Projekt wäre viel größer als unser *calc*-Beispiel: Nehmen Sie an, es enthielte eine Reihe von Unterverzeichnissen und viele weitere Dateien. Während Ihrer Arbeit beschließen Sie, dass Sie eine Arbeitskopie erstellen müssen, die bestimmte Funktionen und Bug-Fixes enthält. Sie können dies erreichen, indem Sie ausgewählte Dateien oder Verzeichnisse aus speziellen Revisionen zurückdatieren (durch den großzügigen Einsatz von svn update -r) oder indem Sie Dateien und Verzeichnisse in bestimmte Zweige verschieben (mit Hilfe von svn switch). Wenn Sie damit fertig sind, dann bildet Ihre Arbeitskopie ein Gemisch aus Repository-Stellen aus unterschiedlichen Revisionen. Nachdem Sie dies jedoch getestet haben, stellen Sie fest, dass es genau die Kombination aus Daten ist, die Sie brauchen.

Lassen Sie uns eine Momentaufnahme erstellen. Das Kopieren einer URL auf eine andere funktioniert hier nicht. In diesem Fall wollen Sie eine Momentaufnahme der exakten Anordnung Ihrer Arbeitskopie erzeugen und im Repository speichern. Glücklicherweise hat svn copy tatsächlich vier unterschiedliche Anwendungsmöglichkeiten (Sie erfahren in Kapitel 9 mehr darüber); dazu gehört die Fähigkeit, einen Arbeitskopienbaum in das Repository zu kopieren:

```
$ ls -a
./    ../   my-working-copy/

$ svn copy my-working-copy http://svn.example.com/repos/calc/tags/mytag

Committed revision 352.
```

Jetzt gibt es im Repository ein neues Verzeichnis, */calc/tags/mytag*, bei dem es sich um eine genaue Momentaufnahme Ihrer Arbeitskopie handelt – gemischte Revisionen, URLs usw.

Andere Benutzer haben interessante Einsatzmöglichkeiten für diese Funktion gefunden. Manchmal gibt es Situationen, in denen Sie eine ganze Reihe lokaler Änderungen an Ihrer Arbeitskopie vorgenommen haben und wollen, dass sich ein Kollege diese anschaut. Anstatt svn diff auszuführen und eine Patch-Datei zu senden (die keine Baumänderungen erfassen würde), können Sie svn copy einsetzen, um Ihre Arbeitskopie in einen privaten Bereich des Repository zu laden. Ihr Kollege kann dann entweder eine genaue Kopie Ihrer Arbeitskopie beziehen oder svn merge einsetzen, um Ihre exakten Änderungen zu erhalten.

Die Pflege von Zweigen

Sie werden inzwischen festgestellt haben, dass Subversion außerordentlich flexibel ist. Da es Zweige und Tags mit dem gleichen zu Grunde liegenden Mechanismus implementiert (Verzeichniskopien) und da Zweige und Tags im normalen Dateisystemraum auftauchen, finden viele Leute Subversion einschüchternd. Es ist fast *zu* flexibel. In diesem Abschnitt bieten wir Ihnen einige Anregungen für das Anordnen und Verwalten Ihrer Daten über die Zeit.

Der Repository-Aufbau

Es gibt einige standardisierte, empfohlene Methoden der Organisation eines Repository. Die meisten Leute legen ein *trunk*-Verzeichnis an, um die Hauptentwicklungslinie dort zu speichern, ein *branches*-Verzeichnis, das Zweigkopien enthält, und ein *tags*-Verzeichnis, in dem Tag-Kopien abgelegt werden. Wenn ein Repository nur ein Projekt aufnimmt, dann werden oft diese Top-Level-Verzeichnisse erzeugt:

```
/trunk
/branches
/tags
```

Enthält ein Repository mehrere Projekte, dann indizieren die Administratoren den Repository-Aufbau üblicherweise nach den Projekten (im Abschnitt »Einen Aufbau für das Repository wählen« in Kapitel 5 finden Sie nähere Informationen darüber):

```
/paint/trunk
/paint/branches
/paint/tags
/calc/trunk
/calc/branches
/calc/tags
```

Natürlich steht es Ihnen frei, diese allgemeinen Layouts zu ignorieren. Sie können beliebige Variationen verwenden, je nachdem, was für Sie oder Ihr Team am besten geeignet ist. Wie auch immer Sie sich entscheiden – es ist nicht endgültig. Sie können Ihr Repository jederzeit neu organisieren. Da Zweige und Tags normale Verzeichnisse sind, kann der Befehl `svn move` sie nach Belieben verschieben oder umbenennen. Für den Wechsel von einem Layout zu einem anderen wird lediglich eine Reihe serverseitiger Schritte ausgelöst; falls es Ihnen nicht gefällt, wie die Dinge organisiert sind, jonglieren Sie einfach die Verzeichnisse ein bisschen herum.

Denken Sie allerdings daran, dass Sie zwar einerseits die Verzeichnisse einfach verschieben können, dabei andererseits jedoch auf die Benutzer Rücksicht nehmen müssen. Ihr Herumjonglieren kann Benutzern mit bestehenden Arbeitskopien die Orientierung rauben. Wenn ein Benutzer eine Arbeitskopie eines bestimmten Repository-Verzeichnisses hat, könnte Ihre `svn move`-Operation den Pfad aus der neuesten Revision entfernen. Führt der Benutzer das nächste Mal `svn update` aus, wird ihm mitgeteilt, dass seine Arbeitskopie einen Pfad repräsentiert, der nicht mehr existiert. Der Benutzer wird dann gezwungen, mit `svn switch` an den neuen Ort zu wechseln.

Die Lebensdauer von Daten

Eine andere schöne Eigenschaft des Subversion-Modells ist, dass Zweige und Tags eine endliche Lebensdauer haben können – genau wie jedes andere versionierte Objekt. Nehmen Sie beispielsweise an, dass Sie schließlich Ihre Arbeit an Ihrem persönlichen Zweig des *calc*-Projekts abgeschlossen haben. Nach dem Einbringen aller Ihrer Zweige nach

/calc/trunk besteht kein Grund mehr, weshalb Ihr privates Zweigverzeichnis noch länger herumliegen sollte:

```
$ svn delete http://svn.example.com/repos/calc/branches/my-calc-branch \
             -m "Removing obsolete branch of calc project."

Committed revision 375.
```

Und nun ist Ihr Zweig Geschichte. Natürlich ist er nicht wirklich weg: Das Verzeichnis fehlt jetzt einfach in der `HEAD`-Revision. Wenn Sie eine frühere Revision mit `svn checkout`, `svn switch` oder `svn list` überprüfen, dann werden Sie Ihren alten Zweig immer noch sehen können.

Falls es Ihnen nicht reicht, Ihr gelöschtes Verzeichnis zu durchsuchen, können Sie es immer zurückholen. Das Zurückholen von Daten in Subversion ist einfach. Möchten Sie ein gelöschtes Verzeichnis (oder eine gelöschte Datei) zurück nach `HEAD` bringen, dann kopieren Sie es einfach mit `svn copy -r` aus der alten Revision:

```
$ svn copy -r 374 http://svn.example.com/repos/calc/branches/my-calc-branch \
                  http://svn.example.com/repos/calc/branches/my-calc-branch

Committed revision 376.
```

In unserem Beispiel hatte Ihr persönlicher Zweig eine relativ kurze Lebensdauer: Sie könnten ihn erzeugt haben, um einen Fehler zu beheben oder eine neue Funktion zu implementieren. Wenn Ihre Aufgabe erledigt ist, so ist auch der Zweig überflüssig. In der Softwareentwicklung ist es allerdings auch üblich, über einen langen Zeitraum zwei Hauptzweige parallel laufen zu lassen. Nehmen Sie beispielsweise an, dass es an der Zeit ist, ein stabiles *calc*-Projekt zu veröffentlichen. Sie wissen aber, dass es einige Monate in Anspruch nehmen wird, die Fehler aus der Software zu entfernen. Sie wollen nicht, dass neue Funktionen in das Projekt eingefügt werden, andererseits möchten Sie die Entwickler aber auch nicht am Weiterprogrammieren hindern. Daher erzeugen Sie einen stabilen Zweig der Software, der sich nicht mehr viel ändern wird:

```
$ svn copy http://svn.example.com/repos/calc/trunk \
         http://svn.example.com/repos/calc/branches/stable-1.0 \
         -m "Creating stable branch of calc project."

Committed revision 377.
```

Jetzt können die Entwickler neue (oder experimentelle) Funktionen zu */calc/trunk* hinzufügen, und Sie können eine Projektregelung aufstellen, die besagt, dass nur noch Fehlerkorrekturen in */calc/branches/stable-1.0* eingebracht werden dürfen. Das bedeutet, während die Leute weiter an dem Stamm arbeiten, portiert eine Person gezielt Fehlerkorrekturen in den stabilen Zweig. Selbst wenn der stabile Zweig bereits ausgeliefert ist, werden Sie diesen Zweig wahrscheinlich noch für eine lange Zeit pflegen – nämlich solange Sie Ihren Kunden Unterstützung für diese Version bieten.

Zusammenfassung

Wir haben in diesem Kapitel eine Menge Stoff behandelt. Es ging um die Konzepte von Tags und Zweigen sowie darum, wie Subversion diese Konzepte umsetzt, indem es Verzeichnisse mit dem Befehl `svn copy` kopiert. Wir haben gezeigt, wie Sie `svn merge` benutzen können, um Änderungen zwischen Zweigen zu kopieren oder um fehlerhafte Änderungen rückgängig zu machen. Dann haben Sie erfahren, wie Sie `svn switch` zum Erzeugen von Arbeitskopien aus unterschiedlichen Standorten einsetzen. Und wir haben darüber gesprochen, wie man mit dem Aufbau und der Lebensdauer von Zweigen in einem Repository umgehen könnte.

Merken Sie sich das Subversion-Mantra: Zweige und Tags sind billig – seien Sie großzügig damit!

KAPITEL 5

Repository-Administration

Das Subversion-Repository bildet den zentralen Speicher für die versionierten Daten einer beliebigen Anzahl von Projekten. Als solcher wird ein Administrator es natürlich hegen und pflegen. Das Repository ist zwar im Prinzip ein Bereich, der nur geringer Wartung bedarf, dennoch ist es wichtig zu verstehen, wie man es richtig konfiguriert und betreut, damit potenzielle Probleme vermieden und tatsächliche Probleme sicher gelöst werden können.

In diesem Kapitel besprechen wir, wie ein Subversion-Repository erzeugt und konfiguriert wird und wie dieses Repository für einen Netzwerkzugriff vorbereitet werden kann. Es geht außerdem um die Repository-Wartung, einschließlich der Benutzung von `svnlook` und `svnadmin` (die mit Subversion geliefert werden). Wir gehen auf einige häufig auftretende Fragen und Fehler ein und liefern Anregungen, wie die Daten im Repository angeordnet werden können.

Falls Sie vorhaben, auf ein Subversion-Repository ausschließlich in der Rolle eines Benutzers zuzugreifen, dessen Daten der Versionskontrolle unterliegen (das heißt, über einen Subversion-Client), dann können Sie dieses Kapitel gleich überspringen. Sind Sie jedoch ein Subversion-Administrator, oder planen Sie, einer zu werden,[1] dann sollten Sie dieses Kapitel auf jeden Fall lesen.

Repository-Grundlagen

Bevor wir uns dem umfassenden Thema der Repository-Administration zuwenden, wollen wir erst einmal definieren, was ein Repository ist. Wie sieht es aus? Wie fühlt es sich

1 Das klingt jetzt vielleicht hochtrabend und pathetisch, wir reden aber einfach über jemanden, der sich eingehender mit diesem mysteriösen Bereich jenseits der Arbeitskopie beschäftigen will, in der sich die Daten der Benutzer befinden.

an? Trinkt es lieber Earl Grey, heiß, oder Eistee, mit Zucker und Milch oder ohne alles? Als Administrator erwartet man von Ihnen, dass Sie den Aufbau eines Repository sowohl aus logischer Sicht verstehen – das heißt, wie die Daten im Repository repräsentiert werden – als auch aus physischer Sicht – wie sich ein Repository in Bezug auf Subversion-fremde Werkzeuge darstellt und wie es agiert. Der folgende Abschnitt behandelt ausführlich einige dieser Grundkonzepte.

Transaktionen und Revisionen verstehen

Konzeptuell gesehen handelt es sich bei einem Subversion-Repository um eine Folge von Verzeichnisbäumen. Jeder Baum ist eine Momentaufnahme dessen, wie die Dateien und Verzeichnisse, die in Ihrem Repository versioniert werden, zu einem bestimmten Zeitpunkt ausgesehen haben. Diese Momentaufnahmen werden als Ergebnisse von Client-Operationen erzeugt und heißen Revisionen.

Jede Revision beginnt ihr Leben als Transaktionsbaum. Wenn Sie ein Commit ausführen, erzeugt ein Client einen Subversion-Transaktionsbaum, der die lokalen Änderungen (sowie alle zusätzlichen Änderungen, die möglicherweise seit dem Beginn des Commit-Vorgangs des Clients am Repository vorgenommen wurden) spiegelt, und weist dann das Repository an, diesen Baum als nächste Momentaufnahme in der Folge zu speichern. Wenn das Commit erfolgreich verlaufen ist, wird die Transaktion tatsächlich in einen neuen Revisionsbaum befördert, und ihr wird eine neue Revisionsnummer zugewiesen. Schlägt das Commit aus irgendeinem Grund fehl, dann wird die Transaktion zerstört; der Client wird über den Fehler informiert.

Aktualisierungen funktionieren auf ähnliche Weise. Der Client baut einen temporären Transaktionsbaum auf, der den Zustand der Arbeitskopie widerspiegelt. Das Repository vergleicht nun diesen Transaktionsbaum mit dem Revisionsbaum der angeforderten Revision (üblicherweise ist das der neueste oder jüngste Baum) und sendet dann Informationen zurück, die den Client davon in Kenntnis setzen, welche Änderungen erforderlich sind, um dessen Arbeitskopie in eine Replik dieses Revisionsbaums zu verwandeln. Nachdem die Aktualisierung abgeschlossen wurde, wird die temporäre Transaktion gelöscht.

Die Benutzung von Transaktionsbäumen stellt die einzige Möglichkeit dar, dauerhafte Änderungen am versionierten Dateisystem eines Repository vorzunehmen. Es ist jedoch wichtig zu verstehen, dass die Lebensdauer einer Transaktion vollständig flexibel ist. Im Fall von Aktualisierungen werden Transaktionen, die temporäre Bäume darstellen, sofort zerstört. Im Fall von Commits werden Transaktionen in permanente Revisionen umgewandelt (oder gelöscht, falls das Commit fehlschlägt). Tritt ein Fehler auf, dann kann es passieren, dass eine Transaktion fälschlicherweise im Repository verbleibt (und dabei zwar keinen Einfluss ausübt, aber immerhin Platz wegnimmt).

Theoretisch könnten sich eines Tages ganze Workflow-Anwendungen um eine noch feinere Kontrolle des Transaktionslebenszyklus drehen. Es ist ein System denkbar, wonach jede Transaktion, die dazu auserkoren ist, eine Revision zu werden, im Ruhezustand verbleibt, nachdem der Client dem Repository seine Änderungen beschrieben hat. Dies würde es ermöglichen, jedes neue Commit durch jemanden kontrollieren zu lassen – etwa durch einen Teamleiter oder ein Qualitätssicherungsteam –, der dann entscheiden kann, ob die Transaktion in eine Revision umgewandelt oder verworfen wird.

Nicht-versionierte Eigenschaften

Transaktionen und Revisionen im Subversion-Repository können Eigenschaften zugewiesen werden. Bei diesen Eigenschaften handelt es sich um generische Schlüssel-zu-Wert-Zuordnungen. Sie werden im Allgemeinen dazu eingesetzt, Informationen über den Baum zu speichern, dem sie zugewiesen wurden. Die Namen und Werte dieser Eigenschaften werden zusammen mit den restlichen Baumdaten im Dateisystem des Repository gespeichert.

Revisions- und Transaktionseigenschaften sind nützlich, um Informationen mit einem Baum zu verknüpfen, die nicht direkt mit den Dateien und Verzeichnissen in diesem Baum zu tun haben – die Art von Informationen, die nicht durch Client-Arbeitskopien verwaltet werden. Wenn beispielsweise eine neue Commit-Transaktion im Repository erzeugt wird, fügt Subversion dieser Transaktion eine Eigenschaft namens `svn:date` hinzu – einen Datumsstempel, der den Zeitpunkt repräsentiert, zu dem die Transaktion erzeugt wurde. Wenn dann der Commit-Vorgang beendet ist und die Transaktion zu einer permanenten Revision befördert wird, so wird dem Baum außerdem eine Eigenschaft zum Speichern des Benutzernamens des Autors der Revision (`svn:author`) und eine Eigenschaft zum Speichern der Protokollmeldung zugewiesen (`svn:log`), die an diese Revision angehängt ist.

Revisions- und Transaktionseigenschaften sind *nicht-versionierte Eigenschaften* – wenn sie verändert werden, dann werden ihre früheren Werte dauerhaft verworfen. Und während Revisionsbäume selbst unveränderlich sind, sind es die ihnen zugewiesenen Eigenschaften nicht. Sie können Revisionseigenschaften zu einem beliebigen Zeitpunkt in der Zukunft hinzufügen, löschen und verändern. Wenn Sie eine neue Revision bestätigen und hinterher feststellen, dass Sie in Ihrer Protokollmeldung eine Falschinformation oder einen Tippfehler hinterlassen haben, können Sie den Wert der Eigenschaft `svn:log` einfach durch eine neue, korrigierte Protokollmeldung ersetzen.

Berkeley DB

Die Daten, die in Subversion-Repositorys vorgehalten werden, befinden sich eigentlich in einer Datenbank, genauer gesagt in einem Berkeley DB Data Store. Als die erste Entwurfsphase von Subversion im Gange war, entschieden sich die Entwickler aus unterschiedlichen Gründen für Berkeley DB, etwa wegen seiner Open Source-Lizenz, seiner Transaktionsunterstützung, seiner Zuverlässigkeit, der Performanz, der API-Einfachheit, der Thread-Sicherheit, der Cursor-Unterstützung usw.

Berkeley DB bietet echte Transaktionsunterstützung – das ist wahrscheinlich ihre stärkste Eigenschaft. Greifen mehrere Prozesse auf Ihre Subversion-Repositorys zu, dann müssen Sie sich keine Sorgen machen, dass diese einander versehentlich die Daten zerstören. Die Isolation, die durch das Transaktionssystem geboten wird, ermöglicht es, dass das Subversion-Repository für jede Operation eine statische Sicht der Datenbank erhält – nicht einer Datenbank, die sich wegen einiger anderer Prozesse ständig ändert – und anhand dessen Entscheidungen treffen kann. Gerät die getroffene Entscheidung in einen Widerspruch mit einer Aktion, die ein anderer Prozess durchführt, dann wird die gesamte Operation rückgängig gemacht, so als wäre sie niemals geschehen, und Subversion versucht, die Operation erneut mit einer neuen, aktualisierten (dabei immer noch statischen) Sicht der Datenbank durchzuführen.

Eine andere großartige Eigenschaft von Berkeley DB sind *Hot Backups* – die Fähigkeit, die Datenbankumgebung zu sichern, ohne sie offline zu nehmen. Im Abschnitt »Sichern eines Repository« weiter hinten in diesem Kapitel werden wir besprechen, wie Sie Ihr Repository sichern, allerdings sollten Ihre Vorteile auf der Hand liegen, wenn Sie ohne Ausfallzeit voll funktionstüchtige Kopien Ihres Repository anlegen können.

Berkeley DB ist außerdem ein sehr zuverlässiges Datenbanksystem. Subversion verwendet die Protokollierungsmöglichkeiten von Berkeley DB, was bedeutet, dass die Datenbank zuerst in Protokolldateien auf der Platte eine Beschreibung aller Änderungen ablegt, die durchgeführt werden sollen, bevor es die Veränderungen selbst vornimmt. Damit soll sichergestellt werden, dass das Datenbanksystem in einem Fehlerfall zu einem früheren *Checkpoint* – einer Stelle in den Protokolldateien, von der bekannt ist, dass sie nicht fehlerhaft ist – zurückgehen und Transaktionen erneut durchführen kann, bis die Daten sich wieder in einem benutzbaren Zustand befinden. Im Abschnitt »Plattenplatz verwalten« weiter hinten in diesem Kapitel finden Sie weitere Informationen über Berkeley DB-Protokolldateien.

Doch wo Licht ist, ist auch Schatten. Daher müssen wir Sie auch auf einige bekannte Einschränkungen von Berkeley DB hinweisen. Erstens, Berkeley DB-Umgebungen sind nicht portabel. Sie können nicht einfach ein Subversion-Repository, das auf einem Unix-System erzeugt wurde, auf ein Windows-System kopieren und dann erwarten, dass es funktioniert. Ein Großteil des Berkeley DB-Datenbankformats ist zwar architekturunabhängig, es gibt jedoch andere Aspekte der Umgebung, die dies nicht sind. Zweitens, Subversion benutzt Berkeley DB auf eine Weise, die auf Windows 95/98-Systemen nicht funktioniert – falls Sie ein Repository auf einem Windows-Rechner vorhalten müssen, dann sollten Sie Windows 2000 oder Windows XP verwenden. Und schließlich dürfen Sie ein Subversion-Repository niemals auf einer Netzwerkfreigabe ablegen. Berkeley DB verspricht zwar, sich auf Netzwerkfreigaben, die bestimmten Spezifikationen entsprechen, korrekt zu verhalten, allerdings entsprechen fast keine bekannten Freigaben tatsächlich all diesen Spezifikationen.

Repository-Erzeugung und -Konfiguration

Das Erzeugen eines Subversion-Repository ist unwahrscheinlich einfach. Das Dienstprogramm `svnadmin`, das mit Subversion geliefert wird, enthält genau dafür einen Unterbefehl. Um ein neues Repository anzulegen, führen Sie folgenden Befehl aus:

```
$ svnadmin create pfad/auf/repository
```

Dadurch wird im Verzeichnis *pfad/auf/repository* ein neues Repository erzeugt. Das Leben dieses neuen Repository beginnt mit der Revision 0, die laut Definition nichts weiter enthält als das oberste Dateisystemverzeichnis root (*/*). Anfänglich besitzt Revision 0 außerdem eine einzige Revisionseigenschaft, `svn:date`, die auf den Zeitpunkt gesetzt ist, zu dem das Repository erzeugt wurde.

> Legen Sie Ihr Repository nicht auf einer Netzwerkfreigabe an – es *kann nicht* auf einem entfernten Dateisystem wie NFS, AFS oder Windows SMB existieren. Berkeley DB verlangt, dass das zu Grunde liegende Dateisystem eine strikte POSIX-Sperrsemantik implementiert. Und was noch wichtiger ist, Berkeley DB erfordert die Fähigkeit, Dateien direkt in den Prozessspeicher abzubilden. Praktisch keines der Netzwerkdateisysteme bietet diese Funktionalität. Falls Sie versuchen, Berkeley DB auf einer Netzwerkfreigabe einzusetzen, sind die Ergebnisse unvorhersagbar – es können sofort mysteriöse Fehler auftreten, es ist aber auch möglich, dass es Monate dauert, bis Sie bemerken, dass Ihre Repository-Datenbank fast unmerklich zerstört wird.
>
> Wenn mehrere Computer auf das Repository zugreifen müssen, sollten Sie einen Server-Prozess (wie Apache oder `svnserve`) aufsetzen, das Repository auf einem lokalen Dateisystem ablegen, auf das der Server zugreifen kann, und das Repository über ein Netzwerk zugänglich machen. Kapitel 6 behandelt dieses Verfahren genauer.

Sie werden festgestellt haben, dass das Pfadargument für `svnadmin` ein normaler Dateisystempfad und keine URL war, wie sie das Client-Programm `svn` verwendet, wenn es auf Repositorys verweist. Sowohl `svnadmin` als auch `svnlook` werden als serverseitige Dienstprogramme betrachtet – sie werden auf dem Rechner eingesetzt, auf dem sich das Repository befindet, um Aspekte des Repository zu untersuchen oder zu verändern, und sind im Prinzip nicht in der Lage, Aufgaben über ein Netzwerk auszuführen. Häufig machen Subversion-Neulinge den Fehler und versuchen, URLs (sogar lokale `file:`-URLs) an diese beiden Programme zu übergeben.

Nach dem Ausführen des Befehls `svnadmin create` haben Sie ein makelloses neues Subversion-Repository in einem eigenen Verzeichnis. Wir wollen uns einmal anschauen, was tatsächlich in diesem Unterverzeichnis entstanden ist:

```
$ ls repos
conf/  dav/  db/  format  hooks/  locks/  README.txt
```

Mit Ausnahme der Dateien *README.txt* und *format* ist das Repository-Verzeichnis eine Sammlung von Unterverzeichnissen. Wie in anderen Bereichen des Subversion-Designs besitzt Modularität eine große Bedeutung, und eine hierarchische Organisation wird einem unordentlichen Durcheinander vorgezogen. Hier kommt eine kurze Beschreibung aller Objekte, die Sie in Ihrem neuen Repository-Verzeichnis finden:

conf
: Ein Verzeichnis, das die Repository-Konfigurationsdateien enthält

dav
: Ein Verzeichnis, das für Apache und mod_dav_svn für deren eigene organisatorische Daten bereitgestellt wird

db
: Die Hauptumgebung für Berkeley DB, voll mit DB-Tabellen, die den Datenspeicher für das Subversion-Dateisystem bilden (in dem sich alle Ihre versionierten Daten befinden)

format
: Eine Datei, deren Inhalt aus einem einzigen Integer-Wert besteht, der die Versionsnummer des Repository-Aufbaus vorgibt

hooks
: Ein Verzeichnis voll mit Hook-Skriptvorlagen (und Hook-Skripten selbst, sobald Sie welche installiert haben)

locks
: Ein Verzeichnis für die Sperrdaten des Subversion-Repository, das verwendet wird, um die Zugriffe auf das Repository zu verfolgen

README.txt
: Eine Datei, die ihre Leser lediglich informiert, dass sie sich ein Subversion-Repository anschauen

Im Allgemeinen sollten Sie an Ihrem Repository nicht von Hand herumfummeln. Das Werkzeug `svnadmin` ist ausreichend für alle Änderungen, die an Ihrem Repository erforderlich sind. Sie können sich aber auch nach Werkzeugen von Drittherstellern umschauen (wie etwa der Berkeley DB-Tool-Suite), um relevante Unterbereiche des Repository zu bearbeiten. Es gibt jedoch einige Ausnahmen, auf die wir hier noch eingehen.

Hook-Skripte

Ein *Hook* ist ein Programm, das von einem Repository-Ereignis ausgelöst wird, etwa von der Erstellung einer neuen Revision oder der Veränderung einer nicht-versionierten Eigenschaft. Jedem Hook werden genügend Informationen übergeben, die angeben, um welches Ereignis es sich handelt, auf welchem Ziel (oder auf welchen Zielen) gearbeitet wird und welchen Benutzernamen die Person besitzt, die das Ereignis ausgelöst hat. Je nach der Ausgabe oder dem Rückkehrstatus des Hook könnte das Hook-Skript die Aktion fortsetzen, sie stoppen oder sie auf irgendeine Weise aussetzen.

Im *hooks*-Unterverzeichnis befinden sich standardmäßig bereits Vorlagen für verschiedene Repository-Hooks:

```
$ ls repos/hooks/
post-commit.tmpl           pre-revprop-change.tmpl
post-revprop-change.tmpl   start-commit.tmpl
pre-commit.tmpl
```

Es gibt eine Vorlage für jeden Hook, den das Subversion-Repository implementiert. Die Inhalte dieser Vorlagenskripte geben Aufschluss darüber, wodurch die einzelnen Skripte ausgelöst werden und welche Daten an das Skript übergeben werden. In vielen dieser Vorlagen finden Sie außerdem Beispiele dafür, wie Sie diese Skripte zusammen mit anderen mit Subversion gelieferten Programmen einsetzen können, um nützliche Aufgaben auszuführen. Um tatsächlich einen funktionierenden Hook zu installieren, müssen Sie einfach nur ein ausführbares Programm oder Skript im Verzeichnis *repos/hooks* platzieren, das dann unter dem Namen des Hook (wie `start-commit` oder `post-commit`) ausgeführt werden kann.

Auf Unix-Plattformen bedeutet dies, dass Sie ein Skript oder Programm liefern (etwa ein Shell-Skript, ein Python-Programm, ein kompiliertes C-Binary oder eine Reihe anderer Dinge), das genau wie der Name des Hook benannt ist. Natürlich sollen die Vorlagendateien mehr als nur der Information dienen – die einfachste Möglichkeit, einen Hook auf Unix-Plattformen zu installieren, besteht darin, die entsprechende Vorlagendatei in eine neue Datei zu kopieren, wobei Sie beim Namen dieser Datei dann die Erweiterung `.tmpl` weglassen, den Inhalt des Hook anpassen und dafür sorgen, dass das Skript ausführbar ist. Windows dagegen verwendet Dateierweiterungen, um festzustellen, ob ein Programm ausführbar ist. Sie müssten deshalb ein Programm angeben, dessen Basisname der Name des Hook ist und bei dessen Erweiterung es sich um eine der Erweiterungen handelt, die von Windows für ausführbare Programme akzeptiert werden, wie *.exe* oder *.com* für Programme und *.bat* für Batch-Dateien.

Momentan gibt es fünf Hooks, die durch das Subversion-Repository implementiert werden:

start-commit
: Wird ausgeführt, bevor die Commit-Transaktion erzeugt wird. Wird üblicherweise eingesetzt, um zu entscheiden, ob der Benutzer überhaupt Commit-Berechtigungen besitzt. Das Repository übergibt an dieses Programm zwei Argumente: den Pfad auf das Repository und den Benutzernamen, der das Commit versucht. Wenn das Programm einen Exit-Wert ungleich null zurückgibt, dann wird das Commit gestoppt, bevor die Transaktion überhaupt erzeugt wurde.

pre-commit

Wird ausgeführt, wenn die Transaktion abgeschlossen, aber bevor sie bestätigt wurde. Üblicherweise wird dieser Hook eingesetzt, um vor Commits zu schützen, die auf Grund des Inhalts oder des Standorts nicht erlaubt sind (beispielsweise könnte Ihre Site erfordern, dass alle Commits an einen bestimmten Zweig eine Ticket-Nummer vom Bug-Tracker enthalten oder dass die eingehende Protokollmeldung nicht leer ist). Das Repository übergibt an dieses Programm zwei Argumente: den Pfad auf das Repository und den Namen der Transaktion, die bestätigt wird. Wenn das Programm einen Exit-Wert ungleich null zurückgibt, wird das Commit abgebrochen und die Transaktion gelöscht.

Die Subversion-Distribution enthält einige Zugriffskontrollskripte (zu finden im Verzeichnis *tools/hook-scripts* des Subversion-Quellbaums), die von `pre-commit` aufgerufen werden können, um eine feinere Zugriffskontrolle zu implementieren. Momentan ist dies die einzige Methode, mit der Administratoren eine feinere Zugriffskontrolle erreichen können, die über das hinausgeht, was die Apache-Datei *httpd.conf* bietet. In einer künftigen Version von Subversion wollen wir Zugriffskontrolllisten (Access Control Lists; ACLs) direkt in das Dateisystem einbinden.

post-commit

Wird ausgeführt, nachdem die Transaktion bestätigt und eine neue Revision erzeugt wurde. Die meisten Leute nutzen diesen Hook, um beschreibende E-Mails über das Commit zu verschicken oder um eine Sicherungskopie des Repository anzulegen. Das Repository übergibt an dieses Programm zwei Argumente: den Pfad auf das Repository und die neue Revisionsnummer, die erzeugt wurde. Der Exit-Code des Programms wird ignoriert.

Die Subversion-Distribution enthält ein `commit-email.pl`-Skript (im Verzeichnis *tools/hook-scripts/* des Subversion-Quellbaums), das verwendet werden kann, um eine E-Mail mit einer Beschreibung eines bestimmten Commit zu versenden (und/oder diese an eine Protokolldatei anzuhängen). Diese E-Mail enthält eine Liste der Pfade, die geändert wurden, die Protokollmeldung, die an das Commit angehängt wurde, den Autor und das Datum des Commit sowie im GNU-diff-Stil eine Ausgabe der Änderungen, die an den verschiedenen versionierten Dateien als Teil des Commit vorgenommen wurden.

Ein weiteres nützliches Werkzeug, das mit Subversion geliefert wird, ist das `hot-backup.py`-Skript (zu finden im Verzeichnis *tools/backup/* des Subversion-Quellbaums). Dieses Skript führt Hot Backups Ihres Subversion-Repository aus (das ist eine Funktion, die vom Berkeley DB-Datenbank-Backend unterstützt wird) und kann verwendet werden, um für Archivzwecke oder zur Rettung im Notfall Commitweise Momentaufnahmen Ihres Repository anzulegen.

pre-revprop-change

Da die Eigenschaften einer Subversion-Revision nicht versioniert sind, wird beim Ändern einer solchen Eigenschaft (zum Beispiel von `svn:log`) der frühere Wert dieser

Eigenschaft für immer überschrieben. Da die Daten hier potenziell verloren gehen können, liefert Subversion diesen Hook (und sein Gegenstück, *post-revprop-change*), damit Repository-Administratoren gegebenenfalls mit externen Mitteln Aufzeichnungen über die Änderungen an diesen Elementen führen können. Als Vorsichtsmaßnahme gegen den Verlust nicht-versionierter Eigenschaftsdaten ist es Subversion-Clients nicht erlaubt, von außen Änderungen an Revisionseigenschaften vorzunehmen, solange dieser Hook für Ihr Repository nicht implementiert ist.

Dieser Hook wird ausgeführt, bevor eine solche Änderung am Repository durchgeführt wird. Das Repository übergibt vier Argumente an diesen Hook: den Pfad auf das Repository, die Revision, in der die zu ändernde Eigenschaft vorliegt, den authentifizierten Benutzernamen der Person, die die Änderung vornimmt, und den Namen der Eigenschaft selbst.

post-revprop-change

Wie bereits erwähnt, ist dieser Hook das Gegenstück des Hook *pre-revprop-change*. Um der Paranoia willen läuft dieses Skript auch nur dann, wenn der Hook *pre-revprop-change* existiert. Wenn beide Hooks vorhanden sind, läuft *post-revprop-change* direkt, nachdem eine Revisionseigenschaft geändert wurde, und wird üblicherweise verwendet, um eine E-Mail zu verschicken, die den neuen Wert der geänderten Eigenschaft enthält. Das Repository übergibt vier Argumente an diesen Hook: den Pfad auf das Repository, die Revision, in der die Eigenschaft vorliegt, den authentifizierten Benutzernamen der Person, die die Änderung durchführt, und den Namen der Eigenschaft selbst.

Die Subversion-Distribution enthält ein `propchange-email.pl`-Skript (zu finden im Verzeichnis *tools/hook-scripts/* des Subversion-Quellbaums), das verwendet werden kann, um eine E-Mail mit den Einzelheiten der Änderung einer Revisionseigenschaft zu versenden (und/oder um diese an eine Protokolldatei anzuhängen). Diese E-Mail enthält die Revision und den Namen der geänderten Eigenschaft, den Benutzer, der die Änderung vorgenommen hat, und den neuen Eigenschaftswert.

Subversion versucht, Hooks als der gleiche Benutzer auszuführen, dem auch der Prozess gehört, der auf das Subversion-Repository zugreift. In den meisten Fällen wird auf das Repository über den Apache-HTTP-Server und mod_dav_svn zugegriffen, so dass dieser Benutzer identisch ist mit der Benutzerkennung, unter der Apache läuft. Die Hooks selbst müssen mit Berechtigungen auf Betriebssystemebene konfiguriert werden, die es diesem Benutzer erlauben, die Hooks auszuführen. Das bedeutet auch, dass auf alle Dateien oder Programme (einschließlich des Subversion-Repository selbst), auf die der Hook direkt oder indirekt zugreift, durch den gleichen Benutzer zugegriffen werden. Mit anderen Worten, achten Sie auf potenziell auftretende Probleme, die mit den Berechtigungen zusammenhängen und die verhindern könnten, dass der Hook die Aufgaben ausführt, für die er gedacht ist.

Berkeley DB-Konfiguration

Eine Berkeley DB-Umgebung ist eine Kapselung einer oder mehrerer Datenbanken, Protokolldateien, Regionendateien und Konfigurationsdateien. Die Berkeley DB-Umgebung besitzt ihre eigene Menge von vorgegebenen Konfigurationswerten für Dinge wie die Anzahl der Sperren, die zu einem beliebigen Zeitpunkt ausgegeben werden, oder die maximale Größe der Journaling-Protokolldateien usw. Der Dateisystemcode von Subversion legt zusätzliche Standardwerte für einige der Berkeley DB-Konfigurationsoptionen fest. Manchmal jedoch verlangt Ihr spezielles Repository mit seiner einmaligen Sammlung von Daten und Zugriffsmustern eine andere Menge von Konfigurationsoptionswerten.

Die Leute bei Sleepycat (den Herstellern der Berkeley DB) wissen, dass unterschiedliche Datenbanken unterschiedliche Anforderungen haben. Sie haben deshalb einen Mechanismus zur Verfügung gestellt, mit dem sich zur Laufzeit viele der Konfigurationswerte für die Berkeley DB-Umgebung außer Kraft setzen lassen. Berkeley prüft, ob in jedem Umgebungsverzeichnis eine Datei namens *DB_CONFIG* vorhanden ist, und parst die darin enthaltenen Optionen in Bezug auf die Benutzbarkeit mit dieser speziellen Berkeley-Umgebung.

Die Berkeley-Konfigurationsdatei für Ihr Repository befindet sich im *db*-Umgebungsverzeichnis unter *repos/db/DB_CONFIG*. Subversion selbst erzeugt diese Datei, wenn es den Rest des Repository anlegt. Die Datei enthält anfänglich einige Standardoptionen sowie Verweise auf die Berkeley DB-Online-Dokumentation, so dass Sie nachlesen können, was diese Optionen tun. Natürlich steht es Ihnen frei, beliebige der unterstützten Berkeley DB-Optionen zu Ihrer *DB_CONFIG*-Datei hinzuzufügen. Vermeiden Sie allerdings Konfigurationsänderungen, durch die sich Berkeley DB auf eine Weise verhält, die für den Rest des Subversion-Codes unerwartet ist, da Subversion niemals versucht, den Inhalt der Datei zu lesen oder zu interpretieren, und die Optionseinstellungen niemals verwendet. Änderungen an *DB_CONFIG* werden außerdem erst dann wirksam, wenn Sie die Datenbankumgebung wiederherstellen (mit `svnadmin recover`).

Repository-Wartung

Die Wartung eines Subversion-Repository kann entmutigend sein, vor allem wegen der Komplexität, die den Systemen mit Datenbank-Backend innewohnt. Um die Aufgabe gut zu erledigen, ist es erforderlich, die Werkzeuge zu kennen – welche es sind, wann sie eingesetzt werden und wie man sie benutzt. Dieser Abschnitt stellt Ihnen die Werkzeuge zur Repository-Administration vor, die von Subversion bereitgestellt werden, und zeigt Ihnen, wie Sie diese handhaben, um Aufgaben wie Repository-Migrationen, Upgrades, Sicherungen und Aufräumarbeiten durchzuführen.

Der Werkzeugkasten eines Administrators

Subversion stellt einige Dienstprogramme zur Verfügung, die sich für das Anlegen, Untersuchen, Verändern und Reparieren Ihres Repository eignen. Wir wollen uns diese Werkzeuge einmal näher anschauen. Anschließend werden wir kurz auf einige der Hilfsprogramme aus der Berkeley DB-Distribution eingehen, deren Funktionalität speziell für das Datenbank-Backend Ihres Repository gedacht ist und ansonsten nicht von den Subversion-eigenen Werkzeugen bereitgestellt wird.

svnlook

`svnlook` ist ein von Subversion bereitgestelltes Werkzeug zum Untersuchen der verschiedenen Revisionen und Transaktionen in einem Repository. Kein Teil dieses Programms versucht, das Repository zu ändern – es dient ausschließlich dem Lesen. `svnlook` wird typischerweise durch die Repository-Hooks eingesetzt, um über die Änderungen zu berichten, die dem Repository bestätigt werden sollen (im Fall des `pre-commit`-Hook) oder die gerade bestätigt wurden (im Fall des `post-commit`-Hook). Ein Repository-Administrator könnte dieses Werkzeug für die Diagnose einsetzen.

`svnlook` weist eine sehr einfache Syntax auf:

```
$ svnlook help
general usage: svnlook SUBCOMMAND REPOS_PATH [ARGS & OPTIONS ...]
Note: any subcommand which takes the '--revision' and '--transaction'
      options will, if invoked without one of those options, act on
      the repository's youngest revision.
Type "svnlook help <subcommand>" for help on a specific subcommand.
...
```

Fast alle Unterbefehle von `svnlook` können entweder auf einem Revisions- oder einem Transaktionsbaum arbeiten, wobei sie Informationen über den Baum selbst ausgeben oder darüber, wie sich dieser von der vorherigen Revision des Repository unterscheidet. Mit den Optionen `--revision` und `--transaction` legen Sie fest, welche Revision bzw. Transaktion untersucht werden soll. Beachten Sie, dass Revisionsnummern zwar natürliche Zahlen sind, Transaktionsnamen dagegen als alphanumerische Strings auftreten. Beachten Sie, dass das Dateisystem nur das Durchsuchen nicht bestätigter Transaktionen erlaubt (Transaktionen, die noch keine neue Revision ergeben haben). Die meisten Repositorys haben keine solchen Transaktionen, da Transaktionen normalerweise entweder bestätigt (wodurch sie nicht mehr angeschaut werden können) oder verworfen und gelöscht werden.

Fehlt sowohl die Option `--revision` als auch die Option `--transaction`, dann untersucht `svnlook` die neueste (oder HEAD-) Revision im Repository. Die folgenden beiden Befehle führen daher genau die gleiche Aktion aus, wenn es sich bei 19 um die neueste Revision im Repository handelt, das unter */pfad/auf/repository* zu finden ist:

```
$ svnlook info /pfad/auf/repository
$ svnlook info /pfad/auf/repository --revision 19
```

Die einzige Ausnahme zu diesen Regeln über Unterbefehle bildet der Unterbefehl svnlook youngest, der keine Optionen entgegennimmt und einfach nur die HEAD-Revisionsnummer ausgibt.

```
$ svnlook youngest /pfad/auf/repository
19
```

Die Ausgabe von svnlook ist so gestaltet, dass sie sowohl von Menschen als auch von Computern verstanden werden kann. Nehmen Sie als Beispiel die Ausgabe des Unterbefehls info:

```
$ svnlook info pfad/auf/repository
sally
2002-11-04 09:29:13 -0600 (Mon, 04 Nov 2002)
27
Added the usual
Greek tree.
```

Die Ausgabe des Unterbefehls info ist definiert als:

1. Der Autor, gefolgt von einem Zeilenumbruch (Newline)
2. Das Datum, gefolgt von einem Zeilenumbruch (Newline)
3. Die Anzahl der Zeichen in der Protokollmeldung, gefolgt von einem Zeilenumbruch (Newline)
4. Die Protokollmeldung selbst, gefolgt von einem Zeilenumbruch (Newline)

Diese Ausgabe ist vom Menschen lesbar, das heißt, Objekte wie der Datumsstempel werden als Text dargestellt und nicht als etwas völlig Obskures (wie die Anzahl der Nanosekunden seit der letzten Pizza-Lieferung). Diese Ausgabe ist aber auch rechnerlesbar – da die Protokollmeldung mehrere Zeilen enthalten kann und in der Länge unbegrenzt ist, gibt svnlook die Länge dieser Nachricht vor der Nachricht selbst an. Dies erlaubt es Skripten und anderen Werkzeugen im Zusammenhang mit diesem Befehl, intelligente Entscheidungen bezüglich der Protokollmeldung zu treffen, etwa wie viel Speicher für die Nachricht freigehalten werden muss oder wenigstens wie viele Bytes übersprungen werden müssen, falls diese Ausgabezeilen nicht die letzten Daten im Strom darstellen.

Eine weitere gebräuchliche Anwendung von svnlook besteht darin, tatsächlich den Inhalt eines Revisions- oder Transaktionsbaums anzuschauen. Der Befehl svnlook tree zeigt die Verzeichnisse und Dateien in dem angeforderten Baum an. Wenn Sie die Option --show-ids angeben, werden außerdem die Dateisystem-Node-IDs für all diese Pfade angezeigt (was in der Regel eher für Entwickler sinnvoll ist als für normale Benutzer):

```
$ svnlook tree pfad/auf/repository --show-ids
/ <0.0.1>
 A/ <2.0.1>
  B/ <4.0.1>
   lambda <5.0.1>
   E/ <6.0.1>
    alpha <7.0.1>
```

```
      beta <8.0.1>
     F/ <9.0.1>
    mu <3.0.1>
    C/ <a.0.1>
    D/ <b.0.1>
     gamma <c.0.1>
     G/ <d.0.1>
      pi <e.0.1>
      rho <f.0.1>
      tau <g.0.1>
     H/ <h.0.1>
      chi <i.0.1>
      omega <k.0.1>
      psi <j.0.1>
   iota <1.0.1>
```

Sobald Sie die Anordnung der Verzeichnisse und Dateien in Ihrem Baum gesehen haben, können Sie mit Befehlen wie `svnlook cat`, `svnlook propget` und `svnlook proplist` die Einzelheiten dieser Dateien und Verzeichnisse näher erkunden.

`svnlook` kann eine Vielzahl weiterer Anfragen durchführen. Dabei werden Teilmengen der Informationen angezeigt, die wir gerade erwähnt haben; es wird angegeben, welche Pfade in einer bestimmten Revision oder Transaktion verändert wurden, es werden Unterschiede am Text und an den Eigenschaften von Dateien und Verzeichnissen ausgegeben usw. Im Folgenden finden Sie eine kurze Beschreibung der aktuellen Unterbefehle, die von `svnlook` akzeptiert werden, sowie die Ausgabe dieser Unterbefehle:

`author`
: Gibt den Autor des Baums aus.

`cat`
: Gibt den Inhalt einer Datei im Baum aus.

`changed`
: Listet alle Dateien und Verzeichnisse auf, die in dem Baum geändert wurden.

`date`
: Gibt den Datumsstempel des Baums aus.

`diff`
: Gibt unified Diffs der geänderten Dateien aus.

`dirs-changed`
: Listet die Verzeichnisse im Baum auf, die selbst geändert wurden oder deren Dateien geändert wurden.

`history`
: Zeigt interessante Punkte in der History eines versionierten Pfades an (Stellen, an denen Änderungen oder Kopien aufgetreten sind).

`info`
: Gibt den Autor des Baums, den Datumsstempel, die Zeichenanzahl der Protokollmeldung und die Protokollmeldung selbst aus.

`log`
: Gibt die Protokollmeldung des Baums aus.

`propget`
: Gibt den Wert einer Eigenschaft auf einem Pfad im Baum aus.

`proplist`
: Gibt die Namen und Werte von Eigenschaften aus, die auf Pfaden im Baum gesetzt sind.

`tree`
: Gibt die Baumauflistung aus, wobei optional die Dateisystem-Node-IDs mitgelistet werden können, die mit jedem Pfad verknüpft sind.

`uuid`
: Gibt die eindeutige Benutzer-ID des Baums (UUID) aus.

`youngest`
: Gibt die neueste Revisionsnummer aus.

svnadmin

Das Programm `svnadmin` ist der beste Freund des Repository-Administrators. Neben der Fähigkeit, Subversion-Repositorys anzulegen, erlaubt Ihnen das Programm, verschiedene Wartungsaufgaben auf diesen Repositorys auszuführen. Die Syntax von `svnadmin` ähnelt der von `svnlook`:

```
$ svnadmin help
general usage: svnadmin SUBCOMMAND REPOS_PATH  [ARGS & OPTIONS ...]
Type "svnadmin help <subcommand>" for help on a specific subcommand.

Available subcommands:
   create
   deltify
   dump
   help (?, h)
...
```

Wir haben bereits den `svnadmin`-Unterbefehl `create` erwähnt (siehe »Repository-Erzeugung und -Konfiguration« weiter vorn in diesem Kapitel). Die meisten der anderen werden wir später in diesem Kapitel genauer besprechen. Für den Moment wollen wir uns nur kurz anschauen, was die verfügbaren Unterbefehle zu bieten haben:

`create`
: Erzeugt ein neues Subversion-Repository.

`deltify`
: Läuft über einen bestimmten Bereich von Revisionen und ermittelt die Änderungen (»Delta«) zum jeweiligen Vorgänger auf den Pfaden, die sich in diesen Revisionen geändert haben. Wenn keine Revisionen angegeben sind, führt dieser Befehl die Operation einfach auf der `HEAD`-Revision aus.

`dump`
: Gibt den Inhalt des Repository aus, und zwar innerhalb der Grenzen einer bestimmten Menge von Revisionen; dabei kommt ein portables Dump-Format zum Einsatz.

`hotcopy`
: Erstellt zur Laufzeit eine Kopie des Repository (»Hot Copy«). Sie können diesen Befehl jederzeit ausführen und eine sichere Kopie des Repository anlegen, unabhängig davon, ob andere Prozesse das Repository benutzen oder nicht.

`list-dblogs`
: Listet die Pfade der Berkeley DB-Protokolldateien auf, die mit dem Repository verknüpft sind. Diese Liste enthält alle Protokolldateien – diejenigen, die noch von Subversion benutzt werden ebenso wie diejenigen, die nicht mehr benutzt werden.

`list-unused-dblogs`
: Listet die Pfade der Berkeley DB-Protokolldateien auf, die mit dem Repository verknüpft, aber nicht mehr in Benutzung sind. Sie können diese Protokolldateien problemlos aus dem Repository entfernen und sie beispielsweise archivieren. Dann können Sie im Falle einer Wiederherstellung des Repository nach einem Notfall wieder darauf zurückgreifen.

`load`
: Lädt eine Menge von Revisionen aus einem Datenstrom, der das gleiche portable Dump-Format benutzt, das durch den Unterbefehl `dump` erzeugt wird, in ein Repository.

`lstxns`
: Listet die Namen der nicht bestätigten Subversion-Transaktionen auf, die momentan im Repository vorliegen.

`recover`
: Führt an einem Repository bei Bedarf Schritte zur Wiederherstellung durch. Im Allgemeinen geschieht dies nach einem schwerwiegenden Fehler, der verhindert hat, dass ein Prozess seine Kommunikation mit dem Repository sauber beenden konnte.

`rmtxns`
: Entfernt Subversion-Transaktionen sauber aus dem Repository (wird dabei in geeigneter Weise durch die Ausgabe des Unterbefehls `lstxns` geleitet).

`setlog`
: Ersetzt den aktuellen Wert der Eigenschaft `svn:log` (Commit-Protokollmeldung) bei einer bestimmten Revision im Repository durch einen neuen Wert.

`verify`
: Überprüft den Inhalt des Repository. Dies schließt unter anderem Prüfsummenvergleiche der im Repository gespeicherten versionierten Daten ein.

svndumpfilter

Da Subversion alles in einem geschlossenen Datenbanksystem speichert, ist es unklug und wahrscheinlich auch schwierig, von Hand daran herumzubasteln. Und sobald Daten in Ihrem Repository abgelegt sind, bietet Subversion im Allgemeinen keine einfache Möglichkeit, diese Daten zu entfernen.[2] Es gibt jedoch immer wieder Momente, wo Sie die History Ihres Repository manipulieren wollen. Beispielsweise wollen Sie vielleicht alle Instanzen einer Datei löschen, die versehentlich in das Repository gelangt ist (und aus irgendeinem Grund nicht dort sein sollte). Oder möglicherweise haben Sie mehrere Projekte, die sich ein einziges Repository teilen, und beschließen nun, diese auf eigene Repositorys aufzuteilen. Um solche Aufgaben zu erledigen, benötigen Administratoren eine besser handhabbare und flexiblere Repräsentation der Daten in ihren Repositorys – das Subversion-Repository-Dump-Format.

Das Subversion-Repository-Dump-Format ist eine vom Menschen lesbare Repräsentation der Änderungen, die Sie über die Zeit an Ihren versionierten Daten vorgenommen haben. Sie benutzen den Befehl `svnadmin dump`, um die Dump-Daten zu erzeugen, und `svnadmin load`, um diese in das neue Repository zu verschieben (siehe »Ein Repository migrieren« weiter hinten in diesem Kapitel). Dass das Dump-Format vom Menschen lesbar ist, ist ein großer Vorteil, denn Sie können es selbst untersuchen und verändern, wenn Sie mit der nötigen Sorgfalt vorgehen. Nachteilig ist natürlich, dass es sehr, sehr lange dauert, alles zu inspizieren und zu verändern, wenn die Repository-Aktivitäten aus den letzten zwei Jahren in einer vermutlich ziemlich großen Dump-Datei vorliegen.

Es ist zwar wahrscheinlich nicht das am häufigsten eingesetzte Werkzeug, das dem Administrator zur Verfügung steht, dennoch bietet `svndumpfilter` eine ganz besondere und nützliche Funktionalität – die Fähigkeit, schnell und einfach diese Dump-Datei zu modifizieren, indem es als pfadbasierter Filter agiert. Übergeben Sie ihm einfach eine Liste der Pfade, die Sie behalten wollen, oder eine Liste der Pfade, die Sie nicht behalten wollen, und schicken Sie dann die Dump-Daten Ihres Repository durch diesen Filter. Das Ergebnis ist ein modifizierter Strom aus Dump-Daten, der nur die versionierten Pfade enthält, die Sie (explizit oder implizit) angefordert haben.

Die Syntax von `svndumpfilter` sieht folgendermaßen aus:

```
$ svndumpfilter help
general usage: svndumpfilter SUBCOMMAND [ARGS & OPTIONS ...]
Type "svndumpfilter help <subcommand>" for help on a specific subcommand.

Available subcommands:
   exclude
   include
   help (?, h)
```

2 Das ist im Übrigen so gewollt.

Es gibt nur zwei interessante Unterbefehle. Mit ihnen können Sie zwischen dem expliziten oder impliziten Einschließen von Pfaden in den Stream wählen:

`exclude`
: Filtert eine Gruppe von Pfaden aus dem Dump-Datenstrom heraus.

`include`
: Erlaubt es nur der angeforderten Gruppe von Pfaden, den Dump-Datenstrom zu durchlaufen.

Schauen wir uns ein realistisches Beispiel dafür an, wie Sie dieses Programm benutzen könnten. Wir besprechen später (siehe »Einen Aufbau für das Repository wählen« weiter hinten in diesem Kapitel), wie Sie ein Layout für die Daten in Ihren Repositorys wählen – wobei nur ein Repository pro Projekt gewählt wird oder Projekte kombiniert werden –, wie Dinge in Ihrem Repository angeordnet werden usw. Manchmal kommt es aber vor, dass Sie Ihr Layout überdenken und Änderungen vornehmen wollen, wenn dann erst einmal die Revisionen eintreffen. Eine gebräuchliche Änderung besteht darin, mehrere Projekte, die sich ein einzelnes Repository teilen, in jeweils ein eigenes Repository zu verschieben.

Unser imaginäres Repository enthält drei Projekte: `calc`, `calendar` und `spreadsheet`. Sie existieren nebeneinander in einer solchen Anordnung:

```
/
   calc/
      trunk/
      branches/
      tags/
   calendar/
      trunk/
      branches/
      tags/
   spreadsheet/
      trunk/
      branches/
      tags/
```

Um diese drei Projekte in ihre eigenen Repositorys zu bekommen, erstellen wir zuerst eine Dump-Datei des gesamten Repository:

```
$ svnadmin dump /pfad/auf/repository > repos-dumpfile
* Dumped revision 0.
* Dumped revision 1.
* Dumped revision 2.
* Dumped revision 3.
...
$
```

Als Nächstes schicken wir diese Dump-Datei durch den Filter, wobei wir jedes Mal eines der drei obersten Verzeichnisse einschließen. Als Ergebnis erhalten wir drei neue Dump-Dateien:

```
$ cat repos-dumpfile | svndumpfilter include calc > calc-dumpfile
...
$ cat repos-dumpfile | svndumpfilter include calendar > cal-dumpfile
...
$ cat repos-dumpfile | svndumpfilter include spreadsheet > ss-dumpfile
...
$
```

An dieser Stelle müssen Sie eine Entscheidung treffen. Jede Ihrer Dump-Dateien erzeugt an dieser Stelle ein gültiges Repository, bewahrt aber die Pfade genau so, wie sie im ursprünglichen Repository waren. Das bedeutet, selbst wenn Sie ein Repository ausschließlich für Ihr `calc`-Projekt haben, enthält dieses Repository immer noch ein oberstes Verzeichnis namens *calc*. Falls Sie wollen, dass die Verzeichnisse *trunk*, *tags* und *branches* sich in der Wurzel (d. h. in der obersten Ebene) Ihres Repository befinden, müssten Sie Ihre Dump-Dateien derart bearbeiten, dass die Header `Node-path` und `Copyfrom-path` nicht mehr als Erstes die Pfadkomponente *calc/* aufweisen. Sie müssten außerdem den Abschnitt der Dump-Daten entfernen, der das Verzeichnis *calc* anlegt. Das sieht etwa so aus:

```
Node-path: calc
Node-action: add
Node-kind: dir
Content-length: 0
```

Nun müssen nur noch Ihre drei neuen Repositorys erzeugt und die einzelnen Dump-Dateien in das richtige Repository geladen werden:

```
$ svnadmin create calc; svnadmin load calc < calc-dumpfile
<<< Started new transaction, based on original revision 1
     * adding path : Makefile ... done.
     * adding path : button.c ... done.
...
$ svnadmin create calendar; svnadmin load calendar < cal-dumpfile
<<< Started new transaction, based on original revision 1
     * adding path : Makefile ... done.
     * adding path : cal.c ... done.
...
$ svnadmin create spreadsheet; svnadmin load spreadsheet < ss-dumpfile
<<< Started new transaction, based on original revision 1
     * adding path : Makefile ... done.
     * adding path : ss.c ... done.
...
$
```

Beide Unterbefehle von `svndumpfilter` akzeptieren Optionen, mit denen Sie entscheiden können, wie mit leeren Revisionen umgegangen werden soll. Enthielte eine bestimmte Revision nur Änderungen an Pfaden, die herausgefiltert wurden, dann könnte die nunmehr leere Revision als uninteressant oder sogar unerwünscht betrachtet werden. Um daher dem Benutzer die Kontrolle darüber zu geben, wie mit solchen Revisionen verfahren werden soll, bietet `svndumpfilter` die folgenden Kommandozeilenoptionen:

`--drop-empty-revs`
: Erzeugt überhaupt keine leeren Revisionen – sie werden einfach weggelassen.

`--renumber-revs`
: Wenn leere Revisionen ausgelassen werden (mit Hilfe der Option `--drop-empty-revs`), werden hiermit die Revisionsnummern der verbleibenden Revisionen geändert, damit keine Lücken in der Abfolge der Nummern entstehen.

`--preserve-revprops`
: Wenn leere Revisionen nicht ausgelassen werden, dann werden die Revisionseigenschaften dieser leeren Revisionen bewahrt (Protokollmeldung, Autor, Datum, eigene Eigenschaften usw.). Ansonsten enthalten leere Revisionen nur den ursprünglichen Datumsstempel und eine generierte Protokollmeldung, die anzeigt, dass diese Revision von `svndumpfilter` geleert wurde.

`svndumpfilter` kann zwar sehr nützlich sein und eine große Zeitersparnis bringen, es gibt aber leider dennoch eine Reihe von Stolpersteinen. Erstens ist dieses Dienstprogramm sehr empfindlich in Bezug auf die Pfadsemantik. Achten Sie darauf, ob die Pfade in Ihrer Dump-Datei mit oder ohne führende Schrägstriche angegeben wurden. Sie sollten sich die Header `Node-path` und `Copyfrom-path` anschauen:

```
...
Node-path: spreadsheet/Makefile
...
```

Fehlen die führenden Schrägstriche bei den Pfaden, dann dürfen Sie bei den Pfaden, die Sie an `svndumpfilter include` und `svndumpfilter exclude` übergeben, auch keine führenden Schrägstriche angeben (und umgekehrt). Ist die Benutzung der Schrägstriche in Ihrer Dump-Datei aus irgendeinem Grund nicht konsistent,[3] passen Sie die Pfade am besten so an, dass entweder alle Pfade führende Schrägstriche aufweisen oder kein Pfad dies tut.

Auch kopierte Pfade können einigen Ärger bereiten. Subversion unterstützt das Kopieren im Repository, wobei ein neuer Pfad erzeugt wird, indem ein bereits existierender Pfad kopiert wird. Es kann an irgendeiner Stelle im Lebenszyklus Ihres Repository passieren, dass Sie eine Datei oder ein Verzeichnis von einer Stelle, die `svndumpfilter` ausschließt, an eine Stelle kopiert haben, die dieser Befehl einschließt. Damit die Dump-Daten unabhängig sind, muss `svndumpfilter` weiterhin das Hinzufügen des neuen Pfades zeigen – einschließlich des Inhalts aller Dateien, die durch die Kopie erzeugt wurden – und darf dieses Hinzufügen nicht als eine Kopie von einer Quelle darstellen, die in Ihrem gefilterten Dump-Datenstrom gar nicht existiert. Da aber das Subversion-Repository-Dump-

3 `svnadmin dump` verfolgt zwar konsistente Richtlinien in Bezug auf führende Schrägstriche – sie werden nicht eingefügt –, andere Programme dagegen sind möglicherweise nicht so konsequent.

Format nur zeigt, was sich in den einzelnen Revisionen geändert hat, steht der Inhalt der Quelle der Kopie möglicherweise nicht zur Verfügung. Falls Sie befürchten, dass Sie solche Kopien in Ihrem Repository haben, sollten Sie sich die eingeschlossenen/ausgeschlossenen Pfade noch einmal genau anschauen.

svnshell.py

Der Subversion-Quellbaum enthält eine Shell-artige Schnittstelle für das Repository. Das Python-Skript `svnshell.py` (zu finden im Verzeichnis *tools/examples/* im Quellbaum) verwendet Subversions Sprachbindungen, um eine Verbindung zum Repository und den Dateisystembibliotheken herzustellen. Diese Sprachbindungen müssen richtig kompiliert und installiert sein, damit das Skript funktioniert.

Nach dem Start verhält sich das Programm ähnlich wie ein Shell-Programm und erlaubt es Ihnen, die verschiedenen Verzeichnisse in Ihrem Repository durchzublättern. Anfangs befinden Sie sich im Wurzelverzeichnis der `HEAD`-Revision des Repository und sehen einen Befehlsprompt. Sie können sich über den Befehl `help` jederzeit eine Liste der verfügbaren Befehle und deren Funktionsweise anzeigen lassen:

```
$ svnshell.py /path/to/repos
<rev: 2 />$  help
Available commands:
  cat FILE     : dump the contents of FILE
  cd DIR       : change the current working directory to DIR
  exit         : exit the shell
  ls [PATH]    : list the contents of the current directory
  lstxns       : list the transactions available for browsing
  setrev REV   : set the current revision to browse
  settxn TXN   : set the current transaction to browse
  youngest     : list the youngest browsable revision number
<rev: 2 />$
```

Das Navigieren durch die Verzeichnisstruktur Ihres Repository erfolgt auf die gleiche Weise wie das Navigieren durch eine normale Unix- oder Windows-Shell – mit Hilfe des Befehls `cd`. Der Befehlsprompt zeigt Ihnen immer, welche Revision (Präfix `rev:`) oder Transaktion (Präfix `txn:`) Sie gerade untersuchen und in welchem Pfad Sie sich in dieser Revision oder Transaktion gerade befinden. Sie wechseln Ihre aktuelle Revision oder Transaktion mit den Befehlen `setrev` bzw. `settxn`. Wie in einer Unix-Shell können Sie den Befehl `ls` verwenden, um den Inhalt des aktuellen Verzeichnisses auszugeben, mit dem Befehl `cat` zeigen Sie den Inhalt einer Datei an (siehe Beispiel 5-1).

Beispiel 5-1: Mit dem Skript svnshell durch das Repository navigieren

```
<rev: 2 />$ ls
   REV   AUTHOR  NODE-REV-ID     SIZE         DATE NAME
----------------------------------------------------------------------------
     1    sally <     2.0.1>          Nov 15 11:50 A/
     2    harry <     1.0.2>       56 Nov 19 08:19 iota
<rev: 2 />$ cd A
<rev: 2 /A>$ ls
```

Beispiel 5-1: Mit dem Skript svnshell durch das Repository navigieren (Fortsetzung)

```
   REV   AUTHOR  NODE-REV-ID     SIZE          DATE NAME
-----------------------------------------------------------------------------
     1    sally <     4.0.1>          Nov 15 11:50 B/
     1    sally <     a.0.1>          Nov 15 11:50 C/
     1    sally <     b.0.1>          Nov 15 11:50 D/
     1    sally <     3.0.1>       23 Nov 15 11:50 mu
<rev: 2 /A>$ cd D/G
<rev: 2 /A/D/G>$ ls
   REV   AUTHOR  NODE-REV-ID     SIZE          DATE NAME
-----------------------------------------------------------------------------
     1    sally <     e.0.1>       23 Nov 15 11:50 pi
     1    sally <     f.0.1>       24 Nov 15 11:50 rho
     1    sally <     g.0.1>       24 Nov 15 11:50 tau
<rev: 2 /A>$ cd ../..
<rev: 2 />$ cat iota
This is the file 'iota'.
Added this text in revision 2.

<rev: 2 />$ setrev 1; cat iota
This is the file 'iota'.

<rev: 1 />$ exit
$
```

Wie Sie im vorangegangenen Beispiel sehen, können an einem einzigen Befehlsprompt mehrere, durch Semikolons getrennte Befehle angegeben werden. Die Shell versteht auch den Begriff der relativen und absoluten Pfade und behandelt die speziellen Pfadkomponenten `.` und `..` entsprechend.

Der Befehl `youngest` zeigt die jüngste Revision an. Das ist nützlich, wenn Sie den Bereich der gültigen Revisionen ermitteln wollen, die Sie als Argumente für den Befehl `setrev` einsetzen können – Sie können alle Revisionen zwischen 0 und einschließlich der jüngsten durchsuchen (Sie erinnern sich daran, dass die Revisionen mit Integer-Werten benannt werden). Das Feststellen der gültigen durchsuchbaren Transaktionen geht nicht ganz so einfach. Listen Sie mit dem Befehl `lstxns` die Transaktionen auf, die Sie durchblättern können. Die Liste der durchsuchbaren Transaktionen ist identisch mit der Liste, die `svnadmin lstxns` zurückliefert, und die gleiche Liste eignet sich auch für die Benutzung mit der `svnlook`-Option `--transaction`.

Sobald Sie mit der Shell fertig sind, beenden Sie sie mit Hilfe des Befehls `exit`. Alternativ können Sie ein Dateiendezeichen angeben – Strg-D (einige Win32-Python-Distributionen benutzen hingegen die Windows-Konvention Strg-Z).

Berkeley DB-Dienstprogramme

Die gesamte Struktur und die Daten Ihres versionierten Dateisystems befinden sich in einer Reihe von Berkeley DB-Datenbanktabellen innerhalb des Unterverzeichnisses *db* Ihres Repository. Dieses Unterverzeichnis ist ein normales Berkeley DB-Umgebungsverzeichnis und kann daher zusammen mit allen Datenbankwerkzeugen von Berkeley eingesetzt werden (Sie finden eine Dokumentation dieser Werkzeuge auf der Sleepycat-Website unter *http://www.sleepycat.com/*).

Für den alltäglichen Gebrauch von Subversion sind diese Werkzeuge unnötig. Die meisten Funktionen, die üblicherweise für Subversion-Repositorys gebraucht werden, finden Sie auch im Werkzeug `svnadmin`. Beispielsweise führen `svnadmin list-unused-dblogs` und `svnadmin list-dblogs` einen Teil der Funktionen aus, die durch den Berkeley-Befehl `db_archive` angeboten werden, und `svnadmin recover` spiegelt die gebräuchlichen Anwendungsfälle des Dienstprogramms `db_recover` wider.

Dennoch gibt es einige Berkeley DB-Dienstprogramme, die Sie nützlich finden werden. Die Programme `db_dump` und `db_load` schreiben bzw. lesen ein eigenes Dateiformat, das die Schlüssel und die Werte in einer Berkeley DB-Datenbank beschreibt. Da Berkeley-Datenbanken nicht über die Grenzen von Rechnerarchitekturen hinweg portiert werden können, stellt dieses Format eine sinnvolle Methode zum Übertragen solcher Datenbanken von Rechner zu Rechner dar, ungeachtet der Architektur oder des Betriebssystems. Das Dienstprogramm `db_stat` kann außerdem nützliche Informationen über den Status Ihrer Berkeley DB-Umgebung liefern, einschließlich einer detaillierten Statistik über die Subsysteme zum Sperren und Speichern.

Aufräumen des Repository

Ihr Subversion-Repository erfordert im Allgemeinen nur sehr wenig Aufmerksamkeit, sobald es einmal entsprechend Ihren Anforderungen konfiguriert ist. Es gibt jedoch Gelegenheiten, zu denen ein wenig manuelle Hilfe durch einen Administrator angebracht ist. Das Dienstprogramm `svnadmin` bietet Ihnen einige hilfreiche Funktionen, um Sie bei folgenden Aufgaben zu unterstützen:

- Modifizieren der Commit-Protokollmeldungen
- Entfernen toter Transaktionen
- Wiederherstellen blockierter Repositorys
- Migrieren von Repository-Inhalten in ein anderes Repository

Der wahrscheinlich am häufigsten eingesetzte `svnadmin`-Unterbefehl ist `setlog`. Wenn eine Transaktion dem Repository bestätigt und in eine Revision umgewandelt wird, wird die beschreibende Protokollmeldung, die mit dieser neuen Revision verknüpft (und vom Benutzer geliefert) wird, als nicht-versionierte Eigenschaft gespeichert, die an die Revision selbst angehängt ist. Mit anderen Worten, das Repository merkt sich nur den neuesten Wert der Eigenschaft und verwirft den vorhergehenden.

Manchmal hat ein Benutzer irgendeinen Fehler in seiner Protokollmeldung (etwa einen Tippfehler oder eine Fehlinformation). Wenn das Repository so konfiguriert wurde (mit den Hooks `pre-revprop-change` und `post-revprop-change`; siehe »Hook-Skripte«), dass es

Änderungen an dieser Protokollmeldung auch nach dem Abschluss eines Commit akzeptiert, dann kann der Benutzer seine Protokollmeldung mit Hilfe des svn-Befehls `propset` von außen korrigieren (siehe Kapitel 9). Da jedoch immer die Möglichkeit besteht, Informationen für immer zu verlieren, sind Subversion-Repositorys standardmäßig nicht so konfiguriert, dass sie Änderungen an nicht-versionierten Eigenschaften erlauben – es sei denn, durch einen Administrator.

Wenn eine Protokollmeldung von einem Administrator geändert werden muss, kann dies mit `svnadmin setlog` erledigt werden. Dieser Befehl ändert die Protokollmeldung (die Eigenschaft `svn:log`) einer bestimmten Revision eines Repository, der neue Wert wird dabei aus einer angegebenen Datei gelesen:

```
$ echo "Here is the new, correct log message" > newlog.txt
$ svnadmin setlog myrepos newlog.txt -r 388
```

Der Befehl `svnadmin setlog` allein ist immer noch durch die gleichen Schutzmaßnahmen gegen das Ändern nicht-versionierter Eigenschaften gebunden wie ein entfernter Client: Die Hooks `pre-` und `post-revprop-change` sind weiterhin aktiv und müssen daher so eingerichtet werden, dass Änderungen an dieser Eigenschaft akzeptiert werden. Ein Administrator kann allerdings diese Schutzmaßnahmen umgehen, indem er die Option `--bypass-hooks` an den Befehl `svnadmin setlog` übergibt.

> Denken Sie daran: Durch das Umgehen der Hooks vermeiden Sie wahrscheinlich solche Dinge wie E-Mail-Benachrichtigungen über Eigenschaftsänderungen, Sicherungssysteme, die Änderungen an nicht-versionierten Eigenschaften verfolgen usw. Seien Sie also sehr vorsichtig in Bezug darauf, was Sie ändern und wie Sie es ändern.

Ein weiterer gebräuchlicher Anwendungsfall für `svnadmin` besteht darin, das Repository nach offenen – möglicherweise toten – Subversion-Transaktionen abzufragen. Wenn ein Commit fehlschlägt, wird die Transaktion normalerweise entfernt. Das heißt, die Transaktion selbst wird aus dem Repository gelöscht, und alle Daten, die mit (und nur mit) dieser Transaktion verknüpft sind, werden ebenfalls gelöscht. Gelegentlich jedoch treten Fehler auf, und das Aufräumen der Transaktion unterbleibt. Das könnte aus verschiedenen Gründen passieren: Die Client-Operation wurde vom Benutzer auf unelegante Weise beendet, oder mitten im Vorgang ist ein Netzwerkfehler aufgetreten usw. Egal, welcher Grund zutrifft, diese toten Transaktionen verstopfen jetzt nur noch das Repository und beanspruchen Ressourcen.

Sie können den `svnadmin`-Befehl `lstxns` benutzen, um die Namen der momentan offenen Transaktionen aufzulisten:

```
$ svnadmin lstxns myrepos
19
3a1
a45
$
```

Jedes Objekt in der resultierenden Ausgabe kann dann zusammen mit `svnlook` (und seiner Option `--transaction`) verwendet werden, um festzustellen, wer die Transaktion erzeugt hat, wann sie erzeugt wurde, welche Änderungen in der Transaktion vorgenommen wurden – ob also die Transaktion sicher gelöscht werden kann! Ist dies der Fall, kann der Name der Transaktion an `svnadmin rmtxns` übergeben werden. Dieser Befehl erledigt das Aufräumen der Transaktion. Um genau zu sein, kann der Unterbefehl `rmtxns` seine Eingabe direkt aus der Ausgabe von `lstxns` übernehmen!

```
$ svnadmin rmtxns myrepos `svnadmin lstxns myrepos`
$
```

Wenn Sie diese beiden Unterbefehle auf diese Weise verwenden, sollten Sie in Erwägung ziehen, Ihr Repository zeitweise für Clients zu sperren. So kann niemand eine berechtigte Transaktion beginnen, bevor Sie mit dem Aufräumen anfangen. Beispiel 5-2 zeigt ein kleines Shell-Skript, das schnell Informationen über alle offenen Transaktionen in Ihrem Repository generieren kann.

Beispiel 5-2: txn-info.sh (berichtet über offene Transaktionen)

```
#!/bin/sh

### Generiert Informationen über alle offenen Transaktionen in
### einem Subversion-Repository.

SVNADMIN=/usr/local/bin/svnadmin
SVNLOOK=/usr/local/bin/svnlook

REPOS="${1}"
if [ "x$REPOS" = x ] ; then
  echo "usage: $0 REPOS_PATH"
  exit
fi

for TXN in `${SVNADMIN} lstxns ${REPOS}`; do
  echo "---[ Transaction ${TXN} ]-------------------------------------------"
  ${SVNLOOK} info "${REPOS}" --transaction "${TXN}"
done
```

Sie können dieses Skript mittels `/pfad/auf/txn-info.sh /pfad/auf/repository` ausführen. Die Ausgabe ist im Prinzip eine Verkettung der verschiedenen Stücke der Ausgabe von `svnlook info` (siehe »svnlook« weiter vorn in diesem Kapitel) und sieht etwa so aus:

```
$ txn-info.sh myrepos
---[ Transaction 19 ]-------------------------------------------
sally
2001-09-04 11:57:19 -0500 (Tue, 04 Sep 2001)
0
---[ Transaction 3a1 ]-------------------------------------------
harry
2001-09-10 16:50:30 -0500 (Mon, 10 Sep 2001)
39
```

```
Trying to commit over a faulty network.
---[ Transaction a45 ]-------------------------------------------
sally
2001-09-12 11:09:28 -0500 (Wed, 12 Sep 2001)
0
$
```

Falls Sie eine tote Transaktion sehen, der keine Protokollmeldung angehängt ist, handelt es sich üblicherweise um das Ergebnis eines fehlgeschlagenen Aktualisierungsvorgangs (oder etwas Ähnliches). Diese Operationen benutzen intern Subversion-Transaktionen, um den Zustand einer Arbeitskopie nachzuahmen. Da sie niemals dafür gedacht sind, bestätigt zu werden, verlangt Subversion für diese Transaktionen keine Protokollmeldung. Transaktionen, denen Protokollmeldungen angehängt sind, sind fast immer fehlgeschlagene Commits irgendeiner Art. Auch der Datumsstempel einer Transaktion kann interessante Informationen liefern – wie wahrscheinlich ist es beispielsweise, dass eine Operation, die vor neun Monaten begonnen hat, immer noch aktiv ist?

Kurz gesagt, Entscheidungen zum Aufräumen von Transaktionen müssen immer mit Bedacht getroffen werden. Zur Entscheidungsfindung können verschiedene Informationsquellen herangezogen werden – einschließlich der Fehler- und Zugriffsprotokolle des Apache, der Protokolle erfolgreicher Subversion-Commits usw. Und schließlich kann ein Administrator oft auch einfach mit dem Eigentümer einer anscheinend toten Transaktion sprechen (z. B. per E-Mail), um zu überprüfen, ob es sich bei der Transaktion tatsächlich um einen Zombie handelt.

Plattenplatz verwalten

Die Kosten für Speicherplatz sind in den letzten Jahren zwar stetig gefallen, dennoch ist Festplattenbenutzung weiterhin ein Thema für Administratoren, die große Datenmengen versionieren müssen. Jedes zusätzliche Byte, das vom aktiven Repository beansprucht wird, ist ein Byte, das irgendwo gesichert werden muss – und das im Rahmen rotierender Backup-Pläne möglicherweise sogar mehrfach. Da der primäre Speichermechanismus eines Subversion-Repository ein komplexes Datenbanksystem ist, ist es sinnvoll zu wissen, welche Teile der Daten auf der aktiven Site bleiben müssen, welche gesichert werden müssen und welche sicher entfernt werden können.

Bis vor kurzem waren die größten Konsumenten von Festplattenplatz in Bezug auf Subversion-Repositorys die Protokolldateien, in denen Berkeley DB seine Vorbereitungen ausgeführt hat, bevor die tatsächlichen Datenbankdateien verändert wurden. Diese Dateien erfassen alle Aktionen, die während der Änderung der Datenbank von einem Zustand in einen anderen auftreten – während die Datenbankdateien einen Zustand zu einer bestimmten Zeit widerspiegeln, enthalten die Protokolldateien die vielen Änderungen auf dem Weg zwischen den Zuständen. Aus diesem Grund können sie sehr schnell stark anwachsen.

Seit Version 4.2 der Berkeley DB besitzt die Datenbankumgebung glücklicherweise die Fähigkeit, ihre eigenen unbenutzten Protokolldateien ohne Eingreifen von außen zu entfernen. Alle Repositorys, die mit Hilfe eines svnadmin-Befehls erzeugt wurden, der mit Berkeley DB Version 4.2 oder höher kompiliert wurde, werden für dieses automatische Löschen der Protokolldateien konfiguriert. Falls Sie diese Funktion nicht aktivieren wollen, übergeben Sie einfach die Option `--bdb-log-keep` an den Befehl `svnadmin create`. Vergessen Sie dies, oder ändern Sie Ihre Meinung zu einem späteren Zeitpunkt, dann bearbeiten Sie einfach die Datei *DB_CONFIG*, die Sie im Verzeichnis *db* Ihres Repository finden. Kommentieren Sie dort die Zeile aus, die die Direktive `set_flags DB_LOG_AUTOREMOVE` enthält, und führen Sie anschließend `svnadmin recover` auf Ihrem Repository aus, damit die Konfigurationsänderungen wirksam werden. Im Abschnitt »Berkeley DB-Konfiguration« weiter vorn in diesem Kapitel finden Sie nähere Informationen über die Datenbankkonfiguration.

Ohne irgendeine Art der automatischen Entfernung von vorhandenen Protokolldateien wachsen Protokolldateien immer weiter an, während Sie Ihr Repository benutzen. Das ist ein besonderes Merkmal des Datenbanksystems – Sie sollen in die Lage versetzt werden, Ihre gesamte Datenbank ausschließlich mit Hilfe der Protokolldateien wiederherzustellen –, diese Dateien können sich daher im Notfall als sehr nützlich erweisen. Üblicherweise jedoch archivieren Sie die Protokolldateien, die nicht mehr durch Berkeley DB benutzt werden, und löschen sie dann von der Festplatte, um Platz zu sparen. Mit dem Befehl `svnadmin list-unused-dblogs` listen Sie nicht benutzte Protokolldateien auf:

```
$ svnadmin list-unused-dblogs /pfad/auf/repository
/pfad/auf/repository/log.0000000031
/pfad/auf/repository/log.0000000032
/pfad/auf/repository/log.0000000033

$ svnadmin list-unused-dblogs /pfad/auf/repository | xargs rm
## Plattenplatz zurückgewonnen!
```

Um die Größe des Repository so gering wie möglich zu halten, verwendet Subversion einen als *Deltafikation* (auch: *Deltified Storage*) bezeichneten Vorgang innerhalb des Repository. Dabei wird die Repräsentation einer bestimmten Datengruppe als Sammlung der Unterschiede im Vergleich zu einer anderen Datengruppe kodiert (es wird sozusagen das Delta ermittelt). Sind die beiden Datengruppen einander sehr ähnlich, dann ergeben sich Speicherplatzeinsparungen – anstatt Platz in Anspruch zu nehmen, der der Größe der ursprünglichen Daten entspricht, wird nur so viel Platz belegt, um zu sagen: »Ich sehe genauso aus, wie die anderen Daten dort drüben, mit Ausnahme folgender Änderungen.« Insbesondere jedes Mal, wenn eine neue Version einer Datei in das Repository eingebracht wird, kodiert Subversion die vorherige Version (um genau zu sein, mehrere vorherige Versionen) als Delta bezüglich der neuen Version. Das Ergebnis sieht so aus, dass die meisten der Repository-Daten, die eigentlich sehr groß sind – vor allem der Inhalt der versionierten Dateien –, mit einer sehr viel geringeren Größe gespeichert werden, als die ursprüngliche Volltext-Repräsentation dieser Daten darstellte.

Da alle Subversion-Repository-Daten, die einer Deltafikation unterzogen wurden, in einer einzigen Berkeley DB-Datenbankdatei gespeichert werden, wird durch das Verringern der Größe der gespeicherten Werte nicht unbedingt die Größe der Datenbank selbst reduziert. Berkeley DB bewahrt jedoch interne Aufzeichnungen über die unbenutzten Bereiche der Datenbankdatei auf und benutzt diese Bereiche zuerst, bevor es die Datenbankdatei vergrößert. Das bedeutet, dass die Deltafikation zwar keine sofortigen Einsparungen an Plattenplatz bewirkt, aber zumindest künftig das Anwachsen der Datenbank verlangsamen kann.

Wiederherstellung des Repository

Um die Daten in Ihrem Repository zu schützen, verwendet das Datenbank-Backend einen Sperrmechanismus. Dieser Mechanismus stellt sicher, dass Teile der Datenbank nicht gleichzeitig von mehreren Datenbankbenutzern modifiziert werden können und dass jeder Prozess die Daten im richtigen Zustand sieht, wenn diese aus der Datenbank gelesen werden. Wenn ein Prozess etwas in der Datenbank ändern muss, prüft er zuerst, ob auf den Zieldaten eine Sperre existiert. Sind die Daten nicht gesperrt, dann sperrt der Prozess die Daten, führt die gewünschten Änderungen durch und entsperrt die Daten anschließend wieder. Andere Prozesse sind gezwungen zu warten, bis die Sperre entfernt wird, bevor es ihnen erlaubt ist, wieder auf diesen Abschnitt der Datenbank zuzugreifen.

Während der Benutzung Ihres Subversion-Repository können schwerwiegende Fehler (wie etwa fehlender Festplatten- oder Speicherplatz) oder Unterbrechungen verhindern, dass ein Prozess die Sperren wieder entfernt, die er in der Datenbank hinterlassen hat. Das Ergebnis sieht dann so aus, dass das Backend-Datenbanksystem hängen bleibt. Wenn dies geschieht, scheitern weiterhin alle Versuche, auf das Repository zuzugreifen (da bei jedem neuen Zugriff darauf gewartet wird, dass eine Sperre entfernt wird – was nicht geschieht).

Falls Ihr Repository gesperrt ist, geraten Sie zunächst einmal nicht in Panik. Das Dateisystem von Subversion macht sich Datenbanktransaktionen und Checkpoints sowie Journaling-Funktionen zu Nutze, um sicherzustellen, dass nur die wirklich allerschlimmsten Ereignisse[4] eine Datenbankumgebung dauerhaft zerstören können. Ein ausreichend paranoider Repository-Administrator wird externe Sicherungskopien der Repository-Daten anlegen, allerdings sollten Sie Ihren Systemadministrator nicht gerade jetzt rufen, um ein Sicherungsband wieder einzulesen.

4 Zum Beispiel Festplatte + großer Elektromagnet = Katastrophe.

Versuchen Sie es als Nächstes mit folgendem Rezept, um die Blockierung Ihres Repository zu lösen:

1. Stellen Sie sicher, dass keine Prozesse auf das Repository zugreifen (oder einen Zugriff versuchen). Bei vernetzten Repositorys bedeutet dies, dass Sie auch den Apache-HTTP-Server herunterfahren müssen.
2. Melden Sie sich als der Benutzer an, dem das Repository gehört und der es wartet. Das ist wichtig, da das Wiederherstellen eines Repository unter der Kennung des falschen Benutzers die Berechtigungen der Repository-Dateien auf eine solche Weise zerstören kann, dass ein Zugriff auch nach der Fehlerbehebung nicht möglich ist.
3. Führen Sie den Befehl `svnadmin recover /pfad/auf/repository` aus. Sie sollten eine solche Ausgabe sehen:

   ```
   Please wait; recovering the repository may take some time...
   Recovery completed.
   The latest repos revision is 19.
   ```

   Dieser Befehl braucht möglicherweise einige Minuten, bis er abgeschlossen ist.
4. Starten Sie den Subversion-Server neu.

Diese Vorgehensweise behebt fast jeden Fall von Repository-Sperre. Achten Sie darauf, den Befehl als der Benutzer auszuführen, dem die Datenbank gehört und der sie verwaltet, nicht einfach als `root`. Ein Teil der Wiederherstellung verlangt möglicherweise die Neuerstellung verschiedener Datenbankdateien (beispielsweise Shared-Memory-Bereiche). Beim Wiederherstellen als `root` werden diese Dateien so erzeugt, dass sie `root` gehören, was bedeutet, dass normale Benutzer nicht darauf zugreifen können, wenn Sie das Repository wieder freigeben.

Wenn die gezeigte Prozedur aus irgendeinem Grund nicht erfolgreich ist, sollten Sie zwei Dinge unternehmen. Erstens, schaffen Sie Ihr zerstörtes Repository aus dem Weg, und stellen Sie die neueste Sicherungskopie davon wieder her. Senden Sie dann eine E-Mail an die Subversion-Benutzerliste (unter *users@subversion.tigris.org*), in der Sie Ihr Problem ausführlich beschreiben. Die Datenintegrität besitzt für die Subversion-Entwickler eine außerordentlich hohe Priorität.

Ein Repository migrieren

Ein Subversion-Dateisystem verteilt seine Daten in den verschiedenen Datenbanktabellen auf eine Weise, die im Allgemeinen nur von den Subversion-Entwicklern selbst verstanden wird (und nur für sie von Interesse ist). Bestimmte Umstände erfordern es jedoch, dass alle oder zumindest Teile der Daten in einem einzigen, portablen, einfachen Dateiformat gesammelt werden. Subversion stellt einen solchen Mechanismus zur Verfügung, der in zwei `svnadmin`-Unterbefehlen implementiert ist: `dump` und `load`.

Meist müssen diese beiden Unterbefehle dann eingesetzt werden, wenn Änderungen an Subversion selbst auftreten. Bei der Weiterentwicklung von Subversion können Änderungen von Zeit zu Zeit am Backend-Datenbankschema dafür sorgen, dass Subversion inkompatibel zu früheren Versionen des Repository wird. Die empfohlene Vorgehensweise in einem solchen Fall ist relativ einfach:

1. Erstellen Sie mit Ihrer *aktuellen* Version von svnadmin Dump-Dateien Ihrer Repositorys.
2. Rüsten Sie auf die neue Version von Subversion um.
3. Verschieben Sie Ihre alten Repositorys an eine andere Stelle, und erzeugen Sie stattdessen neue, leere Repositorys mit Ihrem *neuen* svnadmin.
4. Laden Sie nun mit Ihrem *neuen* svnadmin Ihre Dump-Dateien in die entsprechenden, gerade angelegten Repositorys.
5. Kopieren Sie schließlich alle Anpassungen aus Ihren alten Repositorys in die neuen Repositorys, einschließlich der *DB_CONFIG*-Dateien und der Hook-Skripte. Schauen Sie in die Release Notes der neuen Version von Subversion, um festzustellen, ob irgendwelche Änderungen seit Ihrem letzten Umstieg diese Hooks oder Konfigurationsoptionen beeinflussen.

svnadmin dump gibt einen Bereich von Repository-Revisionen im Subversion-eigenen Dateisystem-Dump-Format aus. Das Dump-Format wird an die Standardausgabe geschrieben, während informative Nachrichten in die Standardfehlerausgabe gelangen. Dies erlaubt es Ihnen, den Ausgabestrom in eine Datei umzulenken, während Sie die Statusausgabe in Ihrem Terminal-Fenster beobachten. Zum Beispiel:

```
$ svnlook youngest myrepos
26
$ svnadmin dump myrepos > dumpfile
* Dumped revision 0.
* Dumped revision 1.
* Dumped revision 2.
...
* Dumped revision 25.
* Dumped revision 26.
```

Am Ende dieses Vorgangs haben Sie eine einzelne Datei (im Beispiel *dumpfile*), die alle Daten enthält, welche in Ihrem Repository in dem angeforderten Bereich von Revisionen gespeichert sind. Beachten Sie, dass svnadmin dump Revisionsbäume genauso aus dem Repository liest wie jeder andere Leseprozess (zum Beispiel svn checkout). Sie können daher diesen Befehl jederzeit aufrufen.

Der andere Unterbefehl in dem Paar, svnadmin load, parst die Standardeingabe als Subversion-Repository-Dump-Datei und spielt diese Dump-Revisionen für diese Operation im Prinzip noch einmal in das Ziel-Repository ein. Außerdem liefert der Befehl Informationen auf der Standardausgabe:

```
$ svnadmin load newrepos < dumpfile
<<< Started new txn, based on original revision 1
     * adding path : A ... done.
```

```
     * adding path : A/B ... done.
     ...
------- Committed new rev 1 (loaded from original rev 1) >>>

<<< Started new txn, based on original revision 2
     * editing path : A/mu ... done.
     * editing path : A/D/G/rho ... done.

------- Committed new rev 2 (loaded from original rev 2) >>>

...

<<< Started new txn, based on original revision 25
     * editing path : A/D/gamma ... done.

------- Committed new rev 25 (loaded from original rev 25) >>>

<<< Started new txn, based on original revision 26
     * adding path : A/Z/zeta ... done.
     * editing path : A/mu ... done.

------- Committed new rev 26 (loaded from original rev 26) >>>
```

Da `svnadmin` die Standardeingabe und die Standardausgabe für den Repository-Dump- und Ladevorgang benutzt, könnten Leute, die sich besonders keck vorkommen, einmal solche Dinge ausprobieren (und vielleicht sogar unterschiedliche Versionen von `svnadmin` auf den einzelnen Seiten der Pipe benutzen):

```
$ svnadmin create newrepos
$ svnadmin dump myrepos | svnadmin load newrepos
```

Wir haben bereits erwähnt, dass `svnadmin dump` einen Bereich von Revisionen ausgibt. Verwenden Sie die Option `--revision`, um eine einzelne Revision oder einen Bereich von Revisionen festzulegen, von denen ein Dump erstellt werden soll. Wenn Sie diese Option weglassen, werden von allen existierenden Repository-Revisionen Dump-Dateien angelegt:

```
$ svnadmin dump myrepos --revision 23 > rev-23.dumpfile
$ svnadmin dump myrepos --revision 100:200 > revs-100-200.dumpfile
```

Beim Erzeugen der Dumps einer neuen Version gibt Subversion nur so viele Informationen aus, dass bei einem künftigen Laden diese Version auf der Grundlage der vorherigen Revision neu erzeugt werden kann. Mit anderen Worten, es erscheinen für eine bestimmte Revision in der Dump-Datei nur die Elemente, die sich in dieser Revision geändert hatten. Die einzige Ausnahme von dieser Regel bildet die erste Revision, die mit dem aktuellen `svnadmin dump`-Befehl gesichert wurde.

Standardmäßig drückt Subversion die erste als Dump gespeicherte Revision nicht nur in Form ihrer Unterschiede aus, die auf die vorherige Revision angewandt werden sollen. Zum einen gibt es keine vorherige Revision in der Dump-Datei! Zweitens kann Subversion den Zustand des Repository nicht kennen, in das die Dump-Daten geladen werden sollen (falls das jemals tatsächlich geschieht). Um sicherzustellen, dass die Ausgabe jeder Ausführung von `svnadmin dump` eigenständig ist, stellt die erste als Dump-Datei gespeicherte Revision immer eine vollständige Repräsentation jedes Verzeichnisses, jeder Datei und jeder Eigenschaft in dieser Revision des Repository dar.

Sie können dieses Standardverhalten jedoch ändern. Wenn Sie beim Erstellen des Dump Ihres Repository die Option `--incremental` hinzufügen, vergleicht `svnadmin` die erste als Dump gesicherte Revision mit der vorherigen Revision im Repository, und zwar auf die gleiche Weise, wie das mit jeder anderen als Dump gespeicherten Revision geschieht. Die erste Revision wird dann genauso ausgegeben wie die restlichen Revisionen im angegebenen Bereich – es werden nur die Änderungen aufgeführt, die in dieser Revision aufgetreten sind. Der Vorteil dieser Vorgehensweise liegt darin, dass Sie an Stelle einer großen mehrere kleine Dump-Dateien erzeugen können, die nacheinander geladen werden:

```
$ svnadmin dump myrepos --revision 0:1000 > dumpfile1
$ svnadmin dump myrepos --revision 1001:2000 --incremental > dumpfile2
$ svnadmin dump myrepos --revision 2001:3000 --incremental > dumpfile3
```

Diese Dump-Dateien könnten mit der folgenden Befehlsfolge in das neue Repository geladen werden:

```
$ svnadmin load newrepos < dumpfile1
$ svnadmin load newrepos < dumpfile2
$ svnadmin load newrepos < dumpfile3
```

Ein anderer hübscher Trick, den Sie mit dieser Option `--incremental` ausführen können, beinhaltet, dass Sie einen neuen Bereich von als Dump gesicherten Revisionen an eine existierende Dump-Datei anhängen. Beispielsweise könnten Sie einen Hook `post-commit` haben, der einfach den Repository-Dump der einen Revision anhängt, die den Hook ausgelöst hat. Oder ein Skript wird jede Nacht ausgeführt, um Dump-Dateidaten für alle Revisionen anzuhängen, die seit dem letzten Ausführen des Skriptes zum Repository hinzugefügt wurden. Wenn sie auf diese Weise eingesetzt werden, dann können die `svnadmin`-Befehle `dump` und `load` im Falle eines Systemabsturzes oder eines anderen schlimmen Ereignisses wertvolle Hilfen darstellen, mit denen sich Änderungen an Ihrem Repository über die Zeit sichern lassen.

Das Dump-Format lässt sich außerdem einsetzen, um den Inhalt mehrerer unterschiedlicher Repositorys in einem einzigen Repository zusammenzuführen. Mit Hilfe der Option `--parent-dir` des Befehls `svnadmin load` können Sie ein neues virtuelles Wurzelverzeichnis für den Ladevorgang festlegen. Das bedeutet, falls Sie Dump-Dateien für drei Repositorys haben, etwa *calc-dumpfile*, *cal-dumpfile* und *ss-dumpfile*, können Sie zuerst ein neues Repository anlegen, das sie alle aufnimmt:

```
$ svnadmin create /pfad/auf/projekte
$
```

Anschließend legen Sie neue Verzeichnisse im Repository an, die jeweils die Inhalte der drei früheren Repositorys aufnehmen:

```
$ svn mkdir -m "Initial project roots" \
      file:///pfad/auf/projekte/calc \
      file:///pfad/auf/projekte/calendar \
      file:///pfad/auf/projekte/spreadsheet
Committed revision 1.
$
```

Zuletzt laden Sie die einzelnen Dump-Dateien an ihre jeweiligen Standorte im neuen Repository:

```
$ svnadmin load /pfad/auf/projekte --parent-dir calc < calc-dumpfile
...
$ svnadmin load /pfad/auf/projekte --parent-dir calendar < cal-dumpfile
...
$ svnadmin load /pfad/auf/projekte --parent-dir spreadsheet < ss-dumpfile
...
$
```

Wir wollen eine letzte Methode erwähnen, das Subversion-Repository-Dump-Format einzusetzen – die Konvertierung von einem anderen Speichermechanismus oder Versionskontrollsystem. Da das Dump-Dateiformat zum größten Teil vom Menschen lesbar ist (es ähnelt einem RFC-822-Format, der gleichen Art von Format, das für die meisten E-Mails verwendet wird), sollte es relativ einfach sein, mit Hilfe dieses Dateiformats generische Gruppen von Änderungen zu beschreiben – die jeweils als eine neue Revision behandelt werden sollen. Und tatsächlich verwendet das Dienstprogramm `cvs2svn.py` (siehe »Ein Repository von CVS nach Subversion konvertieren« in Anhang A) das Dump-Format, um den Inhalt eines CVS-Repository wiederzugeben, so dass dieser Inhalt in ein Subversion-Repository eingespielt werden kann.

Sichern eines Repository

Trotz ungezählter Fortschritte in der Technik seit der Geburt des modernen Computers gibt es immer noch eine Sache, die unbestritten ist – manchmal geht alles sehr, sehr schief. Stromausfälle, Zusammenbrüche der Netzwerkverbindungen, fehlerhafter RAM und zerstörte Festplatten sind nur ein kleiner Vorgeschmack auf die Übel, die das Schicksal selbst für den gewissenhaftesten Administrator bereithält. Und deshalb kommen wir nun zu einem ausgesprochen wichtigen Thema – der Erstellung von Sicherungskopien Ihrer Repository-Daten.

Administratoren von Subversion-Repositorys stehen im Allgemeinen zwei Arten von Sicherungsmethoden zur Verfügung – inkrementelle und vollständige. Wir haben in einem früheren Abschnitt dieses Kapitels besprochen, wie man `svnadmin dump --incremental` einsetzen kann, um eine inkrementelle Sicherung durchzuführen (siehe »Ein Repository migrieren«). Im Prinzip besteht der Gedanke darin, zu einem bestimmten

Zeitpunkt nur die Änderungen am Repository zu sichern, die seit der letzten Sicherung vorgenommen wurden.

Eine vollständige Sicherung des Repository ist praktisch eine Verdopplung des gesamten Repository-Verzeichnisses (was auch die Berkeley-Datenbankumgebung einschließt). Nun, solange Sie nicht zeitweise jeden anderen Zugriff auf Ihr Repository deaktivieren, laufen Sie Gefahr, beim Erstellen einer rekursiven Verzeichniskopie eine fehlerhafte Sicherungskopie zu erhalten, da in der Zwischenzeit jemand etwas in die Datenbank schreiben könnte.

Glücklicherweise beschreiben die Berkeley DB-Dokumente von Sleepycat eine bestimmte Reihenfolge zum Kopieren der Datenbankdateien, die eine gültige Sicherungskopie garantiert. Und was noch besser ist, Sie müssen diesen Algorithmus nicht einmal selbst implementieren, da das Subversion-Entwicklungsteam dies bereits erledigt hat. Das Skript `hot-backup.py` finden Sie im Verzeichnis *tools/backup/* der Subversion-Quelldistribution. Bei Angabe eines Repository-Pfades und eines Ablageortes für die Sicherungskopie führt `hot-backup.py` – eigentlich nur ein intelligenterer Wrapper um den Befehl `svnadmin hotcopy` herum – die notwendigen Schritte zur Sicherung Ihres aktiven Repository aus. Dabei verlangt das Skript nicht einmal, dass Sie den öffentlichen Zugriff auf das Repository unterbinden. Anschließend löscht es alle toten Berkeley-Protokolldateien aus Ihrem aktiven Repository.

Selbst wenn Sie außerdem eine inkrementelle Sicherungskopie haben, werden Sie dieses Programm regelmäßig ausführen wollen. Beispielsweise könnten Sie es in Betracht ziehen, `hot-backup.py` zu einem Programm-Scheduler (wie etwa `crond` auf Unix-Systemen) hinzuzufügen. Wenn Sie hingegen raffiniertere Backup-Lösungen bevorzugen, könnten Sie Ihr post-commit-Hook-Skript `hot-backup.py` nennen (siehe »Hook-Skripte« weiter vorn in diesem Kapitel). Dieses Skript würde dann beim Erzeugen einer neuen Revision eine neue Sicherungskopie Ihres Repository veranlassen. Fügen Sie die folgende Zeile einfach dem Skript *hooks/post-commit* in Ihrem aktiven Repository-Verzeichnis hinzu:

```
(cd /pfad/auf/hook/skripte; ./hot-backup.py ${REPOS} /pfad/auf/backups &)
```

Die resultierende Sicherungskopie ist ein voll funktionstüchtiges Subversion-Repository, das auch als Ersatz für Ihr aktives Repository einspringen kann, falls irgendetwas schief gehen sollte.

Beide Sicherungsmethoden haben ihre Vorteile. Am einfachsten ist bei weitem die vollständige Sicherung, die immer eine perfekt funktionierende Nachbildung Ihres Repository liefert. Das bedeutet auch, dass Sie Ihr aktives Repository mit einer einfachen rekursiven Verzeichniskopie wiederherstellen können, falls Ihrem Repository etwas zustößt. Falls Sie allerdings mehrere Backups Ihres Repository vorhalten, dann nehmen diese Komplettkopien leider jedes Mal genauso viel Festplattenplatz in Anspruch wie Ihr aktives Repository.

Inkrementelle Sicherungen, die das Repository-Dump-Format benutzen, sind ausgesprochen praktisch, wenn sich das Datenbankschema zwischen aufeinander folgenden Versionen von Subversion geändert hat. Da in der Regel ein vollständiges Repository-Dump und -Laden erforderlich ist, um Ihr Repository auf das neue Schema aufzurüsten, ist es sehr bequem, wenn die Hälfte der Arbeit (der Dump) bereits erledigt ist. Leider dauert die Erzeugung von – und Wiederherstellung aus – inkrementellen Sicherungskopien länger, da jedes Commit im Prinzip entweder in der Dump-Datei oder dem Repository wiederholt wird.

In allen Backup-Szenarien müssen Repository-Administratoren aufpassen, wie Modifikationen an nicht-versionierten Revisionseigenschaften ihre Sicherungskopien beeinflussen. Da diese Änderungen selbst keine neuen Revisionen erzeugen, stoßen sie keine post-commit-Hooks an und lösen möglicherweise nicht einmal die Hooks pre-revprop-change und post-revprop-change aus.[5] Und da Sie Revisionsänderungen ohne Rücksicht auf die chronologische Reihenfolge ändern können – die Eigenschaften einer Revision lassen sich jederzeit ändern –, erfasst eine inkrementelle Sicherung der neuesten Revisionen vielleicht nicht die Änderungen an einer Eigenschaft einer Revision, die Teil einer früheren Sicherungskopie war.

Im Allgemeinen würde nur der wirklich Paranoide sein gesamtes Repository etwa jedes Mal sichern, wenn ein Commit erfolgt ist. Unter der Annahme jedoch, dass ein bestimmtes Repository einen anderen Redundanzmechanismus besitzt, der eine relativ feine Granularität zeigt (etwa E-Mails bei Commit), könnte ein Hot Backup als Teil des nächtlichen systemweiten Backup durchaus sinnvoll sein. Für die meisten Repositorys bieten archivierte Commit-E-Mails eine ausreichende Redundanz, um als Quellen für die Wiederherstellung zu dienen – zumindest für die letzten paar Commits. Doch es sind Ihre Daten – schützen Sie sie so, wie Sie es für richtig halten.

Oft ist der beste Ansatz für Repository-Sicherungen breit gefächert. Sie können Kombinationen aus vollständigen und inkrementellen Sicherungskopien zum Einsatz bringen, dazu noch Archive mit Commit-E-Mails. Die Subversion-Entwickler beispielsweise sichern das Repository mit dem Subversion-Quellcode nach dem Erzeugen jeder neuen Revision und archivieren alle E-Mails über Commits und Benachrichtigungen über Eigenschaftsänderungen. Ihre Lösung könnte ähnlich aussehen, sollte jedoch auf Ihre Anforderungen zugeschnitten sein und eine angemessene Balance finden zwischen Bequemlichkeit und Paranoia. Und obwohl all diese Maßnahmen Ihre Hardware nicht vor der harten Faust des Schicksals retten, sollten sie Ihnen dennoch helfen, sich von diesen beschwerlichen Zeiten zu erholen.

5 `svnadmin setlog` kann auf eine Weise aufgerufen werden, die die Hook-Schnittstelle ganz und gar umgeht.

Projekte hinzufügen

Sobald Sie Ihr Repository angelegt und konfiguriert haben, können Sie loslegen. Falls Sie eine Sammlung bereits bestehender Daten haben, die jetzt der Versionskontrolle unterstellt werden können, dann werden Sie dafür wahrscheinlich den Unterbefehl `import` des svn-Client-Programms benutzen. Zuvor jedoch sollten Sie Ihre langfristigen Pläne für das Repository überdenken. In diesem Abschnitt geben wir Ihnen einige Hinweise, wie Sie den Aufbau Ihres Repository planen und wie Sie die Daten darin anordnen können.

Einen Aufbau für das Repository wählen

Subversion erlaubt es Ihnen zwar, versionierte Dateien und Verzeichnisse ohne Informationsverluste zu verschieben, allerdings kann dadurch der Arbeitsablauf derjenigen gestört werden, die oft auf das Repository zugreifen und einfach erwarten, dass Dinge sich an bestimmten Stellen befinden. Versuchen Sie, einen Blick in die Zukunft zu werfen, planen Sie voraus, bevor Sie Ihre Daten der Versionskontrolle unterstellen. Indem Sie den Inhalt Ihrer Repositorys gleich von Anfang an vernünftig aufteilen, können Sie sich in Zukunft eine Menge Kopfschmerzen ersparen.

Es gibt bei der Einrichtung von Subversion-Repositorys einiges zu bedenken. Lassen Sie uns davon ausgehen, dass Sie als Repository-Administrator dafür verantwortlich sind, das Versionskontrollsystem für mehrere Projekte zu betreiben. Als Erstes müssen Sie entscheiden, ob Sie ein einziges Repository für mehrere Projekte einrichten, ob Sie jedem Projekt ein eigenes Repository zugestehen oder ob Sie eine Mischung aus diesen beiden Lösungen einsetzen.

Es hat Vorteile, wenn Sie nur ein einziges Repository für mehrere Projekte verwenden – am offensichtlichsten ist die Tatsache, dass Sie sich die doppelte Wartung sparen. Ein einziges Repository bedeutet, dass es eine Gruppe von Hook-Skripten gibt, dass Sie nur eine Sache regelmäßig sichern müssen, nur für eine Sache Dump-Kopien anlegen und laden müssen, falls Subversion eine inkompatible neue Version veröffentlicht usw. Außerdem können Sie die Daten zwischen den Projekten leicht verschieben, ohne dass historische Versionsinformationen verloren gehen.

Der Nachteil beim Einsatz eines einzigen Repository besteht darin, dass unterschiedliche Projekte verschiedene Commit-Mailinglisten oder unterschiedliche Authentifizierungs- und Autorisierungsanforderungen haben könnten. Denken Sie außerdem daran, dass Subversion Repository-weite Revisionsnummern verwendet. Manche Leute können es nicht leiden, wenn die neueste Revisionsnummer für das Repository immer weiter ansteigt, weil bei anderen Projekten aktiv neue Revisionen hinzugefügt werden, obwohl sie selbst gar keine Änderungen an ihrem Projekt vorgenommen haben.

Es kann natürlich auch ein Mittelweg beschritten werden. Beispielsweise könnten Projekte entsprechend ihrer Beziehung zueinander gruppiert werden. Sie könnten einige

Repositorys mit jeweils ein paar Projekten anlegen. Auf diese Weise haben Projekte, die mit einer gewissen Wahrscheinlichkeit Daten austauschen werden, die Möglichkeit, dies einfach zu erledigen. Und wenn neue Revisionen im Repository auftauchen, dann wissen zumindest die Entwickler, dass jeder, der dieses Repository benutzt, wenigstens entfernt etwas mit den neuen Revisionen zu tun hat.

Nachdem Sie entschieden haben, wie Sie Ihre Projekte in Bezug auf die Repositorys organisieren, werden Sie wahrscheinlich über die Verzeichnishierarchien in den Repositorys selbst nachdenken. Da Subversion normale Verzeichniskopien für das Verzweigen und das Tagging verwendet (siehe Kapitel 4), empfiehlt die Subversion-Gemeinschaft, einen Repository-Standort für jede *Projektwurzel* – das oberste Verzeichnis, das Daten enthält, die mit diesem Projekt zu tun haben – zu wählen und dann unterhalb dieser Wurzel drei Unterverzeichnisse anzulegen: *trunk*, womit das Verzeichnis gemeint ist, unter dem die Hauptprojektentwicklung geschieht, *branches*, ein Verzeichnis, in dem verschieden benannte Zweige der Hauptentwicklungsrichtung erzeugt werden können, und *tags*, ein Verzeichnis der Zweige, die erzeugt und möglicherweise zerstört, aber niemals geändert werden.

Beispielsweise könnte Ihr Repository so aussehen:

```
/
   calc/
      trunk/
      tags/
      branches/
   calendar/
      trunk/
      tags/
      branches/
   spreadsheet/
      trunk/
      tags/
      branches/
   ...
```

Beachten Sie, dass es keine Rolle spielt, wo sich in Ihrem Repository die einzelnen Projektwurzeln befinden. Falls Sie nur ein Projekt pro Repository haben, erscheint es logisch, jede Projektwurzel an der Wurzel des jeweiligen Repository des Projekts zu platzieren. Bei mehreren Projekten werden Sie diese möglicherweise in Gruppen innerhalb des Repository anordnen, wobei Sie vermutlich Projekte mit ähnlichen Zielsetzungen oder gemeinsamen Codebestandteilen in das gleiche Unterverzeichnis setzen oder sie vielleicht auch einfach alphabetisch gruppieren. Eine solche Anordnung könnte folgendermaßen aussehen:

```
/
   utils/
      calc/
         trunk/
         tags/
         branches/
```

```
        calendar/
          trunk/
          tags/
          branches/
        ...
      office/
        spreadsheet/
          trunk/
          tags/
          branches/
        ...
```

Gestalten Sie Ihr Repository so, wie es Ihnen passend erscheint. Subversion erwartet oder erzwingt kein bestimmtes Layout-Schema – in seinen Augen gilt: Ein Verzeichnis ist ein Verzeichnis ist ein Verzeichnis. Letztendlich sollten Sie den Aufbau des Repository so wählen, dass er den Anforderungen der Leute entspricht, die an den dort befindlichen Projekten arbeiten müssen.

Das Layout erzeugen und erste Daten importieren

Nachdem Sie entschieden haben, wie Sie die Projekte in Ihrem Repository anordnen, werden Sie die Gestaltung des Repository schließlich tatsächlich umsetzen und die ersten Projektdaten einbringen wollen. Es gibt verschiedene Möglichkeiten, dies in Subversion zu erledigen. Sie könnten den Befehl `svn mkdir` verwenden (siehe Kapitel 9), um die einzelnen Verzeichnisse nacheinander in Ihrem Repository-Layout-Gerüst zu erzeugen. Schneller geht es mit dem Befehl `svn import` (siehe »svn import« in Kapitel 3). Indem Sie zuerst das Layout an einem temporären Ort auf Ihrem Laufwerk erzeugen, können Sie den gesamten Layout-Baum mit einem einzigen Commit in das Repository importieren:

```
$ mkdir tmpdir
$ cd tmpdir
$ mkdir projectA
$ mkdir projectA/trunk
$ mkdir projectA/branches
$ mkdir projectA/tags
$ mkdir projectB
$ mkdir projectB/trunk
$ mkdir projectB/branches
$ mkdir projectB/tags
...
$ svn import . file:///pfad/auf/repository --message 'Initial repository layout'
Adding         projectA
Adding         projectA/trunk
Adding         projectA/branches
Adding         projectA/tags
Adding         projectB
Adding         projectB/trunk
Adding         projectB/branches
Adding         projectB/tags
...
```

```
Committed revision 1.
$ cd ..
$ rm -rf tmpdir
$
```

Sie können die Ergebnisse des Imports überprüfen, indem Sie den Befehl svn list ausführen:

```
$ svn list --verbose file:///pfad/auf/repository
1 harry May 08 21:48 projectA/
1 harry May 08 21:48 projectB/
...
$
```

Sobald Ihr Layout-Gerüst vorhanden ist, können Sie damit beginnen, die tatsächlichen Projektdaten in Ihr Repository zu importieren, falls solche Daten bereits existieren. Auch hier gibt es verschiedene Methoden. Sie könnten den Befehl svn import verwenden. Sie könnten eine Arbeitskopie aus Ihrem neuen Repository auschecken, Projektdaten in die Arbeitskopie verschieben und dort anordnen und dann die Befehle svn add und svn commit benutzen. Wenn wir aber anfangen, über solche Dinge zu sprechen, haben wir es nicht mehr mit Repository-Administration zu tun. Sollten Sie mit dem Client-Programm svn noch nicht vertraut sein, dann schauen Sie in Kapitel 3.

Zusammenfassung

Inzwischen sollten Sie ein grundlegendes Verständnis für das Erzeugen, Konfigurieren und Warten von Subversion-Repositorys erworben haben. Wir haben Ihnen die verschiedenen Werkzeuge vorgestellt, die Sie bei dieser Aufgabe unterstützen. Im Laufe des Kapitels haben wir auf häufig auftretende Fallstricke bei der Administration hingewiesen und Vorschläge geliefert, wie sich diese vermeiden lassen.

Jetzt müssen Sie nur noch entscheiden, was für aufregende Daten Sie in Ihrem Repository speichern wollen und wie Sie sie schließlich über ein Netzwerk zur Verfügung stellen. Das nächste Kapitel widmet sich der Vernetzung.

KAPITEL 6

Server-Konfiguration

Clients, die auf dem gleichen Rechner laufen, auf dem sich auch das Repository befindet, können gleichzeitig auf ein Subversion-Repository zugreifen. Dazu verwenden sie die `file:///`-Methode. Die typische Subversion-Installation umfasst allerdings einen einzelnen Server-Rechner, auf den Clients auf Computern im ganzen Büro – und vielleicht sogar aus der ganzen Welt – zugreifen.

Dieser Abschnitt beschreibt, wie Sie Ihr Subversion-Repository für den Zugriff durch externe Clients vorbereiten. Wir behandeln die momentan verfügbaren Server-Mechanismen von Subversion und besprechen deren Konfiguration und Benutzung. Nach dem Lesen dieses Abschnitts sollten Sie in der Lage sein zu entscheiden, welcher Netzwerkansatz für Ihre Anforderungen geeignet ist und wie Sie diesen auf Ihrem Host-Computer einrichten.

Überblick

Subversion wurde mit einer abstrakten Netzwerkschicht entworfen. Das bedeutet, dass auf ein Repository programmtechnisch von jeder Art von Server-Prozess zugegriffen werden kann. Die Client-Zugriffs-API des Repository erlaubt es Programmierern, Plugins zu schreiben, die die relevanten Netzwerkprotokolle verstehen. Theoretisch kann Subversion eine unbegrenzte Anzahl von Netzwerkimplementierungen verwenden. Praktisch gibt es momentan nur zwei Server.

Apache ist ein außerordentlich beliebter Webserver. Mit Hilfe des Moduls `mod_dav_svn` kann Apache auf ein Repository zugreifen und es Clients über das WebDAV/DeltaV-Protokoll, eine Erweiterung von HTTP, zur Verfügung stellen. Auf der anderen Seite gibt es `svnserve`: ein kleines, autonomes Server-Programm, das mit den Clients über ein eigenes Protokoll kommuniziert. Tabelle 6-1 zeigt einen Vergleich der beiden Server.

Beachten Sie, dass Subversion als Open Source-Projekt offiziell keinen Server bevorzugt oder empfiehlt. Keine Netzwerkimplementierung wird als zweitklassig betrachtet, jeder Server besitzt seine Vor- und Nachteile. Es ist sogar möglich, unterschiedliche Server parallel laufen zu lassen, die jeweils auf ihre eigene Weise auf Ihre Repositorys zugreifen und einander nicht behindern (siehe »Mehrere Methoden für den Repository-Zugriff unterstützen« weiter hinten in diesem Kapitel). In der folgenden Tabelle finden Sie einen kurzen Überblick und einen Vergleich der beiden verfügbaren Subversion-Server – als Administrator müssen Sie entscheiden, welcher für Sie und Ihre Benutzer am besten geeignet ist.

Tabelle 6-1: Vergleich der Netzwerk-Server

Funktion	Apache + mod_dav_svn	svnserve
Authentifizierungsoptionen	HTTP(S)-Basic-Authentifizierung, X.509-Zertifikate, LDAP, NTLM oder jeder andere Mechanismus, der Apache-httpd zur Verfügung steht	CRAM-MD5 oder SSH
Optionen für Benutzerzugänge	private »users«-Datei	private »users«-Datei oder existierende Systemzugänge (SSH)
Autorisierungsoptionen	pauschaler Lese-/Schreibzugriff oder Zugriffskontrolle pro Verzeichnis	pauschaler Lese-/Schreibzugriff
Verschlüsselung	über optionales SSL	über optionalen SSH-Tunnel
Interoperabilität	teilweise benutzbar von anderen WebDAV-Clients	nicht interoperabel
Web-Ansicht	beschränkte integrierte Unterstützung oder über Werkzeuge von Drittanbietern wie etwa ViewCVS	über Werkzeuge von Drittanbietern wie etwa ViewCVS
Geschwindigkeit	etwas langsamer	etwas schneller
Erste Einrichtung	etwas aufwendig	relativ einfach

Netzwerkmodell

Dieser Abschnitt erörtert allgemein, wie Subversion-Client und -Server ungeachtet der verwendeten Netzwerkimplementierung miteinander interagieren. Nach dem Lesen werden Sie einen guten Einblick haben, wie ein Server sich verhalten kann und mit welchen unterschiedlichen Methoden ein Client dazu konfiguriert werden kann, zu antworten.

Anforderungen und Antworten

Der Subversion-Client verbringt den Großteil seiner Zeit mit dem Verwalten von Arbeitskopien. Wenn er jedoch Informationen von einem Repository benötigt, führt er eine Netzwerkanfrage durch, und der Server reagiert mit einer entsprechenden Antwort. Die Einzelheiten des Netzwerkprotokolls bleiben dem Benutzer verborgen. Der Client versucht, auf eine URL zuzugreifen, und je nach dem verwendeten URL-Schema wird ein bestimmtes Protokoll eingesetzt, um Kontakt mit dem Server aufzunehmen (siehe

Kapitel 2). Die Benutzer können mit `svn --version` feststellen, welche URL-Schemata und -Protokolle der Client einsetzen kann.

Wenn der Server-Prozess eine Client-Anforderung erhält, dann verlangt er üblicherweise, dass der Client sich identifiziert. Er schickt eine Aufforderung zur Authentifizierung an den Clients und der Client antwortet, indem er seine *Credentials* (Kennwortdaten) zurück an den Server gibt. Sobald die Authentifizierung abgeschlossen ist, antwortet der Server mit der ursprünglichen Information, nach der der Client gefragt hat. Beachten Sie, dass dieses System sich von Systemen wie CVS unterscheidet, bei denen der Client präventiv Credentials an den Server schickt (sich also anmeldet), bevor er überhaupt eine Anfrage tätigt. In Subversion holt sich der Server die Credentials, indem er den Client im entsprechenden Augenblick danach fragt. Dadurch lassen sich bestimmte Operationen eleganter lösen. Falls beispielsweise ein Server so konfiguriert ist, dass er es jedem in der Welt erlaubt, ein Repository zu lesen, wird der Server niemals eine Authentifizierungsanforderung senden, wenn ein Client versucht, `svn checkout` zu verwenden.

Schreibt die Netzwerkanfrage des Clients neue Daten in das Repository (z. B. `svn commit`), dann wird ein neuer Revisionsbaum erzeugt. Wenn die Anforderung des Clients authentifiziert wurde, dann wird der Name des authentifizierten Benutzers als Wert der Eigenschaft `svn:author` in der neuen Revision gespeichert (siehe »Nicht-versionierte Eigenschaften« in Kapitel 5). Wurde der Client nicht authentifiziert (hat also der Server niemals eine Authentifizierungsanforderung ausgelöst), dann bleibt der Wert der Revisionseigenschaft `svn:author` leer.[1]

Zwischenspeicherung der Client-Credentials

Viele Server sind so konfiguriert, dass sie bei jeder Anfrage eine Authentifizierung verlangen. Es kann für die Benutzer sehr störend sein, wenn sie immer wieder ihre Kennwörter eintippen müssen.

Glücklicherweise bietet der Subversion-Client eine Lösung dafür: ein eingebautes System zum Zwischenspeichern von Authentifizierungs-Credentials auf der Festplatte. Immer wenn ein Kommandozeilen-Client sich erfolgreich bei einem Server authentifiziert, speichert er standardmäßig die Credentials im privaten Laufzeitkonfigurationsbereich des Benutzers – in *~/.subversion/auth/* auf Unix-artigen Systemen oder in *%APPDATA%/Subversion/auth/* unter Windows. (Der Laufzeitbereich wird im Abschnitt »Der Laufzeit-Konfigurationsbereich« in Kapitel 7 näher behandelt.) Erfolgreiche Credentials werden auf der Festplatte zwischengespeichert, und zwar in einer Kombination aus Host-Name, Port und Authentifizierungsbereich.

1 Dieses Problem, das die Folge einer fehlkonfigurierten Server-Einrichtung ist, gehört tatsächlich zu den häufig gestellten Fragen.

Wenn der Client eine Authentifizierungsanforderung empfängt, sucht er zuerst nach den entsprechenden Credentials im Festplatten-Cache. Sind keine vorhanden oder schlägt die Authentifizierung mit den vorhandenen Credentials fehl, dann fragt der Client einfach den Benutzer nach diesen Informationen.

Paranoide Leute werden jetzt denken: »Kennwörter auf der Platte ablegen? Das ist ja furchtbar! Das darf man doch nicht!« Aber bitte, bleiben Sie ruhig! Erstens ist der Caching-Bereich unter *auth/* durch Rechte geschützt, so dass nur der Benutzer (der Eigentümer) Daten davon lesen kann und nicht die ganze Welt. Falls Ihnen das immer noch nicht sicher genug ist, dann können Sie die Zwischenspeicherung von Credentials deaktivieren. Um dies für einen einzelnen Befehl zu erledigen, übergeben Sie die Option `--no-auth-cache`:

```
$ svn commit -F log_msg.txt --no-auth-cache
Authentication realm: <svn://host.example.com:3690> example realm
Username:  joe
Password for 'joe':

Adding         newfile
Transmitting file data .
Committed revision 2324.

# Kennwort wurde nicht zwischengespeichert, deshalb werden wir bei einem zweiten Commit
# wieder danach gefragt

$ svn rm newfile
$ svn commit -F new_msg.txt
Authentication realm: <svn://host.example.com:3690> example realm
Username:  joe
[...]
```

Wenn Sie hingegen die Zwischenspeicherung von Credentials dauerhaft unterbinden wollen, dann können Sie Ihre Laufzeit-*config*-Datei bearbeiten (diese kommt nach dem Verzeichnis *auth/*). Setzen Sie einfach `store-auth-creds` auf `no`. Nun werden keine Credentials mehr auf der Festplatte gespeichert.

```
[auth]
store-auth-creds = no
```

Manchmal wollen Benutzer bestimmte Credentials aus dem Festplatten-Cache entfernen. Dazu müssen Sie sich in den *auth/*-Bereich begeben und die entsprechende Cache-Datei von Hand löschen. Credentials werden in einzelnen Dateien gespeichert; wenn Sie in die Dateien hineinschauen, dann sehen Sie Schlüssel und Werte. Der Schlüssel `svn:realmstring` beschreibt den speziellen Server-Bereich, mit dem die Datei verknüpft ist:

```
$ ls ~/.subversion/auth/svn.simple/
5671adf2865e267db74f09ba6f872c28
3893ed123b39500bca8a0b382839198e
5c3c22968347b390f349ff340196ed39

$ cat ~/.subversion/auth/svn.simple/5671adf2865e267db74f09ba6f872c28
```

```
K 8
username
V 3
joe
K 8
password
V 4
blah
K 15
svn:realmstring
V 45
<https://svn.domain.com:443> Joe's repository
END
```

Sobald Sie die richtige Cache-Datei gefunden haben, löschen Sie sie einfach.

Eine letzte Bemerkung über das Authentifizierungsverhalten von Clients: Es ist eine kurze Erklärung der Optionen `--username` und `--password` erforderlich. Viele Unterbefehle von Clients akzeptieren diese Optionen; allerdings ist es wichtig zu verstehen, dass beim Einsatz dieser Optionen nicht automatisch Credentials an den Server geschickt werden. Wie bereits angesprochen, holt der Server sich die Credentials vom Client, wenn ihm das erforderlich erscheint; der Client kann sie nicht von sich aus schicken. Wenn ein Benutzername und/oder ein Kennwort als Optionen übergeben werden, dann werden diese dem Server nur präsentiert, falls er sie anfordert.[2] Typischerweise werden diese Optionen benutzt, wenn

- der Benutzer sich unter einem anderen Benutzernamen als seinem System-Loginnamen anmelden will;
- ein Skript sich authentifizieren will, ohne zwischengespeicherte Credentials zu benutzen.

Im Folgenden ist kurz zusammengefasst, wie ein Subversion-Client sich verhält, wenn er eine Authentifizierungsanforderung empfängt:

1. Er prüft, ob der Benutzer irgendwelche Credentials als Kommandozeilenoptionen, über `--username` und/oder `--password` angegeben hat. Falls nicht, oder falls diese Optionen keine erfolgreiche Authentifizierung erlauben, dann
2. wird der Realm des Servers im Laufzeit-Bereich unter *auth/* nachgesehen, um festzustellen, ob der Benutzer die entsprechenden Credentials bereits dort zwischengespeichert hat. Ist dies nicht der Fall, oder erlauben die gespeicherten Credentials keine Authentifizierung, dann
3. wird der Benutzer gefragt.

2 Auch hier ist ein häufiger Fehler die Fehlkonfiguration eines Servers, so dass dieser niemals eine Authentifizierungsanforderung auslöst. Wenn Benutzer die Optionen `--username` und `--password` an den Client übergeben, dann werden sie überrascht sein, dass diese nie benutzt werden, d. h. dass neue Revisionen anscheinend immer anonym bestätigt wurden!

Wenn der Client sich mit einer der aufgeführten Methoden erfolgreich authentifiziert, wird er versuchen, die Credentials auf der Festplatte zwischenzuspeichern (es sei denn, der Benutzer hat – wie bereits erwähnt – dieses Verhalten unterbunden).

svnserve: Ein eigener Server

Das Programm svnserve ist ein schlanker Server, der im Stande ist, mittels eines eigenen, zustandsbehafteten Protokolls mit Clients über TCP/IP zu kommunizieren. Clients kontaktieren einen svnserve-Server mit Hilfe von URLs, die mit `svn://` oder `svn+ssh://` beginnen. Dieser Abschnitt erläutert die unterschiedlichen Möglichkeiten der Ausführung von svnserve und erklärt, wie Clients sich am Server authentifizieren und wie die entsprechende Zugriffskontrolle auf Ihren Repositorys konfiguriert wird.

Den Server aufrufen

Es gibt einige unterschiedliche Möglichkeiten, um das Programm svnserve aufzurufen. Wird es ohne Optionen gestartet, dann erhalten Sie nichts weiter als eine Hilfemeldung. Falls Sie jedoch vorhaben, den Prozess durch `inetd` starten zu lassen, dann können Sie die Option `-i` (`--inetd`) übergeben:

```
$ svnserve -i
( success ( 1 2 ( ANONYMOUS ) ( edit-pipeline ) ) )
```

Beim Aufruf mit der Option `--inetd` versucht svnserve, mit einem Subversion-Client mit Hilfe eines eigenen Protokolls über *stdin* und *stdout* zu kommunizieren. Das ist das Standardverhalten für ein Programm, das über den `inetd` ausgeführt wird. Die IANA hat Port 3690 für das Subversion-Protokoll reserviert, das heißt, auf einem Unix-artigen System können Sie solche Zeilen in die Datei */etc/services* einfügen (falls diese nicht bereits existieren):

```
svn           3690/tcp   # Subversion
svn           3690/udp   # Subversion
```

Und falls Ihr System einen klassischen Unix-artigen `inetd`-Daemon verwendet, dann können Sie diese Zeile in die */etc/inetd.conf* einfügen:

```
svn stream tcp nowait svnowner /usr/local/bin/svnserve svnserve -i
```

Achten Sie darauf, dass *svnowner* ein Benutzer ist, der die entsprechenden Berechtigungen besitzt, um auf Ihre Repositorys zuzugreifen. Wenn nun eine Client-Verbindung an Port 3690 an Ihrem Server ankommt, aktiviert `inetd` einen svnserve-Prozess, um diese zu bedienen.

Eine zweite Möglichkeit besteht darin, svnserve als unabhängigen Daemon-Prozess auszuführen. Benutzen Sie dafür die Option `-d`:

```
$ svnserve -d
$               # svnserve läuft jetzt und wartet an Port 3690
```

Beim Ausführen von svnserve im Daemon-Modus können Sie die Optionen `--listen-port=` und `--listen-host=` verwenden, um den genauen Port und den Host-Namen anzupassen, an die der Daemon gebunden werden soll.

Es gibt auch noch eine dritte Möglichkeit, svnserve aufzurufen, und zwar im Tunnel-Modus mit der Option `-t`. Dieser Modus geht davon aus, dass ein Programm zum Aufruf entfernter Programme wie etwa RSH oder SSH einen Benutzer erfolgreich authentifiziert hat und nun einen privaten svnserve-Prozess als dieser Benutzer startet. Das Programm svnserve verhält sich normal (das heißt, es kommuniziert über *stdin* und *stdout*) und nimmt an, dass der Verkehr automatisch über eine Art von Tunnel zurück an den Client umgeleitet wird. Wenn svnserve durch einen solchen Tunnel-Agent aufgerufen wird, dann müssen Sie sicherstellen, dass der authentifizierte Benutzer den vollständigen Lese- und Schreibzugriff auf die Datenbankdateien des Repository besitzt (siehe Kapitel 6). Im Prinzip ist es das Gleiche, als wenn ein lokaler Benutzer über `file:///`-URLs auf das Repository zugreift.

Server und Berechtigungen: Eine Warnung

Erinnern Sie sich zuerst einmal daran, dass ein Subversion-Repository eine Sammlung aus Berkeley DB-Datenbankdateien darstellt; jeder Prozess, der auf das Repository direkt zugreift, muss die richtigen Lese- und Schreibberechtigungen für das gesamte Repository besitzen. Wenn Sie nicht aufpassen, kann Ihnen das eine Menge Kopfschmerzen bereiten. Lesen Sie auf jeden Fall den Abschnitt »Mehrere Methoden für den Repository-Zugriff unterstützen«.

Bedenken Sie außerdem Folgendes: Wenn Sie svnserve, Apache-`httpd` oder einen anderen Server-Prozess konfigurieren, dann starten Sie den Server-Prozess nicht als `root`-Benutzer (oder als ein anderer Benutzer mit unbeschränkten Berechtigungen). Je nach der Eigentümerschaft und den Berechtigungen der Repositorys, die Sie exportieren, ist es oft klüger, einen anderen – möglicherweise eigenen – Benutzer zu verwenden. Viele Administratoren legen beispielsweise einen neuen Benutzer namens svn an, gewähren diesem Benutzer die alleinige Eigentümerschaft und Rechte an den exportierten Subversion-Repositorys und führen ihren Server-Prozess ausschließlich als dieser Benutzer aus.

Sobald das Programm svnserve läuft, macht es alle Repositorys auf Ihrem System über das Netzwerk verfügbar. Ein Client muss einen *absoluten* Pfad in der Repository-URL angeben. Falls sich beispielsweise ein Repository unter */usr/local/repositories/project1* befindet, dann würde ein Client dieses über die URL *svn://host.example.com/usr/local/repositories/project1* erreichen. Um die Sicherheit zu erhöhen, können Sie die Option `-r` an svnserve übergeben, die den Server derart einschränkt, dass wirklich nur Repositorys unter diesem Pfad exportiert werden:

```
$ svnserve -d -r /usr/local/repositories
...
```

Die Option `-r` verändert gewissermaßen die Stelle, die das Programm als Wurzel des entfernten Dateisystemraums verwendet. Clients benutzen dann URLs, aus denen der Pfadanteil entfernt wurde, wodurch kürzere (und weniger verräterische) URLs entstehen:

```
$ svn checkout svn://host.example.com/project1
...
```

Integrierte Authentifizierung und Autorisierung

Wenn ein Client eine Verbindung zu einem svnserve-Prozess herstellt, dann geschehen folgende Dinge:

- Der Client wählt ein bestimmtes Repository aus.
- Der Server verarbeitet die Datei *conf/svnserve.conf* des Repository und beginnt dann, alle Authentifizierungs- und Autorisierungsregelungen durchzusetzen, die dort definiert sind.
- Je nach der Situation und den Autorisierungsregelungen
  - könnte es dem Client erlaubt sein, seine Anfragen anonym zu stellen, ohne dass er jemals eine Authentifizierungsanforderung empfängt;
  - könnte der Client jederzeit zur Authentifizierung aufgefordert werden;
  - würde der Client, falls er im Tunnel-Modus arbeitet, bekannt geben, dass er bereits extern authentifiziert wäre.

Momentan weiß der Server nur, wie er eine CRAM-MD5-Authentifizierungsanforderung (siehe RFC 2195) zu senden hat. Im Prinzip sendet der Server ein paar Zufallsdaten an den Client. Der Client benutzt sein Kennwort, um die Daten mit dem MD5-Hash-Algorithmus zu verschlüsseln, und schickt sie zurück. Der Server führt die gleiche Berechnung mit dem gespeicherten Kennwort aus, um zu überprüfen, ob das Ergebnis identisch ist. An keiner Stelle muss das tatsächliche Kennwort über das Netzwerk übermittelt werden.

Es ist natürlich auch möglich, den Client extern über einen Tunnel-Agent wie SSH zu authentifizieren. In diesem Fall untersucht der Server einfach den Benutzer, als der er ausgeführt wird, und verwendet diesen als authentifizierten Benutzernamen.

Wie Sie bereits erraten haben, bildet die Datei *svnserve.conf* eines Repository den zentralen Mechanismus zum Steuern der Authentifizierungs- und Autorisierungsregelungen. Die Datei weist das gleiche Format auf wie andere Konfigurationsdateien (siehe »Der Laufzeit-Konfigurationsbereich« in Kapitel 7): Abschnittsnamen sind durch eckige Klammern gekennzeichnet (`[` und `]`), Kommentare beginnen mit Hash-Zeichen (`#`), und jeder Abschnitt enthält bestimmte Variablen, die gesetzt werden können (`variable = wert`). Wir wollen uns diese Datei anschauen und lernen, wie sie benutzt wird.

Eine »users«-Datei und einen Bereich anlegen

Fürs Erste enthält der Abschnitt [general] der Datei *svnserve.conf* alle Variablen, die Sie benötigen. Beginnen Sie damit, eine Datei, die Benutzernamen und Kennwörter enthält, sowie einen Authentifizierungsbereich zu definieren:

```
[general]
password-db = userfile
realm = example realm
```

realm ist ein Name, den Sie definieren. Er teilt Clients mit, mit welchem Authentifizierungsnamensraum sie sich verbinden; der Subversion-Client zeigt diesen in dem Authentifizierungsprompt an und verwendet ihn als Schlüssel (zusammen mit dem Host-Namen des Servers und dem Port) zum Zwischenspeichern der Credentials auf der Festplatte (siehe »Zwischenspeicherung der Client-Credentials« weiter vorn in diesem Kapitel). Die Variable password-db verweist auf eine separate Datei, die das gleiche vertraute Format verwendet und eine Liste mit Benutzernamen und Kennwörtern enthält. Zum Beispiel:

```
[users]
harry = foopassword
sally = barpassword
```

Der Wert von password-db kann ein absoluter oder relativer Pfad auf die users-Datei sein. Für viele Administratoren ist es einfach, die Datei direkt im *conf/*-Bereich des Repository zu behalten, neben *svnserve.conf*. Andererseits wollen Sie vielleicht, dass zwei oder mehr Repositorys die gleiche users-Datei verwenden. In diesem Fall sollte sich die Datei an einer öffentlich zugänglichen Stelle befinden. Die Repositorys, die sich die users-Datei teilen, müssen außerdem so konfiguriert werden, dass sie den gleichen Realm haben, da die Liste der Benutzer im Prinzip einen Authentifizierungsbereich definiert. Wo auch immer sich schließlich die Dateien befinden, stellen Sie sicher, dass Sie die Lese- und Schreibberechtigungen der Datei richtig setzen. Wenn Sie wissen, als welche(r) Benutzer svnserve laufen wird, beschränken Sie den Lesezugriff auf die users-Datei entsprechend.

Zugriffssteuerungen setzen

Es gibt zwei weitere Variablen, die in der Datei *svnserve.conf* gesetzt werden müssen: Sie legen fest, welche nicht-authentifizierten (anonymen) und authentifizierten Benutzer erlaubt sind. Die Variablen anon-access und auth-access können auf die Werte none, read oder write gesetzt werden. Der Wert none beschränkt alle Zugriffe, read erlaubt einen Lesezugriff auf das Repository, und write erlaubt einen allgemeinen Lese-/Schreibzugriff auf das Repository. Zum Beispiel:

```
[general]
password-db = userfile
realm = example realm

# anonyme Benutzer können das Repository nur lesen
anon-access = read
```

```
# authentifizierte Benutzer dürfen sowohl lesen als auch schreiben
auth-access = write
```

Um genau zu sein, sind die Beispieleinstellungen die vorgegebenen Werte der Variablen – falls Sie vergessen sollten, die Variablen zu definieren. Sollten Sie noch vorsichtiger sein, können Sie den anonymen Zugriff völlig blockieren:

```
[general]
password-db = userfile
realm = example realm

# anonyme Benutzer sind nicht erlaubt
anon-access = none

# authentifizierte Benutzer dürfen sowohl lesen als auch schreiben
auth-access = write
```

Beachten Sie, dass `svnserve` nur eine pauschale Zugriffskontrolle versteht. Ein Benutzer hat entweder allgemeinen Lese-/Schreibzugriff, allgemeinen Lesezugriff oder gar keinen Zugriff. Es gibt keine detaillierte Kontrolle über den Zugriff auf bestimmte Pfade innerhalb des Repository. Für viele Projekte und Sites ist dieses Niveau der Zugriffssteuerung mehr als ausreichend. Falls Sie allerdings eine Zugriffssteuerung auf Verzeichnisebene wünschen, dann müssen Sie Apache an Stelle von `svnserve` als Server-Prozess verwenden.

SSH-Authentifizierung und -Autorisierung

Die in `svnserve` integrierte Authentifizierung kann ganz praktisch sein, da sie es unnötig macht, echte Systemzugänge anzulegen. Andererseits betreiben manche Administratoren bereits gut eingerichtete Systeme zur SSH-Authentifizierung. In solchen Fällen haben alle Benutzer des Projekts bereits Systemzugänge und können mit SSH auf den Server-Rechner gelangen.

Es ist leicht, SSH zusammen mit `svnserve` einzusetzen. Der Client verwendet einfach das URL-Schema `svn+ssh://` für den Verbindungsaufbau:

```
$ whoami
harry

$ svn list svn+ssh://host.example.com/repos/project
harry@host.example.com's password:  *****

foo
bar
baz
...
```

Hier geschieht Folgendes: Der Subversion-Client startet einen lokalen `ssh`-Prozess, baut eine Verbindung zu `host.example.com` auf, authentifiziert sich als Benutzer `harry`, erzeugt dann auf dem entfernten Rechner einen privaten `svnserve`-Prozess, der als Benutzer *harry* läuft. Der Befehl `svnserve` ist im Tunnel-Modus (`-t`) gestartet worden, und das ganze

Netzwerkprotokoll wird durch ssh, den Tunnel-Agent, über die verschlüsselte Verbindung getunnelt. svnserve weiß, dass es als Benutzer *harry* läuft. Falls der Client ein Commit ausführt, wird der authentifizierte Benutzername als Autor der neuen Revision angegeben.

Beim Betrieb über einen Tunnel wird die Autorisierung hauptsächlich von den Betriebssystemberechtigungen auf den Datenbankdateien des Repository kontrolliert. Das ist ungefähr so, als würde Harry auf das Repository direkt über eine `file:///`-URL zugreifen. Wenn mehrere Systembenutzer direkt auf das Repository zugreifen wollten, würden Sie sie wahrscheinlich in eine gemeinsame Gruppe stecken und müssten aufpassen wegen umasks. (Lesen Sie auf jeden Fall »Mehrere Methoden für den Repository-Zugriff unterstützen« weiter hinten in diesem Kapitel.) Doch selbst beim Tunneln kann die Datei *svnserve.conf* verwendet werden, um den Zugriff zu blockieren, indem einfach `auth-access = read` oder `auth-access = none` gesetzt wird.

Sie glauben vielleicht, dass die Geschichte mit dem SSH-Tunnel hier endet. Tut sie aber nicht. Subversion erlaubt es Ihnen, eigene Verhaltensweisen für das Tunneln in Ihrer Laufzeit-*config*-Datei zu erzeugen (siehe »Der Laufzeit-Konfigurationsbereich«). Nehmen Sie beispielsweise an, dass Sie RSH an Stelle von SSH benutzen wollen. Im Abschnitt `[tunnels]` Ihrer *config*-Datei definieren Sie einfach Folgendes:

```
[tunnels]
rsh = rsh
```

Nun können Sie diese neue Tunnel-Definition verwenden, indem Sie ein URL-Schema einsetzen, das dem Namen Ihrer neuen Variablen entspricht: `svn+rsh://host/pfad`. Wenn Sie das neue URL-Schema einsetzen, führt der Subversion-Client hinter den Kulissen eigentlich den Befehl `rsh host svnserve -t` aus. Falls Sie einen Benutzernamen in die URL einschließen (zum Beispiel `svn+rsh://benutzername@host/pfad`), bindet der Client diesen auch in seinen Befehl ein (`rsh benutzername@host svnserve -t`). Sie können aber auch neue Tunnel-Schemata definieren, die noch viel schlauer sind:

```
[tunnels]
joessh = $JOESSH /opt/alternate/ssh -p 29934
```

Dieses Beispiel veranschaulicht mehrere Dinge. Erstens zeigt es, wie Sie den Subversion-Client dazu bringen, ein bestimmtes Tunnel-Programm (das unter */opt/alternate/ssh* zu finden ist) mit speziellen Optionen zu starten. In diesem Fall würde ein Zugriff auf die URL `svn+joessh://` das angegebene SSH-Programm mit den Argumenten `-p 29934` aufrufen – das ist nützlich, wenn Sie wollen, dass die Verbindung des Tunnel-Programms zu einem Nicht-Standard-Port geht.

Zweitens zeigt es, wie Sie eine eigene Umgebungsvariable definieren, die den Namen des Tunnel-Programms überschreiben kann. Durch das Setzen der Umgebungsvariablen `SVN_SSH` lässt sich der vorgegebene SSH-Tunnel-Agent bequem außer Kraft setzen. Falls Sie jedoch für verschiedene Server Werte überschreiben müssen, die möglicherweise jeweils einen anderen Port kontaktieren oder eine andere Optionsmenge übergeben, dann können Sie auf den Mechanismus zurückgreifen, der in diesem Beispiel demonstriert wurde. Würden wir nun die Umgebungsvariable `JOESSH` setzen, dann würde deren Wert den gesamten Wert der Tunnel-Variablen überschreiben – $JOESSH würde an Stelle von */opt/alternate/ssh -p 29934* ausgeführt werden.

httpd: Der Apache-HTTP-Server

Der Apache-HTTP-Server ist ein leistungsfähiger Netzwerk-Server, den Subversion verwenden kann. Über ein eigenes Modul stellt der `httpd` den Clients Subversion-Repositorys über das WebDAV/DeltaV-Protokoll zur Verfügung; das Protokoll ist eine Erweiterung zu HTTP 1.1 (nähere Informationen finden Sie unter *http://www.webdav.org/*). Dieses Protokoll nimmt das allgegenwärtige HTTP-Protokoll, das den Kern des World Wide Web bildet, und stattet es mit Schreibfähigkeiten aus – speziell der Fähigkeit zum versionierten Schreiben. Das Ergebnis ist ein standardisiertes, robustes System, das praktischerweise als Teil von Apache 2.0 kommt, von zahlreichen Betriebssystemen und Produkten von Drittanbietern unterstützt wird und von Netzwerkadministratoren nicht verlangt, einen weiteren eigenen Port zu öffnen.[3] Ein Apache-Subversion-Server besitzt zwar mehr Funktionen als `svnserve`, ist aber auch ein bisschen schwieriger einzurichten. Flexibilität bringt häufig eine gesteigerte Komplexität mit sich.

Vieles an der folgenden Diskussion enthält Verweise auf die Apache-Konfigurationsanweisungen. Es gibt einige Beispiele für den Gebrauch dieser Anweisungen, eine vollständige Beschreibung würde jedoch den Rahmen dieses Kapitels sprengen. Das Apache-Team bietet eine ausgezeichnete Dokumentation, die der Öffentlichkeit auf der Website *http://httpd.apache.org* zur Verfügung gestellt wird. Eine allgemeine Referenz für die Konfigurationsanweisungen finden Sie beispielsweise unter *http://httpd.apache.org/docs-2.0/mod/directives.html*.

Wenn Sie Änderungen an Ihrer Apache-Konfiguration vornehmen, ist es auch relativ wahrscheinlich, dass irgendwann einmal Fehler auftreten. Falls Ihnen das *logging subsystem* von Apache noch nicht vertraut ist, sollten Sie sich damit jetzt bekannt machen. In Ihrer *httpd.conf*-Datei finden Sie Anweisungen, mit denen Sie die Bereiche auf der Festplatte festlegen können, an denen die von Apache erzeugten Zugriffs- und Fehlerprotokolle gespeichert werden (die Anweisungen `CustomLog` bzw. `ErrorLog`). Subversions `mod_dav_svn` benutzt ebenfalls die Apache-Schnittstelle zur Fehlerprotokollierung. Sie können den Inhalt dieser Dateien immer nach Informationen durchsuchen, die Aufschluss über die Ursache eines Problems geben, die ansonsten nicht deutlich erkennbar ist.

3 Das mögen sie nämlich wirklich nicht.

Wieso Apache 2?

Wenn Sie Systemadministrator sind, ist es sehr wahrscheinlich, dass Sie bereits den Apache-Webserver betreiben und eine gewisse Erfahrung damit haben. Momentan ist Apache 1.3 die bei weitem beliebteste Version von Apache. Aus verschiedenen Gründen verläuft der Übergang auf die Apache-2.X-Reihe relativ schleppend: Manche Leute fürchten Veränderungen, vor allem an etwas so Wichtigem wie einem Webserver. Andere sind vom Einsatz bestimmter Plugin-Module abhängig, die nur mit der Apache 1.3-API funktionieren, und warten auf eine 2.X-Portierung. Welche Gründe auch immer vorliegen, viele Leute machen sich Sorgen, wenn sie das erste Mal feststellen, dass das Apache-Modul von Subversion speziell für die Apache 2-API geschrieben wurde.

Unsere Antwort darauf lautet: Machen Sie sich keine Sorgen. Apache 1.3 und Apache 2 können problemlos zusammen betrieben werden; installieren Sie sie einfach an verschiedenen Stellen, und benutzen Sie Apache 2 als dedizierten Subversion-Server, der auf einem anderen Port als Port 80 läuft. Clients können dann auf das Repository zugreifen, indem sie die Portnummer in die URL setzen:

```
$ svn checkout http://host.example.com:7382/repos/project
...
```

Voraussetzungen

Um Ihr Repository über HTTP im Netzwerk zur Verfügung zu stellen, benötigen Sie grundsätzlich vier Komponenten, die in zwei Paketen bereitstehen. Sie brauchen Apache-`httpd` 2.0, das DAV-Modul `mod_dav`, das damit geliefert wird, Subversion sowie das darin enthaltene Modul `mod_dav_svn` zur Dateisystembereitstellung. Sobald Sie alle Komponenten beisammen haben, können Sie Ihr Repository ganz einfach ins Netz stellen:

- httpd 2.0 in Betrieb nehmen und mit dem Modul `mod_dav` ausführen
- Das Plugin `mod_dav_svn` zu `mod_dav` installieren, das die Subversion-Bibliotheken verwendet, um auf das Repository zuzugreifen
- Ihre *httpd.conf*-Datei so konfigurieren, dass sie das Repository exportiert (oder sichtbar macht)

Sie können die beiden ersten Punkte erreichen, indem Sie `httpd` und Subversion entweder aus dem Quellcode kompilieren oder als vorgefertigte Binärpakete auf Ihrem System installieren. Die neuesten Informationen darüber, wie Sie Subversion für den Einsatz mit dem Apache-HTTP-Server installieren sowie darüber, wie Sie den Apache selbst für diese Aufgabe kompilieren und installieren, finden Sie in der Datei *INSTALL* in der obersten Ebene des Subversion-Quellcodebaums.

Grundlegende Apache-Konfiguration

Sobald Sie alle notwendigen Komponenten auf Ihrem System installiert haben, müssen Sie nur noch den Apache über seine *httpd.conf*-Datei konfigurieren. Weisen Sie Apache mit Hilfe der Anweisung `LoadModule` an, das Modul `mod_dav_svn` zu laden. Diese Anweisung muss vor allen anderen Konfigurationselementen stehen, die mit Subversion zusammenhängen. Falls Ihr Apache mittels des vorgegebenen Aufbaus installiert wurde, sollte Ihr `mod_dav_svn`-Modul im Unterverzeichnis *modules* des Apache-Installationsbereichs (oft */usr/local/apache2*) installiert worden sein. Die Anweisung `LoadModule` weist eine einfache Syntax auf, mit der ein benanntes Modul auf die Stelle abgebildet wird, an der sich auf der Festplatte eine Shared Library befindet:

```
LoadModule dav_svn_module     modules/mod_dav_svn.so
```

Falls `mod_dav` als Shared Object kompiliert (und nicht statisch an das `httpd`-Programm gebunden) wurde, benötigen Sie dafür auch eine ähnliche `LoadModule`-Anweisung. Achten Sie darauf, dass diese vor der `mod_dav_svn`-Zeile kommt:

```
LoadModule dav_module         modules/mod_dav.so
LoadModule dav_svn_module     modules/mod_dav_svn.so
```

An einer späteren Stelle in Ihrer Konfigurationsdatei müssen Sie Apache mitteilen, wo Sie Ihr Subversion-Repository (oder die Repositorys) abgelegt haben. Die Anweisung `Location` weist eine XML-artige Notation auf, das heißt, sie beginnt mit einem öffnenden Tag und endet mit einem schließenden Tag; dazwischen befinden sich verschiedene Konfigurationsanweisungen. Der Zweck der `Location`-Anweisung besteht darin, Apache anzuweisen, dass etwas Besonderes geschehen soll, wenn Anfragen verarbeitet werden, die an eine bestimmte URL oder eines ihrer Kinder gerichtet sind. Im Fall von Subversion wollen Sie einfach, dass Apache URLs unterstützt, die auf versionierte Ressourcen auf der DAV-Schicht verweisen. Sie können Apache anweisen, die Verarbeitung aller URLs, deren Pfadanteile (das sind die Teile der URL, die dem Namen des Servers und der optionalen Portnummer folgen) mit */repos/* beginnen, an einen DAV-Provider zu delegieren, dessen Repository sich unter */absoluter/pfad/auf/repository* befindet. Dazu setzen Sie die folgende *httpd.conf*-Syntax ein:

```
<Location /repos>
  DAV svn
  SVNPath /absoluter/pfad/auf/repository
</Location>
```

Falls Sie vorhaben, mehrere Subversion-Repositorys zu unterstützen, die sich im gleichen Verzeichnis auf Ihrer lokalen Platte befinden sollen, können Sie eine alternative Anweisung, und zwar `SVNParentPath`, verwenden, um dieses gemeinsame übergeordnete Verzeichnis zu kennzeichnen. Wenn Sie beispielsweise wissen, dass Sie mehrere Subversion-Repositorys in einem Verzeichnis */usr/local/svn* anlegen werden, auf das über URLs wie *http://my.server.com/svn/repos1*, *http://my.server.com/svn/repos2* usw. zugegriffen werden würde, könnten Sie die *httpd.conf*-Konfigurationssyntax aus dem folgenden Beispiel nutzen:

```
<Location /svn>
  DAV svn

  # jedes "/svn/foo" URL führt auf ein Repository /usr/local/svn/foo
  SVNParentPath /usr/local/svn
</Location>
```

Mit Hilfe der gezeigten Syntax delegiert Apache die Verarbeitung aller URLs, deren Pfadanteile mit */svn/* beginnen, an den Subversion-DAV-Provider, der dann davon ausgeht, dass alle Objekte im Verzeichnis, die durch die Anweisung `SVNParentPath` festgelegt werden, tatsächlich Subversion-Repositorys sind. Dies ist insofern eine besonders bequeme Syntax, als Sie – im Gegensatz zur Anweisung *SVNPath* – Apache nicht neu starten müssen, um neue Repositorys anzulegen und im Netzwerk anzubieten.

Achten Sie darauf, dass sich eine neue `Location`, die Sie definieren, nicht mit bereits exportierten Locations überschneidet. Falls beispielsweise Ihr Haupt-`DocumentRoot` auf */www* zeigt, exportieren Sie kein Subversion-Repository in `<Location /www/repos>`. Kommt eine Anfrage nach dem URI */www/repos/foo.c* an, weiß Apache nicht, ob es nach einer Datei *repos/foo.c* in der `DocumentRoot` suchen oder `mod_dav_svn` anweisen soll, *foo.c* aus dem Subversion-Repository zurückzugeben.

Server-Namen und die COPY-Anfrage

Subversion verwendet den Anfragetyp `COPY`, um serverseitige Kopien von Dateien und Verzeichnissen auszuführen. Als Teil der Sanity-Prüfung, die von den Apache-Modulen durchgeführt wird, wird erwartet, dass sich die Quelle der Kopie auf dem gleichen Rechner befindet wie das Ziel der Kopie. Um diese Anforderung zu erfüllen, müssen Sie möglicherweise `mod_dav` den Namen mitteilen, den Sie als Host-Namen Ihres Servers benutzen. Im Allgemeinen können Sie dazu die Anweisung `ServerName` in *httpd.conf* einsetzen:

```
ServerName svn.example.com
```

Falls Sie Apaches Unterstützung für virtuelles Hosting über die Anweisung `NameVirtualHost` nutzen, müssen Sie vielleicht die Anweisung `ServerAlias` verwenden, um zusätzliche Namen anzugeben, unter denen Ihr Server bekannt ist. Nähere Informationen finden Sie auch hier in der Apache-Dokumentation.

In diesem Stadium sollten Sie die Frage der Berechtigungen ernsthaft bedenken. Falls Sie Apache bereits eine gewisse Zeit lang als Ihren normalen Webserver betrieben haben, so haben Sie vermutlich schon eine Reihe von Inhalten – Webseiten, Skripten usw. Diese Objekte wurden schon mit bestimmten Berechtigungen konfiguriert, die es ihnen erlauben, mit dem Apache zu funktionieren – oder passender, die es dem Apache erlauben, mit diesen Dateien zu funktionieren. Apache benötigt, wenn er als Subversion-Server eingesetzt werden soll, ebenfalls die richtigen Berechtigungen zum Lesen und Schreiben Ihres Subversion-Repository (siehe Kapitel 6).

Sie müssen ein Berechtigungssystem festlegen, das den Anforderungen von Subversion gerecht wird, ohne schon bestehende Webseiten- oder Skriptinstallationen zu beeinträchtigen. Das könnte bedeuten, dass Sie die Berechtigungen auf Ihrem Subversion-Repository so ändern müssen, dass sie denjenigen der anderen Dinge entsprechen, die Apache Ihnen zur Verfügung stellt; oder Sie legen mit den Anweisungen `User` und `Group` in *httpd.conf* fest, dass Apache als der Benutzer und die Gruppe ausgeführt werden soll, denen Ihr Subversion-Repository gehört. Es gibt keine einzig richtige Methode, um Ihre Berechtigungen einzurichten, und jeder Administrator wird andere Gründe anführen, weshalb er die Dinge auf eine bestimmte Weise erledigt. Merken Sie sich vor allen Dingen, dass Probleme, die mit den Berechtigungen zusammenhängen, am häufigsten übersehen werden, wenn ein Subversion-Repository für den Einsatz mit Apache konfiguriert werden soll.

Authentifizierungsoptionen

Falls Sie jetzt die Datei *httpd.conf* so konfiguriert haben, dass sie etwa Folgendes enthält:

```
<Location /svn>
  DAV svn
  SVNParentPath /usr/local/svn
</Location>
```

dann kann die Allgemeinheit anonym auf Ihr Repository zugreifen. Bis Sie irgendwelche Authentifizierungs- und Autorisierungsregelungen konfigurieren, sind die Subversion-Repositorys, die Sie über die Anweisung *Location* verfügbar gemacht haben, im Allgemeinen für jeden zugänglich. Mit anderen Worten:

- Jeder kann seinen Subversion-Client benutzen, um eine Arbeitskopie einer Repository-URL (oder einer ihrer Unterverzeichnisse) auszuchecken.
- Jeder kann interaktiv die neueste Revision des Repository durchblättern, indem er einfach mit seinem Webbrowser die Repository-URL anwählt.
- Jeder kann ein Commit auf das Repository ausführen.

HTTP-Basic-Authentifizierung

Die einfachste Möglichkeit, einen Client zu authentifizieren, besteht über den HTTP-Basic-Authentifizierungsmechanismus, der einfach über einen Benutzernamen und ein Kennwort überprüft, ob ein Benutzer wirklich derjenige ist, als der er sich ausgibt. Apache bietet das Dienstprogramm `htpasswd` zum Verwalten der Liste der akzeptablen Benutzernamen und Kennwörter, denen Sie besonderen Zugriff auf Ihr Subversion-Repository gewähren wollen. Wir wollen Sally und Harry Commit-Zugriff erlauben. Zuerst müssen wir sie in die Kennwortdatei einfügen:

```
$ ### Beim ersten Mal: Benutze -c, um die Datei anzulegen
$ ### Benutze -m, um eine MD5-Verschlüsselung für das Kennwort einzusetzen, da diese
$ ### sicherer ist
```

```
$ htpasswd -cm /etc/svn-auth-file harry
New password: *****
Re-type new password: *****
Adding password for user harry
$ htpasswd /etc/svn-auth-file -m sally
New password: *******
Re-type new password: *******
Adding password for user sally
$
```

Als Nächstes müssen Sie weitere *httpd.conf*-Anweisungen in den `Location`-Block einfügen, um Apache mitzuteilen, was mit Ihrer neuen Kennwortdatei geschehen soll. Die Anweisung `AuthType` legt die Art des zu verwendenden Authentifizierungssystems fest. In diesem Fall wollen wir das `Basic`-Authentifizierungssystem angeben. `AuthName` ist ein beliebiger Name, den Sie für die Authentifizierungsdomain bestimmen. Die meisten Browser zeigen diesen Namen im Pop-up-Dialogfeld an, wenn der Browser den Benutzer nach seinem Namen und seinem Kennwort fragt. Verwenden Sie schließlich die Anweisung `AuthUserFile`, um die Lage der Kennwortdatei festzulegen, die Sie mit Hilfe von `htpasswd` erzeugt haben.

Nach dem Hinzufügen dieser drei Anweisungen sollte Ihr `<Location>`-Block etwa so aussehen:

```
<Location /svn>
  DAV svn
  SVNParentPath /usr/local/svn
  AuthType Basic
  AuthName "Subversion repository"
  AuthUserFile /etc/svn-auth-file
</Location>
```

Dieser `<Location>`-Block ist noch nicht vollständig und tut auch noch nichts Sinnvolles. Er teilt Apache lediglich mit, dass dieser immer dann einen Benutzernamen und ein Kennwort vom Subversion-Client holen soll, wenn eine Autorisierung erforderlich ist. Was hier jedoch fehlt, sind Anweisungen, die Apache sagen, *welche* Arten von Client-Anfragen eine Autorisierung erfordern. Immer wenn Autorisierung erforderlich ist, fordert Apache auch eine Authentifizierung an. Am einfachsten ist es, alle Anfragen zu schützen. Indem Sie `Require valid-user` hinzufügen, teilen Sie Apache mit, dass alle Anfragen einen authentifizierten Benutzer erfordern:

```
<Location /svn>
  DAV svn
  SVNParentPath /usr/local/svn
  AuthType Basic
  AuthName "Subversion repository"
  AuthUserFile /etc/svn-auth-file
  Require valid-user
</Location>
```

Lesen Sie auf jeden Fall den Abschnitt »Autorisierungsoptionen« weiter hinten in diesem Kapitel, um mehr über die Anweisung `Require` und andere Methoden zu erfahren, mit denen Sie Autorisierungsregelungen setzen können.

Eine Warnung: Kennwörter für die HTTP-Basic-Authentifizierung werden fast im Klartext über das Netzwerk übertragen und sind deshalb außerordentlich unsicher. Falls Sie sich Sorgen über das Ausspähen von Kennwörtern machen, ist es vermutlich am besten, irgendeine Art von SSL-Verschlüsselung zu benutzen, so dass Clients sich über `https://` und nicht über `http://` authentifizieren. Zumindest können Sie Apache so konfigurieren, dass er ein selbst signiertes Server-Zertifikat verwendet.[4] In der Apache-Dokumentation (und der OpenSSL-Dokumentation) erfahren Sie, wie Sie dazu vorgehen müssen.

SSL-Zertifikatsverwaltung

Unternehmen, die ihre Repositorys für den Einsatz außerhalb der Unternehmens-Firewall bereitstellen müssen, sollten sich der Möglichkeit bewusst sein, dass nicht-autorisierte Parteien ihren Netzwerkverkehr ausspähen könnten. SSL verringert die Wahrscheinlichkeit, dass diese Art von unerwünschter Aufmerksamkeit zu heiklen Datenpreisgaben führt.

Wenn ein Subversion-Client so kompiliert wurde, dass er OpenSSL verwendet, dann erwirbt er die Fähigkeit, mit einem Apache-Server über `https://`-URLs zu kommunizieren. Die vom Subversion-Client benutzte Neon-Bibliothek kann nicht nur Server-Zertifikate überprüfen, sondern auf entsprechende Anforderung auch Client-Zertifikate bereitstellen. Wenn Client und Server SSL-Zertifikate ausgetauscht und einander erfolgreich authentifiziert haben, wird die gesamte weitere Kommunikation über einen Sitzungsschlüssel verschlüsselt.

Es geht über den Rahmen dieses Buches hinaus zu beschreiben, wie Client- und Server-Zertifikate erzeugt werden und wie man den Apache für deren Benutzung konfiguriert. Viele andere Bücher, einschließlich der Apache-eigenen Dokumentation, beschreiben diese Aufgabe. Wir *können* aber hier darauf eingehen, wie Server- und Client-Zertifikate von einem normalen Subversion-Client aus verwaltet werden.

Wenn ein Subversion-Client mit Apache über `https://` kommuniziert, kann er zwei unterschiedliche Arten von Informationen erhalten:

- Ein Server-Zertifikat
- Eine Anforderung für ein Client-Zertifikat

Empfängt der Client ein Server-Zertifikat, muss er überprüfen, ob er diesem Zertifikat vertraut: Ist der Server wirklich derjenige, als der er sich ausgibt? Die OpenSSL-Biblio-

4 Selbst signierte Server-Zertifikate sind zwar immer noch anfällig für einen Man-in-the-Middle-Angriff, allerdings ist ein solcher Angriff für einen gelegentlichen Beobachter viel schwieriger auszuführen, als ungeschützte Kennwörter auszuspähen.

thek erledigt dies, indem sie den Unterzeichner des Server-Zertifikats, die *Certificate Authority* (CA), untersucht. Falls OpenSSL nicht in der Lage ist, automatisch der CA zu vertrauen, oder falls ein anderes Problem auftaucht (etwa ein abgelaufenes Zertifikat oder Probleme bei der Zuordnung des Host-Namens), fragt Sie der Subversion-Kommandozeilen-Client, ob Sie dem Server-Zertifikat trotzdem vertrauen wollen:

```
$ svn list https://host.example.com/repos/project

Error validating server certificate for 'https://home.example.com:443':
 - The certificate is not issued by a trusted authority. Use the
   fingerprint to validate the certificate manually!
Certificate information:
 - Hostname: host.example.com
 - Valid: from Jan 30 19:23:56 2004 GMT until Jan 30 19:23:56 2006 GMT
 - Issuer: CA, example.com, Sometown, California, US
 - Fingerprint: 7d:e1:a9:34:33:39:ba:6a:e9:a5:c4:22:98:7b:76:5c:92:a0:9c:7b

(R)eject, accept (t)emporarily or accept (p)ermanently?
```

Dieser Dialog sollte vertraut aussehen. Im Prinzip ist es die gleiche Frage, die Sie wahrscheinlich schon von Ihrem Webbrowser haben kommen sehen (der ja ebenso wie Subversion auch nur ein weiterer HTTP-Client ist!). Falls Sie die Option (p)ermanent wählen, wird das Server-Zertifikat ebenso wie Ihr Benutzername und Ihr Kennwort in Ihrem privaten Laufzeit-Bereich unter auth/ zwischengespeichert (siehe »Zwischenspeicherung der Client-Credentials«). Nun weiß Subversion automatisch, dass es diesem Zertifikat bei künftigen Verhandlungen vertrauen kann.

Ihre Laufzeit-*servers*-Datei bringt Ihren Subversion-Client ebenfalls dazu, automatisch bestimmten CAs zu vertrauen, entweder global oder auf Host-Basis. Setzen Sie einfach die Variable `ssl-authority-files` auf eine durch Semikolons getrennte Liste von PEM-kodierten CA-Zertifikaten:

```
[global]
ssl-authority-files = /path/to/CAcert1.pem;/path/to/CAcert2.pem
```

Viele OpenSSL-Installationen haben außerdem eine vordefinierte Menge von Standard-CAs, denen nahezu allgemein vertraut wird. Damit der Subversion-Client automatisch diesen Standardautoritäten vertraut, setzen Sie die Variable `ssl-trust-default-ca` auf `true`.

Bei der Kommunikation mit Apache könnte ein Subversion-Client auch eine Anforderung nach einem Client-Zertifikat bekommen. Apache fordert den Client auf, sich selbst zu identifizieren: Ist der Client wirklich derjenige, der er zu sein vorgibt? Wenn alles richtig läuft, schickt der Subversion-Client ein privates Zertifikat zurück, das durch eine CA signiert wurde, der Apache vertraut. Ein Client-Zertifikat wird normalerweise verschlüsselt auf der Festplatte gespeichert, geschützt durch ein lokales Kennwort. Wenn Subversion diese Anforderung empfängt, fragt es Sie sowohl nach dem Pfad auf das Zertifikat als auch nach dem Pfad auf das Kennwort, mit dem das Zertifikat geschützt ist:

```
$ svn list https://host.example.com/repos/project

Authentication realm: https://host.example.com:443
Client certificate filename: /path/to/my/cert.p12
Passphrase for '/path/to/my/cert.p12':  ********
...
```

Beachten Sie, dass es sich bei dem Client-Zertifikat um eine p12-Datei handelt. Um ein Client-Zertifikat mit Subversion benutzen zu können, muss es im PKCS#12-Format, einem portablen Standard, vorliegen. Die meisten Webbrowser sind bereits in der Lage, Zertifikate in diesem Format zu importieren und zu exportieren. Eine andere Möglichkeit besteht darin, die OpenSSL-Kommandozeilenwerkzeuge zu verwenden, um bestehende Zertifikate in PKCS#12 umzuwandeln.

Auch hier erlaubt es Ihnen die Laufzeit-*servers*-Datei, diese Anforderung auf Host-Basis zu automatisieren. Entweder eine oder beide Informationen können in Laufzeitvariablen beschrieben werden:

```
[groups]
examplehost = host.example.com

[examplehost]
ssl-client-cert-file = /pfad/auf/mein/zert.p12
ssl-client-cert-password = somepassword
```

Sobald Sie die Variablen `ssl-client-cert-file` und `ssl-client-cert-password` gesetzt haben, kann der Subversion-Client automatisch auf eine Anforderung nach einem Client-Zertifikat antworten, ohne bei Ihnen nachzufragen.[5]

Autorisierungsoptionen

Nun haben Sie die Authentifizierung, nicht jedoch die Autorisierung konfiguriert. Apache ist in der Lage, Clients abzufragen und Identitäten zu bestätigen, ihm wurde aber noch nicht gesagt, wie es den Zugriff der Clients erlauben oder beschränken kann, die diese Identitäten tragen. Dieser Abschnitt beschreibt zwei Strategien für das Steuern des Zugriffs auf Ihre Repositorys.

Pauschale Zugriffskontrolle

Die einfachste Form der Zugriffskontrolle besteht darin, bestimmte Benutzer entweder für einen Lesezugriff auf ein Repository oder einen Lese-/Schreibzugriff auf ein Repository zu autorisieren.

Sie können den Zugriff auf alle Repository-Operationen beschränken, indem Sie die Anweisung `Require valid-user` in Ihren `<Location>`-Block einfügen. Bei unserem vorheri-

5 Sicherheitsbewusstere Leute würden möglicherweise darauf verzichten, das Kennwort für das Client-Zertifikat in der Laufzeit-*servers*-Datei zu speichern.

gen Beispiel würde dies bedeuten, dass es nur denjenigen Clients erlaubt wäre, irgendetwas mit dem Subversion-Repository zu tun, die behaupten, harry oder sally zu sein, und die das richtige Kennwort für den entsprechenden Benutzernamen beigebracht haben:

```
<Location /svn>
  DAV svn
  SVNParentPath /usr/local/svn

  # wie ein Benutzer authentifiziert wird
  AuthType Basic
  AuthName "Subversion repository"
  AuthUserFile /path/to/users/file

  # nur authentifizierte Benutzer dürfen auf das Repository zugreifen
  Require valid-user
</Location>
```

Manchmal müssen Sie nicht so schwere Geschütze auffahren. Beispielsweise erlaubt es das Subversion-eigene Quellcode-Repository unter *http://svn.collab.net/repos/svn* jedem in der Welt, lesende Repository-Aufgaben (wie etwa das Auschecken von Arbeitskopien und das Durchblättern des Repository mit einem Webbrowser) durchzuführen, beschränkt aber alle Schreiboperationen auf authentifizierte Benutzer. Für eine solche selektive Beschränkung können Sie die Konfigurationsanweisungen Limit und LimitExcept einsetzen. Ebenso wie die Anweisung Location verfügen diese Blöcke über Start- und End-Tags. Außerdem würden Sie sie in Ihren *<Location>*-Block einschachteln.

Die Parameter, die in den Limit- und LimitExcept-Anweisungen vorhanden sind, sind HTTP-Anfragetypen, die von diesem Block beeinflusst werden. Falls Sie beispielsweise den gesamten Zugriff auf Ihr Repository mit Ausnahme der momentan unterstützten Leseoperationen verbieten wollten, müssten Sie die Anweisung LimitExcept verwenden, wobei Sie die Anfragetyp-Parameter GET, PROPFIND, OPTIONS und REPORT übergeben würden. Dann würde die zuvor erwähnte Anweisung Require valid-user im <LimitExcept>-Block anstatt einfach nur im <Location>-Block platziert werden:

```
<Location /svn>
  DAV svn
  SVNParentPath /usr/local/svn

  # wie ein Benutzer authentifiziert wird
  AuthType Basic
  AuthName "Subversion repository"
  AuthUserFile /pfad/auf/benutzerdatei

  # Alle anderen Operationen außer dieser erfordern einen authentifizierten Benutzer.
  <LimitExcept GET PROPFIND OPTIONS REPORT>
    Require valid-user
  </LimitExcept>
</Location>
```

Dies sind nur einige einfache Beispiele. Weiterführende Informationen über die Apache-Zugriffskontrolle und die Anweisung `Require` finden Sie im Abschnitt `Security` der Sammlung von Tutorials zur Apache-Dokumentation unter *http://httpd.apache.org/docs-2.0/misc/tutorials.html*.

Zugriffssteuerung auf Verzeichnisebene

Es ist möglich, mit Hilfe eines zweiten Apache-httpd-Moduls namens `mod_authz_svn` ausgefeiltere Berechtigungen zu setzen. Dieses Modul nimmt sich die verschiedenen schwer durchschaubaren URLs, die vom Client zum Server übergeben werden, fordert `mod_dav_svn` auf, sie zu dekodieren, und legt auf der Grundlage der Zugriffsregelungen, die in einer Konfigurationsdatei definiert sind, bei bestimmten Anfragen Widerspruch ein.

Falls Sie Subversion selbst aus dem Quellcode kompiliert haben, dann wurde `mod_authz_svn` automatisch ebenfalls kompiliert und zusammen mit `mod_dav_svn` installiert. Auch viele Binärdistributionen installieren es automatisch. Um zu überprüfen, ob es richtig installiert wurde, vergewissern Sie sich, dass es direkt nach der `mod_dav_svn`-Anweisung `LoadModule` in der *httpd.conf* steht:

```
LoadModule dav_module          modules/mod_dav.so
LoadModule dav_svn_module      modules/mod_dav_svn.so
LoadModule authz_svn_module    modules/mod_authz_svn.so
```

Zur Aktivierung dieses Moduls müssen Sie Ihren `Location`-Block so konfigurieren, dass er die Anweisung `AuthzSVNAccessFile` benutzt, mit der eine Datei festgelegt wird, in der die Berechtigungsregelung für Pfade innerhalb Ihrer Repositorys enthalten ist. (Wir werden gleich auf das Format dieser Datei eingehen.)

Apache ist flexibel, deshalb haben Sie die Möglichkeit, Ihren Block in einem von drei allgemeinen Mustern zu konfigurieren. Wählen Sie zunächst eines dieser grundlegenden Konfigurationsmuster. (Die unten vorgestellten Beispiele sind sehr einfach; nähere Informationen über die Authentifizierungs- und Autorisierungsoptionen von Apache finden Sie in der Apache-Dokumentation.)

Der einfachste Block dient dazu, jedem den offenen Zugriff zu erlauben. In Beispiel 6-1 sendet Apache niemals Authentifizierungsanforderungen, daher werden alle Benutzer als anonym behandelt.

Beispiel 6-1: Eine Beispielkonfiguration für anonymen Zugriff

```
<Location /repos>
  DAV svn
  SVNParentPath /usr/local/svn

  # unsere Zugriffskontrollregeln
  AuthzSVNAccessFile /path/to/access/file
</Location>
```

Am anderen Ende der Paranoia-Skala können Sie Ihren Block so konfigurieren, dass jeder sich authentifizieren muss. Alle Clients müssen Credentials liefern, um sich selbst zu identifizieren. In Beispiel 6-2 verlangt Ihr Block über die Anweisung `Require valid-user` bedingungslos eine Authentifizierung und definiert eine entsprechende Methode dazu.

Beispiel 6-2: Eine Beispielkonfiguration für den authentifizierten Zugriff

```
<Location /repos>
  DAV svn
  SVNParentPath /usr/local/svn

  # unsere Zugriffskontrollregeln
  AuthzSVNAccessFile /path/to/access/file

  # nur authentifizierte Benutzer dürfen auf das Repository zugreifen
  Require valid-user

  # wie ein Benutzer authentifiziert wird
  AuthType Basic
  AuthName "Subversion repository"
  AuthUserFile /path/to/users/file
</Location>
```

Ein drittes sehr beliebtes Muster erlaubt eine Kombination aus authentifiziertem und anonymem Zugriff. Viele Administratoren wollen es beispielsweise anonymen Benutzern erlauben, bestimmte Repository-Verzeichnisse zu lesen. Sensiblere Bereiche sollen jedoch nur von authentifizierten Benutzern gelesen (oder geschrieben) werden. In dieser Konstellation greifen alle Benutzer zunächst anonym auf das Repository zu. Falls Ihre Regelungen zur Zugriffssteuerung an irgendeiner Stelle dann einen realen Benutzernamen verlangen, fordert Apache vom Client eine Authentifizierung an. In Beispiel 6-3 verwenden Sie die Anweisungen `Satisfy Any` und `Require valid-user` zusammen.

Beispiel 6-3: Eine Beispielkonfiguration für einen gemischten authentifizierten/anonymen Zugriff

```
<Location /repos>
  DAV svn
  SVNParentPath /usr/local/svn

  # unsere Zugriffskontrollregeln
  AuthzSVNAccessFile /path/to/access/file

  # zuerst wird anonymer Zugriff probiert; falls erforderlich, wird auf eine
  # richtige Authentifizierung zurückgegriffen.
  Satisfy Any
  Require valid-user

  # wie ein Benutzer authentifiziert wird
  AuthType Basic
  AuthName "Subversion repository"
  AuthUserFile /path/to/users/file
</Location>
```

Sobald der grundlegende Location-Block konfiguriert ist, können Sie eine Zugriffsdatei anlegen und in dieser einige Autorisierungsregeln definieren.

Die Syntax der Zugriffsdatei sollte Ihnen von der svnserve.conf und den Laufzeitkonfigurationsdateien her vertraut sein. Zeilen, die mit einem Hash-Zeichen (#) beginnen, werden ignoriert. In seiner einfachsten Form benennt jeder Abschnitt ein Repository und einen Pfad darin; die authentifizierten Benutzernamen sind die Optionsnamen innerhalb jedes Abschnitts. Der Wert einer Option beschreibt die Art des möglichen Zugriffs eines Benutzers auf einen Repository-Pfad: entweder r (nur lesen) oder rw (lesen/schreiben). Wenn der Benutzer gar nicht erwähnt wird, dann ist auch kein Zugriff erlaubt.

Um es präziser auszudrücken: Der Wert der Abschnittsnamen hat entweder die Form [repos-name:pfad] oder die Form [pfad].[6] Wenn Sie die Anweisung SVNParentPath verwenden, dann ist es wichtig, die Repository-Namen in Ihren Abschnitten festzulegen. Falls Sie sie weglassen, dann entspricht ein Abschnitt wie [/irgendein/verzeichnis] dem Pfad */irgendein/verzeichnis* in *jedem* Repository. Benutzen Sie jedoch die Anweisung SVNPath, brauchen Sie in Ihren Abschnitten nur Pfade zu definieren – schließlich gibt es nur ein Repository:

```
[calc:/branches/calc/bug-142]
harry = rw
sally = r
```

In diesem ersten Beispiel hat der Benutzer harry vollständigen Lese- und Schreibzugriff auf das Verzeichnis */branches/calc/bug-142* im calc-Repository, Benutzerin sally dagegen hat nur Lesezugriff. Allen anderen Benutzern wird der Zugriff auf dieses Verzeichnis verwehrt.

Natürlich werden Berechtigungen von den übergeordneten an die untergeordneten Verzeichnisse vererbt. Das bedeutet, dass wir ein Unterverzeichnis mit einer anderen Zugriffsregelung für Sally festlegen können:

```
[calc:/branches/calc/bug-142]
harry = rw
sally = r

# sally erhält Schreibzugriff nur für das Unterverzeichnis 'testing'
[calc:/branches/calc/bug-142/testing]
sally = rw
```

Jetzt kann Sally in das Unterverzeichnis *testing* des Zweiges schreiben, darf andere Teile aber weiterhin nur lesen. Harry hat weiterhin vollständigen Lese-/Schreibzugriff auf den gesamten Zweig.

Es ist auch möglich, über Vererbungsregeln jemandem eine Berechtigung ausdrücklich zu verweigern, indem die Benutzernamenvariable auf einen leeren Wert gesetzt wird:

6 Bitte beachten Sie, dass bei der Angabe von Directories kein abschließender Schrägstrich angegeben werden darf.

```
[calc:/branches/calc/bug-142]
harry = rw
sally = r

[calc:/branches/calc/bug-142/secret]
harry =
```

In diesem Beispiel hat Harry Lese-/Schreibzugriff auf den gesamten *bug-142*-Baum, allerdings darf er überhaupt nicht auf das dort befindliche Unterverzeichnis *secret* zugreifen.

Standardmäßig hat zunächst niemand Zugriff auf das Repository. Das bedeutet, wenn Sie mit einer leeren Datei beginnen, werden Sie allen Benutzern an der Wurzel des Repository wenigstens eine Leseberechtigung gewähren wollen. Sie erreichen dies mit der Asterisk-Variable (*), die alle Benutzer umfasst:

```
[/]
* = r
```

Dies ist eine gebräuchliche Konstellation. Beachten Sie, dass im Abschnittsnamen kein Repository-Name erwähnt ist. Dadurch werden alle Repositorys für alle lesbar, ob Sie nun `SVNPath` oder `SVNParentPath` benutzen. Wenn alle Benutzer Lesezugriff auf die Repositorys haben, können Sie einigen Benutzern für ausgewählte Unterverzeichnisse in bestimmten Repositorys ausdrücklich die Berechtigung `rw` gewähren.

Die Asterisk-Variable (*) soll hier ebenfalls besonders erwähnt werden: Es ist das *einzige* Muster, das einem anonymen Benutzer entspricht. Falls Sie Ihren `Location`-Block so konfiguriert haben, dass Sie eine Mischung aus anonymem und authentifiziertem Zugriff zulassen, dann greifen alle Benutzer zunächst anonym auf Apache zu. `mod_authz_svn` sucht nach einem *-Wert, der für den zugegriffenen Pfad definiert ist; kann es keinen finden, dann verlangt Apache vom Client eine wirkliche Authentifizierung.

Die Zugriffsdatei erlaubt es Ihnen außerdem, ganze Gruppen von Benutzern zu definieren – fast wie mit der Unix-Datei */etc/group*:

```
[groups]
calc-developers = harry, sally, joe
paint-developers = frank, sally, jane
everyone = harry, sally, joe, frank, sally, jane
```

Gruppen kann ebenso wie Benutzern der Zugriff gewährt werden. Sie unterscheiden die beiden mit einem At-Präfix (@):

```
[calc:/projects/calc]
@calc-developers = rw

[paint:/projects/paint]
@paint-developers = rw
jane = r
```

Und das ist auch schon alles.

Einige Extras

Wir haben die meisten der Authentifizierungs- und Autorisierungsoptionen für Apache und mod_dav_svn behandelt. Apache bietet aber noch ein paar andere nette Funktionen.

Durchblättern des Repository

Einer der nützlichsten Vorteile einer Apache/WebDAV-Konfiguration für Ihr Subversion-Repository besteht darin, dass die neuesten Revisionen Ihrer versionierten Dateien und Verzeichnisse sofort mit einem normalen Webbrowser betrachtet werden können. Da Subversion URLs benutzt, um versionierte Ressourcen zu identifizieren, können diese URLs für den HTTP-basierten Repository-Zugriff direkt in einen Webbrowser eingegeben werden. Ihr Browser führt eine `GET`-Anfrage nach dieser URL aus, und `mod_dav_svn` antwortet mit einem Verzeichnislisting oder mit Dateiinhalten, je nachdem, ob diese URL ein versioniertes Verzeichnis oder eine versionierte Datei repräsentiert.

Da die URLs keine Informationen darüber enthalten, welche Version der Ressource Sie zu sehen wünschen, antwortet `mod_dav_svn` immer mit der neuesten Version. Diese Funktion besitzt die wunderbare Nebenwirkung, dass sie es Ihnen erlaubt, Subversion-URLs als Referenzen auf Dokumente an Ihre Kollegen weiterzugeben. Diese URLs verweisen immer auf die neueste Version dieses Dokuments. Natürlich können Sie die URLs auch als Hyperlinks von anderen Websites benutzen.

Im Allgemeinen ist der Nutzen von URLs auf versionierte Dateien immer größer – schließlich befinden sich dort die interessanten Inhalte. Manchmal ergibt sich allerdings die Gelegenheit, ein Subversion-Verzeichnislisting durchzublättern, wobei Sie schnell feststellen werden, dass das zum Anzeigen dieses Listings erzeugte HTML sehr einfach ist und nicht unbedingt ästhetisch ansprechend (oder gar interessant) sein soll. Zur Anpassung solcher Verzeichnisdarstellungen bietet Subversion eine XML-Indexfunktion. Eine einzelne `SVNIndexXSLT`-Anweisung im Repository-`Location`-Block der *httpd.conf* teilt `mod_dav_svn` mit, dass es eine XML-Ausgabe erzeugen soll, wenn es ein Verzeichnislisting darstellt, und dabei auf ein XSLT-Stylesheet Ihrer Wahl verweisen soll:

```
<Location /svn>
  DAV svn
  SVNParentPath /usr/local/svn
  SVNIndexXSLT "/svnindex.xsl"
  ...
</Location>
```

Mit Hilfe der Anweisung `SVNIndexXSLT` und eines kreativen XSLT-Stylesheets können Sie Ihre Verzeichnislistings an die Farbschemata und Bilder anpassen, die in anderen Teilen Ihrer Website verwendet werden. Falls Ihnen das besser gefällt, können Sie auch auf die Beispiel-Stylesheets zurückgreifen, die im Verzeichnis *tools/xslt/* der Subversion-Quelldistribution zu finden sind. Beachten Sie, dass der Pfad, der dem `SVNIndexXSLT`-Verzeichnis übergeben wird, eigentlich ein URL-Pfad ist – Browser müssen in der Lage sein, Ihre Stylesheets zu lesen, um sie benutzen zu können!

> **Kann ich ältere Revisionen betrachten?**
>
> Mit einem normalen Webbrowser? Kurz gesagt: Nein. Zumindest nicht mit `mod_dav_svn` als Ihrem einzigen Werkzeug.
>
> Ihr Webbrowser versteht nur normales HTTP. Das bedeutet, dass er lediglich weiß, wie er mit GET öffentliche URLs beziehen kann, die die neuesten Versionen von Dateien und Verzeichnissen repräsentieren. Entsprechend der WebDAV/DeltaV-Spezifikation definiert jeder Server eine private URL-Syntax für ältere Versionen von Ressourcen. Diese Syntax ist für Clients nicht zu durchschauen. Um eine ältere Version einer Datei zu finden, muss ein Client einer bestimmten Prozedur folgen, um die richtige URL zu finden; diese Prozedur beinhaltet das Ausführen einer Reihe von WebDAV PROPFIND-Anfragen und das Verständnis für DeltaV-Konzepte. Ihr Webbrowser ist dazu einfach nicht in der Lage.
>
> Um also die Frage zu beantworten, können Sie offensichtlich ältere Revisionen von Dateien und Verzeichnissen betrachten, indem Sie das Argument `--revision` an die Befehle `svn list` und `svn cat` übergeben. Wenn Sie ältere Revisionen mit Ihrem Webbrowser durchblättern wollen, können Sie jedoch auf Software von Drittanbietern zurückgreifen. Ein gutes Beispiel hierfür ist ViewCVS (*http://viewcvs.sourceforge.net/*). ViewCVS wurde ursprünglich geschrieben, um CVS-Repositorys über das Web anzuzeigen. Die allerneuesten Versionen (zum Zeitpunkt der Entstehung dieses Buches) verstehen auch Subversion-Repositorys.

Andere Funktionen

Verschiedene der Funktionen, die Apache in seiner Rolle als robuster Webserver bereits bietet, können in Subversion ebenfalls eingesetzt werden, um die Funktionalität oder Sicherheit zu verbessern. Subversion kommuniziert mit Apache über *Neon*, eine generische HTTP/WebDAV-Bibliothek mit Unterstützung für solche Mechanismen wie SSL (der bereits besprochene Secure Sockets Layer) und Deflate-Komprimierung (das ist der gleiche Algorithmus, der von den Programmen `gzip` und `PKZIP` benutzt wird, um Dateien zu verkleinern). Sie müssen nur Unterstützung für die Funktionen mit kompilieren, die Sie in Subversion und Apache wünschen, und die Programme so konfigurieren, dass sie Gebrauch von diesen Funktionen machen.

Die Deflate-Komprimierung erlegt dem Client und dem Server die Aufgabe auf, Netzwerkübertragungen zu komprimieren und zu dekomprimieren, um die Größe der tatsächlichen Übertragung zu verkleinern. Für den Fall, dass die Bandbreite des Netzwerks beschränkt ist, kann diese Art der Komprimierung die Geschwindigkeit deutlich erhöhen, mit der die Kommunikation zwischen Client und Server verläuft. In extremen Fällen könnte diese minimierte Netzwerkübertragung den Unterschied zwischen dem Abbruch einer Operation wegen Zeitüberschreitung (»Timeout«) und einem erfolgreichen Abschluss ausmachen.

Weniger interessant, wenn auch gleichermaßen nützlich sind andere Funktionen der Beziehung zwischen Apache und Subversion, etwa die Fähigkeit, einen eigenen Port (an

Stelle des vorgegebenen HTTP-Ports 80) oder einen virtuellen Domainnamen festzulegen, über den das Subversion-Repository erreicht werden soll, oder die Möglichkeit, über einen Proxy auf das Repository zuzugreifen. Diese Dinge werden alle von Neon unterstützt, für Subversion ist diese Unterstützung daher vorhanden.

Und da schließlich `mod_dav_svn` einen Dialekt von WebDAV/DeltaV versteht, ist es möglich, auf das Repository über DAV-Clients von Drittanbietern zuzugreifen. In die meisten modernen Betriebssysteme (Win32, OS X und Linux) ist die Fähigkeit integriert, einen DAV-Server als Standardnetzwerkfreigabe zu mounten. Das ist ein kompliziertes Thema, Näheres finden Sie in Anhang C.

Mehrere Methoden für den Repository-Zugriff unterstützen

Sie haben gesehen, wie auf viele unterschiedliche Weisen auf ein Repository zugegriffen werden kann. Ist es jedoch möglich – oder sicher –, gleichzeitig mit mehreren Methoden auf Ihr Repository zuzugreifen? Die Antwort lautet Ja, vorausgesetzt, Sie sind ein bisschen vorsichtig.

Zu einem bestimmten Zeitpunkt erfordern diese Vorgänge möglicherweise Lese- und Schreibzugriff auf Ihr Repository:

- Normale Systembenutzer verwenden einen Subversion-Client (als sie selbst), um auf das Repository direkt über `file:///`-URLs zuzugreifen.
- Normale Systembenutzer stellen Verbindungen zu SSH-unterstützten privaten `svnserve`-Prozessen her (die als sie selbst laufen), die auf das Repository zugreifen.
- Ein `svnserve`-Prozess – entweder ein Daemon oder gestartet durch `inetd` –, der als ein bestimmter, festgelegter Benutzer läuft.
- Ein Apache-`httpd`-Prozess, der als ein bestimmter, festgelegter Benutzer läuft.

Das am häufigsten auftretende Problem, mit dem Administratoren konfrontiert werden, sind die Repository-Eigentümerschaft und die Berechtigungen. Hat jeder Prozess (oder Benutzer) in der gezeigten Liste die Rechte, die Berkeley DB-Dateien zu lesen und zu schreiben? Angenommen, Sie haben ein Unix-artiges Betriebssystem. Dann könnte ein direkter Ansatz so aussehen, dass Sie jeden potenziellen Repository-Benutzer in eine neue Gruppe `svn` setzen und dann diese Gruppe als Ganzes zum Eigentümer des Repository machen. Das ist aber noch nicht genug, da ein Prozess mit Hilfe eines unfreundlichen umask in die Datenbankdateien schreiben könnte – eines umask, der den Zugriff durch andere Benutzer verhindert.

Der nächste Schritt nach dem Einrichten einer gemeinsamen Gruppe für Repository-Benutzer besteht darin, jeden Vorgang des Repository-Zugriffs dazu zu zwingen, einen vernünftigen umask zu verwenden. Für Benutzer, die auf das Repository direkt zugreifen, können Sie das svn-Programm in ein Wrapper-Skript einpacken, das zuerst umask 002 setzt und dann das echte svn-Client-Programm ausführt. Sie können ein ähnliches Wrapper-Skript für das Programm svnserve schreiben und einen umask 002-Befehl in das Start-Skript des Apache, *apachectl*, einfügen. Zum Beispiel:

```
$ cat /usr/local/bin/svn

#!/bin/sh

umask 002
/usr/local/subversion/bin/svn "$@"
```

Ein anderes Problem wird häufig auf Unix-artigen Systemen bemerkt. Wenn ein Repository benutzt wird, erzeugt Berkeley DB gelegentlich neue Protokolldateien, um seine Aktionen aufzuzeichnen. Selbst wenn das Repository ganz der Gruppe svn gehört, muss das für diese neu angelegten Dateien nicht unbedingt der Fall sein. Dadurch entstehen für Ihre Benutzer weitere Probleme mit den Berechtigungen. Eine gute Lösung besteht darin, das Gruppen-SUID-Bit auf dem *db*-Verzeichnis des Repository zu setzen. Dadurch wird veranlasst, dass alle neu angelegten Protokolldateien den gleichen Gruppeneigentümer erhalten wie das übergeordnete Verzeichnis.

Sobald Sie diese Hürden überwunden haben, sollte Ihr Repository für alle erforderlichen Prozesse erreichbar sein. Es sieht vielleicht ein bisschen umständlich und kompliziert aus, aber die Probleme, die entstehen, wenn sich mehrere Benutzer den Schreibzugriff auf gemeinsamen Dateien teilen, gehören zu den klassischen Fällen, die nicht oft elegant gelöst werden.

Glücklicherweise besteht für die meisten Repository-Administratoren *niemals* der Bedarf, eine solch komplexe Konfiguration aufzubauen. Benutzer, die auf Repositorys zugreifen wollen, welche sich auf dem gleichen Rechner befinden, sind nicht auf die Verwendung von file://-Zugriffs-URLs beschränkt – sie können üblicherweise den Apache-HTTP-Server oder svnserve über localhost für den Server-Namen in ihren http://- oder svn://-URLs ansprechen. Und mehrere Server-Prozesse für Ihre Subversion-Repositorys zu warten, verursacht wahrscheinlich mehr Kopfschmerzen als notwendig. Wir empfehlen Ihnen, den Server zu wählen, der Ihren Anforderungen am besten entspricht, und auch dabei zu bleiben!

Die svn+ssh://-Server-Checkliste

Es kann recht kompliziert werden, eine Gruppe von Benutzern mit bestehenden SSH-Zugängen dazu zu bringen, gemeinsam ein Repository zu benutzen, ohne dass Probleme mit den Berechtigungen auftreten. Falls Sie jetzt wegen all der Dinge verwirrt sind, die Sie (als Administrator) auf einem Unix-artigen System erledigen müssen, dann schauen Sie in diese kurze Checkliste, die einige der Punkte noch einmal zusammenfasst, die in diesem Abschnitt diskutiert wurden:

- Alle Ihre SSH-Benutzer müssen in der Lage sein, das Repository zu lesen und zu schreiben. Packen Sie alle SSH-Benutzer in eine einzige Gruppe. Diese Gruppe soll Eigentümer des Repository sein, und setzen Sie die Gruppenberechtigungen auf Lesen/Schreiben (rw).
- Ihre Benutzer müssen einen sauberen umask verwenden, wenn sie auf das Repository zugreifen. Achten Sie darauf, dass `svnserve` (*/usr/local/bin/svnserve* oder wo immer es sich in `$PATH` befindet) tatsächlich ein Wrapper-Skript ist, das `umask 002` setzt und dann das eigentliche svnserve-Programm ausführt.
- Wenn Berkeley DB neue Protokolldateien anlegt, müssen diese ebenfalls der Gruppe gehören. Führen Sie daher `chmod g+s` auf dem *db*-Verzeichnis des Repository aus.

KAPITEL 7

Themen für Fortgeschrittene

Falls Sie dieses Buch bisher Kapitel für Kapitel gelesen haben, sollten Sie wissen, wie Sie den Subversion-Client benutzen, um die gebräuchlichsten Versionskontrolloperationen auszuführen. Sie verstehen, wie Sie eine Arbeitskopie aus einem Subversion-Repository auschecken. Sie sind vertraut mit dem Übermitteln und Empfangen von Änderungen mit Hilfe der Befehle `svn commit` und `svn update`. Wahrscheinlich haben Sie sogar schon einen Reflex entwickelt, der dafür sorgt, dass Sie den Befehl `svn status` fast unbewusst ausführen. Sie können Subversion für alle Vorhaben und Aufgaben in einer typischen Umgebung einsetzen.

Der Funktionsumfang von Subversion geht jedoch über die üblichen Versionskontrolloperationen hinaus.

Dieses Kapitel hebt einige der Subversion-Funktionen hervor, die nicht so häufig verwendet werden. Wir diskutieren hier die Unterstützung von Subversion für Eigenschaften (oder Metadaten) und wie Sie das Standardverhalten von Subversion verändern können, indem Sie seinen Laufzeitkonfigurationsbereich optimieren. Wir beschreiben, wie Sie Externals-Definitionen einsetzen können, um Subversion anzuweisen, Daten aus mehreren Repositorys zu ziehen, und wir behandeln ausführlich einige der zusätzlichen client- und serverseitigen Werkzeuge, die Bestandteil der Subversion-Distribution sind.

Bevor Sie dieses Kapitel lesen, sollten Sie sich mit den grundlegenden Funktionen von Subversion zur Datei- und Verzeichnisversionierung vertraut machen. Falls Sie darüber noch nichts gelesen haben oder eine Auffrischung benötigen, empfehlen wir Ihnen, noch einmal zu den Kapiteln 2 und 3 zurückzugehen. Wenn Sie die Grundlagen gemeistert und dieses Kapitel gelesen haben, sind Sie auf dem besten Weg zum Subversion-Experten!

Der Laufzeit-Konfigurationsbereich

Der Benutzer kann viele der optionalen Verhaltensweisen steuern, die Subversion bereitstellt. Diese Optionen können von den Benutzern auf alle Subversion-Operationen angewandt werden. Das heißt, anstatt die Benutzer zu zwingen, sich Kommandozeilenargumente zum Festlegen dieser Optionen zu merken und diese für jede Option einzusetzen, die sie ausführen, verwendet Subversion Konfigurationsdateien, die sich in einem abgegrenzten Subversion-Konfigurationsbereich befinden.

Beim Subversion-*Konfigurationsbereich* handelt es sich um eine zweistufige Hierarchie aus Optionsnamen und deren Werten. Normalerweise läuft das auf ein besonderes Verzeichnis hinaus, das *Konfigurationsdateien* enthält (die erste Stufe), einfache Textdateien im Standard-INI-Format (mit Abschnitten, die die zweite Stufe bereitstellen). Diese Dateien können mit einem beliebigen Texteditor (etwa Emacs oder vi) ganz einfach bearbeitet werden und enthalten Anweisungen, die vom Client gelesen werden, um festzustellen, welche der verschiedenen optionalen Verhaltensweisen der Benutzer bevorzugt.

Der Aufbau des Konfigurationsbereichs

Beim ersten Ausführen des Kommandozeilen-Clients `svn` wird für jeden Benutzer ein Konfigurationsbereich angelegt. Auf Unix-artigen Systemen erscheint dieser Bereich in einem Verzeichnis namens *.subversion* im Home-Verzeichnis des Benutzers. Auf Win32-Systemen erzeugt Subversion einen Ordner namens *Subversion*, üblicherweise im *Anwendungsdaten*-Bereich des Profilverzeichnisses des Benutzers (das übrigens ein verborgenes Verzeichnis ist). Auf dieser Plattform hängt der genaue Standort jedoch vom betreffenden System ab und wird durch die Windows-Registry vorgegeben.[1] Wir werden uns auf den benutzerbezogenen Konfigurationsbereich unter seinem Unix-Namen *.subversion* beziehen.

Zusätzlich zu einem Konfigurationsbereich pro Benutzer erkennt Subversion das Vorhandensein eines systemweiten Konfigurationsbereichs. Dieser bietet Systemadministratoren die Möglichkeit, Vorgaben für alle Benutzer auf bestimmten Rechnern zu schaffen. Beachten Sie, dass der systemweite Konfigurationsbereich nicht allein die verbindlichen Regeln diktiert – die Einstellungen im Benutzerkonfigurationsbereich setzen diejenigen aus dem Systemkonfigurationsbereich außer Kraft. Das letzte Wort haben jedoch die Kommandozeilenargumente, die mit dem Programm `svn` übergeben werden. Auf Unix-artigen Plattformen erwartet man den systemweiten Konfigurationsbereich im Verzeichnis */etc/subversion*, auf Windows-Rechnern wird wiederum nach einem Verzeichnis *Subversion* im allgemeinen Anwendungsdaten-Bereich gesucht (die genaue Stelle wird

1 Die Umgebungsvariable `APPDATA` verweist auf den *Anwendungsdaten*-Bereich, Sie können diesen Ordner also immer als *%APPDATA%\Subversion* ansprechen.

durch die Windows-Registry bestimmt). Im Gegensatz zum benutzerweisen Fall versucht das Programm `svn` nicht, den systemweiten Konfigurationsbereich anzulegen.

Der Konfigurationsbereich enthält momentan drei Dateien – zwei Konfigurationsdateien (*config* und *servers*) und eine Datei *README.txt*, die das INI-Format beschreibt. Zum Zeitpunkt des Anlegens befinden sich in den Dateien Standardwerte für jede der unterstützten Subversion-Optionen, die zumeist auskommentiert und mit textuellen Beschreibungen versehen sind, wie die Werte für den Schlüssel das Verhalten von Subversion beeinflussen. Um ein bestimmtes Verhalten zu verändern, müssen Sie lediglich die entsprechende Konfigurationsdatei in einen Texteditor laden und den Wert der gewünschten Option verändern. Falls Sie die vorgegebenen Konfigurationseinstellungen wiederherstellen wollen, können Sie einfach Ihr Konfigurationsverzeichnis löschen (oder umbenennen) und dann einen harmlosen `svn`-Befehl, wie etwa `svn --version`, ausführen. Es wird nun ein neues Konfigurationsverzeichnis mit dem vorgegebenen Inhalt erzeugt.

Der Benutzerkonfigurationsbereich enthält außerdem einen Cache mit den Authentifizierungsdaten. Im Verzeichnis *auth* befindet sich eine Gruppe von Unterverzeichnissen, die Teile der zwischengespeicherten Informationen enthalten, welche von den verschiedenen, von Subversion unterstützten Authentifizierungsmethoden benutzt werden. Dieses Verzeichnis wird so angelegt, dass nur der Benutzer selbst die Berechtigung besitzt, seinen Inhalt zu lesen.

Die Konfiguration und die Windows-Registry

Zusätzlich zum normalen INI-basierten Konfigurationsbereich können Subversion-Clients, die auf Windows-Plattformen laufen, auch die Windows-Registry verwenden, um Konfigurationsdaten aufzunehmen. Die Optionsnamen und deren Werte sind identisch mit denen in den INI-Dateien. Die Datei/Abschnitt-Hierarchie wird ebenfalls bewahrt, obwohl sie auf eine etwas andere Weise angesprochen wird – in diesem Schema sind Dateien und Abschnitte einfach nur Ebenen im Schlüsselbaum der Registry.

Subversion sucht unter dem Schlüssel `HKEY_LOCAL_MACHINE\Software\Tigris.org\Subversion` nach systemweiten Konfigurationswerten. Beispielsweise würde die Option `global-ignores`, die sich im Abschnitt `miscellany` der *config*-Datei befindet, unter `HKEY_LOCAL_MACHINE\Software\Tigris.org\Subversion\Config\Miscellany\global-ignores` gefunden werden. Benutzerkonfigurationswerte sollten unter `HKEY_CURRENT_USER\Software\Tigris.org\Subversion` abgelegt werden.

Registry-basierte Konfigurationsoptionen werden *vor* ihren dateibasierten Gegenstücken analysiert. Daher werden sie von den Werten in den Konfigurationsdateien überschrieben. Auf einem Windows-System wird mit anderen Worten die Konfigurationspriorität in der folgenden Reihenfolge durchgesetzt:

1. Kommandozeilenoptionen
2. Benutzerbasierte INI-Dateien

3. Benutzerbasierte Registry-Werte
4. Systemweite INI-Dateien
5. Systemweite Registry-Werte

Die Windows-Registry bietet auch keine wirkliche Unterstützung für das Auskommentieren. Allerdings ignoriert Subversion jeden Optionsschlüssel, dessen Name mit einem Hash-Zeichen (#) beginnt. Dadurch können Sie eine Subversion-Option gewissermaßen auskommentieren, ohne den gesamten Schlüssel aus der Registry zu löschen, was offensichtlich das Wiederherstellen dieser Option erleichtert.

Der Kommandozeilen-Client `svn` versucht niemals, in die Windows-Registry zu schreiben und dort einen vorgegebenen Konfigurationsbereich anzulegen. Sie können die Schlüssel, die Sie benötigen, mit Hilfe des Programms `REGEDIT` erzeugen. Alternativ können Sie eine *.reg*-Datei anlegen und dann im Explorer auf diese Datei doppelklicken. Dadurch werden die Daten in Ihre Registry eingebunden (siehe Beispiel 7-1).

Beispiel 7-1: Eine Beispieldatei (.reg) mit Registry-Einträgen

```
REGEDIT4

[HKEY_LOCAL_MACHINE\Software\Tigris.org\Subversion\Servers\groups]

[HKEY_LOCAL_MACHINE\Software\Tigris.org\Subversion\Servers\global]
"#http-proxy-host"=""
"#http-proxy-port"=""
"#http-proxy-username"=""
"#http-proxy-password"=""
"#http-proxy-exceptions"=""
"#http-timeout"="0"
"#http-compression"="yes"
"#neon-debug-mask"=""
"#ssl-authority-files"=""
"#ssl-trust-default-ca"=""
"#ssl-client-cert-file"=""
"#ssl-client-cert-password"=""

[HKEY_CURRENT_USER\Software\Tigris.org\Subversion\Config\auth]
"#store-auth-creds"="no"

[HKEY_CURRENT_USER\Software\Tigris.org\Subversion\Config\helpers]
"#editor-cmd"="notepad"
"#diff-cmd"=""
"#diff3-cmd"=""
"#diff3-has-program-arg"=""

[HKEY_CURRENT_USER\Software\Tigris.org\Subversion\Config\miscellany]
"#global-ignores"="*.o *.lo *.la #*# .*.rej *.rej .*~ *~ .#*"
"#log-encoding"=""
"#use-commit-times"=""
"#template-root"=""
```

Beispiel 7-1: Eine Beispieldatei (.reg) mit Registry-Einträgen (Fortsetzung)

```
"#enable-auto-props"=""

[HKEY_CURRENT_USER\Software\Tigris.org\Subversion\Config\tunnels]

[HKEY_CURRENT_USER\Software\Tigris.org\Subversion\Config\auto-props]
```

Dieses Beispiel zeigt den Inhalt einer *.reg*-Datei, die einige der am häufigsten verwendeten Konfigurationsoptionen und deren Standardwerte enthält. Beachten Sie, dass sowohl systemweite (für Netzwerk-Proxy-Optionen) als auch benutzerbasierte Einstellungen (unter anderem Editor-Programme und Kennwortspeicherung) vorhanden sind. Beachten Sie außerdem, dass tatsächlich alle Optionen auskommentiert sind. Sie müssen nur noch das Hash-Zeichen (#) vom Anfang der Optionsnamen entfernen und können damit die gewünschten Werte setzen.

Konfigurationsoptionen

In diesem Abschnitt besprechen wir die speziellen Konfigurationsoptionen, die momentan von Subversion unterstützt werden.

Servers

Die Datei *servers* enthält Subversion-Konfigurationsoptionen, die mit den Netzwerkschichten zu tun haben. Es gibt in dieser Datei zwei besondere Abschnittsnamen – `groups` und `global`. Der Abschnitt `groups` ist im Prinzip eine Tabelle mit Querverweisen. Die Schlüssel in diesem Abschnitt sind die Namen der anderen Abschnitte in der Datei, bei den Werten handelt es sich um *Globs* – Text-Token (Zeichenfolgen), die möglicherweise Wildcard-Zeichen enthalten –, die mit den Host-Namen des Rechners verglichen werden, an den Subversion-Anfragen geschickt werden:

```
[groups]
beanie-babies = *.red-bean.com
collabnet = svn.collab.net

[beanie-babies]
...

[collabnet]
...
```

Wenn Subversion über ein Netzwerk benutzt wird, versucht es, den Namen des Servers, den es erreichen möchte, mit einem Gruppennamen im Abschnitt `groups` abzugleichen. Wird eine Übereinstimmung gefunden, sucht Subversion nach einem Abschnitt in der Datei *servers*, dessen Name gleich dem Namen der passenden Gruppe ist. Aus diesem Abschnitt liest es dann die tatsächlichen Einstellungen zur Netzwerkkonfiguration.

Der Abschnitt `global` enthält die Einstellungen, die für alle Server gedacht sind, welche durch keinen der Globs im Abschnitt `groups` erfasst werden. Die in diesem Abschnitt verfügbaren Optionen sind exakt die gleichen wie diejenigen, die für die anderen Server-Abschnitte in der Datei gelten (mit Ausnahme natürlich des besonderen `groups`-Abschnitts). Es handelt sich um folgende Optionen:

`http-proxy-host`
: Diese Option legt den Host-Namen des Proxy-Computers fest, durch den Ihre HTTP-basierten Subversion-Anfragen übergeben werden müssen. Vorgegeben ist ein leerer Wert, was bedeutet, dass Subversion nicht versucht, HTTP-Anfragen durch einen Proxy-Computer zu routen, und stattdessen den Zielrechner direkt anspricht.

`http-proxy-port`
: Diese Option legt die Portnummer auf dem zu verwendenden Proxy-Host fest. Standardmäßig ist dies ein leerer Wert.

`http-proxy-username`
: Diese Option legt den Benutzernamen fest, der an den Proxy-Rechner übergeben wird. Standardmäßig ist dies ein leerer Wert.

`http-proxy-password`
: Diese Option legt das Kennwort fest, das an den Proxy-Rechner übergeben wird. Standardmäßig ist dies ein leerer Wert.

`http-timeout`
: Diese Option legt die Zeitdauer in Sekunden fest, die auf eine Server-Antwort gewartet wird. Falls Sie feststellen, dass Sie eine langsame Netzwerkverbindung haben, durch die Subversion-Operationen wegen Zeitüberschreitung fehlschlagen, sollten Sie den Wert dieser Option hochsetzen. Der Vorgabewert ist `0`, er weist die zu Grunde liegende HTTP-Bibliothek Neon an, ihren standardmäßig eingestellten Timeout-Wert zu verwenden.

`http-compression`
: Diese Option gibt an, ob Subversion versuchen soll, Netzwerkanfragen zu komprimieren, die an DAV-fähige Server ausgeführt werden. Vorgabewert ist `yes` (obwohl nur dann eine Komprimierung erfolgt, wenn diese Fähigkeit in die Netzwerkschicht kompiliert wurde). Setzen Sie den Wert auf `no`, um die Komprimierung zu deaktivieren – etwa wenn Sie Fehler bei den Netzwerkübertragungen suchen.

`neon-debug-mask`
: Diese Option ist eine Integer-Maske, die von der zu Grunde liegenden HTTP-Bibliothek Neon verwendet wird, um auszuwählen, welche Art der Debugging-Ausgabe erzeugt werden soll. Vorgabewert ist `0`, dadurch werden alle Debugging-Ausgaben unterdrückt. Weitere Informationen darüber, wie Subversion Neon benutzt, finden Sie in Kapitel 8.

`ssl-authority-files`
: Eine durch Semikolons getrennte Liste mit Pfaden auf Dateien, in denen die Zertifikate der Certificate Authoritys (CAs) enthalten sind, die durch den Subversion-Client akzeptiert werden, wenn dieser über HTTPS auf das Repository zugreift.

`ssl-trust-default-ca`
: Setzen Sie diese Variable auf yes, falls Sie wollen, dass Subversion automatisch den vorgegebenen CAs vertraut, die mit OpenSSL ausgeliefert werden.

`ssl-client-cert-file`
: Falls ein Host (oder eine Gruppe von Hosts) ein SSL-Client-Zertifikat verlangt, werden Sie normalerweise nach einem Pfad zu Ihrem Zertifikat gefragt. Durch das Setzen dieser Variablen auf diesen Pfad kann Subversion Ihr Client-Zertifikat automatisch finden, ohne Sie danach zu fragen. Es gibt auf der Festplatte keine Standardstelle zum Speichern Ihres Zertifikats, Subversion holt es von jedem Pfad, den Sie angeben.

`ssl-client-cert-password`
: Falls Ihr SSL-Client-Zertifikat durch eine Passphrase verschlüsselt ist, fragt Subversion Sie immer dann nach der Passphrase, wenn das Zertifikat benutzt wird. Wenn Sie das stört (und Sie kein Problem damit haben, das Kennwort in der Datei *servers* zu speichern), dann können Sie diese Variable auf die Passphrase des Zertifikats setzen. Sie werden nicht wieder damit belästigt.

Config

Die Datei *config* enthält den Rest der verfügbaren Subversion-Laufzeitvariablen, das heißt, diejenigen, die nichts mit dem Netzwerkbetrieb zu tun haben. Zurzeit sind nur wenige Optionen in Benutzung, aber auch die sind mit Blick auf künftige Erweiterungen in Abschnitte aufgeteilt.

Im Abschnitt `auth` befinden sich Einstellungen für die Authentifizierung und Autorisierung von Subversion am Repository:

`store-auth-creds`
: Diese Option gibt an, ob Subversion Authentifizierungs-Credentials, die vom Benutzer als Antwort auf eine Authentifizierungsaufforderung des Servers geliefert wurden, im Cache zwischenspeichern soll. Vorgabewert ist `yes`. Setzen Sie diese Option auf `no`, um die Zwischenspeicherung der Credentials auf der Platte zu deaktivieren. Sie können die Option für eine Instanz des Befehls `svn` außer Kraft setzen, wenn Sie den Kommandozeilenparameter `--no-auth-cache` (für diejenigen Unterbefehle, die ihn unterstützen) benutzen. Weitere Informationen finden Sie im Abschnitt »Zwischenspeicherung der Client-Credentials« in Kapitel 6.

Der Abschnitt `helpers` steuert, welche externen Anwendungen Subversion einsetzt, um seine Aufgaben zu erfüllen. Folgende Optionen sind in diesem Abschnitt gültig:

`editor-cmd`
: Diese Option legt das Programm fest, das Subversion verwendet, um den Benutzer während einer Commit-Operation nach einer Protokollmeldung zu fragen, etwa wenn er `svn commit` ohne die Optionen `--message` (`-m`) oder `--file` (`-F`) benutzt. Dieses Programm wird auch zusammen mit dem Befehl `svn propedit` benutzt – eine tem

poräre Datei wird mit dem aktuellen Wert der Eigenschaft bestückt, die der Benutzer bearbeiten möchte, das Bearbeiten selbst findet direkt im Editor-Programm statt (siehe »Eigenschaften«). Standardmäßig ist diese Option leer. Wenn die Option nicht gesetzt ist, überprüft Subversion die Umgebungsvariablen `SVN_EDITOR`, `VISUAL` und `EDITOR` (in dieser Reihenfolge) auf das Vorhandensein eines Editor-Befehls.

`diff-cmd`
: Diese Option legt den absoluten Pfad eines Differenzprogramms fest, das benutzt wird, wenn Subversion eine diff-Ausgabe erzeugt (beispielsweise wenn der Befehl `svn diff` verwendet wird). Standardmäßig setzt Subversion eine interne Differenzbibliothek ein – das Einstellen dieser Option veranlasst es, diese Aufgabe mit Hilfe eines externen Programms auszuführen.

`diff3-cmd`
: Diese Option legt den absoluten Pfad eines Dreiwegedifferenzprogramms fest. Subversion verwendet dieses Programm, um Änderungen des Benutzers mit denen zusammenzuführen, die vom Repository empfangen werden. Standardmäßig benutzt Subversion eine interne Differenzbibliothek – das Einstellen dieser Option veranlasst es, diese Aufgabe mit Hilfe eines externen Programms auszuführen.

`diff3-has-program-arg`
: Dieser Schalter sollte auf `true` gesetzt werden, falls das Programm, das durch die Option `diff3-cmd` bestimmt wird, den Kommandozeilenparameter `--diff-program` akzeptiert.

Der Abschnitt `tunnels` erlaubt es Ihnen, neue Tunnel-Schemata für die Benutzung mit `svnserve`- und `svn://`-Client-Verbindungen zu definieren. Nähere Informationen finden Sie im Abschnitt »SSH-Authentifizierung und -Autorisierung«.

Im Abschnitt `miscellany` finden Sie alles, was sich nicht woanders unterbringen lässt. Das bedeutet im Einzelnen:

`global-ignores`
: Beim Ausführen des Befehls `svn status` listet Subversion nicht-versionierte Dateien und Verzeichnisse zusammen mit den versionierten Objekten auf, wobei sie mit einem ? versehen sind (siehe »svn status« in Kapitel 3). Es kann lästig sein, uninteressante, nicht-versionierte Objekte – beispielsweise Objektdateien, die bei der Kompilierung eines Programms entstehen – in dieser Ausgabe zu haben. Bei der Option `global-ignores` handelt es sich um eine Liste Whitespace-getrennter Globs, die die Namen der Dateien und Verzeichnisse beschreiben, die Subversion nur dann anzeigen soll, wenn sie versioniert sind. Vorgegebener Wert ist `*.o *.lo *.la #*# .*.rej *.rej .*~ *~ .#*`.

  Sie können diese Option für eine einzelne Instanz des Befehls `svn status` außer Kraft setzen, indem Sie den Kommandozeilenschalter `--no-ignore` verwenden. Informationen über eine genauere Kontrolle der ignorierten Objekte finden Sie weiter hinten in diesem Kapitel im Abschnitt »svn:ignore«.

`enable-auto-props`

Diese Option weist Subversion an, für neu hinzugefügte oder importierte Dateien automatisch Eigenschaften festzulegen. Der Vorgabewert ist `no`, setzen Sie daher die Option auf yes, um auto-props zu aktivieren.

Der Abschnitt `auto-props` steuert die Fähigkeit des Subversion-Clients, automatisch Eigenschaften für Dateien festzulegen, wenn diese hinzugefügt oder importiert werden. Er enthält eine Reihe von Schlüssel-Wert-Paaren im Format `PATTERN = PROPNAME=PROPVALUE`, wobei `PATTERN` ein regulärer Ausdruck ist, der einer Gruppe von Dateinamen entspricht; den Rest der Zeile bilden die Eigenschaft und deren Wert. Mehrere Treffer auf einer Datei resultieren in mehreren Eigenschaftsgruppen für diese Datei; es gibt jedoch keine Garantie dafür, dass auto-props in der Reihenfolge angewendet werden, in der sie in der Konfigurationsdatei aufgeführt sind. Es ist also nicht möglich, eine Regel durch eine andere überschreiben zu lassen. Sie finden mehrere Beispiele für die Anwendung von auto-props in der *config*-Datei. Vergessen Sie schließlich nicht, `enable-auto-props` auf yes zu setzen, falls Sie auto-props aktivieren wollen.

`log-encoding`

Diese Variable setzt die Standardzeichensatzkodierung für Commit-Protokollmeldungen. Es ist eine permanente Form der Option `--encoding` (siehe »svn-Schalter« in Kapitel 9). Das Subversion-Repository speichert Protokollmeldungen in UTF8 und geht davon aus, dass Ihre Protokollmeldung in der betriebssystemeigenen Lokalisierung geschrieben wird. Sie müssen eine andersartige Kodierung angeben, falls Ihre Commit-Meldungen in einer anderen Kodierung geschrieben sind.

`use-commit-times`

Normalerweise enthalten Ihre Arbeitskopiendateien Zeitstempel, die den Zeitpunkt widerspiegeln, zu dem sie das letzte Mal von irgendeinem Prozess, z. B. von Ihrem eigenen Editor oder einem svn-Unterbefehl, angefasst wurden. Das ist im Allgemeinen ganz günstig für Leute, die Software entwickeln, da Compile-Systeme oft nach den Zeitstempeln schauen, um zu entscheiden, welche Dateien neu kompiliert werden müssen.

Manchmal ist es jedoch schön, wenn die Arbeitskopiendateien Zeitstempel haben, die den Zeitpunkt angeben, zu dem sie das letzte Mal im Repository geändert wurden. Der Befehl `svn export` platziert diese Zeitstempel für das letzte Commit immer auf Bäume, die er erzeugt. Indem Sie diese Konfigurationsvariable auf yes setzen, versehen die Befehle `svn checkout`, `svn update`, `svn switch` und `svn revert` die Dateien, die sie anfassen, ebenfalls mit Zeitstempeln für das letzte Commit.

Eigenschaften

Wir haben ausführlich behandelt, wie Subversion verschiedene Versionen von Dateien und Verzeichnissen in seinem Repository ablegt. Ganze Kapitel haben wir dieser grundlegenden Funktionalität von Subversion gewidmet. Und auch wenn das schon alles wäre, dann wäre Subversion aus Sicht der Versionskontrolle vollständig. Dabei ist das noch gar nicht alles.

Zusätzlich zum Versionieren Ihrer Verzeichnisse und Dateien bietet Subversion Schnittstellen zum Hinzufügen, Verändern und Entfernen von versionierten Metadaten auf allen Ihren versionierten Verzeichnissen und Dateien. Wir bezeichnen diese Metadaten als *Eigenschaften*. Sie können sie sich als zweispaltige Tabellen vorstellen, die Eigenschaftsnamen auf beliebige Werte abbilden, die an alle Objekte in Ihrer Arbeitskopie angehängt werden. Ganz allgemein ausgedrückt können die Namen und Werte der Eigenschaften alles sein, was Sie nur wollen. Die einzige Einschränkung besteht darin, dass es sich bei den Namen um vom Menschen lesbaren Text handeln muss. Und das Beste an diesen Eigenschaften ist, dass sie wie die textuellen Inhalte Ihrer Dateien auch versioniert sind. Sie können Änderungen an den Eigenschaften genauso einfach ausführen, bestätigen und rückgängig machen wie Änderungen am Text. Und Sie empfangen die Eigenschaftsänderungen anderer Leute, sobald Sie Ihre Arbeitskopie aktualisieren.

Andere Eigenschaften in Subversion

Eigenschaften tauchen in Subversion auch an anderer Stelle auf. Genau wie an Dateien und Verzeichnisse beliebige Eigenschaftsnamen und -werte angehängt werden können, können an alle Revisionen als Ganzes beliebige Eigenschaften angehängt werden. Es gelten die gleichen Einschränkungen – vom Menschen lesbare Textnamen und alles, was Sie wollen, binäre Werte –, nur dass Revisionseigenschaften nicht versioniert sind. Im Abschnitt »Nicht-versionierte Eigenschaften« in Kapitel 5 finden Sie weitere Informationen über diese nicht-versionierten Eigenschaften.

In diesem Abschnitt untersuchen wir das Hilfsmittel – sowohl für die Benutzer von Subversion als auch für Subversion selbst – für die Eigenschaftsunterstützung. Sie erfahren mehr über die svn-Unterbefehle, die mit Eigenschaften zusammenhängen, und lernen, wie Änderungen an den Eigenschaften Ihren normalen Subversion-Arbeitsablauf beeinflussen. Sie lassen sich hoffentlich davon überzeugen, dass Subversion-Eigenschaften eine Bereicherung für die Versionskontrolle sind.

Wozu Eigenschaften?

Eigenschaften können sehr sinnvolle Ergänzungen Ihrer Arbeitskopie sein. Tatsächlich verwendet Subversion Eigenschaften zum Ablegen besonderer Informationen und um Sie davon in Kenntnis zu setzen, dass besondere Verarbeitungsschritte erforderlich sein könnten. Sie können Eigenschaften in gleicher Weise auch für Ihre eigenen Zwecke einsetzen. Natürlich können Sie alles, was Sie mit Eigenschaften tun, auch mit Hilfe normaler versionierter Dateien erreichen. Betrachten Sie jedoch einmal das folgende Beispiel für die Benutzung von Subversion-Eigenschaften.

Nehmen Sie einmal an, Sie wollen eine Website entwerfen, auf der viele digitale Fotos vorhanden sind. Diese sollen mit Bildunterschriften und einem Zeitstempel angezeigt werden. Die Menge Ihrer Fotos ändert sich andauernd, weshalb Sie so viel wie möglich an dieser Site automatisieren wollen. Diese Fotos können ziemlich groß werden, deshalb möchten Sie – wie das häufig bei solchen Sites der Fall ist – den Besuchern Ihrer Site kleinere Thumbnail-Bilder anbieten. Das erreichen Sie mit traditionellen Dateien. Das heißt, Sie können *image123.jpg* und *image123-thumbnail.jpg* nebeneinander in einem Verzeichnis vorhalten. Oder falls die Dateinamen identisch sein sollen, dann könnten Sie Ihre Thumbnail-Bilder in einem anderen Verzeichnis speichern, etwa *thumbnails/image123.jpg*. Ihre Bildunterschriften und Zeitstempel können Sie auf die gleiche Weise ablegen, auch hier getrennt von der originalen Bilddatei. Bald ist Ihr Dateibaum eine einzige Katastrophe, die mit jedem neuen Bild auf Ihrer Site immer schlimmer wird.

Stellen Sie sich die gleiche Situation nun einmal bei der Benutzung der Subversion-Dateieigenschaften vor. Sie haben eine Bilddatei *image123.jpg* und setzen dann Eigenschaften auf dieser Datei namens `caption`, `datestamp` und sogar `thumbnail`. Das Verzeichnis mit Ihrer Arbeitskopie sieht jetzt viel übersichtlicher aus – um genau zu sein, scheinen sich dort nur Bilddateien zu befinden. Ihre Automatisierungsskripte dagegen wissen es besser. Sie wissen, dass sie `svn` (oder noch besser, die Subversion-Sprachbindungen – siehe »Andere Sprachen als C und C++ verwenden« in Kapitel 8) benutzen können, um die zusätzlichen Informationen auszugraben, die Ihre Site für die Ausgabe benötigt, ohne extra eine Index-Datei lesen oder Pfade manipulieren zu müssen.

Wie (und ob) Sie Subversion-Eigenschaften benutzen, ist Ihre Sache. Wie wir erwähnt haben, hat Subversion seine eigenen Einsatzzwecke für Eigenschaften, wir gehen später in diesem Kapitel darauf ein. Lassen Sie uns zuerst diskutieren, wie sich Optionen mit dem Programm `svn` manipulieren lassen.

Eigenschaften manipulieren

Der Befehl `svn` bietet einige Möglichkeiten, Datei- und Verzeichniseigenschaften hinzuzufügen oder zu verändern. Bei Eigenschaften mit kurzen, vom Menschen lesbaren Werten lässt sich eine neue Eigenschaft wohl am einfachsten hinzufügen, indem der

Eigenschaftsname und -wert auf der Kommandozeile des Unterbefehls propset angegeben wird:

```
$ svn propset copyright '(c) 2003 Red-Bean Software' calc/button.c
property 'copyright' set on 'calc/button.c'
$
```

Allerdings haben wir die Flexibilität angepriesen, die Subversion für Ihre Eigenschaftswerte bietet. Und falls Sie vorhaben, einen mehrzeiligen Text- oder sogar Binärwert für die Eigenschaft festzulegen, dann wollen Sie diesen Wert wahrscheinlich nicht auf der Kommandozeile angeben. Der Unterbefehl propset nimmt die Option --file (-F) entgegen, mit der sich der Name einer Datei festlegen lässt, die den neuen Eigenschaftswert enthält:

```
$ svn propset license -F /path/to/LICENSE calc/button.c
property 'license' set on 'calc/button.c'
$
```

Zusätzlich zum Befehl propset bietet das Programm svn den Befehl propedit. Dieser Befehl verwendet das konfigurierte Editor-Programm (siehe »Config« weiter vorn in diesem Kapitel), um Eigenschaften hinzuzufügen oder zu verändern. Wenn Sie den Befehl ausführen, startet svn Ihr Editor-Programm mit einer temporären Datei, die den aktuellen Wert der Eigenschaft enthält (oder die leer ist, falls Sie eine neue Eigenschaft hinzufügen). Sie verändern dann einfach nach Wunsch den Wert in Ihrem Editor, speichern die temporäre Datei und beenden dann das Editor-Programm. Falls Subversion feststellt, dass Sie tatsächlich den existierenden Wert der Eigenschaft geändert haben, akzeptiert es diesen als neuen Eigenschaftswert. Beenden Sie dagegen Ihren Editor, ohne Änderungen vorzunehmen, dann findet auch keine Eigenschaftsänderung statt:

```
$ svn propedit copyright calc/button.c  ### den Editor ohne Abspeichern verlassen
No changes to property 'copyright' on 'calc/button.c'
$
```

Wir müssen festhalten, dass die Unterbefehle, die mit Eigenschaften zu tun haben, ebenso wie andere svn-Unterbefehle auf mehreren Pfaden auf einmal agieren können. Dadurch können Sie mit einem einzigen Befehl Eigenschaften für eine ganze Gruppe von Dateien verändern. Zum Beispiel:

```
$ svn propset copyright '(c) 2002 Red-Bean Software' calc/*
property 'copyright' set on 'calc/Makefile'
property 'copyright' set on 'calc/button.c'
property 'copyright' set on 'calc/integer.c'
...
$
```

Dieses ganze Hinzufügen und Bearbeiten von Eigenschaften ist nicht wirklich nützlich, wenn Sie keine Möglichkeit haben, einfach an den gespeicherten Eigenschaftswert zu gelangen. Das Programm svn stellt daher zwei Unterbefehle zum Anzeigen der Namen und Werte der Eigenschaften bereit, die auf Dateien und Verzeichnissen gespeichert sind. Der Befehl svn proplist listet die Namen der Eigenschaften auf, die auf einem Pfad existieren. Sobald Sie die Namen der Eigenschaften auf dem Knoten kennen, können Sie deren Werte einzeln mit Hilfe von svn propget abfragen. Dieser Befehl, dem ein Pfad (oder eine Gruppe von Pfaden) und ein Eigenschaftsname übergeben wird, gibt den Wert der Eigenschaft auf der Standardausgabe aus:

```
$ svn proplist calc/button.c
Properties on 'calc/button.c':
  copyright
  license
$ svn propget copyright calc/button.c
(c) 2003 Red-Bean Software
```

Es gibt sogar eine Variation des Befehls proplist, die sowohl den Namen als auch den Wert aller Eigenschaften auflistet. Geben Sie einfach die Option --verbose (-v) an:

```
$ svn proplist --verbose calc/button.c
Properties on 'calc/button.c':
  copyright : (c) 2003 Red-Bean Software
  license : ================================================================
Copyright (c) 2003 Red-Bean Software.  All rights reserved.

Redistribution and use in source and binary forms, with or without
modification, are permitted provided that the following conditions
are met:

1. Redistributions of source code must retain the above copyright
notice, this list of conditions, and the recipe for Fitz's famous
red-beans-and-rice.
...
```

Der letzte Unterbefehl im Zusammenhang mit Eigenschaften ist propdel. Da Subversion es Ihnen erlaubt, Eigenschaften mit leeren Werten zu speichern, können Sie eine Eigenschaft nicht ganz und gar mit propedit oder propset entfernen. Beispielsweise ergibt dieser Befehl *nicht* den gewünschten Effekt:

```
$ svn propset license '' calc/button.c
property 'license' set on 'calc/button.c'
$ svn proplist --verbose calc/button.c
Properties on 'calc/button.c':
  copyright : (c) 2003 Red-Bean Software
  license :
$
```

Um Eigenschaften völlig zu löschen, müssen Sie den Befehl propdel einsetzen. Die Syntax ist ähnlich der der anderen Eigenschaftsbefehle:

```
$ svn propdel license calc/button.c
property 'license' deleted from ''.
$ svn proplist --verbose calc/button.c
Properties on 'calc/button.c':
  copyright : (c) 2003 Red-Bean Software
$
```

Nachdem Sie sich nun mit all den Eigenschaftsunterbefehlen von svn vertraut gemacht haben, wollen wir uns anschauen, wie Änderungen der Eigenschaften den normalen Subversion-Arbeitsablauf beeinflussen. Wie bereits erwähnt, sind Datei- und Verzeichniseigenschaften ebenso wie Ihre Dateiinhalte versioniert. Demzufolge bietet Subversion die gleichen Möglichkeiten für das Zusammenführen – ob sauber oder konfliktbehaftet – der Änderungen einer anderen Person mit Ihren eigenen.

Revisionseigenschaften verändern

Erinnern Sie sich an die nicht-versionierten Revisionseigenschaften? Sie können diese ebenfalls mit dem Programm svn modifizieren. Fügen Sie einfach den Kommandozeilenparameter `--revprop` hinzu, und geben Sie die Revision an, deren Eigenschaft Sie ändern wollen. Da Revisionen global wirken, müssen Sie in diesem Fall keinen Pfad angeben, solange Sie sich in der Arbeitskopie des Repository befinden, deren Revisionseigenschaft Sie bearbeiten wollen. Beispielsweise wollen Sie vielleicht die Commit-Protokollmeldung einer bestehenden Revision ersetzen:[a]

```
$ svn propset svn:log '* button.c: Fix a compiler warning.' -r11 --revprop
property 'svn:log' set on repository revision '11'
$
```

Beachten Sie, dass die Fähigkeit, diese nicht-versionierten Eigenschaften zu verändern, explizit vom Repository-Administrator hinzugefügt werden muss (siehe »Hook-Skripte« in Kapitel 5). Da die Eigenschaften nicht versioniert sind, besteht das Risiko, dass Sie Informationen verlieren, falls Sie beim Bearbeiten nicht aufpassen. Der Repository-Administrator kann Methoden einrichten, um vor einem solchen Verlust zu schützen, ansonsten ist die Modifikation nicht-versionierter Eigenschaften standardmäßig deaktiviert.

a *Das Entfernen von Schreibfehlern, grammatikalischen und sonstigen Fehlern in Commit-Protokollmeldungen bildet den vermutlich häufigsten Einsatzfall für die Option --revprop.*

Und genau wie die Dateiinhalte sind Ihre Eigenschaftsänderungen lokal; sie werden erst dann dauerhaft, wenn Sie sie mit `svn commit` dem Repository bestätigen. Ihre Eigenschaftsänderungen lassen sich auch ganz einfach rückgängig machen – der Befehl `svn revert` bringt Ihre Dateien und Verzeichnisse in den Zustand vor der Bearbeitung zurück – Inhalt, Eigenschaften und alles Sonstige. Mit Hilfe der Befehle `svn status` und `svn diff` erhalten Sie interessante Informationen über den Zustand Ihrer Datei- und Verzeichniseigenschaften:

```
$ svn status calc/button.c
 M     calc/button.c
$ svn diff calc/button.c
Property changes on: calc/button.c
```

```
------------------------------------------------------------------------
Name: copyright
   + (c) 2003 Red-Bean Software

$
```

Beachten Sie, wie der Unterbefehl `status` das `M` in der zweiten Spalte anzeigt anstatt in der ersten. Das liegt daran, dass wir die Eigenschaften auf *calc/button.c*, nicht jedoch den Textinhalt modifiziert haben. Hätten wir beide geändert, dann würden wir auch in der ersten Spalte ein `M` vorfinden (siehe »svn status« in Kapitel 3).

Konflikte mit Eigenschaften

Ebenso wie bei Dateiinhalten können lokale Änderungen der Eigenschaften Konflikte mit Änderungen hervorrufen, die von jemand anderem bestätigt wurden. Falls Sie Ihr Arbeitskopienverzeichnis aktualisieren und Eigenschaftsänderungen auf einer versionierten Ressource empfangen, die mit Ihren eigenen kollidieren, dann berichtet Subversion, dass sich die Ressource in einem Konfliktzustand befindet:

```
% svn update calc
M  calc/Makefile.in
 C calc/button.c
Updated to revision 143.
$
```

Subversion erzeugt außerdem im gleichen Verzeichnis wie die konfliktbehaftete Ressource eine Datei mit der Erweiterung *.prej*, in der Einzelheiten über den Konflikt stehen. Sie sollten den Inhalt dieser Datei untersuchen, damit Sie entscheiden können, wie Sie den Konflikt lösen. Bis der Konflikt gelöst ist, sehen Sie ein `C` in der zweiten Spalte der `svn status`-Ausgabe für diese Ressource; Versuche, Ihre lokalen Änderungen durch einen Commit zu bestätigen, schlagen fehl:

```
$ svn status calc
 C     calc/button.c
?      calc/button.c.prej
$ cat calc/button.c.prej
prop 'linecount': user set to '1256', but update set to '1301'.
$
```

Um Konflikte mit Eigenschaften zu lösen, stellen Sie einfach sicher, dass die konfliktbehafteten Eigenschaften die Werte enthalten, die sie enthalten sollen, und benutzen den Befehl `svn resolved`, um Subversion davon in Kenntnis zu setzen, dass Sie das Problem manuell gelöst haben.

Sie haben möglicherweise auch bereits die Nicht-Standard-Methode bemerkt, mit der Subversion momentan Unterschiede bei den Eigenschaften anzeigt. Sie können weiterhin `svn diff` ausführen und die Ausgabe umleiten, um eine benutzbare Patch-Datei zu erzeugen. Das Programm `patch` ignoriert Eigenschafts-Patches – es ignoriert praktisch alles, was es nicht versteht. Leider bedeutet dies, dass Sie alle Eigenschaftsänderungen von Hand anwenden müssen, wenn Sie einen Patch, der von `svn diff` erzeugt wurde, vollständig zur Anwendung bringen wollen.

Wie Sie sehen können, haben bestehende Eigenschaftsänderungen keine wesentliche Wirkung auf den typischen Subversion-Arbeitsablauf. Das Aktualisieren Ihrer Arbeitskopie, das Überprüfen des Zustandes Ihrer Dateien und Verzeichnisse, das Berichten über die von Ihnen vorgenommenen Änderungen und das Bestätigen von Änderungen am Repository verlaufen vollkommen unabhängig davon, ob Eigenschaften vorhanden sind oder etwa fehlen. Das `svn`-Programm besitzt einige zusätzliche Unterbefehle, mit denen sich tatsächlich Eigenschaftsänderungen ausführen lassen, aber das ist wirklich die einzige Unregelmäßigkeit.

Besondere Eigenschaften

Subversion gibt bezüglich der Eigenschaften keine bestimmten Richtlinien vor – Sie können sie für jeden Zweck einsetzen. Subversion verlangt lediglich, dass Sie keine Eigenschaftsnamen benutzen, die mit dem Präfix `svn:` beginnen. Diesen Namensraum reserviert es für seine eigene Benutzung. Tatsächlich definiert Subversion bestimmte Eigenschaften, die eine magische Wirkung auf die Dateien und Verzeichnisse haben, an die sie angehängt werden. In diesem Abschnitt enthüllen wir das Mysterium und beschreiben, wie diese besonderen Eigenschaften Ihr Leben ein bisschen erleichtern.

svn:executable

Die Eigenschaft `svn:executable` steuert für eine versionierte Datei auf halbautomatische Weise das Bit für die Ausführungsberechtigung auf Dateisystemebene. Diese Eigenschaft hat keine definierten Werte – ihre reine Anwesenheit signalisiert, dass Subversion das Ausführungsbit aktiviert lassen soll. Wird diese Eigenschaft entfernt, dann geht die vollständige Kontrolle über das Ausführungsbit wieder zurück an das Betriebssystem.

Bei vielen Betriebssystemen wird die Fähigkeit, eine Datei als Befehl auszuführen, durch das Vorhandensein eines Ausführungsbits gesteuert. Dieses Bit ist üblicherweise standardmäßig deaktiviert und muss vom Benutzer für jede Datei, die es benötigt, ausdrücklich aktiviert werden. In einer Arbeitskopie werden unentwegt neue Dateien erzeugt, da während eines Updates neue Versionen bestehender Dateien empfangen werden. Das bedeutet, dass Sie das Ausführungsbit auf einer Datei aktivieren und anschließend Ihre Arbeitskopie aktualisieren könnten, und falls diese Datei als Teil der Aktualisierung geändert worden wäre, dann könnte das Ausführungsbit deaktiviert werden. Subversion bietet nun mit der Eigenschaft `svn:executable` eine Methode, um das Ausführungsbit aktiviert zu lassen.

Diese Eigenschaft hat keine Auswirkung auf Dateisysteme, die das Konzept eines Ausführungsbits nicht kennen, wie etwa FAT32 und NTFS. (Beispielsweise benutzen die Windows-Dateisysteme Dateierweiterungen wie `.EXE`, `.BAT` und `.COM`, um ausführbare

Dateien zu kennzeichnen.) Und obwohl sie keine definierten Werte besitzt, erzwingt Subversion den Wert `*`, wenn diese Eigenschaft gesetzt wird. Diese Eigenschaft gilt schließlich nur für Dateien, nicht für Verzeichnisse.

svn:mime-type

Die Eigenschaft `svn:mime-type` dient mehreren Aufgaben in Subversion. Neben seiner Funktion als allgemeiner Ablage für die MIME-Klassifikation (Multipurpose Internet Mail Extensions) einer Datei legt der Wert dieser Eigenschaft einige verhaltensmäßige Charakteristika von Subversion selbst fest.

Falls beispielsweise die Eigenschaft `svn:mime-type` einer Datei auf einen Nicht-Text-MIME-Typ gesetzt ist (im Allgemeinen etwas, das nicht mit `text/` beginnt, obwohl es hier Ausnahmen gibt), nimmt Subversion an, dass die Datei Binärdaten – also nicht vom Menschen lesbare Daten – enthält. Einer der typischen Vorteile von Subversion ist das kontextabhängige, zeilenbasierte Zusammenführen von Änderungen, die vom Server während einer Aktualisierung in Ihrer Arbeitsdatei empfangen wurden. Bei Dateien, von denen angenommen wird, dass sie Binärdaten enthalten, gibt es jedoch das Konzept der Zeile nicht. Das bedeutet, für solche Dateien versucht Subversion nicht, während der Aktualisierungen kontextabhängige Zusammenführungen auszuführen. Stattdessen wird jedes Mal, wenn Sie eine binäre Arbeitskopiendatei lokal verändert haben, die dann auch aktualisiert wird, Ihre Datei mit der Erweiterung *.orig* umbenannt. Subversion speichert dann unter dem ursprünglichen Dateinamen eine neue Arbeitskopiendatei, die die während der Aktualisierung empfangenen Änderungen enthält, nicht jedoch Ihre lokalen Modifikationen. Dieses Verhalten bietet wirklich einen Schutz des Benutzers vor fehlerhaften Versuchen, kontextabhängige Zusammenführungen von Dateien durchzuführen, bei denen dies nicht möglich ist.

Falls die Eigenschaft `svn:mime-type` gesetzt ist, benutzt das Apache-Modul von Subversion außerdem ihren Wert, um damit den `Content-type:`-HTTP-Header zu bestücken, wenn es auf GET-Anfragen antwortet. Dies liefert einen wichtigen Hinweis dafür, wie eine Datei angezeigt werden soll, wenn Sie Ihr Repository mit einem Webbrowser durchgehen.

svn:ignore

Die Eigenschaft `svn:ignore` enthält eine Liste mit Dateimustern, die von bestimmten Subversion-Operationen ignoriert werden. Dies ist die vermutlich am häufigsten eingesetzte Sondereigenschaft; sie arbeitet zusammen mit der Laufzeitkonfigurationsoption `global-ignores` (siehe »Config« weiter vorn in diesem Kapitel), um nicht-versionierte Dateien und Verzeichnisse aus Befehlen wie `svn status`, `svn add` und `svn import` herauszufiltern.

Das Prinzip hinter der Eigenschaft `svn:ignore` ist einfach erklärt. Subversion geht nicht davon aus, dass jede Datei oder jedes Unterverzeichnis in einem Arbeitskopienverzeichnis für die Versionskontrolle gedacht ist. Die Ressourcen müssen ausdrücklich der Verwaltung durch Subversion unterstellt werden; dazu kommen die Befehle `svn add` oder `svn import` zum Einsatz. Das Ergebnis sieht dann so aus, dass es viele Ressourcen in einer Arbeitskopie gibt, die nicht versioniert sind.

Der Befehl `svn status` zeigt dann als Teil seiner Ausgabe alle nicht-versionierten Dateien oder Unterverzeichnisse in einer Arbeitskopie, die noch nicht von der Option `global-ignores` (oder ihrem integrierten Vorgabewert) herausgefiltert wurden. Dies verfolgt den Zweck, dass die Benutzer feststellen können, ob sie möglicherweise vergessen haben, eine Ressource in die Versionskontrolle aufzunehmen.

Subversion kann aber nicht die Namen aller Ressourcen erraten, die vielleicht ignoriert werden sollen. Außerdem gibt es ziemlich oft Dinge, die in *jeder* Arbeitskopie eines bestimmten Repository ignoriert werden sollen. Jeden Benutzer dieses Repository zu zwingen, Muster für diese Ressourcen in ihre Laufzeitkonfigurationsbereiche aufzunehmen, ist nicht nur umständlich, sondern könnte auch dazu führen, dass diese Forderung mit den Konfigurationsbedürfnissen anderer Arbeitskopien kollidiert, die der Benutzer ausgecheckt hat.

Die Lösung besteht darin, zu ignorierende Muster, die eindeutig den Ressourcen zuzuordnen sind, welche in einem bestimmten Verzeichnis auftauchen, in dem Verzeichnis selbst zu speichern. Gebräuchliche Beispiele für nicht-versionierte Ressourcen, die grundsätzlich eindeutig für ein Verzeichnis sind und die wahrscheinlich dort auftauchen, sind Ausgaben von Programmkompilierungen. Oder – um einmal ein Beispiel zu wählen, das eher zu diesem Buch passt – die HTML-, PDF- oder PostScript-Dateien, die als Ergebnis der Konvertierung irgendwelcher DocBook-XML-Quellen in ein lesbareres Ausgabeformat entstehen.

Zu ignorierende Muster für CVS-Benutzer

Die Subversion-Eigenschaft `svn:ignore` ist in Syntax und Funktion der CVS-Datei *.cvsignore* sehr ähnlich. Falls Sie eine CVS-Arbeitskopie nach Subversion migrieren, können Sie sogar die zu ignorierenden Muster direkt migrieren, indem Sie die Datei *.cvsignore* als Eingabedatei für den Befehl `svn propset` verwenden:

```
$ svn propset svn:ignore -F .cvsignore .
property 'svn:ignore' set on '.'
$
```

Es gibt jedoch einige Unterschiede in der Art und Weise, wie CVS und Subversion mit den zu ignorierenden Mustern umgehen. Die beiden Systeme verwenden diese Muster zu unterschiedlichen Zeitpunkten, und außerdem gibt es leichte Abweichungen dahingehend, worauf die Muster angewandt werden. Zudem erkennt Subversion das Muster `!` nicht als Hinweis darauf, dass überhaupt keine zu ignorierenden Muster vorliegen.

Für diese Aufgabe stellt die Eigenschaft `svn:ignore` die Lösung dar. Ihr Wert ist eine mehrzeilige Sammlung von Dateimustern mit einem Muster pro Zeile. Die Eigenschaft wird auf das Verzeichnis gesetzt, auf das Sie die Muster anwenden wollen.[2] Nehmen Sie beispielsweise einmal an, Sie haben die folgende Ausgabe von `svn status`:

```
$ svn status calc
 M     calc/button.c
?      calc/calculator
?      calc/data.c
?      calc/debug_log
?      calc/debug_log.1
?      calc/debug_log.2.gz
?      calc/debug_log.3.gz
```

In diesem Beispiel haben Sie einige Eigenschaftsänderungen an *button.c* vorgenommen, in Ihrer Arbeitskopie haben Sie aber außerdem einige nicht-versionierte Dateien, in diesem Fall das neueste *calculator*-Programm, das Sie aus Ihrem Quellcode kompiliert haben, eine Quelldatei namens *data.c* und eine Anzahl von Protokolldateien mit Debugging-Ausgaben. Sie wissen, dass Ihr Build-System immer das *calculator*-Programm erzeugt.[3] Und Sie wissen, dass Ihre Test-Suite immer diese Debugging-Protokolldateien hinterlässt. Diese Fakten gelten für alle Arbeitskopien, nicht nur für Ihre eigenen. Sie wissen außerdem, dass Sie diese Dinge nicht jedes Mal sehen wollen, wenn Sie `svn status` ausführen. Sie verwenden also `svn propedit svn:ignore calc`, um einige zu ignorierende Muster in das Verzeichnis *calc* einzufügen. Zum Beispiel könnten Sie dies als neuen Wert der Eigenschaft `svn:ignore` hinzufügen:

```
calculator
debug_log*
```

Nach dem Hinzufügen dieser Eigenschaft haben Sie eine lokale Eigenschaftsänderung auf dem Verzeichnis *calc*. Beachten Sie dabei aber, was noch anders an Ihrer `svn status`-Ausgabe ist:

```
$ svn status
 M     calc
 M     calc/button.c
?      calc/data.c
```

Der ganze überflüssige Kram ist aus der Ausgabe verschwunden! Natürlich befinden sich diese Dateien immer noch in Ihrer Arbeitskopie. Subversion erinnert Sie einfach nicht mehr daran, dass sie vorhanden und nicht-versioniert sind. Und jetzt, da all dieses »Rauschen« aus der Ausgabe verschwunden ist, haben Sie nur noch die interessanteren Objekte vor Augen – etwa diese Quellcodedatei, die Sie vergessen haben, der Versionskontrolle zu unterstellen.

2 Die Muster sind nur für dieses Verzeichnis gedacht – sie reichen nicht rekursiv in Unterverzeichnisse hinein.

3 Ist das nicht der Sinn eines Build-Systems?

Falls Sie die ignorierten Dateien sehen wollen, übergeben Sie die Option `--no-ignore` an Subversion:

```
$ svn status --no-ignore
 M      calc/button.c
I       calc/calculator
?       calc/data.c
I       calc/debug_log
I       calc/debug_log.1
I       calc/debug_log.2.gz
I       calc/debug_log.3.gz
```

Die Liste der zu ignorierenden Muster wird auch von `svn add` und `svn import` benutzt. Beide Operationen fordern Subversion auf, einige Dateien und Verzeichnisse zu verwalten. Anstatt aber den Benutzer zu zwingen, selbst festzulegen, welche Dateien in einem Baum der Versionskontrolle unterstellt werden sollen, benutzt Subversion die zu ignorierenden Muster, um festzustellen, welche Dateien als Teil einer größeren rekursiven Hinzufügungs- oder Importoperation nicht in das Versionskontrollsystem übernommen werden sollen.

svn:keywords

Subversion besitzt die Fähigkeit, *Schlüsselwörter* – nützliche, dynamische Informationen über eine versionierte Datei – in einer Datei durch einen dem jeweiligen Schlüsselwort zugewiesenen Wert zu ersetzen. Schlüsselwörter beschreiben im Allgemeinen Informationen über den letzten Zeitpunkt, an dem die Datei modifiziert wurde. Da diese Information sich jedes Mal ändert, wenn die Datei geändert wird – wichtiger noch, direkt *nachdem* die Datei sich geändert hat – ist es für jeden Prozess mit Ausnahme des Versionskontrollsystems sehr mühselig, die Daten vollständig auf dem neuesten Stand zu halten. Bliebe diese Aufgabe an menschlichen Autoren hängen, würden die Informationen unweigerlich veralten.

Nehmen Sie einmal an, Sie haben ein Dokument, in dem Sie den Zeitpunkt anzeigen wollen, an dem es das letzte Mal verändert wurde. Sie könnten jetzt jeden Autor dieses Dokuments damit beauftragen, direkt vor dem Bestätigen der Änderungen noch den Teil des Dokuments zu bearbeiten, in dem steht, wann es zuletzt geändert wurde. Früher oder später würde vermutlich irgendjemand vergessen, dies zu tun. Fordern Sie stattdessen einfach Subversion auf, eine Schlüsselwortersetzung mit dem Schlüsselwort `LastChangedDate` vorzunehmen. Sie kontrollieren, wo das Schlüsselwort in Ihr Dokument eingefügt wird, indem Sie an die entsprechende Stelle in der Datei einen *Schlüsselwortanker* setzen. Bei diesem Anker handelt es sich lediglich um einen Textstring, der als `$`*`SchlüsselwortName`*`$` formatiert ist.

Subversion definiert eine Liste mit Schlüsselwörtern, die für diese Ersetzung zur Verfügung stehen. Diese Liste enthält die folgenden fünf Schlüsselwörter, von denen einige auch kürzere Aliase aufweisen, die Sie ebenfalls benutzen können:

`LastChangedDate`
: Dieses Schlüsselwort beschreibt den letzten Zeitpunkt, zu dem die Datei im Repository geändert wurde, und sieht etwa so aus: `$LastChangedDate: 2002-07-22 21:42:37 -0700 (Mon, 22 Jul 2002) $`. Es kann mit `Date` abgekürzt werden.

`LastChangedRevision`
: Dieses Schlüsselwort beschreibt die letzte bekannte Revision, in der diese Datei im Repository geändert wurde, und sieht etwa so aus: `$LastChangedRevision: 144 $`. Es kann mit `Rev` abgekürzt werden.

`LastChangedBy`
: Dieses Schlüsselwort beschreibt den letzten bekannten Benutzer, der diese Datei im Repository geändert hat, und sieht so aus: `$LastChangedBy: harry $`. Es kann mit `Author` abgekürzt werden.

`HeadURL`
: Dieses Schlüsselwort beschreibt die URL auf die neueste Version der Datei im Repository und sieht so aus: `$HeadURL: http://svn.collab.net/repos/trunk/README $`. Es kann mit `URL` abgekürzt werden.

`Id`
: Dieses Schlüsselwort ist eine komprimierte Kombination der anderen Schlüsselwörter. Seine Ersetzung sieht etwa so aus: `$Id: calc.c 148 2002-07-28 21:30:43Z Sally $`; sie wird so interpretiert, dass die Datei *calc.c* zuletzt in Revision 148 am Abend des 28. Juli 2002 vom Benutzer `sally` geändert wurde.

Das einfache Hinzufügen von Schlüsselwortankertext zu Ihrer Datei hat keine weiteren Auswirkungen. Subversion versucht niemals, Ersetzungen von Text in Ihren Dateien vorzunehmen, wenn es nicht ausdrücklich dazu aufgefordert wird. Schließlich wollen Sie vielleicht ein Dokument[4] schreiben, in dem steht, wie die Schlüsselwörter benutzt werden, und möchten nicht, dass Subversion Ihre wunderbaren Beispiele für nicht-ersetzte Schlüsselwortanker einfach ersetzt!

Um Subversion mitzuteilen, ob es Schlüsselwörter in einer bestimmten Datei ersetzen soll, wenden wir uns wieder den Unterbefehlen zu, die mit Eigenschaften zu tun haben. Die Eigenschaft `svn:keywords` steuert beim Einsatz auf einer versionierten Datei, welche Schlüsselwörter in dieser Datei ersetzt werden. Der Wert ist eine durch Leerzeichen getrennte Liste mit den Schlüsselwortnamen oder Aliasen aus der gerade gezeigten Übersicht.

Nehmen Sie beispielsweise an, Sie haben eine versionierte Datei namens *weather.txt*, die folgendermaßen aussieht:

```
Here is the latest report from the front lines.
$LastChangedDate$
$Rev$
Cumulus clouds are appearing more frequently as summer approaches.
```

4 ... oder vielleicht sogar einen Abschnitt in einem Buch ...

Wenn die Eigenschaft `svn:keywords` auf dieser Datei nicht gesetzt ist, tut Subversion nichts Besonderes. Lassen Sie uns nun die Ersetzung des Schlüsselwortes `LastChangedDate` auslösen:

```
$ svn propset svn:keywords "LastChangedDate Author" weather.txt
property 'svn:keywords' set on 'weather.txt'
$
```

Sie haben nun eine lokale Eigenschaftsänderung auf der Datei *weather.txt* vorgenommen. Es gibt keine Änderungen am Inhalt der Datei (es sei denn, Sie selbst haben vor dem Setzen der Eigenschaft welche durchgeführt). Beachten Sie, dass die Datei einen Schlüsselwortanker für das Schlüsselwort `Rev` enthielt, dass wir dieses Schlüsselwort aber nicht in den Eigenschaftswert aufgenommen haben, den wir gesetzt haben. Subversion ignoriert einfach Anfragen zum Ersetzen von Schlüsselwörtern, die nicht in der Datei auftauchen, und ersetzt Schlüsselwörter nicht, die nicht im Wert der Eigenschaft `svn:keywords` stehen.

Schlüsselwörter und falsche Unterschiede

Das dem Benutzer sichtbare Ergebnis einer Schlüsselwortersetzung könnte Sie glauben lassen, dass jede Version einer Datei, bei der diese Funktion benutzt wird, sich von der früheren Version wenigstens in dem Bereich unterscheidet, in dem der Schlüsselwortanker platziert ist. Das ist jedoch nicht der Fall. Beim Prüfen auf lokale Änderungen während eines `svn diff` und vor dem Übertragen dieser lokalen Änderungen während eines `svn commit` macht Subversion alle Schlüsselwortersetzungen rückgängig, die es zuvor ausgeführt hat. Auf diese Weise enthalten die Versionen der Datei, die im Repository gespeichert wurden, nur die tatsächlichen Änderungen, die die Benutzer an dieser Datei vorgenommen haben.

Unmittelbar nachdem Sie diese Eigenschaftsänderung bestätigt haben, aktualisiert Subversion Ihre Arbeitsdatei mit dem neuen Ersetzungstext. An Stelle Ihres Schlüsselwortankers `$LastChangedDate$` sehen Sie das ersetzte Ergebnis. Dieses Ergebnis enthält auch den Namen des Schlüsselworts und ist immer noch durch Dollar-Zeichen (`$`) begrenzt. Wie wir vorhergesagt haben, wurde das Schlüsselwort `Rev` nicht ersetzt, weil wir nicht darum gebeten haben:

```
Here is the latest report from the front lines.
$LastChangedDate: 2002-07-22 21:42:37 -0700 (Mon, 22 Jul 2002) $
$Rev$
Cumulus clouds are appearing more frequently as summer approaches.
```

Wenn jemand anderes jetzt eine Änderung an *weather.txt* bestätigt, zeigt Ihre Kopie dieser Datei weiterhin den gleichen ersetzten Schlüsselwortwert wie zuvor – bis Sie Ihre Arbeitskopie aktualisieren. Zu diesem Zeitpunkt werden die Schlüsselwörter in Ihrer

Datei *weather.txt* erneut durch Informationen ausgetauscht, die das neueste bekannte Commit an dieser Datei widerspiegeln.

svn:eol-style

Solange es nicht anderweitig durch die Eigenschaft `svn:mime-type` einer versionierten Datei angemerkt wurde, nimmt Subversion an, dass die Datei Daten enthält, die vom Menschen lesbar sind. Im Allgemeinen setzt Subversion dieses Wissen nur ein, um festzustellen, ob für diese Datei kontextbasierte Ausgaben über Unterschiede möglich sind. Ansonsten sind für Subversion Bytes gleich Bytes.

Das bedeutet, dass Subversion normalerweise der Art der *Zeilenendemarkierungen* (End-Of-Line Markers; EOL Markers), die in Ihren Dateien benutzt werden, keine Aufmerksamkeit schenkt. Leider verwenden unterschiedliche Betriebssysteme auch unterschiedliche Tokens, um das Ende einer Textzeile in einer Datei zu kennzeichnen. Beispielsweise besteht das normale Zeilenende-Token, das von Software auf der Windows-Plattform eingesetzt wird, aus einem Paar ASCII-Steuerzeichen – Carriage Return (`CR`) und Zeilenvorschub (Line Feed; `LF`). Unix-Software dagegen verwendet nur das Zeichen `LF`, um das Ende einer Zeile zu kennzeichnen.

Nicht alle der verschiedenen Werkzeuge auf diesen Betriebssystemen können Dateien verstehen, die Zeilenenden in einem anderen Format enthalten als dem *nativen Zeilenendestil* des Betriebssystems, unter dem sie laufen. Oft ist es so, dass Unix-Programme das `CR`-Zeichen aus Windows-Dateien als ein normales Zeichen behandeln (üblicherweise dargestellt als `^M`) und Windows-Programme alle Zeilen einer Unix-Datei zu einer riesigen Zeile zusammenfassen, da keine `CRLF`-Zeichenkombination gefunden wurde, die das Ende der Zeilen kennzeichnet.

Diese Anfälligkeit für fremde EOL-Markierungen kann für Leute frustrierend werden, die eine Datei über Betriebssystemgrenzen hinweg gemeinsam nutzen wollen. Nehmen Sie beispielsweise eine Quellcodedatei und Entwickler, die diese Datei sowohl unter Windows als auch unter Unix bearbeiten. Wenn alle Entwickler immer Werkzeuge benutzen, die den Zeilenendestil der Datei bewahren, dann treten keine Probleme auf.

In der Praxis sind jedoch viele gebräuchliche Werkzeuge entweder nicht in der Lage, die fremden EOL-Markierungen richtig zu lesen, oder sie konvertieren die Zeilenenden der Datei beim Speichern in den nativen Stil. Trifft der erste Fall für einen Entwickler zu, dann muss dieser ein externes Konvertierungswerkzeug (wie `dos2unix` oder dessen Gegenstück `unix2dos`) verwenden, um die Datei für die Bearbeitung vorzubereiten. Der zweite Fall erfordert keine zusätzliche Vorbereitung. Beide Fälle ergeben jedoch eine Datei, die sich praktisch auf jeder Zeile vom Original unterscheidet! Vor dem Bestätigen seiner Änderungen mit einem Commit hat der Benutzer zwei Möglichkeiten. Er kann ein Konvertierungswerkzeug verwenden, um die geänderte Datei zum gleichen Zeilenendestil zurückzuführen, den sie vor dem Bearbeiten hatte. Oder er bestätigt die Datei einfach mit neuen EOL-Markierungen.

Das Ergebnis von Szenarien wie diesen sind Zeitverschwendung und unnötige Veränderungen an bestätigten Dateien. Die verschwendete Zeit ist schon schlimm genug. Doch wenn Commits jede Zeile in einer Datei ändern, dann ist es erheblich komplizierter festzustellen, welche Zeilen sich geändert haben. Wo war der Fehler, der eigentlich behoben wurde? Auf welcher Zeile trat ein Syntaxfehler auf?

Die Lösung dieses Problems ist die Eigenschaft `svn:eol-style`. Wenn diese Eigenschaft auf einen gültigen Wert gesetzt ist, dann verwendet Subversion sie, um festzustellen, welche besondere Verarbeitung auf der Datei durchgeführt werden muss, damit der Zeilenendestil der Datei nicht bei jedem Commit wechselt, das von einem anderen Betriebssystem kommt. Die gültigen Werte lauten folgendermaßen:

`native`

: Dieser Wert veranlasst die Datei, die EOL-Markierungen zu behalten, die dem Betriebssystem eigen sind, auf dem Subversion ausgeführt wurde. Mit anderen Worten, falls ein Benutzer auf einem Windows-Rechner eine Arbeitskopie auscheckt, der eine Datei enthält, auf der die Eigenschaft `svn:eol-style` auf `native` gesetzt ist, dann enthält diese Datei `CRLF`-EOL-Markierungen. Ein Unix-Benutzer, der eine Arbeitskopie auscheckt, in der die gleiche Datei enthalten ist, sieht `LF`-EOL-Markierungen in seiner Kopie der Datei.

: Beachten Sie, dass Subversion ungeachtet des Betriebssystems die Datei im Repository tatsächlich mit normalisierten `LF`-EOL-Markierungen speichert. Für den Benutzer ist das allerdings transparent.

`CRLF`

: Dieser Wert veranlasst die Datei, ungeachtet des verwendeten Betriebssystems `CRLF`-Folgen für die EOL-Markierungen aufzunehmen.

`LF`

: Dieser Wert veranlasst die Datei, ungeachtet des verwendeten Betriebssystems `LF`-Zeichen für die EOL-Markierungen aufzunehmen.

`CR`

: Dieser Wert veranlasst die Datei, ungeachtet des verwendeten Betriebssystems `CR`-Zeichen für die EOL-Markierungen aufzunehmen. Dieser Zeilenendestil ist nicht sehr verbreitet. Er kam auf älteren Macintosh-Plattformen zum Einsatz (auf denen Subversion nicht einmal läuft).

svn:externals

Die Eigenschaft `svn:externals` enthält Anweisungen für Subversion, um ein versioniertes Verzeichnis mit einer oder mehreren ausgecheckten Subversion-Arbeitskopien zu bestücken. Weitere Informationen über dieses Schlüsselwort finden Sie im Abschnitt »Externals-Definitionen«.

Automatisches Einstellen der Eigenschaft

Eigenschaften sind eine leistungsfähige Funktion von Subversion, und dienen als Schlüsselkomponenten vieler Subversion-Funktionen, die irgendwo in diesem oder einem anderen Kapitel besprochen wurden – Unterstützung für textbasiertes Diff und Zusammenführen, Schlüsselwortersetzung, Übersetzung von Zeilenenden usw. Um jedoch den größtmöglichen Nutzen aus Eigenschaften zu ziehen, müssen diese auf den richtigen Dateien und Verzeichnissen gesetzt sein. Leider ist dies ein Schritt, der im routinemäßigen Lauf der Dinge gern vergessen wird, vor allem, weil das Fehlen einer Eigenschaft normalerweise nicht zu einem offensichtlichen Fehlerzustand führt (wenigstens im Vergleich dazu, dass vergessen wird, eine Datei der Versionskontrolle zu unterstellen). Um Sie dabei zu unterstützen, die Eigenschaften an den richtigen Stellen anzuwenden, bietet Subversion einige einfache, aber nützliche Funktionen.

Immer wenn Sie eine Datei mit Hilfe der Befehle `svn add` oder `svn import` der Versionskontrolle unterstellen, führt Subversion eine sehr einfache Heuristik aus, um festzustellen, ob diese Datei aus vom Menschen lesbarem oder nicht vom Menschen lesbarem Inhalt besteht. Kommt Subversion zum zweiten genannten Ergebnis, dann setzt es automatisch die Eigenschaft `svn:mime-type` auf dieser Datei auf `application/octet-stream` (dieser MIME-Typ beschreibt einfach eine Folge von Bytes). Falls natürlich Subversion falsch rät oder wenn Sie die Eigenschaft `svn:mime-type` auf einen genaueren Wert setzen wollen – vielleicht `image/png` oder `application/x-shockwave-flash` –, können Sie diese Eigenschaft jederzeit entfernen oder bearbeiten.

Subversion bietet auch die *auto-props*-Funktion, die es Ihnen erlaubt, Zuordnungen von Dateinamenmustern auf Eigenschaftsnamen und -werte zu schaffen. Diese Zuordnungen werden in Ihrem Laufzeitkonfigurationsbereich angelegt. Sie beeinflussen wiederum das Hinzufügen und Importieren und können nicht nur die vorgegebenen MIME-Typ-Entscheidungen außer Kraft setzen, die von Subversion während dieser Operationen getroffen wurden, sondern können auch zusätzliche Subversion-Eigenschaften oder eigene Eigenschaften setzen. Beispielsweise könnten Sie eine Zuordnung erzeugen, die besagt, dass Subversion immer, wenn Sie JPEG-Dateien hinzufügen – solche, auf die das Muster `*.jpg` zutrifft –, automatisch die Eigenschaft `svn:mime-type` auf diesen Dateien auf `image/jpeg` setzen soll. Oder vielleicht soll für alle Dateien, auf die das Muster `*.cpp` zutrifft, `svn:eol-style` auf `native` und `svn:keywords` auf `Id` gesetzt werden. Die Unterstützung für auto-prop ist das vielleicht praktischste Werkzeug für Eigenschaften in der Subversion-Sammlung. Im Abschnitt »Config« finden Sie weitere Informationen über das Konfigurieren dieser Unterstützung.

Externals-Definitionen

Manchmal ist es sinnvoll, eine Arbeitskopie zu konstruieren, die aus einer Reihe unterschiedlicher Checkouts besteht. Beispielsweise wollen Sie vielleicht verschiedene Unterverzeichnisse haben, die aus verschiedenen Stellen im Repository oder möglicherweise sogar aus verschiedenen Repositorys stammen. Sie könnten ein solches Szenario sicher auch von Hand einrichten – mit Hilfe von `svn checkout`, um die Art der geschachtelten Struktur der Arbeitskopie zu schaffen, die Sie erreichen wollen. Wenn dieser Aufbau jedoch wichtig für jeden ist, der Ihr Repository benutzt, muss jeder andere Benutzer die gleichen Checkout-Operationen ausführen wie Sie.

Glücklicherweise bietet Subversion Unterstützung für *Externals-Definitionen*. Eine Externals-Definition ist die Zuordnung eines lokalen Verzeichnisses zur URL – oder möglicherweise zu einer bestimmten Revision – einer versionierten Ressource. In Subversion deklarieren Sie Externals-Definitionen in Gruppen mit Hilfe der Eigenschaft `svn:externals`. Sie können diese Eigenschaft mit `svn propset` oder `svn propedit` anlegen oder modifizieren. Ihr Wert ist eine mehrzeilige Tabelle mit Unterverzeichnissen (relativ zum versionierten Verzeichnis, auf dem die Eigenschaft gesetzt ist) und vollqualifizierten, absoluten Subversion-Repository-URLs:

```
$ svn propget svn:externals calc
third-party/sounds             http://sounds.red-bean.com/repos
third-party/skins              http://skins.red-bean.com/repositories/skinproj
third-party/skins/toolkit -r21 http://svn.red-bean.com/repos/skin-maker
```

Das Tolle an der Eigenschaft `svn:externals` besteht darin, dass sobald sie auf einem versionierten Verzeichnis gesetzt ist, jeder, der eine Arbeitskopie mit diesem Verzeichnis auscheckt, ebenfalls die Vorteile der Externals-Definition genießt. Mit anderen Worten, wenn sich jemand die Mühe gemacht hat, diese verschachtelten Arbeitskopien-Checkouts zu definieren, muss sich niemand anderes mehr damit herumschlagen – Subversion checkt beim Auschecken der originalen Arbeitskopien auch die externen Arbeitskopien aus.

Beachten Sie das gezeigte Beispiel für eine Externals-Definition. Wenn jemand eine Arbeitskopie des Verzeichnisses *calc* auscheckt, kann Subversion auch damit fortfahren, die Objekte auszuchecken, die es in seiner Externals-Definition vorfindet:

```
$ svn checkout http://svn.example.com/repos/calc
A  calc
A  calc/Makefile
A  calc/integer.c
A  calc/button.c
Checked out revision 148.

Fetching external item into calc/third-party/sounds
A  calc/third-party/sounds/ding.ogg
A  calc/third-party/sounds/dong.ogg
A  calc/third-party/sounds/clang.ogg
...
A  calc/third-party/sounds/bang.ogg
A  calc/third-party/sounds/twang.ogg
Checked out revision 14.

Fetching external item into calc/third-party/skins
...
```

Falls Sie die Externals-Definition ändern müssen, können Sie dies mit den normalen Unterbefehlen zum Ändern von Eigenschaften erledigen. Haben Sie eine Änderung an der Eigenschaft `svn:externals` bestätigt, synchronisiert Subversion die ausgecheckten Objekte beim nächsten Ausführen von `svn update` mit der geänderten Externals-Definition. Das Gleiche geschieht, wenn andere ihre Arbeitskopien aktualisieren und Ihre Änderungen an der Externals-Definition erhalten.

Der Befehl `svn status` erkennt ebenfalls Externals-Definitionen, wobei er den Statuscode `X` für die getrennten Unterverzeichnisse anzeigt, in die die Externals ausgecheckt werden, und dann rekursiv in diese Unterverzeichnisse geht, um den Status der externen Objekte selbst anzuzeigen.

Die Unterstützung, die momentan für Externals-Definitionen in Subversion besteht, kann allerdings ein wenig irreführend sein. Die Arbeitskopien, die über die Unterstützung für Externals-Definitionen angelegt wurden, sind weiterhin von der primären Arbeitskopie abgetrennt (auf deren versionierten Verzeichnissen die Eigenschaft `svn:externals` eigentlich gesetzt worden war). Und Subversion arbeitet nur auf nicht-getrennten Arbeitskopien wirklich. Falls Sie beispielsweise Änderungen bestätigen wollen, die Sie an einer oder mehreren dieser externen Arbeitskopien vorgenommen haben, müssen Sie `svn commit` explizit auf diesen Arbeitskopien ausführen – das Bestätigen auf der primären Arbeitskopie führt Sie nicht rekursiv zu den externen.

Da die Definitionen selbst auch absolute URLs benutzen, wird durch das Verschieben oder Kopieren eines Verzeichnisses, dem sie zugewiesen sind, nicht beeinflusst, was als extern ausgecheckt wurde (obwohl das relative lokale Zielunterverzeichnis sich natürlich mit dem umbenannten Verzeichnis verschiebt). Das kann unter bestimmten Umständen verwirrend und sogar frustrierend sein. Falls Sie beispielsweise auf einem Verzeichnis in Ihrer */trunk*-Entwicklungslinie Externals-Definitionen verwenden, die auf andere Bereiche in der gleichen Linie verweisen, und dann `svn copy` einsetzen, um diese Linie an eine neue Stelle */branches/my-branch* zu verzweigen, dann verweisen die Externals-Definitionen in Ihrem neuen Zweig weiterhin auf die versionierten Ressourcen in */trunk*. Und falls Sie Ihrer Arbeitskopie ein neues Elternverzeichnis zuweisen müssen (mit `svn switch --relocate`), dann wird das bei Externals-Definitionen *nicht* geschehen.

Herstellerzweige

Besonders, wenn Sie Software entwickeln, gilt, dass die Daten, die Sie der Versionskontrolle unterstellen, oft eng mit den Daten anderer verwandt oder vielleicht von ihnen abhängig sind. Im Allgemeinen werden die Anforderungen Ihres Projekts es notwendig machen, dass Sie so dicht wie möglich an den Daten bleiben, die von dieser externen Stelle geliefert werden, ohne die Stabilität Ihres eigenen Projekts zu gefährden. Dieses Szenario finden Sie ständig – die Informationen, die von einer Gruppe von Leuten erzeugt werden, haben eine direkte Wirkung auf das, was von einer anderen Gruppe erzeugt wird.

So könnten zum Beispiel Software-Entwickler an einer Anwendung arbeiten, die auf eine Bibliothek eines Drittanbieters zurückgreift. Subversion unterhält eine solche Beziehung mit der Apache Portable Runtime Library (siehe »Die Apache Portable Runtime-Bibliothek« in Kapitel 8). Der Subversion-Quellcode hängt in Bezug auf seine Portabilitätsanforderungen von der APR-Bibliothek ab. In früheren Stadien der Subversion-Entwicklung verfolgte das Projekt die sich ändernde API der APR und blieb dabei immer ganz dicht an den neuesten Errungenschaften des Codes der Bibliothek. Seitdem sowohl APR als auch Subversion ausgereift sind, versucht Subversion, sich mit der API der APR-Bibliothek nur in gut getesteten, stabilen Versionen zu synchronisieren.

Falls Ihr Projekt von den Informationen anderer abhängt, gibt es verschiedene Möglichkeiten, eine Synchronisation dieser Informationen mit Ihren eigenen zu versuchen. Besonders mühsam ist es, wenn Sie mündliche oder schriftliche Anweisungen an alle Mitarbeiter Ihres Projekts erlassen, in denen Sie ihnen mitteilen, dass sie dafür sorgen sollen, dass sie bestimmte Versionen dieser Drittinformationen haben, die Ihr Projekt benötigt. Falls die Drittinformationen in einem Subversion-Repository vorgehalten werden, könnten Sie auch die Externals-Definitionen von Subversion verwenden, um spezielle Versionen dieser Informationen an irgendeiner Stelle in Ihrem eigenen Arbeitskopienverzeichnis unterzubringen (siehe »Externals-Definitionen« weiter vorn in diesem Kapitel).

Manchmal jedoch wollen Sie eigene Anpassungen an den Daten des Drittherstellers in Ihrem eigenen Versionskontrollsystem unterbringen. Um noch einmal auf unser Beispiel aus der Software-Entwicklung zurückzukommen: Möglicherweise müssen die Programmierer für ihre eigenen Zwecke Änderungen an der Bibliothek des Drittherstellers vornehmen. Diese Änderungen könnten einige neue Funktionen oder Fehlerbehebungen umfassen, die intern nur so lange gepflegt werden, bis sie Teil einer offiziellen Version der Bibliothek des Drittherstellers werden. Oder vielleicht gelangen die Änderungen niemals wieder zurück an die Verwalter der Bibliothek, sondern existieren ausschließlich als eigene Anpassungen, um die Bibliothek an die Anforderungen der Software-Entwickler anzunähern.

Jetzt stehen Sie vor einer interessanten Situation. Ihr Projekt könnte seine eigenen Änderungen an den Daten des Drittherstellers auf eine disjunkte Weise vorhalten, etwa in Form von Patch-Dateien oder vollwertigen alternativen Versionen von Dateien und Verzeichnissen. Die Wartung dieser Dinge wird allerdings schnell zu einem Alptraum, der einen bestimmten Mechanismus verlangt, mit dem Ihre Änderungen auf die Drittdaten und die Anpassung dieser Änderungen bei jeder nachfolgenden Version dieser Daten angewandt werden.

Die Lösung dieses Problems besteht darin, *Herstellerzweige* (Vendor Branches) einzusetzen. Ein Herstellerzweig ist ein Verzeichnisbaum in Ihrem eigenen Versionskontrollsystem, der Informationen enthält, die von einer Drittinstanz oder einem Hersteller bereitgestellt werden. Jede Version der Daten des Herstellers, die Sie in Ihr Projekt aufnehmen, wird als *Vendor Drop* bezeichnet.

Herstellerzweige bieten zwei wesentliche Vorteile. Erstens: Durch das Speichern des momentan unterstützten Vendor Drop in Ihrem eigenen Versionskontrollsystem müssen die Mitglieder Ihres Projekts sich nie mehr fragen, ob sie über die richtige Version der Herstellerdaten verfügen. Sie empfangen diese korrekte Version einfach als Teil der regelmäßigen Aktualisierungen ihrer Arbeitskopien. Zweitens: Da die Daten sich in Ihrem eigenen Subversion-Repository befinden, können Sie Ihre Anpassungen an diesen Daten an dieser Stelle ablegen – Sie benötigen keine automatische (oder schlimmer noch: manuelle) Methode zum Einbringen Ihrer Anpassungen.

Allgemeines Vorgehen zum Verwalten von Herstellerzweigen

Das Verwalten von Herstellerzweigen funktioniert im Allgemeinen folgendermaßen. Sie legen ein Top-Level-Verzeichnis (wie etwa */vendor*) an, um die Herstellerzweige aufzunehmen. Dann importieren Sie den Code des Drittherstellers in ein Unterverzeichnis dieses Verzeichnisses. Anschließend kopieren Sie dieses Unterverzeichnis in Ihren Hauptentwicklungszweig (zum Beispiel */trunk*) an die passende Stelle. Sie nehmen Ihre Änderungen immer an dem Hauptentwicklungszweig vor. Jede neue Version des Codes, den Sie verfolgen, bringen Sie in den Herstellerzweig und führen die Änderungen dann in */trunk* zusammen. Dabei lösen Sie Konflikte auf, die zwischen Ihren lokalen und den externen Änderungen auftreten.

Ein Beispiel wird dieses Vorgehen vielleicht verdeutlichen. Wir werden ein Szenario zeigen, in dem Ihre Entwicklungsmannschaft ein Taschenrechnerprogramm erzeugt, das gegen eine Bibliothek für die Arithmetik komplexer Zahlen gelinkt wird. Diese Bibliothek stammt von einem Dritthersteller und heißt libcomplex. Beginnen Sie mit dem ersten Anlegen des Herstellerzweiges und dem Importieren des ersten Vendor Drop. Wir wollen unser Herstellerzweigverzeichnis *libcomplex* nennen, und unsere Codeabschnitte kommen in ein Unterverzeichnis unseres Herstellerzweiges namens *current*. Und da `svn import` alle benötigten vorübergehenden Verzeichnisse erzeugt, können wir beide Schritte mit einem einzigen Befehl erledigen.

```
$ svn import /path/to/libcomplex-1.0 \
             http://svn.example.com/repos/vendor/libcomplex/current \
             -m 'importing initial 1.0 vendor drop'
…
```

Die aktuelle Version des libcomplex-Quellcodes befindet sich nun in */vendor/libcomplex/current*. Jetzt markieren wir diese Version mit einem Tag und kopieren sie in den Hauptentwicklungszweig. Unsere Kopie erzeugt ein neues Verzeichnis namens *libcomplex* in unserem bestehenden Projektverzeichnis *calc*. In dieser kopierten Version der Herstellerdaten führen wir auch unsere Anpassungen durch.

```
$ svn copy http://svn.example.com/repos/vendor/libcomplex/current  \
           http://svn.example.com/repos/vendor/libcomplex/1.0      \
           -m 'tagging libcomplex-1.0'
…
```

```
$ svn copy http://svn.example.com/repos/vendor/libcomplex/1.0  \
           http://svn.example.com/repos/calc/libcomplex        \
           -m 'bringing libcomplex-1.0 into the main branch'
…
```

Wir checken den Hauptzweig unseres Projekts aus – der nun eine Kopie des ersten Vendor Drop enthält – und beginnen damit, den libcomplex-Code anzupassen. Bevor wir es nur mitbekommen, ist unsere modifizierte Version von libcomplex vollständig in unser Taschenrechnerprogramm integriert.[5]

Einige Wochen später geben die Entwickler von libcomplex eine neue Version ihrer Bibliothek frei – Version 1.1 –, in der einige Funktionen enthalten sind, die wir unbedingt haben wollen. Wir würden gern auf diese neue Version umsteigen, ohne allerdings die Anpassungen zu verlieren, die wir an der bestehenden Version vorgenommen haben. Im Prinzip würden wir gern unsere aktuelle Grundversion von libcomplex 1.0 durch eine Kopie von libcomplex 1.1 ersetzen und dann auf die neue Version die eigenen Änderungen erneut anwenden, die wir zuvor an der Bibliothek vorgenommen haben. Tatsächlich gehen wir das Problem von der anderen Seite an, indem wir die Änderungen, die an libcomplex zwischen den Versionen 1.0 und 1.1 bestehen, auf unsere modifizierte Kopie davon anwenden.

Um diesen Umstieg durchzuführen, checken wir eine Kopie unseres Herstellerzweiges aus und ersetzen den Code im *aktuellen* Verzeichnis durch den neuen Quellcode von libcomplex 1.1. Wir kopieren buchstäblich neue Dateien auf bestehende Dateien, indem wir etwa die tar-Datei der Version libcomplex 1.1 auf unseren vorhandenen Dateien und Verzeichnissen auspacken. Wir wollen erreichen, dass unser *aktuelles* Verzeichnis nur den libcomplex-1.1-Code enthält. Der gesamte Code soll dabei der Versionskontrolle unterliegen. Und außerdem soll dies geschehen, ohne dass die Versionskontroll-History großartig gestört wird.

Nach dem Ersetzen des 1.0-Codes durch den 1.1-Code zeigt `svn status` Dateien mit lokalen Änderungen sowie möglicherweise nicht-versionierte oder fehlende Dateien. Haben wir alles getan, was vorgesehen war, dann sind die nicht-versionierten Dateien nur diejenigen neuen Dateien, die in Version 1.1 von libcomplex eingeführt wurden – wir führen `svn add` mit ihnen aus, um sie der Versionskontrolle zu unterstellen. Die fehlenden Dateien sind Dateien, die es in 1.0 gab, nicht aber in 1.1; auf diesen Pfaden führen wir `svn remove` aus. Sobald schließlich unsere *aktuelle* Arbeitskopie nur noch den libcomplex-1.1-Code enthält, bestätigen wir die Änderungen, die wir vorgenommen haben, damit alles seine Richtigkeit hat.

Unser *current*-Zweig enthält nun den neuen Vendor Drop. Wir markieren die neue Version mit einem Tag (auf die gleiche Weise, auf die wir zuvor den Vendor Drop der Version 1.0 mit einem Tag versehen haben) und führen dann die Differenzen zwischen dem

5 Und völlig fehlerfrei natürlich!

Tag der vorherigen Version und der neuen aktuellen Version in unserem Hauptentwicklungszweig zusammen.

```
$ cd working-copies/calc
$ svn merge http://svn.example.com/repos/vendor/libcomplex/1.0      \
            http://svn.example.com/repos/vendor/libcomplex/current  \
            libcomplex
… # Auflösen aller Konflikte zwischen deren und unseren Änderungen
$ svn commit -m 'merging libcomplex-1.1 into the main branch'
…
```

Im einfachen Anwendungsfall würde die neue Version unseres Drittanbieter-Werkzeugs aus Sicht der Dateien und Verzeichnisse aussehen wie die vorherige Version. Keine der libcomplex-Quelldateien würde gelöscht, umbenannt oder an eine andere Stelle verschoben worden sein – die neue Version würde gegenüber der alten nur textbasierte Änderungen enthalten. In einer perfekten Welt würden unsere Modifikationen sich sauber auf die neue Version der Bibliothek anwenden lassen – ohne irgendwelche Komplikationen oder Konflikte.

Allerdings sind die Dinge nicht immer so einfach, und es ist sogar ziemlich verbreitet, dass Quelldateien zwischen Software-Versionen herumgeschoben werden. Dadurch wird es komplizierter abzusichern, dass unsere Modifikationen für die neue Version des Codes weiterhin gültig sind, und es kann schnell zu einer Situation kommen, in der wir unsere Anpassungen in der neuen Version von Hand wiederherstellen müssen. Sobald Subversion die History einer bestimmten Quelldatei kennt – einschließlich ihrer früheren Standorte –, ist das Zusammenführen in der neuen Version der Bibliothek ziemlich einfach. Wir sind jedoch dafür verantwortlich, Subversion mitzuteilen, wie sich der Aufbau der Quelldatei von Vendor Drop zu Vendor Drop geändert hat.

svn_load_dirs.pl

Vendor Drops, die mehr als nur ein paar Löschungen, Zusätze und Verschiebungen enthalten, verkomplizieren den Umstieg auf eine nachfolgende Version der Drittanbieterdaten. Daher bietet Subversion das Skript `svn_load_dirs.pl`, um bei diesem Prozess zu assistieren. Dieses Skript automatisiert die Importschritte, die wir im Abschnitt über die allgemeine Verwaltung von Herstellerzweigen erwähnt haben, um Fehler möglichst zu vermeiden. Sie sind weiterhin dafür verantwortlich, die Zusammenführungsbefehle zu verwenden, um die neue Version Ihrer Drittanbieterdaten in Ihren Hauptentwicklungszweig zu überführen, aber `svn_load_dirs.pl` kann Ihnen helfen, diesen Zustand schneller und einfacher zu erreichen.

Kurz gesagt ist `svn_load_dirs.pl` eine Verbesserung von `svn import`, die einige wichtige Eigenschaften aufweist:

- Das Skript kann jederzeit ausgeführt werden, um ein bestehendes Verzeichnis im Repository in exakte Übereinstimmung mit einem externen Verzeichnis zu bringen, wobei alle erforderlichen Zusätze und Löschungen, optional auch Verschiebungen, ausgeführt werden.

- Es kümmert sich um eine komplizierte Reihe von Operationen, zwischen denen Subversion ein Commit benötigt – etwa vor dem zweimaligen Umbenennen einer Datei oder eines Verzeichnisses.
- Es versieht das neu importierte Verzeichnis optional mit einem Tag.
- Es fügt optional beliebige Eigenschaften zu Dateien und Verzeichnissen hinzu, die einem regulären Ausdruck entsprechen.

`svn_load_dirs.pl` nimmt drei obligatorische Argumente entgegen. Das erste Argument ist die URL zum Basis-Subversion-Verzeichnis, in dem gearbeitet werden soll. Diesem Argument folgt die URL – relativ zum ersten Argument –, in die der aktuelle Vendor Drop importiert wird. Das dritte Argument schließlich ist das lokale Verzeichnis, in das importiert werden soll. Bei unserem vorherigen Beispiel könnte ein typischer Durchlauf von `svn_load_dirs.pl` so aussehen:

```
$ svn_load_dirs.pl http://svn.example.com/repos/vendor/libcomplex \
                   current                                        \
                   /pfad/auf/libcomplex-1.1
...
```

Sie können den Wunsch signalisieren, dass `svn_load_dirs.pl` den neuen Vendor Drop mit einem Tag versieht, indem Sie die Kommandozeilenoption `-t` übergeben und einen Tag-Namen festlegen. Dieses Tag ist eine weitere URL, die relativ zum ersten Programmargument ist:

```
$ svn_load_dirs.pl -t libcomplex-1.1                              \
                   http://svn.example.com/repos/vendor/libcomplex \
                   current                                        \
                   /pfad/auf/libcomplex-1.1
...
```

Wenn Sie `svn_load_dirs.pl` ausführen, untersucht das Skript den Inhalt Ihres bestehenden aktuellen Vendor Drop und vergleicht diesen mit dem vorgeschlagenen neuen Vendor Drop. Im einfachen Fall gibt es keine Dateien, die zwar in der einen, nicht jedoch in der anderen Version vorliegen, und das Skript führt den neuen Import ohne Zwischenfall aus. Falls es jedoch Diskrepanzen in der Dateiaufteilung zwischen beiden Versionen gibt, fragt `svn_load_dirs.pl` Sie, wie Sie diese Differenzen auflösen wollen. Beispielsweise können Sie dem Skript mitteilen, dass Sie wissen, dass die Datei *math.c* in Version 1.0 von libcomplex in *arithmetic.c* in libcomplex 1.1 umbenannt wurde. Alle Diskrepanzen, die nicht durch Verschiebungen erklärt werden können, werden wie normale Ergänzungen und Löschungen behandelt.

Das Skript akzeptiert außerdem eine separate Konfigurationsdatei, in der Eigenschaften für Dateien und Verzeichnisse festgelegt werden, die einem regulären Ausdruck entsprechen und die dem Repository *hinzugefügt* werden. Diese Konfigurationsdatei wird `svn_load_dirs.pl` mit Hilfe der Kommandozeilenoption `-p` angegeben. Jede Zeile der Konfigurationsdatei ist eine durch Leerstellen getrennte Menge aus zwei oder vier Werten: ein Perl-artiger regulärer Ausdruck, der mit dem hinzugefügten Pfad verglichen wird, ein Steuerschlüsselwort (entweder `break` oder `cont`) und optional ein Eigenschaftsname und ein Wert:

```
\.png$          break   svn:mime-type   image/png
\.jpe?g$        break   svn:mime-type   image/jpeg
\.m3u$          cont    svn:mime-type   audio/x-mpegurl
\.m3u$          break   svn:eol-style   LF
.*              break   svn:eol-style   native
```

Für jeden hinzugefügten Pfad werden die konfigurierten Eigenschaftsänderungen, deren regulärer Ausdruck dem Pfad entspricht, in der Reihenfolge angewandt, es sei denn, die Steuerangabe lautet `break` (was bedeutet, dass auf diesen Pfad keine weiteren Eigenschaftsänderungen angewandt werden sollen). Lautet die Steuerangabe `cont` – eine Abkürzung für `continue` –, dann wird der Vergleich mit der nächsten Zeile der Konfigurationsdatei fortgeführt.

Jede Leerstelle in einem regulären Ausdruck, Eigenschaftsnamen oder Eigenschaftswert muss von einfachen oder doppelten Anführungszeichen eingeschlossen werden. Sie können Anführungszeichen, die nicht zum Umschließen von Leerstellen verwendet werden, schützen, indem Sie ihnen einen Backslash (\) voranstellen. Der Backslash schützt nur Anführungszeichen beim Auswerten der Konfigurationsdatei, schützen Sie daher keine anderen Zeichen über das hinaus, was für den regulären Ausdruck erforderlich ist.

KAPITEL 8

Informationen für Entwickler

Subversion ist ein Open Source-Softwareprojekt, das unter einer Lizenz entwickelt wird, die an die Apache-Lizenz angelehnt ist. Das Projekt wird finanziell durch CollabNet, Inc., unterstützt, ein in Kalifornien beheimatetes Softwareunternehmen. Die Gemeinschaft, die sich im Zuge der Entwicklung von Subversion gebildet hat, nimmt neue Mitglieder auf, die ihre Zeit und Aufmerksamkeit dem Projekt widmen wollen. Jegliche Unterstützung Freiwilliger ist stets willkommen, ob es nun darum geht, Fehler aufzuspüren und zu diagnostizieren, vorhandenen Quellcode zu verfeinern oder sich völlig neue Funktionen auszudenken.

Dieses Kapitel ist für diejenigen gedacht, die sich an der weiteren Entwicklung von Subversion beteiligen wollen, indem sie tatsächlich Hand an den Quellcode legen. Wir behandeln einige der intimeren Details der Software, die Art der Feinheiten, auf die Leute achten sollten, die Subversion selbst entwickeln oder die neue Werkzeuge auf der Grundlage der Subversion-Bibliotheken schreiben. Falls Sie nicht davon ausgehen, dass Sie in einem solchen Maße an der Softwareentwicklung teilhaben, können Sie dieses Kapitel einfach überspringen. Sie können sich darauf verlassen, dass Ihre Erfahrungen als Subversion-Benutzer davon nicht betroffen sein werden.

Geschichteter Bibliotheksaufbau

Subversion weist einen modularen Aufbau auf und wurde als eine Sammlung von C-Bibliotheken implementiert. Jede Bibliothek besitzt wohldefinierte Aufgaben und Schnittstellen; die meisten Module existieren in einer von drei Hauptschichten – der Repository-Schicht, der Repository Access (RA)-Schicht oder der Client-Schicht. Wir werden diese Schichten in Kürze untersuchen, wollen uns aber zunächst einmal in Tabelle 8-1 den Inhalt der Subversion-Bibliotheken anschauen. Aus Gründen der Konsistenz benennen wir die Bibliotheken mit ihren erweiterungslosen Unix-Bibliotheksnamen (z. B.: `libsvn_fs`, `libsvn_wc`, `mod_dav_svn`).

Tabelle 8-1: Eine kurze Bestandsaufnahme der Subversion-Bibliotheken

Bibliothek	Beschreibung
libsvn_client	Primäre Schnittstelle für Client-Programme
libsvn_delta	Routinen zur Differenzermittlung an Bäumen und Texten
libsvn_fs	Die Subversion-Dateisystembibliothek
libsvn_ra	Routinen zum Repository Access und zum Laden von Modulen
libsvn_ra_dav	Das WebDAV Repository Access-Modul
libsvn_ra_local	Das lokale Repository Access-Modul
libsvn_ra_svn	Ein svn-eigenes Repository Access-Modul
libsvn_repos	Repository-Schnittstelle
libsvn_subr	Verschiedene hilfreiche Subroutinen
libsvn_wc	Die Bibliothek zur Arbeitskopienverwaltung
mod_authz_svn	Apache-Autorisierungsmodul für den Zugriff auf Subversion-Repositorys über WebDAV
mod_dav_svn	Apache-Modul zum Zuordnen von WebDAV- auf Subversion-Operationen

Die Tatsache, dass das Wort »verschiedene« nur einmal in Tabelle 8-1 auftaucht, ist ein gutes Zeichen. Das Subversion-Entwicklerteam meint es ziemlich ernst damit, die Funktionalität in den richtigen Schichten und Bibliotheken unterzubringen. Der vielleicht größte Vorteil des modularen Aufbaus ist aus Sicht eines Entwicklers die geringe Komplexität. Als Entwickler können Sie schnell eine Art von Gesamtbild entwerfen, das es Ihnen erlaubt, relativ einfach die Stellen zu ermitteln, an denen sich bestimmte Funktionen befinden.

Ein weiterer Vorteil der Modularität ist die Fähigkeit, ein bestimmtes Modul durch eine völlig neue Bibliothek zu ersetzen, die die gleiche API implementiert, ohne den Rest der Codebasis zu beeinflussen. In einem gewissen Sinn geschieht dies bereits innerhalb von Subversion. Die Bibliotheken libsvn_ra_dav, libsvn_ra_local und libsvn_ra_svn implementieren alle die gleiche Schnittstelle. Und alle drei kommunizieren mit der Repository-Schicht – libsvn_ra_dav und libsvn_ra_svn über das Netzwerk und libsvn_ra_local direkt.

Der Client selbst betont ebenfalls die Modularität im Subversion-Aufbau. Subversion wird momentan zwar nur mit einem Kommandozeilenprogramm geliefert, es gibt aber bereits einige andere Programme, die von Drittanbietern entwickelt werden und als grafische Schnittstellen zu Subversion dienen. Auch diese grafischen Schnittstellen verwenden die gleichen APIs wie der mitgelieferte Kommandozeilen-Client. Die Subversion-Bibliothek libsvn_client ist der reinste Supermarkt für den größten Teil der Funktionalität, der erforderlich ist, um einen funktionierenden Subversion-Client zu entwerfen (siehe »Client-Schicht« weiter hinten in diesem Kapitel).

Die Repository-Schicht

Wenn wir uns auf die Repository-Schicht von Subversion beziehen, sprechen wir im Allgemeinen über zwei Bibliotheken – die Repository-Bibliothek und die Dateisystem-Bibliothek. Diese Bibliotheken stellen die Mechanismen zum Speichern und Darstellen für die verschiedenen Revisionen Ihrer Versionskontrolldaten zur Verfügung. Diese Schicht ist über die Repository Access-Schicht mit der Client-Schicht verbunden. Aus Sicht des Subversion-Benutzers handelt es sich hierbei praktisch um den Kram am anderen Ende der Leitung.

Auf das Subversion-Dateisystem wird über die libsvn_fs-API zugegriffen. Es ist kein Dateisystem auf Kernel-Ebene, das man in einem Betriebssystem installieren würde (wie Linux ext2 oder NTFS), sondern ein virtuelles Dateisystem. Anstatt Dateien und Verzeichnisse als echte Dateien und Verzeichnisse zu speichern (wie bei der Art, die Sie mit Ihrem bevorzugten Shell-Programm durchsuchen können), verwendet es ein Datenbanksystem für seinen Speichermechanismus. Momentan wird Berkeley DB als Datenbanksystem eingesetzt.[1] Es gibt jedoch beträchtliches Interesse von Seiten der Entwicklergemeinschaft, in künftigen Versionen von Subversion die Möglichkeit vorzusehen, andere Datenbanksysteme einzusetzen, etwa durch einen Mechanismus wie Open Database Connectivity (ODBC).

Die von libsvn_fs exportierte Dateisystem-API enthält die Arten von Funktionalität, die Sie von jeder anderen Dateisystem-API erwarten würden: Sie können Dateien und Verzeichnisse erzeugen und löschen, sie kopieren und verschieben usw. Sie besitzt außerdem Funktionen, die nicht ganz so gebräuchlich sind, wie etwa die Fähigkeit, auf einer Datei oder einem Verzeichnis Metadaten (Eigenschaften) hinzuzufügen, zu modifizieren und zu löschen. Darüber hinaus ist das Subversion-Dateisystem ein versionierendes Dateisystem. Das bedeutet, wenn Sie Änderungen an Ihrem Verzeichnisbaum vornehmen, merkt sich Subversion, wie Ihr Baum vor diesen Änderungen ausgesehen hat. Und vor den vorherigen Änderungen. Und vor diesen. Und so weiter zurück durch die Zeit bis zu dem Moment, in dem Sie die ersten Dinge in das Dateisystem eingefügt haben.

Alle Modifikationen, die Sie an Ihrem Baum vornehmen, werden im Kontext einer Subversion-Transaktion erledigt. Im Folgenden sehen Sie eine vereinfachte allgemeine Routine zum Ändern Ihres Dateisystems:

1. Sie beginnen eine Subversion-Transaktion.
2. Sie führen Ihre Änderungen durch (Hinzufügen, Löschen, Eigenschaftsänderungen usw.).
3. Sie bestätigen Ihre Transaktion mit einem Commit.

1 Die Entscheidung für Berkeley DB brachte automatisch verschiedene Eigenschaften mit sich, die Subversion benötigte, wie Datenintegrität, atomare Schreibvorgänge, Wiederherstellbarkeit und Hot Backups.

Sobald Sie Ihre Transaktion bestätigt haben, werden Ihre Dateisystemänderungen dauerhaft als historische Artefakte gespeichert. Jeder dieser Zyklen erzeugt eine einzelne neue Revision Ihres Baums, und jede Revision ist für immer als unveränderliche Momentaufnahme eines früheren Status verfügbar.

Verwirrung um Transaktionen

Der Gedanke einer Subversion-Transaktion kann, vor allem angesichts ihrer Nähe zum Datenbankcode in libsvn_fs, leicht mit der Transaktionsunterstützung verwechselt werden, die durch die zu Grunde liegende Datenbank selbst geboten wird. Beide Arten von Transaktionen sollen Atomarität und Isolation bieten. Mit anderen Worten, Transaktionen geben Ihnen die Möglichkeit, eine Gruppe von Aktionen auf die Weise »alles oder nichts« auszuführen – entweder alle Aktionen aus der Gruppe werden erfolgreich abgeschlossen, oder sie werden alle so behandelt, als wäre *keine* von ihnen jemals ausgeführt worden – und zwar ohne andere Prozesse zu stören, die auf den Daten agieren.

Datenbanktransaktionen umfassen im Allgemeinen kleine Operationen, die speziell mit der Änderung von Daten in der Datenbank selbst zu tun haben (wie etwa das Ändern des Inhalts einer Tabellenzeile). Subversion-Transaktionen schließen einen größeren Bereich ein und begleiten höhere Operationen, wie etwa das Ausführen von Änderungen an einer Menge von Dateien und Verzeichnissen, die dafür vorgesehen sind, als nächste Revision des Dateisystembaums gespeichert zu werden. Falls das noch nicht verwirrend genug ist, denken Sie einmal an Folgendes: Subversion benutzt eine Datenbanktransaktion während der Erzeugung einer Subversion-Transaktion (so dass, falls die Erzeugung der Subversion-Transaktion fehlschlägt, die Datenbank aussieht, als hätten wir diese Erzeugung niemals versucht)!

Benutzer der Dateisystem-API haben aber Glück: Die Transaktionsunterstützung, die vom Datenbanksystem selbst bereitgestellt wird, bleibt fast ganz verborgen (wie man das von einem angemessen modularisierten Bibliotheksschema erwarten sollte). Erst wenn Sie sich näher mit der Implementierung des Dateisystems befassen, werden diese Dinge sichtbar (oder interessant).

Der größte Teil der Funktionalität, die von der Dateisystemschnittstelle bereitgestellt wird, sind Aktionen, die auf einem Dateisystempfad ausgeführt werden. Das heißt, von außerhalb des Dateisystems wird der primäre Mechanismus für die Beschreibung und den Zugriff auf die einzelnen Revisionen von Dateien und Verzeichnissen durch die Benutzung von Pfadstrings wie */foo/bar* ermöglicht, so als würden Sie Dateien und Verzeichnisse direkt über Ihr bevorzugtes Shell-Programm ansprechen. Sie fügen neue Dateien und Verzeichnisse hinzu, indem Sie deren künftige Pfade an die richtigen API-Funktionen übergeben. Informationen über sie fragen Sie mit dem gleichen Mechanismus ab.

Im Gegensatz zu den meisten Dateisystemen liefert jedoch ein Pfad allein nicht genügend Informationen, um eine Datei oder ein Verzeichnis in Subversion zu identifizieren. Stellen Sie sich einen Verzeichnisbaum als ein zweidimensionales System vor, in dem die Geschwister eines Knotens eine Art Links-rechts-Bewegung und das Absteigen in Unterverzeichnisse eine Bewegung nach unten repräsentieren. Abbildung 8-1 zeigt eine typische Darstellung eines Baums auf diese Weise.

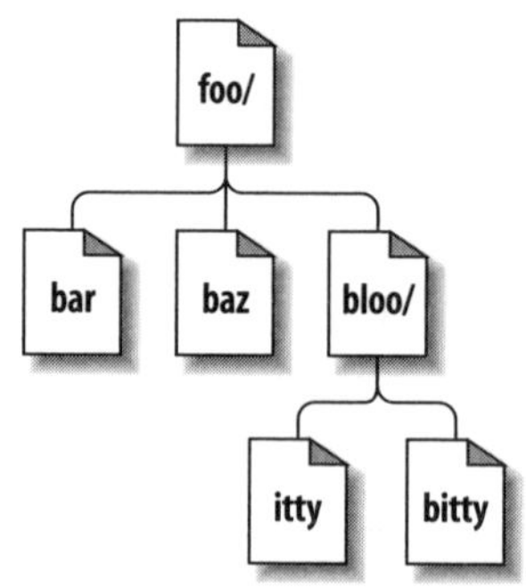

Abbildung 8-1: Dateien und Verzeichnisse in zwei Dimensionen

Natürlich besitzt das Subversion-Dateisystem eine raffinierte dritte Dimension, die die meisten Dateisysteme nicht aufweisen – Zeit![2] In der Dateisystemschnittstelle erwartet fast jede Funktion, die ein `path`-Argument hat, auch ein `root`-Argument. Dieses svn_fs_root_t-Argument beschreibt entweder eine Revision oder eine Subversion-Transaktion (bei der es sich normalerweise um eine künftige Revision handelt) und bietet diesen dreidimensionalen Kontext, der benötigt wird, um den Unterschied zwischen */foo/bar* in Revision 32 und dem gleichen Pfad, wie er in Revision 98 existiert, zu verstehen. Abbildung 8-2 zeigt die Revisions-History als eine zusätzliche Dimension im Subversion-Dateisystemuniversum.

Wie wir bereits erwähnt haben, verhält sich die libsvn_fs-API wie jedes andere Dateisystem auch, mit der Ausnahme, dass sie diese wunderbare Fähigkeit zur Versionierung aufweist. Sie wurde so entworfen, dass sie von jedem Programm benutzt werden kann, das an einem Versionierungsdateisystem interessiert ist. Nicht zufällig zeigt Subversion selbst Interesse an dieser Funktionalität. Doch obwohl die Dateisystem-API für eine einfache Unterstützung der Datei- und Verzeichnisversionierung ausreichen sollte, will Subversion mehr – und an dieser Stelle kommt libsvn_repos ins Spiel.

2 Uns ist schon klar, dass dies für Science-Fiction-Fans ein Schock sein muss, die lange den Eindruck hatten, dass es sich bei der Zeit tatsächlich um die *vierte* Dimension handelt. Wir entschuldigen uns für alle emotionalen Schäden, die durch unsere Theorie möglicherweise verursacht werden.

Die Subversion-Repository-Bibliothek (libsvn_repos) ist im Prinzip eine Wrapper-Bibliothek um die Dateisystemfunktionalität herum. Diese Bibliothek ist verantwortlich dafür, den Repository-Aufbau zu erzeugen und abzusichern, dass das zu Grunde liegende Dateisystem initialisiert wird usw. libsvn_repos implementiert außerdem eine Reihe von Hooks – Skripte, die durch den Repository-Code ausgeführt werden, wenn bestimmte Aktionen stattfinden. Diese Skripte sind sehr nützlich für Benachrichtigungen, Autorisierungen oder andere Aufgaben, die der Repository-Administrator sich vorstellt. Eine solche Funktionalität und andere Hilfsmittel, die von der Repository-Bibliothek bereitgestellt werden, beschränken sich nicht ausschließlich auf das Implementieren eines versionierenden Dateisystems, weshalb sie in eine eigene Bibliothek gesetzt werden.

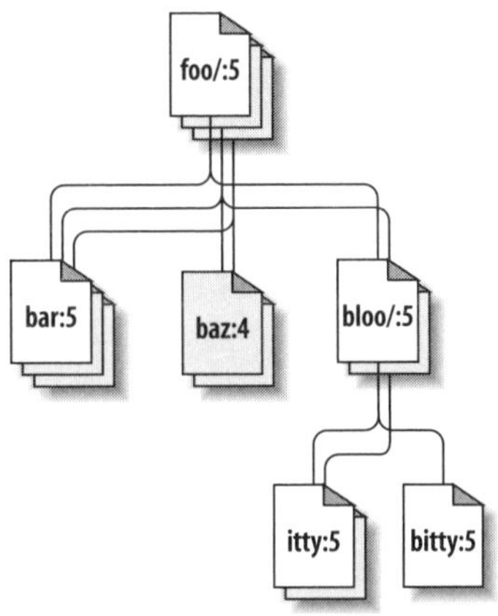

Abbildung 8-2: Zeit zur Revision – die dritte Dimension!

Entwickler, die die libsvn_repos-API benutzen wollen, werden feststellen, dass diese kein vollständiger Wrapper um die Dateisystemschnittstelle ist. Das heißt, nur bestimmte wichtige Ereignisse im allgemeinen Kreislauf der Dateisystemaktivitäten werden von der Repository-Schnittstelle umhüllt. Dazu gehören das Anlegen und Bestätigen von Subversion-Transaktionen und die Veränderung von Revisionseigenschaften. Diese speziellen Ereignisse werden von der Repository-Schicht eingeschlossen, weil sie Hooks besitzen, die mit ihnen verknüpft sind. Künftig könnten auch andere Ereignisse von der Repository-API umschlossen werden. Alle verbleibenden Dateisysteminteraktionen treten jedoch weiterhin direkt mit der libsvn_fs-API in Kontakt.

Beispielsweise illustriert das Codesegment in Beispiel 8-1 die Benutzung sowohl der Repository- als auch der Dateisystemschnittstelle zum Anlegen einer neuen Revision des Dateisystems, in der ein Verzeichnis hinzugefügt wird. Beachten Sie, dass das Makro `SVN_ERR` in diesem Beispiel (und in allen anderen in diesem Buch) einfach prüft, ob die Funktion, die es umschließt, bei Nichterfolg einen Fehler ausgibt, und diesen Fehler zurückliefert, falls er auftritt.

Beispiel 8-1: Benutzung der Repository-Schicht

```
/* Erzeugt ein neues Verzeichnis im Pfad NEW_DIRECTORY im Subversion-
   Repository, das sich unter REPOS_PATH befindet. Führt die gesamte Speicherzuweisung in
   POOL aus. Diese Funktion erzeugt eine neue Revision für das Hinzufügen von
   NEW_DIRECTORY. */
static svn_error_t *
make_new_directory (const char *repos_path,
                    const char *new_directory,
                    apr_pool_t *pool)
{
  svn_error_t *err;
  svn_repos_t *repos;
  svn_fs_t *fs;
  svn_revnum_t youngest_rev;
  svn_fs_txn_t *txn;
  svn_fs_root_t *txn_root;
  const char *conflict_str;

  /* Öffnet das Repository, das sich unter REPOS_PATH befindet. */
  SVN_ERR (svn_repos_open (&repos, repos_path, pool));

  /* Holt einen Zeiger auf das Dateisystemobjekt, das in
     REPOS gespeichert ist. */
  fs = svn_repos_fs (repos);

  /* Fordert das Dateisystem auf, uns die neueste Revision zu nennen,
     die momentan existiert. */
  SVN_ERR (svn_fs_youngest_rev (&youngest_rev, fs, pool));

  /* Beginnt eine neue Transaktion, die auf YOUNGEST_REV basiert. Die Wahrscheinlichkeit,
     dass unser späteres Commit als konfliktbehaftet abgewiesen wird, sinkt, wenn wir
     immer versuchen, unsere Änderungen an einer Kopie der neuesten Momentaufnahme
     des Dateisystembaums vorzunehmen. */
  SVN_ERR (svn_fs_begin_txn (&txn, fs, youngest_rev, pool));

  /* Nachdem wir eine neue Subversion-Transaktion gestartet haben, holen wir ein root-Objekt,
     das diese Transaktion repräsentiert. */
  SVN_ERR (svn_fs_txn_root (&txn_root, txn, pool));

  /* Erzeugt unser neues Verzeichnis unter der Transaktionswurzel im Pfad
     NEW_DIRECTORY. */
  SVN_ERR (svn_fs_make_dir (txn_root, new_directory, pool));

  /* Bestätigen der Transaktion, Erzeugen einer neuen Revision des Dateisystems,
     die unseren hinzugefügten Verzeichnispfad enthält. */
  err = svn_repos_fs_commit_txn (&conflict_str, repos,
                                 &youngest_rev, txn, pool);
  if (! err)
    {
      /* Kein Fehler? Ausgezeichnet! Ausgeben einer kurzen Erfolgsmeldung. */
      printf ("Verzeichnis '%s' wurde erfolgreich als neue Revision hinzugefuegt "
              "'%" SVN_REVNUM_T_FMT "'.\n", new_directory, youngest_rev);
```

Beispiel 8-1: Benutzung der Repository-Schicht (Fortsetzung)

```
    }
  else if (err->apr_err == SVN_ERR_FS_CONFLICT)
    {
      /* Oh-oh.  Unser Commit schlug in Folge eines Konfliktes fehl
         (jemand anderes scheint Änderungen am gleichen Bereich des Dateisystems
         vorgenommen zu haben, den wir verändern wollten).  Ausgeben einer
         Fehlermeldung.  */
      printf ("Ein Konflikt trat im Pfad '%s' auf, waehrend versucht wurde, "
              "Verzeichnis '%s' dem Repository hinzuzufuegen unter '%s'.\n",
              conflict_str, new_directory, repos_path);
    }
  else
    {
      /* Ein anderer Fehler ist aufgetreten.  Ausgeben einer Fehlermeldung.  */
      printf ("Ein Fehler trat auf, waehrend versucht wurde, Verzeichnis '%s' "
              "dem Repository hinzuzufuegen unter '%s'.\n",
              new_directory, repos_path);
    }

  /* Zurückliefern des Ergebnisses des versuchten Commit an unseren Aufrufer.  */
  return err;
}
```

Im gezeigten Codesegment werden sowohl an die Repository- als auch an die Dateisystemschnittstelle Aufrufe ausgeführt. Wir hätten die Transaktion auch ganz einfach mit `svn_fs_commit_txn` bestätigen können. Allerdings weiß die Dateisystem-API nichts über den Hook-Mechanismus der Repository-Bibliothek. Falls Sie wollen, dass Ihr Subversion-Repository immer dann automatisch eine Reihe von Subversion-fremden Aufgaben ausführt, wenn Sie eine Transaktion bestätigen (etwa das Verschicken einer E-Mail, die alle Änderungen in dieser Transaktion an Ihre Entwickler-Mailingliste übermittelt), müssen Sie die libsvn_repos-Wrapper-Version dieser Funktion verwenden – `svn_repos_fs_commit_txn`. Diese Funktion führt tatsächlich zuerst das Hook-Skript `pre-commit` aus, falls es vorhanden ist, bestätigt dann die Transaktion und ruft schließlich das Hook-Skript `post-commit` auf. Die Hooks bieten eine besondere Art von Berichtsmechanismus, der nicht direkt zur eigentlichen Dateisystembibliothek gehört. (Nähere Informationen zu den Repository-Hooks von Subversion finden Sie im Abschnitt »Hook-Skripte« in Kapitel 5).

Die Anforderung des Hook-Mechanismus ist nur einer der Gründe für die Trennung der Repository-Bibliothek vom Rest des Dateisystem-Codes. Die libsvn_repos-API bietet einige weitere wichtige Hilfsmittel für Subversion. Dazu gehören folgende Fähigkeiten:

- Das Erzeugen, Öffnen, Zerstören und Durchführen von Wiederherstellungsschritten auf einem Subversion-Repository und dem Dateisystem, das in diesem Repository enthalten ist
- Das Beschreiben der Unterschiede zwischen zwei Dateisystembäumen

- Das Abfragen der Commit-Protokollmeldungen, die mit allen (oder einigen) Revisionen verknüpft sind, in denen eine Reihe von Dateien im Dateisystem verändert wurden
- Das Erzeugen eines vom Menschen lesbaren Dump des Dateisystems, einer kompletten Repräsentation der Revisionen im Dateisystem
- Das Parsen dieses Dump-Formats, das Laden der als Dump gesicherten Revisionen in ein anderes Subversion-Repository

Im Laufe der weiteren Entwicklung von Subversion wächst mit der Dateisystem-Bibliothek auch die Repository-Bibliothek, um eine verbesserte Funktionalität und Unterstützung für konfigurierbare Optionen anzubieten.

Repository Access-Schicht

Wenn die Subversion-Repository-Schicht sich am anderen Ende der Leitung befindet, dann ist die Repository Access-Schicht die Leitung selbst. Ausgestattet mit Zuordnungsdaten zwischen den Client-Bibliotheken und dem Repository enthält diese Schicht die Bibliothek zum Laden von Modulen libsvn_ra, die RA-Module selbst (zu denen momentan libsvn_ra_dav, libsvn_ra_local und libsvn_ra_svn gehören) und alle zusätzlichen Bibliotheken, die von einem oder mehreren dieser RA-Module benötigt werden, wie etwa das Apache-Modul mod_dav_svn, mit dem libsvn_ra_dav kommuniziert, oder den libsvn_ra_svn-Server, svnserve.

Da Subversion URLs verwendet, um seine Repository-Ressourcen zu identifizieren, wird der Protokollanteil des URL-Schemas (normalerweise `file:`, `http:`, `https:` oder `svn:`) benutzt, um festzustellen, welches RA-Modul die Kommunikation übernimmt. Jedes Modul registriert eine Liste der Protokolle, die es beherrscht, so dass das RA-Modul zur Laufzeit ermitteln kann, welches Modul für die zu erledigende Aufgabe eingesetzt werden kann. Sie können feststellen, welche RA-Module dem Subversion-Kommandozeilen-Client zur Verfügung stehen und welche Protokolle sie zu unterstützen vorgeben, indem Sie `svn --version` ausführen:

```
$ svn --version
svn, version 1.0.1 (r9023)
   compiled Mar 17 2004, 09:31:13

Copyright (C) 2000-2004 CollabNet.
Subversion is open source software, see http://subversion.tigris.org/
This product includes software developed by CollabNet (http://www.Collab.Net/).

The following repository access (RA) modules are available:

* ra_dav : Module for accessing a repository via WebDAV (DeltaV) protocol.
  - handles 'http' schema
  - handles 'https' schema
* ra_local : Module for accessing a repository on local disk.
  - handles 'file' schema
```

```
* ra_svn : Module for accessing a repository using the svn network protocol.
  - handles 'svn' schema
```

RA-DAV (Repository-Zugriff mittels HTTP/DAV)

Die Bibliothek libsvn_ra_dav ist für die Benutzung durch Clients vorgesehen, die auf anderen Rechnern ausgeführt werden als den Servern, mit denen sie kommunizieren, speziell Rechnern, die über URLs erreicht werden, in denen die Protokollanteile `http:` oder `https:` enthalten sind. Um zu verstehen, wie dieses Modul funktioniert, sollten wir zuerst eine Reihe von anderen Schlüsselkomponenten in dieser besonderen Konfiguration der Repository Access-Schicht erwähnen – den leistungsfähigen Apache-HTTP-Server und die Neon HTTP/WebDAV-Client-Bibliothek.

Subversions primärer Netzwerk-Server ist der Apache-HTTP-Server. Apache ist ein erprobter, erweiterbarer Open Source-Server-Prozess, der bereit für den ernsthaften Einsatz ist. Er kann eine große Netzwerklast auf sich nehmen und läuft auf vielen Plattformen. Der Apache-Server unterstützt eine ganze Reihe von unterschiedlichen Standard-Authentifizierungsprotokollen. Mit Hilfe von Modulen kann diese Unterstützung auf viele weitere Protokolle ausgeweitet werden. Außerdem unterstützt er Optimierungen wie Netzwerk-Pipelining und -Caching. Indem Subversion Apache als Server verwendet, erhält es all diese Funktionen gratis. Und da die meisten Firewalls bereits HTTP-Daten passieren lassen, müssen die Systemadministratoren ihre Firewall-Konfigurationen nicht einmal ändern, um Subversion den Betrieb zu erlauben.

Subversion verwendet HTTP und WebDAV (mit DeltaV), um mit einem Apache-Server zu kommunizieren. Sie können mehr darüber im WebDAV-Abschnitt dieses Kapitels erfahren. In Kürze nur so viel: WebDAV und DeltaV sind Erweiterungen des Standardprotokolls HTTP 1.1, die das gemeinsame Benutzen und Versionieren von Dateien über das Web erlauben. Apache 2.0 wird mit mod_dav ausgeliefert, einem Apache-Modul, das die DAV-Erweiterungen zu HTTP versteht. Subversion selbst bietet dagegen mod_dav_svn, ein weiteres Apache-Modul, das zusammen mit (um genau zu sein als Backend zu) mod_dav die speziellen Subversion-Implementierungen von WebDAV und DeltaV bereitstellt.

Wenn die RA-Lader-Bibliothek über HTTP mit einem Repository kommuniziert, wählt sie libsvn_ra_dav als entsprechendes Zugriffsmodul. Der Subversion-Client führt Aufrufe an die generische RA-Schnittstelle aus, und libsvn_ra_dav bildet diese Aufrufe (die größere Subversion-Aktionen verkörpern) auf eine Menge von HTTP/WebDAV-Anfragen ab. Mit Hilfe der Neon-Bibliothek übermittelt libsvn_ra_dav diese Anfragen an den Apache-Server. Apache empfängt diese Anfragen (genau wie die generischen HTTP-Anfragen, die Ihr Webbrowser auslöst), bemerkt, dass diese Anfragen an eine URL gerichtet sind, die als DAV-Location konfiguriert ist (über die Anweisung `<Location>` in *httpd.conf*), und gibt die Anfrage an sein eigenes mod_dav-Modul weiter. Wenn mod_dav richtig konfiguriert ist, weiß es, dass es das Subversion-mod_dav_svn für alle Dateisystembelange benutzen kann, im Gegensatz zum generischen mod_dav_fs, das dem Apache beiliegt. Das bedeutet schließlich, dass der Client mit mod_dav_svn kommuniziert, das direkt an die Subversion-Repository-Schicht gebunden ist.

Dies war allerdings nur eine vereinfachte Beschreibung des tatsächlich stattfindenden Austauschs. Beispielsweise könnte das Subversion-Repository durch Autorisierungsanweisungen des Apache geschützt sein. Dies könnte dazu führen, dass erste Kommunikationsversuche vom Apache auf Grund einer fehlenden Autorisierung abgewiesen werden. In diesem Fall erhält libsvn_ra_dav die Nachricht vom Apache zurück, dass eine nicht ausreichende Identifizierung erfolgte, und fragt in der Client-Schicht nach aktualisierten Authentifizierungsdaten. Falls diese Daten korrekt geliefert werden und der Benutzer die von Apache geforderte Berechtigung besitzt, wird der nächste automatische Versuch von libsvn_ra_dav, die ursprüngliche Operation auszuführen, zugelassen, und alles ist gut. Können die passenden Authentifizierungsinformationen nicht geliefert werden, schlägt die Anfrage schließlich fehl, und der Client informiert den Benutzer über den Misserfolg.

Durch die Benutzung von Neon und Apache erhält Subversion auch in verschiedenen anderen komplexen Bereichen eine freie Funktionalität. Falls zum Beispiel Neon die OpenSSL-Bibliotheken findet, erlaubt es dem Subversion-Client, eine SSL-verschlüsselte Kommunikation mit dem Apache-Server zu versuchen (dessen eigenes mod_ssl-Modul die Sprache versteht). Außerdem verstehen sowohl Neon selbst als auch das Apache-Modul mod_deflate den Deflate-Algorithmus (der auch von den Programmen PKZIP und gzip benutzt wird), so dass Anfragen in kleineren, komprimierten Portionen über das Netz verschickt werden können. Zu den weiteren komplexen Funktionen, die Subversion in der Zukunft hoffentlich unterstützen wird, gehört die Fähigkeit, automatisch serverspezifische Redirects (zum Beispiel wenn ein Repository an eine neue kanonische URL verschoben wurde) auszuführen und die Vorteile des HTTP-Pipelining auszunutzen.

RA-SVN (Repository-Zugriff über ein eigenes Protokoll)

Zusätzlich zum Standard-HTTP/WebDAV-Protokoll bietet Subversion eine RA-Implementierung, die ein eigenes Protokoll verwendet. Das Modul libsvn_ra_svn implementiert seine eigene Netzwerk-Socket-Konnektivität und kommuniziert mit einem eigenständigen Server – dem Programm *svnserve* – auf dem Rechner, der das Repository beherbergt. Clients greifen auf das Repository über das `svn://`-Schema zu.

Dieser RA-Implementierung fehlen die meisten der Vorteile des Apache, die im vorherigen Abschnitt erwähnt wurden; nichtsdestotrotz könnte sie für einige Systemadministratoren attraktiv sein. Sie ist deutlich einfacher zu konfigurieren und auszuführen; das Einrichten eines *svnserve*-Prozesses geht rasend schnell. Außerdem ist sie viel kleiner (in Codezeilen gerechnet) als der Apache, was die Überprüfung, etwa aus Sicherheitsgründen, erleichtert. Manche Systemadministratoren haben darüber hinaus möglicherweise bereits eine SSH-Sicherheitsinfrastruktur etabliert und wollen, dass Subversion diese nutzt. Clients, die ra_svn einsetzen, können das Protokoll leicht über SSH tunneln.

RA-Local (direkter Repository-Zugriff)

Nicht alle Kommunikationen mit einem Subversion-Repository erfordern einen ausgewachsenen Server-Prozess und eine Netzwerkschicht. Benutzer, die einfach nur auf die Repositorys auf ihrer lokalen Festplatte zugreifen wollen, können dies über `file:`-URLs und die Funktionalität tun, die von libsvn_ra_local geboten wird. Dieses RA-Modul wird direkt an die Repository- und Dateisystembibliotheken gebunden, es ist also überhaupt keine Netzwerkkommunikation erforderlich.

Subversion verlangt, dass der Server-Name, der als Teil der `file:`-URL angegeben ist, entweder `localhost` lautet oder leer ist. Es darf außerdem keine Portangabe geben.Ihre URLs müssen also entweder `file://localhost/pfad/auf/repository` oder `file:///pfad/auf/repository` heißen.

Denken Sie außerdem daran, dass Subversion-`file:`-URLs nicht in einem normalen Webbrowser verwendet werden können, wie dies bei typischen `file:`-URLs der Fall ist. Wenn Sie versuchen, eine `file:`-URL in einem normalen Webbrowser anzuschauen, liest und zeigt er den Inhalt der Datei an dieser Stelle, indem er direkt im Dateisystem nachsieht. Subversions Ressourcen existieren dagegen in einem virtuellen Dateisystem (siehe »Die Repository-Schicht« weiter vorn in diesem Kapitel), und Ihr Browser weiß nicht, wie er dieses Dateisystem lesen muss.

Ihre RA-Bibliothek hier

Die Repository Access-Schicht ist modularisiert, damit Benutzer, die auf ein Subversion-Repository mit noch einem anderen Protokoll zugreifen wollen, dies auch tatsächlich tun können! Entwickler können einfach eine neue Bibliothek schreiben, die auf der einen Seite die RA-Schnittstelle implementiert und auf der anderen Seite mit dem Repository kommuniziert. Ihre neue Bibliothek kann bestehende Netzwerkprotokolle benutzen, Sie können aber auch Ihre eigenen erfinden. Sie könnten IPC-Aufrufe (Interprocess Communication) verwenden oder – wenn es ganz verrückt werden soll – sogar ein E-Mail-basiertes Protokoll implementieren. Subversion liefert die API, Sie liefern die Kreativität.

Client-Schicht

Auf der Client-Seite finden alle Aktionen in der Subversion-Arbeitskopie statt. Der größte Teil der Funktionalität, der durch clientseitige Bibliotheken implementiert wird, existiert einzig und allein, um Arbeitskopien zu verwalten – Verzeichnisse, voll mit Dateien und anderen Unterverzeichnissen, die als eine Art lokale, bearbeitungsfähige Widerspiegelung eines oder mehrerer Repositorys dienen – und Änderungen von und zur Repository Access-Schicht weiterzugeben.

Subversions Arbeitskopienbibliothek, libsvn_wc, ist direkt verantwortlich für das Verwalten der Daten in den Arbeitskopien. Um dies zu erreichen, speichert die Bibliothek administrative Informationen über jedes Arbeitskopienverzeichnis innerhalb eines speziellen Unterverzeichnisses. Dieses Unterverzeichnis namens *.svn* ist in jedem Arbeitskopienverzeichnis vorhanden und enthält verschiedene andere Dateien und Verzeichnisse, die den Zustand aufzeichnen und einen privaten Arbeitsbereich für administrative Aktionen bieten. Falls Sie sich mit CVS auskennen: Dieses *.svn*-Unterverzeichnis hat etwa den gleichen Zweck wie die administrativen *CVS*-Verzeichnisse, die es in CVS-Arbeitskopien gibt. Weitere Informationen über den administrativen *.svn*-Bereich finden Sie im Abschnitt »Im Administrationsbereich einer Arbeitskopie« weiter hinten in diesem Kapitel.

Die Subversion-Client-Bibliothek, libsvn_client, trägt die größte Verantwortung; ihre Aufgabe besteht darin, die Funktionalität der Arbeitskopienbibliothek mit der der Repository Access-Schicht zu mischen und dann jeder Anwendung, die allgemeine Aktionen zur Revisionskontrolle ausführen möchte, die höchstmögliche API anzubieten. Beispielsweise nimmt die Funktion `svn_client_checkout` eine URL als Argument entgegen. Sie übergibt diese URL an die RA-Schicht und öffnet eine authentifizierte Sitzung mit einem bestimmten Repository. Anschließend fragt es das Repository nach einem bestimmten Baum und sendet diesen Baum an die Arbeitskopienbibliothek, die dann eine vollständige Arbeitskopie auf die Platte schreibt (mit *.svn*-Verzeichnissen und allem).

Die Client-Bibliothek soll von allen Anwendungen benutzt werden können. Der Subversion-Quellcode enthält zwar einen Standard-Kommandozeilen-Client, es sollte aber sehr einfach sein, auf diese Client-Bibliothek eine beliebige Anzahl von grafischen Clients aufzusetzen. Neue grafische Clients (bzw. überhaupt alle neuen Clients) für Subversion müssen keine klobigen Wrapper um den enthaltenen Kommandozeilen-Client herum sein – sie haben über die libsvn_client-API vollen Zugriff auf die gleiche Funktionalität, die gleichen Daten und die gleichen Callback-Mechanismen wie der Kommandozeilen-Client.

Die APIs benutzen

Das Entwickeln von Anwendungen mit Hilfe der APIs der Subversion-Bibliothek ist relativ einfach. Alle öffentlichen Header-Dateien befinden sich im Verzeichnis *subversion/include* des Quellbaums. Diese Header werden an die entsprechenden Stellen in Ihrem System kopiert, wenn Sie Subversion selbst aus den Quellen kompilieren und installieren. Die Header repräsentieren die Gesamtheit der Funktionen und Typen, die den Benutzern der Subversion-Bibliotheken zur Verfügung stehen sollen.

Die erste Sache, die Sie möglicherweise feststellen werden, ist, dass die Datentypen und Funktionen von Subversion einen eigenen geschützten Namensraum beanspruchen. Jeder öffentliche Subversion-Symbolname beginnt mit `svn_`, gefolgt von einem kurzen Code für die Bibliothek, in der das Symbol definiert ist (wie etwa `wc`, `client`, `fs` usw.), gefolgt von einem einzelnen Unterstrich (_) und dem Rest des Symbolnamens. Halböffentliche Funktionen (die von den Quelldateien einer bestimmten Bibliothek, nicht jedoch vom Code außerhalb dieser Bibliothek benutzt werden und innerhalb der Biblio-

> **Direktes Binden – Ein Wort zur Korrektheit**
>
> Weshalb sollte Ihr grafisches Programm direkt an libsvn_client gebunden werden, anstatt als Wrapper um ein Kommandozeilenprogramm zu dienen? Abgesehen davon, dass es einfach effizienter ist, kann dies einigen potenziellen Problemen entgegentreten. Ein Kommandozeilenprogramm (wie dasjenige von Subversion), das an die Client-Bibliothek gebunden wird, muss effektiv Rückmeldungen und angeforderte Datenbits aus C-Code in irgendeine Form vom Menschen lesbarer Ausgabe übersetzen. Diese Art der Übersetzung kann Verluste mit sich bringen. Das heißt, das Programm zeigt unter Umständen nicht alle Informationen an, die es von der API bekommen hat, oder kombiniert Informationen für eine kompakte Repräsentation.
>
> Falls Sie ein solches Kommandozeilenprogramm mit noch einem anderen Programm umschließen, hat das zweite Programm Zugang nur zu bereits interpretierten (und wie erwähnt wahrscheinlich unvollständigen) Informationen, die es *wieder* in *sein* Repräsentationsformat übersetzen muss. Mit jeder weiteren Wrapping-Schicht wird die Integrität der Originaldaten immer weiter verdorben, ähnlich wie beim Erstellen einer Kopie einer Kopie (einer Kopie...) einer Lieblingsaudio- oder -videokassette.

theksverzeichnisse selbst zu finden sind) unterscheiden sich von diesem Benennungsschema dahingehend, dass sie an Stelle eines einzelnen Unterstrichs doppelte Unterstriche (__) verwenden. Funktionen, die ausschließlich von einer bestimmten Quelldatei verwendet werden, besitzen kein besonderes Präfix und werden als `static` deklariert. Natürlich interessiert sich ein Compiler nicht für diese Namenskonventionen, sie helfen aber auf jeden Fall dabei, Klarheit über den Geltungsbereich einer bestimmten Funktion oder eines bestimmten Datentyps zu bekommen.

Die Apache Portable Runtime-Bibliothek

Neben dem Subversion-eigenen Datentyp werden Sie viele Verweise auf Datentypen sehen, die mit `apr_` beginnen – Symbole aus der Apache Portable Runtime (APR)-Bibliothek. APR ist Apaches Portabilitätsbibliothek, die ursprünglich aus dem Server-Code des Apache herausgelöst wurde, um damit zu versuchen, die betriebssystemspezifischen Teile von den betriebssystemunabhängigen Teilen des Codes zu trennen. Das Ergebnis war eine Bibliothek, die eine generische API liefert, mit der Operationen ausgeführt werden können, die sich mehr oder weniger stark von Betriebssystem zu Betriebssystem unterscheiden. Der Apache-HTTP-Server war zwar offensichtlich der erste Anwender der APR-Bibliothek, allerdings erkannten die Subversion-Entwickler den Wert von APR ebenfalls. Das bedeutet, dass es praktisch keine betriebssystemspezifischen Code-Anteile in Subversion selbst gibt. Außerdem heißt dies, dass sich der Subversion-Client überall dort kompilieren und ausführen lässt, wo dies auch der Server tut. Momentan enthält diese Liste alle Arten von Unix, Win32, BeOS, OS/2 und Mac OS X.

Zusätzlich zur Bereitstellung konsistenter Implementierungen von Systemaufrufen, die sich bei verschiedenen Betriebssystemen unterscheiden (Subversion benutzt so weit wie möglich ANSI-Systemaufrufe und -Datentypen), bietet APR Subversion sofortigen Zugriff auf viele eigene Datentypen, wie etwa dynamische Arrays und Hash-Tabellen. Subversion nutzt diese Typen ausführlich in seiner gesamten Codebasis. Aber der vermutlich am weitesten verbreitete APR-Datentyp, der in nahezu jedem Subversion-API-Prototyp zu finden ist, ist `apr_pool_t` – der APR-Speicherpool. Subversion verwendet Pools intern für seine gesamte Speicherzuweisung (es sei denn, eine externe Bibliothek verlangt ein anderes Speicherverwaltungsschema für Daten, die durch ihre API übergeben werden).[3] Eine Person, die Code mit Hilfe der Subversion-APIs schreibt, muss zwar nicht das Gleiche tun, ist aber gehalten, Pools für diejenigen API-Funktionen bereitzustellen, die sie benötigen. Das bedeutet, dass Benutzer der Subversion-API gegen die APR linken müssen, dass sie `apr_initialize()` aufrufen müssen, um das APR-Subsystem zu initialisieren, und dass sie dann einen Pool für die Benutzung mit Subversion-API-Aufrufen bereitstellen müssen. Weitere Informationen finden Sie unter »Programmieren mit Speicherpools« weiter hinten in diesem Kapitel.

URL- und Pfadanforderungen

Wenn entfernte Versionskontrolle der wichtigste Grund für die Existenz von Subversion ist, dann ist es auch sinnvoll, dass der Unterstützung der Internationalisierung (i18n) einige Aufmerksamkeit gewidmet wird. Entfernt könnte im Prinzip bedeuten, dass von unterschiedlichen Stellen im gleichen Gebäude agiert wird, es könnte aber auch heißen, dass Operationen über Kontinente hinweg ausgeführt werden. Um dies zu ermöglichen, erwarten alle öffentlichen Schnittstellen von Subversion, die Pfadargumente akzeptieren, dass diese Pfade kanonisiert und in UTF-8 kodiert sind. Das bedeutet zum Beispiel, dass jedes neue Client-Programm, das über die libsvn_client-Schnittstelle operiert, zuerst Pfade aus der sprachspezifischen Kodierung nach UTF-8 konvertieren muss, bevor es diese Pfade an die Subversion-Bibliotheken übergibt. Als Ergebnis von Subversion gelieferte Ausgabepfade müssen wiederum aus UTF-8 zurückkonvertiert werden, bevor sie für Subversion-fremde Aufgaben benutzt werden können. Glücklicherweise bietet Subversion eine Reihe von Funktionen (siehe *subversion/include/svn_utf.h*), die von allen Programmen verwendet werden können, um diese Konvertierungen durchzuführen.

Subversion-APIs verlangen außerdem, dass alle URL-Parameter korrekt URI-kodiert sind. Anstatt also *file:///home/benutzername/Meine Datei.txt* als URL einer Datei namens `Meine Datei.txt` zu übergeben, müssen Sie *file:///home/benutzername/Meine%20Datei.txt* übergeben. Auch hier stellt Subversion Hilfsfunktionen zur Verfügung, die Ihre Anwendung nutzen kann – `svn_path_uri_encode` und `svn_path_uri_decode` für die URI-Kodierung bzw. -Dekodierung.

3 Neon und Berkeley DB sind Beispiele für solche Bibliotheken.

Andere Sprachen als C und C++ verwenden

Falls Sie daran interessiert sind, die Subversion-Bibliotheken mit etwas anderem als einem C-Programm zu verwenden – etwa einem Python-Skript oder einer Java-Anwendung –, bietet Subversion eine gewisse Unterstützung dafür über den Simplified Wrapper and Interface Generator (SWIG). Die SWIG-Bindungen für Subversion finden Sie in *subversion/bindings/swig*. So nach und nach gelangen sie in einen benutzbaren Zustand. Diese Bindungen erlauben es Ihnen, Subversion-API-Funktionen indirekt aufzurufen. Dazu verwenden Sie Wrapper, die die Datentypen Ihrer Skriptsprache in die Datentypen übersetzen, die von den Subversion-C-Bibliotheken benötigt werden.

Es gibt einen offensichtlichen Vorteil, wenn man auf die Subversion-APIs über eine Sprachbindung zugreift – Einfachheit. Gewöhnlich sind solche Sprachen wie Python und Perl viel flexibler und einfacher zu benutzen als C oder C++. Die Art der höheren Datentypen und kontextbestimmten Typüberprüfung, die von solchen Sprachen bereitgestellt wird, ist oft besser beim Verarbeiten von Informationen, die von den Benutzern stammen. Wie Sie wissen, sind Menschen ziemlich begabt darin, Eingaben an ein Programm zu verbocken. Skriptsprachen können mit diesen Fehlinformationen oft großzügiger umgehen. Natürlich geht diese Flexibilität häufig zu Lasten der Leistung. Deshalb ist die Benutzung einer optimierten, C-basierten Schnittstelle und Bibliothek, kombiniert mit einer leistungsfähigen, flexiblen Sprachbindung so verlockend.

Schauen wir uns Beispiel 8-2 an; es verwendet die Subversion-Python-SWIG-Bindungen.

Beispiel 8-2: Benutzung der Repository-Schicht mit Python

```
from svn import fs
import os.path

def crawl_filesystem_dir (root, directory, pool):
  """Rekursives Durchsuchen von DIRECTORY unter ROOT im Dateisystem und Zurückliefern
  einer Liste aller Pfade in oder unterhalb von DIRECTORY.  Benutze POOL für alle
  Zuweisungen."""

  # Holt die Verzeichniseinträge für DIRECTORY.
  entries = fs.dir_entries(root, directory, pool)

  # Initialisiert unsere zurückgelieferte Liste mit dem Verzeichnispfad selbst.
  paths = [directory]

  # Schleife über die Einträge
  names = entries.keys()
  for name in names:
    # Berechnet den vollständigen Pfad des Eintrags.
    full_path = os.path.join(basepath, name)

    # Handelt es sich bei dem Eintrag um ein Verzeichnis, dann Rekursion.  Die Rekursion
    # liefert eine Liste mit dem Eintrag und all seinen Kindern, die wir zu unserer laufenden
    # Liste der Pfade hinzufügen.
```

Beispiel 8-2: Benutzung der Repository-Schicht mit Python (Fortsetzung)

```
    if fs.is_dir(fsroot, full_path, pool):
      subpaths = crawl_filesystem_dir(root, full_path, pool)
      paths.extend(subpaths)

    # Handelt es sich jedoch um eine Datei, wird der vollständige Pfad zur FILES-Liste
    # hinzugefügt.
    else:
      paths.append(full_path)

  return paths
```

Eine Implementierung des gezeigten Beispiels in C würde länger ausfallen. Die gleiche Routine in C müsste auf die Speicherbenutzung achten und bräuchte eigene Datentypen zum Repräsentieren des Hash der Einträge und der Liste der Pfade. Python besitzt Hashes und Listen (als Dictionaries bzw. Sequenzen bezeichnet) als integrierte Datentypen und bietet eine wunderbare Auswahl an Methoden, um auf diesen Typen zu operieren. Und da Python Reference Counting und Garbage Collection einsetzt, müssen sich die Benutzer dieser Sprache nicht selbst mit dem Zuweisen und Freigeben von Speicher abplagen.

Im vorherigen Abschnitt dieses Kapitels haben wir die *libsvn_client*-Schnittstelle erwähnt und dass sie lediglich dazu dient, das Schreiben eines Subversion-Clients zu erleichtern. Beispiel 8-3 zeigt, wie auf diese Bibliothek über die SWIG-Bindungen zugegriffen werden kann. Mit nur wenigen Zeilen Python können Sie eine voll funktionstüchtige Subversion-Arbeitskopie auschecken!

Beispiel 8-3: Ein einfaches Skript zum Auschecken einer Arbeitskopie

```
#!/usr/bin/env python
import sys
from svn import util, _util, _client

def usage( ):
  print "Usage: " + sys.argv[0] + " URL PATH\n"
  sys.exit(0)

def run(url, path):
  # Initialisiert APR und holt einen POOL.
  _util.apr_initialize( )
  pool = util.svn_pool_create(None)

  # Checkt den HEAD von URL in PATH aus (stillschweigend).
  _client.svn_client_checkout(None, None, url, path, -1, 1, None, pool)

  # Leert unseren POOL und beendet APR.
  util.svn_pool_destroy(pool)
  _util.apr_terminate( )
```

Beispiel 8-3: Ein einfaches Skript zum Auschecken einer Arbeitskopie (Fortsetzung)

```
if __name__ == '__main__':
  if len(sys.argv) != 3:
    usage()
  run(sys.argv[1], sys.argv[2])
```

Subversions Sprachbindungen fehlt leider ein Teil der Beachtung, den die Kernmodule von Subversion genießen. Es gab jedoch bedeutende Anstrengungen, funktionierende Bindungen für Python, Perl und Java zu schaffen. Sobald Sie die SWIG-Schnittstellendateien richtig konfiguriert haben, sollte die Erzeugung von speziellen Wrappern für alle unterstützten SWIG-Sprachen (zu denen momentan Versionen von C#, Guile, Java, Mzscheme, OCaml, Perl, PHP, Python, Ruby und Tcl gehören) theoretisch sehr einfach sein. Es ist weiterhin ein bisschen zusätzliche Programmierung erforderlich, um komplexe APIs auszugleichen, zu deren Generalisierung SWIG ein bisschen Hilfe benötigt. Weitere Informationen über SWIG selbst finden Sie auf der Projekt-Website unter *http://www.swig.org/*.

Im Administrationsbereich einer Arbeitskopie

Wie wir bereits erwähnt haben, enthält jedes Verzeichnis einer Subversion-Arbeitskopie ein besonderes Unterverzeichnis namens *.svn*, in dem sich administrative Daten über dieses Arbeitskopienverzeichnis befinden. Subversion benutzt die Informationen aus *.svn*, um sich über folgende Dinge auf dem Laufenden zu halten:

- Welche Stellen im Repository durch die Dateien und Unterverzeichnisse im Arbeitskopienverzeichnis repräsentiert werden
- Welche Revision der einzelnen Dateien und Verzeichnisse gerade in der Arbeitskopie vorliegt
- Alle benutzerdefinierten Eigenschaften, die möglicherweise an diese Dateien und Verzeichnisse angehängt sind
- Unverfälschte (nicht bearbeitete) Kopien der Arbeitskopiendateien

Es werden zwar auch noch andere Daten im Verzeichnis *.svn* gespeichert, wir untersuchen aber nur die wichtigsten Objekte.

Die entries-Datei

Die vielleicht wichtigste Datei im *.svn*-Verzeichnis ist die *entries*-Datei. Dabei handelt es sich um ein XML-Dokument, das die meisten der administrativen Informationen über eine versionierte Ressource im Arbeitskopienverzeichnis enthält. Diese Datei zeichnet die Repository-URLs, die unverfälschte Revision, Datei-Prüfsummen, unveränderte Texte und Eigenschaftszeitstempel, Informationen über das Scheduling und Konfliktzustände,

Informationen über das letzte bekannte Commit (Autor, Revision, Zeitstempel), die History der lokalen Kopie auf – praktisch alles, was einen Subversion-Client in Bezug auf eine versionierte (oder zu versionierende) Ressource interessieren könnte!

Vergleich der administrativen Bereiche von Subversion und CVS

Ein Blick in das typische *.svn*-Verzeichnis zeigt uns ein bisschen mehr als das, was CVS in seinen administrativen *CVS*-Verzeichnissen vorhält. Die entries-Datei enthält XML, das den aktuellen Zustand des Arbeitskopienverzeichnisses beschreibt, und kombiniert im Prinzip die Aufgaben der CVS-Dateien *Entries*, *Root* und *Repository*.

Beispiel 8-4 ist ein Beispiel einer tatsächlichen entries-Datei.

Beispiel 8-4: Inhalt einer typischen .svn/entries-Datei

```
<?xml version="1.0" encoding="utf-8"?>
<wc-entries
   xmlns="svn:">
<entry
   committed-rev="1"
   name="svn:this_dir"
   committed-date="2002-09-24T17:12:44.064475Z"
   url="http://svn.red-bean.com/tests/.greek-repo/A/D"
   kind="dir"
   revision="1"/>
<entry
   committed-rev="1"
   name="gamma"
   text-time="2002-09-26T21:09:02.000000Z"
   committed-date="2002-09-24T17:12:44.064475Z"
   checksum="QSE4vWd9ZMOcMvr7/+YkXQ=="
   kind="file"
   prop-time="2002-09-26T21:09:02.000000Z"/>
<entry
   name="zeta"
   kind="file"
   schedule="add"
   revision="0"/>
<entry
   url="http://svn.red-bean.com/tests/.greek-repo/A/B/delta"
   name="delta"
   kind="file"
   schedule="add"
   revision="0"/>
<entry
   name="G"
   kind="dir"/>
<entry
```

Beispiel 8-4: Inhalt einer typischen .svn/entries-Datei (Fortsetzung)

```
   name="H"
   kind="dir"
   schedule="delete"/>
</wc-entries>
```

Wie Sie sehen können, ist die entries-Datei im Wesentlichen eine Liste aus Einträgen. Jedes `<entry>`-Tag repräsentiert eines von drei Dingen: das Arbeitskopienverzeichnis selbst (der Eintrag »this directory« mit einem leeren Wert für sein Namensattribut), eine Datei in diesem Arbeitskopienverzeichnis (hier ist das »kind«-Attribut auf `"file"` gesetzt) oder ein Unterverzeichnis in dieser Arbeitskopie (»kind« ist hier auf `"dir"` gesetzt). Die Dateien und Unterverzeichnisse, deren Einträge in dieser Datei gespeichert sind, unterliegen entweder bereits der Versionskontrolle oder sind (wie im Fall der oben gezeigten Datei namens *zeta*) dafür vorgesehen, der Versionskontrolle unterstellt zu werden, wenn der Benutzer das nächste Mal Änderungen an diesem Arbeitskopienverzeichnis bestätigt. Jeder Eintrag besitzt einen eindeutigen Namen, und jeder Eintrag weist eine Knotengattung (»kind«) auf.

Entwickler müssen sich einiger besonderer Regeln bewusst sein, die Subversion anwendet, wenn es seine entries-Dateien liest und schreibt. Mit jedem Eintrag sind zwar eine Revision und eine URL verknüpft, allerdings ist nicht an jedes `<entry>`-Tag in der Beispieldatei explizit ein revision- oder url-Attribut angehängt. Subversion erlaubt es den Einträgen, diese beiden Attribute nicht explizit zu speichern, wenn ihre Werte (im Fall einer Revision) identisch mit den Daten sind, die in diesem Verzeichnis gespeichert sind, oder sich einfach aus eben diesen Daten berechnen lassen[4] (im Fall einer URL). Beachten Sie auch, dass Subversion bei Unterverzeichniseinträgen nur die ausschlaggebenden Attribute speichert – name, kind, url, revision und schedule. Um die Anzahl duplizierter Informationen zu vermindern, erzwingt Subversion, dass die Methode zum Ermitteln der vollständigen Menge an Informationen über ein Unterverzeichnis darin besteht, in dieses Unterverzeichnis abzusteigen und den *This directory*-Eintrag aus seiner eigenen *.svn/entries*-Datei zu lesen. Ein Verweis auf das Unterverzeichnis wird jedoch in der *entries*-Datei des übergeordneten Verzeichnisses vorgehalten. Dieser Verweis enthält genügend Informationen, um grundlegende Versionierungsoperationen für den Fall zu erlauben, dass das Unterverzeichnis selbst auf der Festplatte fehlt.

Unverfälschte Kopien und Eigenschaftsdateien

Wir sagten es bereits, dass das *.svn*-Verzeichnis auch die unverfälschten Textversionen von Dateien enthält. Diese finden Sie in *.svn/text-base*. Solche unverfälschten Kopien weisen mehrere Vorteile auf – Überprüfungen lokaler Veränderungen und Ermittlung von

4 Das heißt, die URL für den Eintrag ist gleich der URL des übergeordneten Eintrags, der der Name des Eintrags angehängt wurde.

Unterschieden, ohne über das Netzwerk gehen zu müssen, Wiederherstellung veränderter oder fehlender Dateien, ebenfalls ohne das Netzwerk in Anspruch nehmen zu müssen, kleinere Übertragungen von Veränderungen an den Server –, dafür müssen aber alle versionierten Dateien wenigstens zweimal auf der Festplatte gespeichert werden. Heutzutage scheint dies für die meisten Dateien ein geringer Preis zu sein. Die Situation verschlechtert sich jedoch mit zunehmender Größe Ihrer versionierten Dateien. Einige Aufmerksamkeit wird darauf gerichtet, das Vorhandensein der Textbasis zu einer Option zu machen. Ironischerweise jedoch wird die Existenz der Textbasis beim Anwachsen der Größen Ihrer versionierten Dateien immer wichtiger – wer möchte eine riesige Datei über ein Netzwerk übertragen, nur um darin eine winzige Änderung zu bestätigen?

Einen ähnlichen Zweck wie die Textbasisdateien verfolgen die Eigenschaftsdateien und deren unverfälschte Basiskopien, die in *.svn/props* bzw. *.svn/prop-base* zu finden sind. Da auch Verzeichnisse Eigenschaften aufweisen können, gibt es auch *.svn/dir-props-* und *.svn/dir-prop-base*-Dateien. Jede dieser Eigenschaftsdateien (Arbeits- und Basisversionen) benutzt ein einfaches Hash-on-Disk-Dateiformat zum Speichern der Eigenschaftsnamen und -werte.

WebDAV

WebDAV (kurz für Web-based Distributed Authoring and Versioning) ist eine Erweiterung des Standard-HTTP-Protokolls, das dazu dient, das Web zu einem Lese-/Schreibmedium zu machen, im Gegensatz zum Lesemedium, als das es im Prinzip heute existiert. Theoretisch können Dateien und Verzeichnisse über das Web – sowohl als lesbare als auch als schreibbare Objekte – freigegeben werden. Die RFCs 2518 und 3253 beschreiben die WebDAV/DeltaV-Erweiterungen für HTTP und stehen (zusammen mit vielen anderen nützlichen Informationen) unter *http://www.webdav.org/* zur Verfügung.

Eine Reihe von Betriebssystem-Dateibrowsern ist bereits in der Lage, mittels WebDAV vernetzte Verzeichnisse zu mounten. Unter Win32 kann der Windows Explorer die so genannten Webordner (bei denen es sich einfach um WebDAV-fähige Netzwerkorte handelt) durchsuchen, so als wären es normale freigegebene Ordner. Mac OS X besitzt ebenfalls diese Fähigkeit, genau wie die Browser Nautilus und Konqueror (unter GNOME bzw. KDE).

Wie lässt sich all das mit Subversion in Einklang bringen? Das Apache-Modul mod_dav_svn benutzt HTTP, erweitert durch WebDAV und DeltaV, als eines seiner Netzwerkprotokolle. Subversion benutzt mod_dav_svn, um die Versionierungskonzepte von Subversion auf diejenigen der RFCs 2518 und 3253 abzubilden.

Eine ausführlichere Diskussion von WebDAV, wie es funktioniert und wie Subversion es benutzt, finden Sie in Anhang C. Unter anderem zeigt dieser Anhang, bis zu welchem Grad Subversion die generische WebDAV-Spezifikation befolgt und wie dies die Interoperabilität mit generischen WebDAV-Clients beeinflusst.

Programmieren mit Speicherpools

Nahezu jeder Entwickler, der die Programmiersprache C benutzt hat, hat an irgendeiner Stelle über die entmutigende Aufgabe der Speicherverwaltung gestöhnt. Genügend Speicher für die Benutzung reservieren, diese Reservierungen im Auge behalten, Speicher wieder freigeben, wenn er nicht mehr benötigt wird – diese Aufgaben können ziemlich komplex werden. Und wenn bei diesen Dingen Fehler auftreten, können Programme herauskommen, die entweder selbst abstürzen oder – schlimmer noch – den Computer zum Absturz bringen. Glücklicherweise bietet die APR-Bibliothek, auf die Subversion sich für die Portabilität verlässt, den Typ `apr_pool_t`, der einen Pool repräsentiert, aus dem die Anwendung Speicher reservieren kann.

Ein Speicherpool ist eine abstrakte Repräsentation eines Stücks Speicher, der für die Benutzung durch ein Programm reserviert wird. Anstatt Speicher direkt vom Betriebssystem mittels des normalen `malloc( )` o. Ä. anzufordern, können Programme, die mit der APR gelinkt werden, einfach fordern, dass ein Speicherpool angelegt wird (mit der Funktion `apr_pool_create( )`). APR reserviert ein mäßig großes Stück Speicher beim Betriebssystem; dieser Speicher steht sofort für die Benutzung durch das Programm zur Verfügung. Immer wenn das Programm etwas von dem Poolspeicher benötigt, benutzt es eine der APR-Pool-API-Funktionen wie `apr_palloc( )`, die einen generischen Speicherort aus dem Pool zurückliefert. Das Programm kann immer weiter Speicherteile aus dem Pool empfangen und APR gewährt weiterhin die Anforderungen. Pools legen in der Größe automatisch zu, um Programmen entgegenzukommen, die mehr Speicher anfordern, als der ursprüngliche Pool enthielt – natürlich nur so lange, wie Speicher im System verfügbar ist.

Wenn damit alles über Pools gesagt wäre, hätten wir nicht besonders darauf eingehen müssen. Glücklicherweise ist es aber noch nicht alles. Pools können nicht nur erzeugt werden, sie können mit `apr_pool_clear( )` bzw. `apr_pool_destroy( )` auch geleert und zerstört werden. Entwickler erhalten so die Flexibilität, mehrere – oder mehrere Tausend – Dinge aus dem Pool zu reservieren und dann alle diese Speicher mit einem einzigen Funktionsaufruf zu leeren! Pools besitzen außerdem eine Hierarchie. Sie können aus jedem zuvor angelegten Pool einen Unterpool erzeugen. Wenn Sie einen Pool leeren, werden alle seine Unterpools zerstört; falls Sie einen Pool zerstören, werden dieser und seine Unterpools zerstört.

Bevor wir weiter ins Detail gehen, sollten Entwickler wissen, dass sie wahrscheinlich nicht viele Aufrufe zu den gerade erwähnten APR-Pool-Funktionen im Subversion-Quellcode finden werden. APR-Pools bieten einige Erweiterungsmechanismen, wie die Fähigkeit, eigene Benutzerdaten an den Pool anzuhängen, sowie Mechanismen zum Registrieren von Cleanup-Funktionen, die aufgerufen werden, wenn der Pool zerstört wird. Subversion benutzt diese Erweiterungen auf eine nicht-triviale Art und Weise. So bietet Subversion (bzw. benutzt der größte Teil seines Codes) die Wrapper-Funktionen `svn_pool_create( )`, `svn_pool_clear( )` und `svn_pool_destroy( )`.

Pools sind zwar hilfreich bei der einfachen Speicherverwaltung, so richtig zur Geltung kommt das Pool-Konstrukt dann aber bei Szenarien mit Schleifen und Rekursionen. Da Schleifen in ihren Iterationen und Rekursionen in ihrer Tiefe oft unbegrenzt sind, kann die Speicherbeanspruchung in diesen Bereichen unvorhersehbar werden. Glücklicherweise stellt die Benutzung verschachtelter Speicherpools eine großartige Methode dar, um diese potenziell haarigen Situationen leicht zu meistern. Beispiel 8-5 demonstriert die grundlegende Benutzung verschachtelter Pools in einer Situation, die recht häufig eintritt – das rekursive Durchlaufen eines Verzeichnisbaums, bei dem an jedem Objekt in dem Baum eine Aufgabe erledigt wird.

Beispiel 8-5: Effektive Poolbenutzung

```
/* Rekursives Durchlaufen von DIRECTORY, wobei die Pfade all seiner Dateikinder
   zum Array FILES hinzugefügt und in jedem entdeckten Pfad eine Aufgabe
   erledigt wird.  Benutzt POOL für alle temporären Reservierungen und speichere
   die Hash-Pfade im gleichen Pool wie den Hash, in dem sie reserviert sind.  */
static apr_status_t
crawl_dir (apr_array_header_t *files,
           const char *directory,
           apr_pool_t *pool)
{
  apr_pool_t *hash_pool = files->pool;  /* array pool */
  apr_pool_t *subpool = svn_pool_create (pool);  /* iteration pool */
  apr_dir_t *dir;
  apr_finfo_t finfo;
  apr_status_t apr_err;
  apr_int32_t flags = APR_FINFO_TYPE | APR_FINFO_NAME;

  apr_err = apr_dir_open (&dir, directory, pool);
  if (apr_err)
    return apr_err;

  /* Schleife über die Verzeichniseinträge, wobei der Unterpool am Anfang jeder
     Iteration geleert wird.  */
  for (apr_err = apr_dir_read (&finfo, flags, dir);
       apr_err == APR_SUCCESS;
       apr_err = apr_dir_read (&finfo, flags, dir))
    {
      const char *child_path;

      /* Leert SUBPOOL pro Iteration.  */
      svn_pool_clear (subpool);

      /* Überspringt Einträge für "this dir" ('.') und sein übergeordnetes Verzeichnis ('..').  */
      if (finfo.filetype == APR_DIR)
        {
          if (finfo.name[0] == '.'
              && (finfo.name[1] == '\0'
                  || (finfo.name[1] == '.' && finfo.name[2] == '\0')))
            continue;
        }
```

Beispiel 8-5: Effektive Poolbenutzung (Fortsetzung)

```
        /* Erstellt CHILD_PATH aus DIRECTORY und FINFO.name.  */
        child_path = svn_path_join (directory, finfo.name, subpool);

        /* Erledigt eine Aufgabe ("some task") an diesem entdeckten Pfad. */
        do_some_task (child_path, subpool);

        /* Verarbeitet Unterverzeichnisse, indem rekursiv in sie abgestiegen wird, wobei SUBPOOL
           als Pool für temporäre Reservierungen verwendet wird.  */
        if (finfo.filetype == APR_DIR)
          {
            apr_err = crawl_dir (files, child_path, subpool);
            if (apr_err)
              return apr_err;
          }

        /* Verarbeitet Dateien, indem ihre Pfade zum Array FILES hinzugefügt werden.  */
        else if (finfo.filetype == APR_REG)
          {
            /* Kopiert den Pfad der Datei in den Pool des Array FILES.  */
            child_path = apr_pstrdup (hash_pool, child_path);

            /* Fügt den Pfad zum Array hinzu.  */
            (*((const char **) apr_array_push (files))) = child_path;
          }
    }

  /* Zerstört SUBPOOL.  */
  svn_pool_destroy (subpool);

  /* Prüft, ob die Schleife sauber verlassen wurde. */
  if (apr_err)
    return apr_err;

  /* Ja, sie wurde sauber verlassen, deshalb das Verzeichnis schließen. */
  apr_err = apr_dir_close (dir);
  if (apr_err)
    return apr_err;

  return APR_SUCCESS;
}
```

Das gezeigte Beispiel demonstriert die effektive Poolbenutzung *sowohl* bei Schleifen als auch bei Rekursionen. Jede Rekursion beginnt, indem ein Unterpool des Pools erstellt wird, der an die Funktion übergeben wurde. Dieser Unterpool wird für den Schleifenbereich verwendet; er wird bei jeder Iteration geleert. Das Ergebnis sieht so aus, dass die Speicherbenutzung etwa proportional zur Tiefe der Rekursion verläuft und nicht zur Gesamtanzahl der Dateien und Verzeichnisse, die als Kinder des obersten Verzeichnisses vorhanden sind. Wenn der erste Aufruf zu dieser rekursiven Funktion schließlich beendet ist, sind tatsächlich nur sehr wenige Daten in dem Pool gespeichert, der an sie übergeben wurde. Stellen Sie sich jetzt einmal die Komplexität vor, die Sie hätten, wenn diese Funktion jedes einzelne benutzte Datum mit `alloc()` und `free()` reservieren und freigeben müsste!

Pools sind möglicherweise nicht für jede Anwendung ideal, sie eignen sich aber außerordentlich gut für Subversion. Als Subversion-Entwickler müssen Sie sich mit Pools und deren korrekter Anwendung vertraut machen. Fehler bei der Speicherbenutzung können ungeachtet der API schwierig zu diagnostizieren und zu beheben sein, doch das Pool-Konstrukt, das von APR geboten wird, hat sich als eine bequeme und zeitsparende Funktion erwiesen.

Etwas zu Subversion beitragen

Die offizielle Informationsquelle zum Subversion-Projekt ist natürlich die Website des Projekts unter *http://subversion.tigris.org/*. Dort finden Sie Informationen darüber, wie Sie den Quellcode bekommen und an den Diskussionslisten teilnehmen. Die Subversion-Gemeinschaft heißt neue Mitglieder immer willkommen. Falls Sie daran interessiert sind, an dieser Gemeinschaft teilzuhaben, indem Sie Änderungen am Quellcode übermitteln, dann finden Sie hier einige Hinweise, wie Sie vorgehen können.

Treten Sie der Gemeinschaft bei

Der erste Schritt zur Teilnahme an der Gemeinschaft besteht darin, immer auf dem neuesten Stand der Informationen zu sein. Am effektivsten ist es, wenn Sie dazu die Entwicklerdiskussionsliste (*dev@subversion.tigris.org*) und die Commit-Mailingliste (*svn@subversion.tigris.org*) abonnieren. Selbst wenn Sie diese Listen nur gelegentlich verfolgen, erhalten Sie Zugang zu wichtigen Diskussionen, können tatsächliche Änderungen am Subversion-Code bereits bei deren Auftreten sehen und erhalten Einblick in die Bewertung dieser Änderungen und vorgeschlagenen Änderungen. Diese E-Mail-basierten Diskussionslisten bilden das wichtigste Kommunikationsmittel bei der Subversion-Entwicklung. Im Abschnitt Mailing Lists der Website finden Sie andere mit Subversion zusammenhängende Listen, die Sie interessieren könnten.

Doch woher wissen Sie, was getan werden muss? Es kommt oft vor, dass ein Programmierer zwar unbedingt bei der Entwicklung helfen möchte, aber nicht weiß, wo er anfangen soll. Im Großen und Ganzen treten nur wenige Leute der Gemeinschaft bei und haben bereits entschieden, wo sie arbeiten wollen. Beim Beobachten der Entwicklerdiskussionslisten erfahren Sie aber vielleicht von bestehenden Fehlern oder gewünschten Funktionen, die Sie besonders interessant finden. Offene, unbesetzte Aufgaben finden Sie außerdem in der Issue Tracking-Datenbank auf der Subversion-Website. Dort gibt es außerdem die aktuelle Liste der bekannten Fehler und Funktionsanforderungen. Falls Sie klein anfangen wollen, suchen Sie nach Themen, die als »bite-sized« (mundgerecht) markiert sind.

Den Quellcode bekommen

Um den Code bearbeiten zu können, müssen Sie ihn erst einmal haben. Das bedeutet, dass Sie eine Arbeitskopie aus dem öffentlichen Subversion-Quell-Repository auschecken. Das klingt zwar einfach, ist aber durchaus eine komplizierte Aufgabe. Da der Quellcode von Subversion mit Hilfe von Subversion selbst versioniert ist, müssen Sie eigentlich zuerst mit einer anderen Methode einen funktionierenden Subversion-Client besorgen. Entweder Sie laden sich die neueste Binärdistribution (falls es eine solche für Ihre Plattform gibt) oder die neueste tar-Datei mit den Quellen herunter und erstellen Ihren eigenen Subversion-Client. Falls Sie die Quelle kompilieren, lesen Sie zuerst die Datei *INSTALL* in der obersten Ebene des Quellbaums; hier finden Sie Anweisungen.

Wenn Sie einen funktionierenden Subversion-Client haben, sind Sie bereit, eine Arbeitskopie des Subversion-Quell-Repository von *http://svn.collab.net/repos/svn/trunk/* auszuchecken: [5]

```
$ svn checkout http://svn.collab.net/repos/svn/trunk subversion
A  HACKING
A  INSTALL
A  README
A  autogen.sh
A  build.conf
...
```

Dieser Befehl checkt die allerneueste Version des Subversion-Quellcodes in ein Unterverzeichnis namens *subversion* Ihres aktuellen Arbeitsverzeichnisses aus. Offensichtlich können Sie das letzte Argument an Ihre Anforderungen anpassen. Ungeachtet der Frage, wie Sie Ihr neues Arbeitskopienverzeichnis nennen, haben Sie nach Abschluss dieses Vorgangs den Subversion-Quellcode. Natürlich müssen Sie sich noch ein paar Hilfsbibliotheken (Apr, Apr-util usw.) besorgen – Näheres erfahren Sie in der Datei *INSTALL* im obersten Verzeichnis Ihrer Arbeitskopie.

Machen Sie sich mit den Regeln der Gemeinschaft vertraut

Nachdem Sie sich eine Arbeitskopie beschafft haben, die den neuesten Subversion-Quellcode enthält, wollen Sie sicher eine Tour durch die Datei *HACKING* im obersten Verzeichnis der Arbeitskopie unternehmen. Die Datei *HACKING* enthält allgemeine Anweisungen für das Mitwirken an Subversion, einschließlich Informationen, wie Sie

5 Beachten Sie, dass die URL, die im obigen Beispiel ausgecheckt wird, nicht auf svn, sondern mit einem Unterverzeichnis namens `trunk` endet. In unserer Diskussion des Subversion-Verzweigungs- und Tagging-Modells finden Sie den Grund dafür.

Ihren Quellcode korrekt formatieren, damit dieser konsistent zum Rest der Codebasis bleibt, wie Sie Ihre vorgeschlagenen Änderungen mit einer effektiven Nachricht beschreiben, wie Sie Ihre Änderungen testen usw. Commit-Berechtigungen auf dem Subversion-Quell-Repository werden verliehen – eine Regierung durch Meritokratie.[6] Die Datei *HACKING* ist eine unschätzbare Ressource, wenn es darum geht sicherzustellen, dass Ihre vorgeschlagenen Änderungen die Würdigung erfahren, die sie verdienen, ohne auf Grund von Formalien abgelehnt zu werden.

Erstellen und testen Sie Ihre Änderungen

Mit dem Wissen um den Code und die Gemeinschaftsregeln können Sie mit Ihren Änderungen beginnen. Am besten ist es, kleinere, aber zusammenhängende Änderungen durchzuführen oder sich schrittweise größeren Aufgaben anzunähern, als sich gleich an großen, umfassenden Modifikationen zu versuchen. Ihre vorgeschlagenen Änderungen sind leichter zu verstehen (und daher zu bewerten), wenn Sie so wenige Codezeilen wie möglich ändern müssen, um Ihr Ziel zu erreichen. Nach jeder Gruppe von vorgeschlagenen Änderungen sollte Ihr Subversion-Baum in einem Zustand sein, in dem sich die Software ohne Warnungen kompilieren lässt.

Subversion besitzt eine ziemlich gründliche[7] Regression-Test-Suite, und von Ihren vorgeschlagenen Änderungen wird erwartet, dass sie alle diese Tests bestehen. Indem Sie (unter Unix) `make check` im obersten Verzeichnis des Quellbaums ausführen, können Sie einen Sanity-Check Ihrer Änderungen durchführen. Die schnellste Möglichkeit, um Ihre Codebeiträge ablehnen zu lassen (abgesehen vom Fehlen einer guten Protokollmeldung), besteht darin, Änderungen zu übermitteln, die Fehler in der Test-Suite verursachen.

Im besten Fall haben Sie dieser Test-Suite tatsächlich passende Tests hinzugefügt, die beweisen, dass Ihre vorgeschlagenen Änderungen wirklich so funktionieren wie erwartet. Manchmal besteht der beste Beitrag, den eine Person leisten kann, lediglich im Hinzufügen neuer Tests. Sie können Regression-Tests für Funktionen schreiben, die in Subversion momentan funktionieren, um Schutz vor künftigen Änderungen zu bieten, die Fehler in diesen Bereichen auslösen könnten. Sie können auch neue Tests schreiben, die bekannte Fehler demonstrieren. Für diesen Zweck erlaubt es Ihnen die Subversion-Test-Suite anzugeben, dass ein bestimmter Test fehlschlagen soll (ein so genannter `XFAIL`). Solange Subversion auf die erwartete Weise scheitert, wird das Ergebnis von `XFAIL` als Erfolg angesehen. Je besser schließlich die Test-Suite wird, umso weniger Zeit wird beim Diagnostizieren potenziell obskurer Regression-Fehler verschwendet.

6 Oberflächlich betrachtet klingt das vielleicht wie eine Art von Elitedenken, tatsächlich hat diese Idee, Commit-Berechtigungen zu »verleihen«, etwas mit Effizienz zu tun – mit der Frage, ob es mehr Zeit und Aufwand kostet, die Änderungen von jemandem zu bewerten und anzuwenden, die wahrscheinlich sicher und sinnvoll sind, als Änderungen rückgängig zu machen, die gefährlich sind.

7 Nehmen Sie sich etwas Popcorn. »Gründlich« heißt in diesem Zusammenhang 30 Minuten nicht-interaktives Rechnergerumpel.

Übergeben Sie Ihre Änderungen

Nachdem Sie Ihre Änderungen am Quellcode vorgenommen haben, schreiben Sie eine deutliche und präzise Protokollmeldung, in der Sie diese Änderungen und die Gründe dafür darlegen. Schicken Sie dann eine Nachricht an die Entwicklerliste, in der Ihre Protokollmeldung und die Ausgabe von `svn diff` (aus der obersten Ebene Ihrer Subversion-Arbeitskopie) enthalten sind. Falls die Mitglieder der Gemeinschaft Ihre Änderungen als akzeptabel ansehen, fügt jemand, der Commit-Berechtigungen (das Recht, neue Revisionen im Subversion-Quell-Repository zu erzeugen) besitzt, Ihre Änderungen in den öffentlichen Quellcodebaum ein. Denken Sie daran, dass die Berechtigung, direkt Änderungen am Repository vorzunehmen, der jeweiligen Leistung entsprechend vergeben wird – wenn Sie Verständnis für Subversion, Programmierkompetenz und Teamgeist beweisen, werden Sie dieses Recht sicherlich erhalten.

KAPITEL 9

Vollständige Subversion-Referenz

Dieses Kapitel bildet eine vollständige Referenz für die Benutzung von Subversion. Das schließt den Kommandozeilen-Client (`svn`) und dessen Unterbefehle ebenso ein wie die Programme zur Repository-Administration (`svnadmin` und `svnlook`) und deren entsprechende Unterbefehle.

Der Subversion-Kommandozeilen-Client: svn

Um den Kommandozeilen-Client zu benutzen, geben Sie `svn`, den Unterbefehl, den Sie einsetzen wollen[1], und alle Schalter oder Ziele ein, auf denen Sie operieren wollen – es gibt keine besondere Reihenfolge, in der der Unterbefehl und die Schalter auftauchen müssen. So sind beispielsweise die folgenden Möglichkeiten gültig, um `svn status` zu verwenden:

```
$ svn -v status
$ svn status -v
$ svn status -v myfile
```

In Kapitel 3 finden Sie viele weitere Beispiele für die Benutzung der meisten Client-Befehle und im Abschnitt »Eigenschaften« in Kapitel 7 für die Verwaltung von Eigenschaften.

svn-Schalter

Subversion besitzt zwar unterschiedliche Schalter für seine Unterbefehle, diese Schalter jedoch sind global – das heißt, alle Schalter haben ungeachtet des Unterbefehls, auf dem

1 Ja, ja, Sie brauchen keinen Unterbefehl, um den Schalter `--version` zu verwenden, dazu kommen wir aber gleich.

Sie sie einsetzen, die jeweils gleiche Bedeutung. Zum Beispiel liefert `--verbose` (`-v`) immer eine ausführliche Ausgabe, wo auch immer Sie den Schalter einsetzen.

`--auto-props`
: Aktiviert auto-props, setzt die Anweisung `enable-auto-props` in der Datei *config* außer Kraft.

`--config-dir` *VERZ*
: Weist Subversion an, Konfigurationsinformationen aus dem angegebenen Verzeichnis und nicht von der Standardstelle (*.subversion* im Home-Verzeichnis des Benutzers) zu lesen.

`--diff-cmd` *BEF*
: Legt ein externes Programm fest, mit dem Unterschiede zwischen Dateien ermittelt und angezeigt werden. Wenn `svn diff` aufgerufen wird, dann wird die Subversion-interne Differenz-Engine verwendet, die standardmäßig vereinheitlichte Diffs liefert. Falls Sie ein externes Differenzprogramm einsetzen wollen, dann benutzen Sie `--diff-cmd`. Sie können mit dem Schalter `--extensions` Schalter an das Differenzprogramm übergeben (mehr dazu weiter hinten in diesem Abschnitt).

`--diff3-cmd` *BEF*
: Gibt ein externes Programm zum Zusammenführen von Dateien an.

`--dry-run`
: Verhält sich wie beim Ausführen eines Befehls, führt aber tatsächlich keine Änderungen durch – weder auf der Platte noch im Repository.

`--editor-cmd` *BEF*
: Gibt ein externes Programm zum Bearbeiten einer Protokollmeldung oder eines Eigenschaftswerts an.

`--encoding` *KOD*
: Teilt Subversion mit, dass Ihre Commit-Nachricht im angegebenen Zeichensatz kodiert ist. Vorgabe ist die betriebssystemeigene Lokalisierung. Sie sollten die Kodierung festlegen, wenn Ihre Commit-Nachricht in einer anderen Kodierung vorliegt.

`--extensions` (`-x`) *ARGS*
: Gibt ein oder mehrere Argumente an, die Subversion an einen externen Diff-Befehl übergeben soll, wenn Unterschiede zwischen Dateien ermittelt werden. Falls Sie mehrere Argumente übergeben wollen, müssen Sie diese in Anführungszeichen einschließen (zum Beispiel `svn diff --diff-cmd /usr/bin/diff -x "-b -E"`). Dieser Schalter kann *nur* verwendet werden, wenn Sie auch den Schalter `--diff-cmd` übergeben.

`--file` (`-F`) *DATEINAME*
: Benutzt den Inhalt der Datei, die als Argument dieses Schalters für den angegebenen Unterbefehl übergeben wird.

`--force`
: Erzwingt die Ausführung eines bestimmten Befehls oder einer bestimmten Operation. Es gibt einige Operationen, deren Benutzung Ihnen Subversion im Normalfall verwehrt. Sie können aber diesen Schalter übergeben, um Subversion mitzuteilen: »Ich weiß, was ich tue, ich kenne auch die möglichen Auswirkungen meiner Handlung, also lass es mich einfach tun.« (Dieser Schalter ist quasi das programmiertechnische Äquivalent zum Arbeiten an Strom führenden Leitungen bei eingeschalteter Sicherung – wenn Sie sich nicht auskennen, können Sie einen elektrischen Schlag erhalten.)

`--force-log`
: Erzwingt, dass ein verdächtiger Parameter, der an die Optionen `--message` (`-m`) oder `--file` (`-F`) übergeben wird, als gültig akzeptiert wird. Standardmäßig erzeugt Subversion einen Fehler, wenn Parameter für diese Optionen aussehen, als wären sie eigentlich Ziele des Unterbefehls. Falls Sie beispielsweise den Pfad einer versionierten Datei an die Option `--file` (`-F`) übergeben, nimmt Subversion an, dass Sie einen Fehler gemacht haben, dass der Pfad stattdessen als Ziel der Operation gedacht war und dass Sie versehentlich nicht eine andere – nichtversionierte – Datei als Quelle Ihrer Protokollmeldung angegeben haben. Um Ihr Ansinnen zu bekräftigen und diese Arten von Fehlern außer Kraft zu setzen, übergeben Sie die Option `--force-log` an Befehle, die Protokollmeldungen akzeptieren.

`--help` *(`-h` oder `-?`)*
: Bei der Benutzung mit einem oder mehreren Unterbefehlen wird der integrierte Hilfetext für die einzelnen Unterbefehle angezeigt. Wird dieser Schalter allein verwendet, dann erhalten Sie den allgemeinen Hilfetext für den Client.

`--ignore-ancestry`
: Ignoriert die Herkunft beim Berechnen von Differenzen (stützt sich einzig auf Pfadinhalte).

`--incremental`
: Liefert die Ausgabe in einem Format, das für eine Verkettung geeignet ist.

`--message` *(`-m`) `NACHRICHT`*
: Zeigt an, dass Sie eine Commit-Nachricht auf der Kommandozeile angeben wollen, die diesem Schalter folgt. Zum Beispiel:

```
$ svn commit -m "Nicht an Sonntagen."
```

`--new` *`ARG`*
: Benutzt *`ARG`* als das neuere Ziel.

`--no-auth-cache`
: Verhindert die Zwischenspeicherung von Authentifizierungsinformationen (z. B. Benutzername und Kennwort) in den administrativen Verzeichnissen von Subversion.

`--no-auto-props`
: Deaktiviert auto-props, setzt dabei die Anweisung `enable-auto-props` in der *config*-Datei außer Kraft.

`--no-diff-deleted`
: Verhindert, dass Subversion Differenzen für gelöschte Dateien ausgibt. Das Standardverhalten beim Löschen einer Datei besteht darin, dass `svn diff` die gleichen Unterschiede ausgibt, die Sie sehen würden, wenn Sie die Datei gelassen, aber den gesamten Inhalt gelöscht hätten.

`--no-ignore`
: Zeigt Dateien in der Statusliste, die normalerweise weggelassen werden würden, da sie einem Muster in der Eigenschaft `svn:ignore` entsprechen. Nähere Informationen finden Sie im Abschnitt »Config« in Kapitel 7.

`--non-interactive`
: Falls eine Authentifizierung fehlschlägt oder unzureichende Credentials geliefert werden, verhindert diese Option, dass nach den Credentials (z. B. Benutzername oder Kennwort) gefragt wird. Das ist sinnvoll, wenn Sie Subversion in einem automatisierten Skript ausführen und es passender ist, dass Subversion scheitert als auf weitere Informationen zu warten.

`--non-recursive` *(-N)*
: Hält einen Unterbefehl davon ab, in Unterverzeichnisse abzusteigen. Die meisten Unterbefehle steigen standardmäßig ab, einige jedoch nicht – normalerweise solche, die potenziell Ihre lokalen Änderungen löschen oder rückgängig machen.

`--notice-ancestry`
: Beachtet beim Berechnen von Unterschieden die Herkunft.

`--old` *ARG*
: Benutzt *ARG* als das ältere Ziel.

`--password` *PASS*
: Zeigt an, dass Sie Ihr Kennwort für die Authentifizierung auf der Kommandozeile angeben – ansonsten fragt Subversion Sie danach, falls es benötigt werden sollte.

`--quiet` *(-q)*
: Verlangt, dass der Client nur die nötigsten Informationen ausgibt, während er eine Operation ausführt.

`--recursive` *(-R)*
: Bringt einen Unterbefehl dazu, in Unterverzeichnisse abzusteigen. Die meisten Unterbefehle tun dies standardmäßig.

`--relocate` *VON ZU [PFAD...]*
: Bei Benutzung mit dem Unterbefehl `svn switch` ändert diese Option die Stelle des Repository, auf die Ihre Arbeitskopie verweist. Das ist sinnvoll, falls sich der Ablage-

ort Ihres Repository ändert und Sie eine bestehende Arbeitskopie haben, die Sie weiterhin benutzen wollen. Bei `svn switch` finden Sie ein Beispiel.

`--revision` (`-r`) *REV*
: Zeigt an, dass Sie eine Revision (oder einen Bereich von Revisionen) für eine bestimmte Operation angeben. Sie können Revisionsnummern, Revisionsschlüsselworte oder Datumsangaben (in geschweiften Klammern) als Argumente für diesen Schalter festlegen. Falls Sie einen Bereich von Revisionen angeben wollen, können Sie zwei Revisionen, getrennt durch einen Doppelpunkt, festlegen:

```
$ svn log -r 1729
$ svn log -r 1729:HEAD
$ svn log -r 1729:1744
$ svn log -r {2001-12-04}:{2002-02-17}
$ svn log -r 1729:{2002-02-17}
```

Nähere Informationen finden Sie im Abschnitt »Revisionsschlüsselwörter«.

`--revprop`
: Arbeitet auf einer Revisionseigenschaft und nicht auf einer Subversion-Eigenschaft, die spezifisch für eine Datei oder ein Verzeichnis ist. Dieser Schalter verlangt, dass Sie eine Revision mit dem Schalter `--revision` (`-r`) übergeben. Im Abschnitt »Nichtversionierte Eigenschaften« in Kapitel 5 finden Sie nähere Einzelheiten über nichtversionierte Eigenschaften.

`--show-updates` (`-u`)
: Veranlasst den Client, Informationen darüber auszugeben, welche Dateien in Ihrer Arbeitskopie nicht mehr auf dem neuesten Stand sind. Dadurch werden Dateien nicht aktualisiert – Sie sehen lediglich, welche Dateien aktualisiert werden würden, wenn Sie `svn update` ausführen.

`--stop-on-copy`
: Veranlasst, dass ein Subversion-Unterbefehl, der die History einer versionierten Ressource durchläuft, aufhört, historische Informationen zu sammeln, wenn eine Kopie – das heißt, eine Stelle in der History, an der diese Ressource von einer anderen Stelle im Repository kopiert wurde – entdeckt wird.

`--strict`
: Veranlasst Subversion, eine strenge Semantik zu verwenden – ein eher vages Konzept, wenn man nicht gerade über spezielle Unterbefehle spricht.

`--targets` *DATEINAME*
: Weist Subversion an, die Liste der Dateien, auf denen Sie arbeiten wollen, aus der Datei mit dem angegebenen Namen zu beziehen, anstatt die Liste der Dateien auf der Kommandozeile anzugeben.

`--username` *NAME*
: Zeigt an, dass Sie Ihren Benutzernamen zur Authentifizierung auf der Kommandozeile angeben – ansonsten fragt Subversion Sie nötigenfalls danach.

`--verbose (-v)`
: Fordert, dass der Client beim Ausführen eines Unterbefehls so viele Informationen ausgibt wie möglich. Das kann dazu führen, dass Subversion zusätzliche Felder, detaillierte Informationen über jede einzelne Datei oder zusätzliche Informationen bezüglich seiner Aktionen liefert.

`--version`
: Gibt die Versionsinformation für den Client aus. Diese Information enthält nicht nur die Versionsnummer des Clients, sondern auch eine Liste aller Repository-Zugriffsmodule, die der Client verwenden kann, um auf ein Subversion-Repository zuzugreifen.

`--xml`
: Liefert die Ausgabe im XML-Format.

svn-Unterbefehle

svn add

Fügt Dateien und Verzeichnisse hinzu.

Synopsis

```
svn add PFAD...
```

Beschreibung

Fügt Dateien und Verzeichnisse in Ihre Arbeitskopie ein und sieht sie für das Hinzufügen zum Repository vor. Sie werden bei Ihrem nächsten Commit in das Repository geladen und hinzugefügt. Falls Sie etwas hinzufügen und Ihre Meinung dann ändern, können Sie das Hinzufügen mit Hilfe von `svn revert` rückgängig machen.

Alternative Namen

Keine

Änderungen

Arbeitskopie

Schalter

```
--targets DATEINAME
--non-recursive (-N)
--quiet (-q)
--config-dir VERZ
--auto-props
--no-auto-props
```

Beispiele

Hinzufügen einer Datei zu Ihrer Arbeitskopie:

```
$ svn add foo.c
A         foo.c
```

Wenn Sie ein Verzeichnis hinzufügen, dann steigt svn add standardmäßig rekursiv ab:

```
$ svn add testdir
A         testdir
A         testdir/a
A         testdir/b
A         testdir/c
A         testdir/d
```

Sie können ein Verzeichnis ohne seinen Inhalt hinzufügen:

```
$ svn add --non-recursive otherdir
A         otherdir
```

svn blame

Zeigt im Text (zeilenweise) Autor- und Revisionsinformationen für die angegebenen Dateien oder URLs.

Synopsis

```
svn blame ZIEL...
```

Beschreibung

Zeigt im Text (zeilenweise) Autor- und Revisionsinformationen für die angegebenen Dateien oder URLs. Jede Textzeile wird am Anfang mit dem Autor (Benutzername) und der Revisionsnummer der letzten Änderung an dieser Zeile versehen.

Alternative Namen

praise, annotate, ann

Änderungen

Keine

Greift auf das Repository zu

Ja

Schalter

```
--revision (-r) REV
--username BENUTZER
--password PASS
--no-auth-cache
--non-interactive
--config-dir VERZ
```

Beispiele

Falls Sie eine mit `blame` kommentierte Quelle für *readme.txt* in Ihrem Test-Repository sehen wollen:

```
$ svn blame http://svn.red-bean.com/repos/test/readme.txt
     3      sally This is a README file.
     5      harry You should read this.
```

---

svn cat

Gibt den Inhalt der angegebenen Dateien oder URLs aus.

Synopsis

```
svn cat ZIEL...
```

Beschreibung

Gibt den Inhalt der angegebenen Dateien oder URLs aus. Für eine Verzeichnisauflistung siehe `svn list`.

Alternative Namen

Keine

Änderungen

Keine

Greift auf das Repository zu

Ja

Schalter

```
--revision (-r) REV
--username BENUTZER
--password PASS
--no-auth-cache
--non-interactive
--config-dir VERZ
```

Beispiele

Falls Sie *readme.txt* in Ihrem Repository anschauen wollen, ohne die Datei auszuchecken:

```
$ svn cat http://svn.red-bean.com/repos/test/readme.txt
This is a README file.
You should read this.
```

Ist Ihre Arbeitskopie nicht mehr auf dem neuesten Stand (oder haben Sie lokale Modifikationen) und wollen Sie die `HEAD`-Revision einer Datei in Ihrer Arbeitskopie sehen, holt `svn cat` automatisch die `HEAD`-Revision, wenn Sie der Option einen Pfad übergeben:

```
$ cat foo.c
This file is in my local working copy
```

```
and has changes that I've made.
$ svn cat foo.c
Latest revision fresh from the repository!
```

svn checkout

Checkt eine Arbeitskopie aus einem Repository aus.

Synopsis

```
svn checkout URL... [PFAD]
```

Beschreibung

Checkt eine Arbeitskopie aus einem Repository aus. Wenn *PFAD* weggelassen wird, wird der Basisname der URL als Ziel benutzt. Werden mehrere URLs angegeben, dann wird jede in ein Unterverzeichnis von PFAD ausgecheckt, wobei der Name des Unterverzeichnisses den Basisnamen der URL bildet.

Alternative Namen

co

Änderungen

Legt eine Arbeitskopie an.

Greift auf das Repository zu

Ja

Schalter

```
--revision (-r) REV
--quiet (-q)
--non-recursive (-N)
--username BENUTZER
--password PASS
--no-auth-cache
--non-interactive
--config-dir VERZ
```

Beispiele

Checkt eine Arbeitskopie in ein Verzeichnis namens *mine* aus:

```
$ svn checkout file:///tmp/repos/test mine
A  mine/a
A  mine/b
Checked out revision 2.
$ ls
mine
```

Checkt zwei unterschiedliche Verzeichnisse in zwei getrennte Arbeitskopien aus:

```
$ svn checkout file:///tmp/repos/test  file:///tmp/repos/quiz
A  test/a
A  test/b
Checked out revision 2.
A  quiz/l
A  quiz/m
Checked out revision 2.
$ ls
quiz  test
```

Checkt zwei unterschiedliche Verzeichnisse in zwei getrennte Arbeitskopien aus, setzt jedoch beide in ein Verzeichnis namens *working-copies*:

```
$ svn checkout file:///tmp/repos/test  file:///tmp/repos/quiz working-copies
A  working-copies/test/a
A  working-copies/test/b
Checked out revision 2.
A  working-copies/quiz/l
A  working-copies/quiz/m
Checked out revision 2.
$ ls
working-copies
```

Falls Sie das Auschecken unterbrechen (oder das Auschecken durch jemand anderen unterbrochen wird, etwa weil die Verbindung zusammenbricht), können Sie es neu starten, indem Sie entweder den gleichen checkout-Befehl erneut ausführen oder die unvollständige Arbeitskopie aktualisieren:

```
$ svn checkout file:///tmp/repos/test test
A  test/a
A  test/b
^C
svn: The operation was interrupted
svn: caught SIGINT
$ svn checkout file:///tmp/repos/test test
A  test/c
A  test/d
^C
svn: The operation was interrupted
svn: caught SIGINT
$ cd test
$ svn update
A  test/e
A  test/f
Updated to revision 3.
```

svn cleanup

Leert rekursiv die Arbeitskopie.

Synopsis

```
svn cleanup [PFAD...]
```

Beschreibung

Räumt rekursiv die Arbeitskopie auf, indem Sperren gelöscht und nicht beendete Operationen wieder aufgenommen werden. Falls Sie einmal eine Fehlermeldung erhalten, die besagt, dass die Arbeitskopie gesperrt ist, führen Sie diesen Befehl aus, um abgelaufene Sperren zu beseitigen und Ihre Arbeitskopie wieder in einen benutzbaren Zustand zu versetzen (siehe Anhang B).

Falls aus irgendeinem Grund ein `svn update` wegen eines Problems beim Ausführen eines externen Diff-Programms fehlschlägt (z. B. wegen einer fehlerhaften Benutzereingabe oder eines Netzwerkausfalls), übergeben Sie die Option `--diff3-cmd`, um zu ermöglichen, dass beim Leeren alle Zusammenführungen mit Ihrem externen Diff-Programm abgeschlossen werden. Sie können auch mit dem Schalter `--config-dir` ein Konfigurationsverzeichnis angeben, allerdings werden Sie diese Schalter nur ausgesprochen selten benötigen.

Alternative Namen

Keine

Änderungen

Arbeitskopie

Greift auf das Repository zu

Nein

Schalter

```
--diff3-cmd BEF
--config-dir VERZ
```

Beispiele

Nun, zu Beispielen gibt es nicht viel zu sagen, da `svn cleanup` keine Ausgabe generiert. Falls Sie keinen PFAD übergeben, wird `.` benutzt:

```
$ svn cleanup
$ svn cleanup /pfad/auf/arbeitskopie
```

---

svn commit

Sendet Änderungen von Ihrer Arbeitskopie an das Repository.

Synopsis

```
svn commit [PFAD...]
```

Beschreibung

Sendet Änderungen von Ihrer Arbeitskopie an das Repository. Falls Sie bei Ihrem Commit keine Protokollmeldung mit den Schaltern `--file` oder `--message` angeben, startet `svn` Ihren Editor, damit Sie eine Commit-Nachricht verfassen. Siehe den Abschnitt `editor-cmd` in »Config« in Kapitel 7.

Falls Sie ein Commit starten und Subversion Ihren Editor öffnet, damit Sie die Commit-Nachricht schreiben, können Sie immer noch abbrechen, ohne Ihre Änderungen zu bestätigen. Falls Sie Ihr Commit abbrechen wollen, beenden Sie einfach den Editor, ohne die Commit-Nachricht zu speichern. Subversion fragt Sie dann, ob Sie das Commit abbrechen, ohne Nachricht fortfahren oder die Nachricht erneut bearbeiten wollen.

Alternative Namen

`ci` (kurz für »check in«, nicht `co`, was für »check out« steht)

Änderungen

Arbeitskopie, Repository

Greift auf das Repository zu

Ja

Schalter

```
--message (-m) TEXT
--file (-F) DATEI
--quiet (-q)
--non-recursive (-N)
--targets DATEINAME
--force-log
--username BENUTZER
--password PASS
--no-auth-cache
--non-interactive
--encoding KOD
--config-dir VERZ
```

Beispiele

Bestätigung einer einfachen Änderung an einer Datei mit der Commit-Nachricht auf der Kommandozeile und Ihrem aktuellen Verzeichnis als dem impliziten Ziel (.):

```
$ svn commit -m "added howto section."
Sending        a
Transmitting file data .
Committed revision 3.
```

Bestätigung einer Änderung an der Datei *foo.c* (die explizit auf der Kommandozeile angegeben wird) mit der Commit-Nachricht in einer Datei namens `msg`:

```
$ svn commit -F msg foo.c
Sending        foo.c
Transmitting file data .
Committed revision 5.
```

Falls Sie mit `--file` für Ihre Commit-Nachricht eine Datei benutzen wollen, die der Versionskontrolle unterliegt, müssen Sie den Schalter `--force-log` übergeben:

```
$ svn commit --file file_under_vc.txt foo.c
svn: The log message file is under version control
svn: Log message file is a versioned file; use '--force-log' to override
$ svn commit --force-log --file file_under_vc.txt foo.c
Sending        foo.c
Transmitting file data .
Committed revision 6.
```

Bestätigen einer Datei, die für das Löschen vorgesehen ist:

```
$ svn commit -m "removed file 'c'."
Deleting       c
Committed revision 7.
```

svn copy

Kopiert eine Datei oder ein Verzeichnis in eine Arbeitskopie oder in das Repository.

Synopsis

```
svn copy QUELLE ZIEL
```

Beschreibung

Kopiert eine Datei in eine Arbeitskopie oder in das Repository. *`QUELLE`* und *`ZIEL`* können jeweils entweder ein Arbeitskopienpfad (AK) oder eine URL sein:

AK -> AK
: Kopiert ein Objekt und sieht es für das Hinzufügen vor (mit History).

AK -> URL
: Bestätigt sofort eine Kopie von AK nach URL.

URL -> AK
: Checkt eine URL in ein AK aus und sieht sie zum Hinzufügen vor.

URL -> URL
: Vervollständigt eine serverseitige Kopie. Wird üblicherweise zum Verzweigen und Tagging verwendet.

Sie können Dateien nur innerhalb eines einzigen Repository kopieren. Subversion unterstützt das Kopieren zwischen Repositorys nicht.

Alternative Namen

`cp`

Änderungen

Repository, falls Ziel eine URL ist.

Arbeitskopie, falls Ziel ein AK-Pfad ist.

Greift auf das Repository zu

Falls Quelle oder Ziel im Repository liegen oder falls die Quellrevisionsnummer nachgesehen werden muss.

Schalter

```
--message (-m) TEXT
--file (-F) DATEI
--revision (-r) REV
--quiet (-q)
--username BENUTZER
--password PASS
--no-auth-cache
--non-interactive
--force-log
--editor-cmd EDITOR
--encoding KOD
--config-dir VERZ
```

Beispiele

Kopiert ein Objekt innerhalb Ihrer Arbeitskopie (die Kopie wird nur vorgemerkt – in das Repository gelangt sie erst, wenn Sie dies mit einem Commit bestätigen):

```
$ svn copy foo.txt bar.txt
A         bar.txt
$ svn status
A  +   bar.txt
```

Kopiert ein Objekt in Ihrer Arbeitskopie zu einer URL im Repository (ein sofortiges Commit, Sie müssen also eine Commit-Nachricht angeben):

```
$ svn copy near.txt file:///tmp/repos/test/far-away.txt -m "Remote copy."
Committed revision 8.
```

Kopiert ein Objekt aus dem Repository in Ihre Arbeitskopie (die Kopie wird nur vorgemerkt – in das Repository gelangt sie erst, wenn Sie dies mit einem Commit bestätigen):

Dies ist die empfohlene Methode, um eine tote Datei in Ihrem Repository wieder auferstehen zu lassen!

```
$ svn copy file:///tmp/repos/test/far-away near-here
A         near-here
```

Und schließlich: Kopieren zwischen zwei URLs:

```
$ svn copy file:///tmp/repos/test/far-away file:///tmp/repos/test/over-there -m "remote
copy."
Committed revision 9.
```

Dies ist die einfachste Methode, um eine Revision in Ihrem Repository mit einem Tag zu versehen – kopieren Sie einfach mit `svn copy` diese Revision (normalerweise `HEAD`) in Ihr tags-Verzeichnis.

```
$ svn copy file:///tmp/repos/test/trunk file:///tmp/repos/test/tags/0.6.32-prerelease -m
"tag tree"
Committed revision 12.
```

Und keine Sorge, falls Sie das mit dem Tag vergessen – Sie können immer eine ältere Revision angeben und das Tagging nachholen:

```
$ svn copy -r 11 file:///tmp/repos/test/trunk file:///tmp/repos/test/tags/0.6.32-
prerelease -m "Forgot to tag at rev 11"
Committed revision 13.
```

svn delete

Löscht ein Objekt aus einer Arbeitskopie oder dem Repository.

Synopsis

```
svn delete PFAD...
svn delete URL...
```

Beschreibung

Objekte, die durch *PFAD* angegeben sind, werden für das Löschen beim nächsten Commit vorgesehen. Dateien (und Verzeichnisse, die noch nicht bestätigt wurden) werden sofort aus der Arbeitskopie entfernt. Der Befehl löscht keine nicht-versionierten oder veränderten Objekte; verwenden Sie den Schalter `--force`, um dieses Verhalten außer Kraft zu setzen.

Objekte, die durch eine URL bezeichnet werden, werden über ein sofortiges Commit aus dem Repository gelöscht. Mehrere URLs werden jeweils für sich bestätigt.

Alternative Namen

`del`, `remove`, `rm`

Änderungen

Arbeitskopie, wenn auf Dateien gearbeitet wird, Repository, wenn auf URLs gearbeitet wird.

Greift auf das Repository zu

Nur wenn auf URLs gearbeitet wird.

Schalter

```
--force
--force-log
--message (-m) TEXT
--file (-F) DATEI
--quiet (-q)
--targets DATEINAME
--username BENUTZER
--password PASS
--no-auth-cache
--non-interactive
--editor-cmd EDITOR
--encoding KOD
--config-dir VERZ
```

Beispiele

Beim Einsatz von svn zum Löschen einer Datei aus Ihrer Arbeitskopie wird diese lediglich für das Löschen vorgemerkt. Wenn Sie ein Commit ausführen, wird die Datei im Repository gelöscht:

```
$ svn delete myfile
D         myfile
$ svn commit -m "Deleted file 'myfile'."
```

```
Deleting       myfile
Transmitting file data .
Committed revision 14.
```

Das Löschen einer URL dagegen erfolgt sofort, Sie müssen deshalb eine Protokollmeldung angeben:

```
$ svn delete -m "Deleting file 'yourfile'" file:///tmp/repos/test/yourfile
Committed revision 15.
```

Hier ist ein Beispiel dafür, wie Sie das Löschen einer Datei erzwingen, die lokale Änderungen aufweist:

```
$ svn delete over-there
svn: Attempting restricted operation for modified resource
svn: Use --force to override this restriction
svn: 'over-there' has local modifications
$ svn delete --force over-there
D         over-there
```

svn diff

Zeigt die Unterschiede zwischen zwei Pfaden an.

Synopsis

```
svn diff [-r N[:M]] [--old ALTES-ZIEL] [--new NEUES-ZIEL] [PFAD...]
svn diff -r N:M URL
svn diff [-r N[:M]] URL1[@N] URL2[@M]
```

Beschreibung

Zeigt die Unterschiede zwischen zwei Pfaden an. Es gibt folgende drei Methoden, um `svn diff` zu benutzen:

```
svn diff [-r N[:M]] [--old ALTES-ZIEL] [--new NEUES-ZIEL] [PFAD...]
```

zeigt die Unterschiede zwischen *ALTES-ZIEL* und *NEUES-ZIEL*. Falls *PFAD*e angegeben sind, werden sie als relativ zu *ALTES-ZIEL* und *NEUES-ZIEL* betrachtet, und die Ausgabe beschränkt sich auf Unterschiede in diesen Pfaden. *ALTES-ZIEL* und *NEUES-ZIEL* können Arbeitskopienpfade oder *URL*[*@REV*] sein. *ALTES-ZIEL* ist standardmäßig das aktuelle Arbeitsverzeichnis, und *NEUES-ZIEL* ist standardmäßig *ALTES-ZIEL*. *N* ist standardmäßig `BASE` oder, falls es sich bei *ALTES-ZIEL* um eine URL handelt, `HEAD`. *M* ist standardmäßig die aktuelle Arbeitsversion oder, falls *NEUES-ZIEL* eine URL ist, `HEAD`.

```
svn diff -r N
```

setzt die Revision von *ALTES-ZIEL* auf *N*.

```
svn diff -r N:M
```

setzt ebenfalls die Revision von *NEUES-ZIEL* auf *M*.

```
svn diff -r N:M URL
```

ist die Kurzform von `svn diff -r N:M --old=URL --new=URL`.

```
svn diff [-r N[:M]] URL1[@N] URL2[@M]
```

ist die Kurzform von `svn diff [-r N[:M]] --old=URL1 --new=URL2`.

Falls *ZIEL* eine URL ist, dann können die Revisionen N und M entweder über `--revision` übergeben werden oder mit Hilfe der @-Notation, wie bereits beschrieben.

Falls *ZIEL* ein Arbeitskopienpfad ist, dann bedeutet der Schalter `--revision`:

`--revision N:M`
: Der Server vergleicht *ZIEL@N* und *ZIEL@M*.

`--revision N`
: Der Client vergleicht *ZIEL@N* mit der Arbeitskopie.

`(no --revision)`
: Der Client vergleicht die Basis- und Arbeitskopien von *ZIEL*.

Wird die alternative Syntax verwendet, dann vergleicht der Server *URL1* und *URL2* bei den Revisionen *N* bzw. *M*. Wird entweder *N* oder *M* weggelassen, dann wird der Wert von `HEAD` angenommen.

Standardmäßig ignoriert `svn diff` die Herkunft von Dateien und vergleicht lediglich den Inhalt der beiden Dateien, die angegeben wurden. Wenn Sie `--notice-ancestry` verwenden, dann wird beim Vergleich von Revisionen die Herkunft der fraglichen Pfade in Betracht gezogen (das heißt, falls Sie `svn diff` auf zwei Dateien mit identischem Inhalt, aber unterschiedlicher Herkunft anwenden, werden Sie den Inhalt der Datei als gelöscht und wieder hinzugefügt sehen).

Alternative Namen

`di`

Änderungen

Keine

Greift auf das Repository zu

Zum Beschaffen der Unterschiede zu allem bis auf die `BASE`-Revision in Ihrer Arbeitskopie.

Schalter

```
--revision (-r) REV
--old ALTES-ZIEL
--new NEUES-ZIEL
--extensions (-x) "ARGS"
--non-recursive (-N)
--diff-cmd BEF
--notice-ancestry
--username BENUTZER
--password PASS
--no-auth-cache
--non-interactive
--no-diff-deleted
--config-dir VERZ
```

Beispiele

Vergleicht `BASE` und Ihre Arbeitskopie (eine der beliebtesten Anwendungen von `svn diff`):

```
$ svn diff COMMITTERS
Index: COMMITTERS
===================================================================
--- COMMITTERS          (revision 4404)
+++ COMMITTERS          (working copy)
```

Schauen Sie sich an, wie die Änderungen Ihrer Arbeitskopie mit einer älteren Revision verglichen werden:

```
$ svn diff -r 3900 COMMITTERS
Index: COMMITTERS
===================================================================
--- COMMITTERS          (revision 3900)
+++ COMMITTERS          (working copy)
```

Vergleicht Revision 3000 mit Revision 3500 mittels der @-Syntax:

```
$ svn diff http://svn.collab.net/repos/svn/trunk/COMMITTERS@3000 http://svn.collab.net/
repos/svn/trunk/COMMITTERS@3500
Index: COMMITTERS
===================================================================
--- COMMITTERS          (revision 3000)
+++ COMMITTERS          (revision 3500)
...
```

Vergleicht Revision 3000 mit Revision 3500 mittels der Bereichsnotation (Sie übergeben in diesem Fall nur die eine URL):

```
$ svn diff -r 3000:3500 http://svn.collab.net/repos/svn/trunk/COMMITTERS
Index: COMMITTERS
===================================================================
--- COMMITTERS          (revision 3000)
+++ COMMITTERS          (revision 3500)
```

Vergleicht Revision 3000 mit Revision 3500 aller Dateien in *trunk* mittels der Bereichsnotation:

```
$ svn diff -r 3000:3500 http://svn.collab.net/repos/svn/trunk
```

Vergleicht Revision 3000 mit Revision 3500 von nur drei Dateien in *trunk* mittels der Bereichsnotation:

```
$ svn diff -r 3000:3500 --old http://svn.collab.net/repos/svn/trunk COMMITTERS README
HACKING
```

Falls Sie eine Arbeitskopie haben, können Sie die Unterschiede beziehen, ohne die langen URLs eingeben zu müssen:

```
$ svn diff -r 3000:3500 COMMITTERS
Index: COMMITTERS
===================================================================
--- COMMITTERS          (revision 3000)
+++ COMMITTERS          (revision 3500)
```

Benutzen Sie `--diff-cmd` *BEF* `-x`, um Argumente direkt an das externe Diff-Programm zu übergeben:

```
$ svn diff --diff-cmd /usr/bin/diff -x "-i -b" COMMITTERS
Index: COMMITTERS
===================================================================
0a1,2
> This is a test
>
```

svn export

Exportiert einen sauberen Verzeichnisbaum.

Synopsis

```
svn export [-r REV] URL [PFAD]
svn export PFAD1 PFAD2
```

Beschreibung

Die erste Form exportiert einen sauberen Verzeichnisbaum aus dem durch die URL festgelegten Repository aus der Revision *REV*, falls diese angegeben wurde, ansonsten aus HEAD, nach *PFAD*. Wenn *PFAD* weggelassen wird, dann wird die letzte Komponente der *URL* für den lokalen Verzeichnisnamen benutzt.

Die zweite Form exportiert einen sauberen Verzeichnisbaum aus der Arbeitskopie, die durch *PFAD1* angegeben ist, nach *PFAD2*. Alle lokalen Änderungen werden beibehalten, es werden aber keine Dateien kopiert, die der Versionskontrolle unterliegen.

Alternative Namen

Keine

Änderungen

Lokale Festplatte

Greift auf das Repository zu

Nur, wenn von einer URL exportiert wird.

Schalter

```
--revision (-r) REV
--quiet (-q)
--force
--username BENUTZER
--password PASS
--no-auth-cache
--non-interactive
--config-dir VERZ
```

Beispiele

Exportiert aus Ihrer Arbeitskopie (gibt nicht jede Datei und jedes Verzeichnis aus):

```
$ svn export a-wc my-export
Export complete.
```

Exportiert direkt aus dem Repository (gibt alle Dateien und Verzeichnisse aus):

```
$ svn export file:///tmp/repos my-export
A  my-export/test
A  my-export/quiz
...
Exported revision 15.
```

svn help

Bietet Hilfe!

Synopsis

```
svn help [UNTERBEFEHL...]
```

Beschreibung

Zeigt die Hilfedokumentation an. Dies ist Ihr bester Freund, wenn Sie Subversion benutzen und dieses Buch nicht zur Hand haben!

Alternative Namen

`?`, `h`

Änderungen

Keine

Greift auf das Repository zu

Nein

Schalter

```
--version
--quiet (-q)
```

svn import

Bestätigt rekursiv eine Kopie von PFAD nach URL.

Synopsis

```
svn import [PFAD] URL
```

Beschreibung

Bestätigt rekursiv eine Kopie von *PFAD* nach *URL*. Wenn *PFAD* weggelassen wird, dann wird . angenommen. Übergeordnete Verzeichnisse werden im Repository angelegt, falls das erforderlich sein sollte.

Alternative Namen

Keine

Änderungen

Repository

Greift auf das Repository zu

Ja

Schalter

```
--message (-m) TEXT
--file (-F) DATEI
--quiet (-q)
--non-recursive (-N)
--username BENUTZER
--password PASS
--no-auth-cache
--non-interactive
--force-log
--editor-cmd EDITOR
--encoding KOD
--config-dir VERZ
--auto-props
--no-auto-props
```

Beispiele

Dies importiert das lokale Verzeichnis *myproj* in die Wurzel Ihres Repository:

```
$ svn import -m "New import" myproj http://svn.red-bean.com/repos/test
Adding         myproj/sample.txt
...
Transmitting file data .........
Committed revision 16.
```

Dies importiert das lokale Verzeichnis *myproj* nach *trunk/vendors* in Ihrem Repository. Das Verzeichnis *trunk/vendors* muss vor dem Import noch nicht existieren – `svn import` erzeugt rekursiv Verzeichnisse für Sie:

```
$ svn import -m "New import" myproj \
    http://svn.red-bean.com/repos/test/trunk/vendors/myproj
Adding         myproj/sample.txt
...
Transmitting file data .........
Committed revision 19.
```

svn info

Gibt Informationen über PFADe aus.

Synopsis

```
svn info [PFAD...]
```

Beschreibung

Gibt Informationen über Pfade in Ihrer Arbeitskopie aus, einschließlich:

- Pfad
- Name
- URL
- Revision
- Knotenart

- Autor der letzten Änderung
- Zuletzt geänderte Revision
- Datum der letzten Änderung
- Zuletzt aktualisierter Text
- Zuletzt aktualisierte Eigenschaften
- Prüfsumme

Alternative Namen

Keine

Änderungen

Keine

Greift auf das Repository zu

Nein

Schalter

```
--targets DATEINAME
--recursive (-R)
--config-dir VERZ
```

Beispiele

svn info zeigt Ihnen alle nützlichen Informationen, die es für Objekte in Ihrer Arbeitskopie hat. Es zeigt Informationen für Dateien:

```
$ svn info foo.c
Path: foo.c
Name: foo.c
URL: http://svn.red-bean.com/repos/test/foo.c
Revision: 4417
Node Kind: file
Schedule: normal
Last Changed Author: sally
Last Changed Rev: 20
Last Changed Date: 2003-01-13 16:43:13 -0600 (Mon, 13 Jan 2003)
Text Last Updated: 2003-01-16 21:18:16 -0600 (Thu, 16 Jan 2003)
Properties Last Updated: 2003-01-13 21:50:19 -0600 (Mon, 13 Jan 2003)
Checksum: /3L38YwzhT93BWvgpdF6Zw==
```

Es zeigt auch Informationen für Verzeichnisse:

```
$ svn info vendors
Path: trunk
URL: http://svn.red-bean.com/repos/test/vendors
Revision: 19
Node Kind: directory
Schedule: normal
Last Changed Author: harry
Last Changed Rev: 19
Last Changed Date: 2003-01-16 23:21:19 -0600 (Thu, 16 Jan 2003)
```

svn list

Listet Verzeichniseinträge im Repository auf.

Synopsis

```
svn list [ZIEL...]
```

Beschreibung

Listet alle *ZIEL*-Dateien und den Inhalt aller *ZIEL*-Verzeichnisse auf, wie sie im Repository existieren. Wenn *ZIEL* ein Arbeitskopienpfad ist, dann wird die entsprechende Repository-URL verwendet.

Das vorgegebene *ZIEL* ist `.`, das heißt die Repository-URL des aktuellen Arbeitskopienverzeichnisses.

Mit `--verbose` zeigen die folgenden Felder den Status des Objekts:

- Revisionsnummer des letzten Commit
- Autor des letzten Commit
- Größe (in Bytes)
- Datum und Uhrzeit des letzten Commit

Alternative Namen

`ls`

Änderungen

Keine

Greift auf das Repository zu

Ja

Schalter

```
--revision (-r) REV
--verbose (-v)
--recursive (-R)
--username BENUTZER
--password PASS
--no-auth-cache
--non-interactive
--config-dir VERZ
```

Beispiele

`svn list` ist am nützlichsten, wenn Sie sehen wollen, welche Dateien sich in einem Repository befinden, ohne dass Sie dazu eine Arbeitskopie herunterladen müssen:

```
$ svn list http://svn.red-bean.com/repos/test/support
README.txt
INSTALL
examples/
...
```

Ebenso wie beim Unix-ls können Sie den Schalter --verbose übergeben, um zusätzliche Informationen zu erhalten:

```
$ svn list --verbose file:///tmp/repos
     16 sally         28361 Jan 16 23:18 README.txt
     27 sally             0 Jan 18 15:27 INSTALL
     24 harry               Jan 18 11:27 examples/
```

Weitere Einzelheiten finden Sie bei »svn list« in Kapitel 3.

svn log

Zeigt Commit-Protokollmeldungen an.

Synopsis

```
svn log [PFAD]
svn log URL [PFAD...]
```

Beschreibung

Das vorgegebene Ziel ist der Pfad Ihres aktuellen Verzeichnisses. Wenn keine Argumente angegeben werden, zeigt svn log die Protokollmeldungen für alle Dateien und Verzeichnisse innerhalb (und einschließlich) des aktuellen Arbeitsverzeichnisses Ihrer Arbeitskopie. Sie können die Ergebnisse verfeinern, indem Sie einen Pfad, eine oder mehrere Revisionen oder eine Kombination aus beiden festlegen. Der vorgegebene Revisionsbereich für einen lokalen Pfad ist BASE:1.

Falls Sie nur eine URL angeben, gibt der Befehl Protokollmeldungen für alles aus, was die URL enthält. Fügen Sie hinter der URL Pfade an, werden nur Nachrichten für die Pfade unter dieser URL ausgegeben. Der vorgegebene Revisionsbereich für eine URL ist HEAD:1.

Mit --verbose gibt svn log außerdem mit jeder Protokollmeldung alle betroffenen Pfade aus. Mit --quiet gibt svn log den Protokollmeldungskörper selbst nicht aus (das ist kompatibel mit --verbose).

Jede Protokollmeldung wird nur einmal ausgegeben, selbst wenn mehr als einer der betroffenen Pfade für diese Revision explizit angefordert wurden. Die Protokolle folgen standardmäßig der Kopier-History. Verwenden Sie --stop-on-copy, um dieses Verhalten zu deaktivieren. Das kann beim Ermitteln von Verzweigungspunkten ganz nützlich sein.

Alternative Namen

Keine

Änderungen

Keine

Greift auf das Repository zu

Ja

Schalter

```
--revision (-r) REV
--quiet (-q)
```

```
--verbose (-v)
--targets DATEINAME
--stop-on-copy
--incremental
--xml
--username BENUTZER
--password PASS
--no-auth-cache
--non-interactive
--config-dir VERZ
```

Beispiele

Sie können Protokollmeldungen für alle Pfade sehen, die sich in Ihrer Arbeitskopie geändert haben, indem Sie im obersten Verzeichnis `svn log` ausführen:

```
$ svn log
------------------------------------------------------------------------
r20 | harry | 2003-01-17 22:56:19 -0600 (Fri, 17 Jan 2003) | 1 line
Tweak.
------------------------------------------------------------------------
r17 | sally | 2003-01-16 23:21:19 -0600 (Thu, 16 Jan 2003) | 2 lines
...
```

Hiermit können Sie alle Protokollmeldungen für eine bestimmte Datei in Ihrer Arbeitskopie untersuchen:

```
$ svn log foo.c
------------------------------------------------------------------------
r32 | sally | 2003-01-13 16:43:13 -0600 (Mon, 13 Jan 2003) | 1 line
Added defines.
------------------------------------------------------------------------
r28 | sally | 2003-01-07 21:48:33 -0600 (Tue, 07 Jan 2003) | 3 lines
...
```

Falls Sie keine Arbeitskopie bereithaben, können Sie log auf eine URL anwenden:

```
$ svn log http://svn.red-bean.com/repos/test/foo.c
------------------------------------------------------------------------
r32 | sally | 2003-01-13 16:43:13 -0600 (Mon, 13 Jan 2003) | 1 line
Added defines.
------------------------------------------------------------------------
r28 | sally | 2003-01-07 21:48:33 -0600 (Tue, 07 Jan 2003) | 3 lines
...
```

Falls Sie mehrere getrennte Pfade unter der gleichen URL wünschen, können Sie die `URL [PFAD...]`-Syntax einsetzen.

```
$ svn log http://svn.red-bean.com/repos/test/ foo.c bar.c
------------------------------------------------------------------------
r32 | sally | 2003-01-13 16:43:13 -0600 (Mon, 13 Jan 2003) | 1 line
Added defines.
------------------------------------------------------------------------
r31 | harry | 2003-01-10 12:25:08 -0600 (Fri, 10 Jan 2003) | 1 line
Added new file bar.c
------------------------------------------------------------------------
r28 | sally | 2003-01-07 21:48:33 -0600 (Tue, 07 Jan 2003) | 3 lines
...
```

Das ist das Gleiche, als wenn Sie beide URLs explizit auf der Kommandozeile angeben:

```
$ svn log http://svn.red-bean.com/repos/test/foo.c \
          http://svn.red-bean.com/repos/test/bar.c
...
```

Wenn Sie die Ergebnisse mehrerer Aufrufe des log-Befehls verketten, wollen Sie vielleicht den Schalter `--incremental` benutzen. `svn log` gibt normalerweise eine gestrichelte Linie am Anfang einer Protokollmeldung, nach jeder folgenden Protokollmeldung und im Anschluss an die letzte Protokollmeldung aus. Würden Sie `svn log` auf einem Bereich aus zwei Revisionen ausführen, dann würden Sie folgendes Ergebnis erhalten:

```
$ svn log -r 14:15
------------------------------------------------------------------------
r14 | ...
------------------------------------------------------------------------
r15 | ...
------------------------------------------------------------------------
```

Falls Sie jedoch zwei nicht aufeinander folgende Protokollmeldungen in eine Datei legen wollen, könnten Sie so etwas ausprobieren:

```
$ svn log -r 14 > mylog
$ svn log -r 19 >> mylog
$ svn log -r 27 >> mylog
$ cat mylog
------------------------------------------------------------------------
r14 | ...
------------------------------------------------------------------------
------------------------------------------------------------------------
r19 | ...
------------------------------------------------------------------------
------------------------------------------------------------------------
r27 | ...
------------------------------------------------------------------------
```

Mit dem Schalter --incremental können Sie die Häufung von gestrichelten Linien in Ihrer Ausgabe vermeiden:

```
$ svn log --incremental -r 14 > mylog
$ svn log --incremental -r 19 >> mylog
$ svn log --incremental -r 27 >> mylog
$ cat mylog
------------------------------------------------------------------------
r14 | ...
------------------------------------------------------------------------
r19 | ...
------------------------------------------------------------------------
r27 | ...
```

Der Schalter `--incremental` bietet eine ähnliche Kontrolle über die Ausgabe, wenn Sie den Schalter `--xml` verwenden.

Falls Sie svn log auf einem bestimmten Pfad ausführen, eine spezielle Revision angeben und überhaupt keine Ausgabe erhalten:

```
$ svn log -r 20 http://svn.red-bean.com/untouched.txt
------------------------------------------------
```

bedeutet das, dass der Pfad in dieser Revision nicht verändert wurde. Wenn Sie im obersten Verzeichnis des Repository protokollieren oder die Datei kennen, die sich in dieser Revision geändert hat, dann können Sie sie explizit angeben:

```
$ svn log -r 20 touched.txt
------------------------------------------------
r20 | sally | 2003-01-17 22:56:19 -0600 (Fri, 17 Jan 2003) | 1
line
Made a change.
------------------------------------------------
```

svn merge

Wendet die Unterschiede zwischen zwei Quellen auf einen Arbeitskopienpfad an.

Synopsis

```
svn merge quellURL1[@N] quellURL2[@M] [AKPFAD]
svn merge -r N:M QUELLE [PFAD]
```

Beschreibung

In der ersten Form werden die Quell-URLs in den Revisionen *N* und *M* angegeben. Dies sind die beiden zu vergleichenden Quellen. Werden die Revisionen weggelassen, dann ist der Wert standardmäßig HEAD.

In der zweiten Form kann *QUELLE* eine URL oder ein Arbeitskopienobjekt sein; in diesem Fall wird die korrespondierende URL verwendet. Diese URL definiert in den Revisionen *N* und *M* die beiden zu vergleichenden Quellen.

AKPFAD ist der Arbeitskopienpfad, der die Änderungen empfängt. Wenn *AKPFAD* weggelassen wird, dann wird der Standardwert . angenommen, es sei denn, die Quellen weisen identische Basisnamen auf, die einer Datei innerhalb entsprechen. In diesem Fall werden die Unterschiede auf diese Datei angewandt.

Im Gegensatz zu svn diff beachtet der merge-Befehl auch die Herkunft einer Datei, wenn er das Zusammenführen durchführt. Das ist sehr wichtig, wenn Sie Änderungen aus einem Zweig in einen anderen überführen und eine Datei in dem einen Zweig, nicht jedoch in dem anderen Zweig umbenannt haben.

Alternative Namen

Keine

Änderungen

Arbeitskopie

Greift auf das Repository zu

Nur beim Arbeiten mit URLs.

Schalter

```
--revision (-r) REV
--non-recursive (-N)
--quiet (-q)
--force
--dry-run
--diff3-cmd BEF
--ignore-ancestry
--username BENUTZER
--password PASS
--no-auth-cache
--non-interactive
--config-dir VERZ
```

Beispiele

Führt einen Zweig zurück in den Stamm (vorausgesetzt, Sie haben eine Arbeitskopie des Stammes und der Zweig wurde in Revision 250 erzeugt):

```
$ svn merge -r 250:HEAD http://svn.red-bean.com/repos/branches/my-branch
U  myproj/tiny.txt
U  myproj/thhgttg.txt
U  myproj/win.txt
U  myproj/flo.txt
```

Falls Sie in Revision 23 verzweigt haben und die Änderungen an dem Stamm wieder zurück in Ihren Zweig überführen wollen, könnten Sie dies aus der Arbeitskopie Ihres Zweiges heraus erledigen:

```
$ svn merge -r 23:30 file:///tmp/repos/trunk/vendors
U  myproj/thhgttg.txt
...
```

So führen Sie Änderungen zu einer einzigen Datei zusammen:

```
$ cd myproj
$ svn merge -r 30:31 thhgttg.txt
U  thhgttg.txt
```

svn mkdir

Erzeugt ein neues Verzeichnis unter der Versionskontrolle.

Synopsis

```
svn mkdir PFAD...
svn mkdir URL...
```

Beschreibung

Erzeugt ein Verzeichnis mit einem Namen, der durch die letzte Komponente von *PFAD* oder URL bestimmt wird. Ein Verzeichnis, das durch einen Arbeitskopien-*PFAD* festgelegt wird, wird für das Hinzufügen in der Arbeitskopie vorgesehen. Ein Verzeichnis, das durch eine URL festgelegt wird, wird im Repository durch ein sofortiges Commit angelegt. Mehrere Verzeichnis-URLs werden jeweils für sich (d. h. atomar) bestätigt. In beiden Fällen müssen alle vorübergehenden Verzeichnisse bereits existieren.

Alternative Namen

Keine

Änderungen

Arbeitskopie, Repository, falls auf einer URL operiert wird.

Greift auf das Repository zu

Nur, wenn auf einer URL operiert wird.

Schalter

```
--message (-m) TEXT
--file (-F) DATEI
--quiet (-q)
--username BENUTZER
--password PASS
--no-auth-cache
--non-interactive
--editor-cmd EDITOR
--encoding KOD
--force-log
--config-dir VERZ
```

Beispiele

Erzeugt ein Verzeichnis in Ihrer Arbeitskopie:

```
$ svn mkdir newdir
A         newdir
```

Erzeugt eines im Repository (sofortiges Commit, es ist also eine Protokollmeldung erforderlich):

```
$ svn mkdir -m "Anlegen eines neuen Verzeichnisses." http://svn.red-bean.com/repos/newdir
Committed revision 26.
```

svn move

Verschiebt eine Datei oder ein Verzeichnis.

Synopsis

```
svn move QUELLE ZIEL
```

Beschreibung

Dieser Befehl verschiebt eine Datei oder ein Verzeichnis in Ihrer Arbeitskopie oder im Repository.

Dieser Befehl ist äquivalent zu einem `svn copy`, gefolgt von einem `svn delete`.

Subversion unterstützt das Verschieben zwischen Arbeitskopien und URLs nicht. Außerdem können Sie Dateien nur innerhalb eines einzigen Repository verschieben – Subversion unterstützt das Verschieben über Repository-Grenzen hinweg nicht:

AK -> AK
: Verschiebt eine Datei oder ein Verzeichnis und sieht diese für das Hinzufügen vor (mit History).

URL -> URL
: Vollständiges serverseitiges Umbenennen.

Alternative Namen

`mv`, `rename`, `ren`

Änderungen

Arbeitskopie, Repository, falls auf einer URL gearbeitet wird.

Greift auf das Repository zu

Nur, wenn auf einer URL gearbeitet wird.

Schalter

```
--message (-m) TEXT
--file (-F) DATEI
--revision (-r) REV
--quiet (-q)
--force
--username BENUTZER
--password PASS
--no-auth-cache
--non-interactive
--editor-cmd EDITOR
--encoding KOD
--force-log
--config-dir VERZ
```

Beispiele

Verschiebt eine Datei in Ihrer Arbeitskopie:

```
$ svn move foo.c bar.c
A         bar.c
D         foo.c
```

Verschiebt eine Datei im Repository (sofortiges Commit, es ist eine Commit-Nachricht erforderlich):

```
$ svn move -m "Verschiebe eine Datei" http://svn.red-bean.com/repos/foo.c \
                                      http://svn.red-bean.com/repos/bar.c
Committed revision 27.
```

svn propdel

Entfernt eine Eigenschaft von einem Objekt.

Synopsis

```
svn propdel EIGENSCHAFTSNAME [PFAD...]
svn propdel EIGENSCHAFTSNAME --revprop -r REV [URL]
```

Beschreibung

Entfernt Eigenschaften von Dateien, Verzeichnissen oder Revisionen. Die erste Form entfernt versionierte Eigenschaften in der Arbeitskopie, während die zweite nicht-versionierte entfernte Eigenschaften auf einer Repository-Revision löscht.

Alternative Namen

pdel, pd

Änderungen

Arbeitskopie, Repository nur, wenn auf einer URL gearbeitet wird.

Greift auf das Repository zu

Nur, wenn auf einer URL gearbeitet wird.

Schalter

```
--quiet (-q)
--recursive (-R)
--revision (-r) REV
--revprop
--username BENUTZER
--password PASS
--no-auth-cache
--non-interactive
--config-dir VERZ
```

Beispiele

Löscht eine Eigenschaft von einer Datei in Ihrer Arbeitskopie:

```
$ svn propdel svn:mime-type  some-script
property 'svn:mime-type' deleted from 'some-script'.
```

Löscht eine Revisionseigenschaft:

```
$ svn propdel --revprop -r 26 release-date
property 'release-date' deleted from repository revision '26'
```

svn propedit

Bearbeitet die Eigenschaft eines oder mehrerer Objekte unter Versionskontrolle.

Synopsis

```
svn propedit EIGENSCHAFTSNAME PFAD...
svn propedit EIGENSCHAFTSNAME --revprop -r REV [URL]
```

Beschreibung

Bearbeitet eine oder mehrere Eigenschaften mit Hilfe Ihres bevorzugten Editors. Die erste Form bearbeitet versionierte Eigenschaften in Ihrer Arbeitskopie, während die zweite nicht-versionierte entfernte Eigenschaften auf einer Repository-Revision bearbeitet.

Alternative Namen

pedit, pe

Änderungen

Arbeitskopie, Repository nur, wenn auf einer URL gearbeitet wird.

Greift auf das Repository zu

Nur, wenn auf einer URL gearbeitet wird.

Schalter

```
--revision (-r) REV
--revprop
--username BENUTZER
--password PASS
--no-auth-cache
--non-interactive
--encoding KOD
--editor-cmd EDITOR
--config-dir VERZ
```

Beispiele

svn propedit erleichtert das Modifizieren von Eigenschaften, die mehrere Werte besitzen:

```
$ svn propedit svn:keywords  foo.c
    <svn startet hier Ihren bevorzugten Editor mit einem Fenster, das den
    aktuellen Wert der Eigenschaft svn:keywords enthält. Sie können hier
    eine Eigenschaft ganz einfach um weitere Werte ergänzen, indem Sie einen
    Wert pro Zeile eingeben.>
Setzt neuen Wert für Eigenschaft 'svn:keywords' auf 'foo.c'
```

svn propget

Gibt den Wert einer Eigenschaft aus.

Synopsis

```
svn propget EIGENSCHAFTSNAME [PFAD...]
svn propget EIGENSCHAFTSNAME --revprop -r REV [URL]
```

Beschreibung

Gibt den Wert einer Eigenschaft auf Dateien, Verzeichnissen oder Revisionen aus. Die erste Form gibt die versionierte Eigenschaft eines oder mehrerer Objekte in Ihrer Arbeitskopie aus, während die zweite Form eine nicht-versionierte entfernte Eigenschaft auf einer Repository-Revision ausgibt. Weitere Informationen über Eigenschaften finden Sie im Abschnitt »Eigenschaften« in Kapitel 7.

Alternative Namen

pget, pg

Änderungen

Arbeitskopie, Repository nur, wenn auf einer URL gearbeitet wird.

Greift auf das Repository zu

Nur, wenn auf einer URL gearbeitet wird.

Schalter

```
--recursive (-R)
--revision (-r) REV
--revprop
--strict
--username BENUTZER
--password PASS
--no-auth-cache
--non-interactive
--config-dir VERZ
```

Beispiele

Untersucht eine Eigenschaft einer Datei in Ihrer Arbeitskopie:

```
$ svn propget svn:keywords foo.c
Author
Date
Rev
```

Das funktioniert auch für eine Revisionseigenschaft:

```
$ svn propget svn:log --revprop -r 20
Began journal.
```

svn proplist

Listet alle Eigenschaften auf.

Synopsis

```
svn proplist [PFAD...]
svn proplist --revprop -r REV [URL]
```

Beschreibung

Listet alle Eigenschaften auf Dateien, Verzeichnissen oder Revisionen auf. Die erste Form listet versionierte Eigenschaften in der Arbeitskopie auf, während die zweite Form nicht-versionierte entfernte Eigenschaften auf einer Repository-Revision auflistet.

Alternative Namen

`plist`, `pl`

Änderungen

Arbeitskopie, Repository nur, wenn auf einer URL gearbeitet wird.

Greift auf das Repository zu

Nur, wenn auf einer URL gearbeitet wird.

Schalter

```
--verbose (-v)
--recursive (-R)
--revision (-r) REV
--quiet (-q)
--revprop
--username BENUTZER
--password PASS
--no-auth-cache
--non-interactive
--config-dir VERZ
```

Beispiele

Sie können `proplist` verwenden, um sich die Eigenschaften auf einem Objekt in Ihrer Arbeitskopie anzuschauen:

```
$ svn proplist foo.c
Properties on 'foo.c':
  svn:mime-type
  svn:keywords
  owner
```

Zusammen mit dem Schalter `--verbose` ist `svn proplist` außerordentlich praktisch, da es Ihnen auch die Werte für die Eigenschaften zeigt:

```
$ svn proplist --verbose foo.c
Properties on 'foo.c':
  svn:mime-type : text/plain
  svn:keywords : Author Date Rev
  owner : sally
```

svn propset

Setzt auf Dateien, Verzeichnissen oder Revisionen EIGENSCHAFTSNAME auf EIGENSCHAFTSWERT.

Synopsis

```
svn propset EIGENSCHAFTSNAME [EIGENSCHAFTSWERT | -F WERTEDATEI] PFAD...
svn propset EIGENSCHAFTSNAME --revprop -r REV [EIGENSCHAFTSWERT | -F WERTEDATEI] [URL]
```

Beschreibung

Setzt auf Dateien, Verzeichnissen oder Revisionen *`EIGENSCHAFTSNAME`* auf *`EIGENSCHAFTSWERT`*. Das erste Beispiel erzeugt eine versionierte, lokale Eigenschaftsänderung in der Arbeitskopie, und das zweite Beispiel erzeugt eine nicht-versionierte, entfernte Eigenschaftsänderung auf einer Repository-Revision.

> Subversion besitzt eine Reihe besonderer Eigenschaften, die sein Verhalten beeinflussen. Mehr über diese Eigenschaften erfahren Sie im Abschnitt »Besondere Eigenschaften« in Kapitel 7.

Alternative Namen

`pset`, `ps`

Änderungen

Arbeitskopie, Repository nur, wenn auf einer URL gearbeitet wird.

Greift auf das Repository zu

Nur, wenn auf einer URL gearbeitet wird.

Schalter

```
--file (-F) DATEI
--quiet (-q)
--revision (-r) REV
--targets DATEINAME
--recursive (-R)
--revprop
--username BENUTZER
--password PASS
--no-auth-cache
--non-interactive
--encoding KOD
--force
--config-dir VERZ
```

Beispiele

Setzt den Mime-Typ auf einer Datei:

```
$ svn propset svn:mime-type image/jpeg foo.jpg
property 'svn:mime-type' set on 'foo.jpg'
```

Falls Sie wollen, dass auf einem Unix-System bei einer Datei die Ausführungsberechtigung gesetzt wird:

```
$ svn propset svn:executable ON somescript
property 'svn:executable' set on 'somescript'
```

Vielleicht haben Sie eine interne Regelung, um bestimmte Eigenschaften so festzulegen, dass es für Ihre Mitarbeiter vorteilhaft ist:

```
$ svn propset owner sally foo.c
property 'owner' set on 'foo.c'
```

Falls Sie bei einer bestimmten Revision einen Fehler in einer Protokollmeldung machen und diesen beheben wollen, benutzen Sie `--revprop` und setzen `svn:log` auf die neue Protokollmeldung:

```
$ svn propset --revprop -r 25 svn:log "Journaled about trip to New York."
property 'svn:log' set on repository revision '25'
```

Oder falls Sie keine Arbeitskopie haben, können Sie eine URL angeben.

```
$ svn propset --revprop -r 26 svn:log "Document nap." http://svn.red-bean.com/repos
property 'svn:log' set on repository revision '25'
```

Schließlich können Sie propset anweisen, seine Eingabe einer Datei zu entnehmen. Sie könnten diesen Befehl sogar verwenden, um den Inhalt einer Eigenschaft auf etwas Binäres zu setzen:

```
$ svn propset owner-pic -F sally.jpg moo.c
property 'owner-pic' set on 'moo.c'
```

> Standardmäßig können Sie Revisionseigenschaften in einem Subversion-Repository nicht verändern. Ihr Repository-Administrator muss Änderungen an den Revisionseigenschaften explizit erlauben, indem er einen Hook namens `pre-revprop-change` anlegt. Nähere Informationen über Hook-Skripte finden Sie im Abschnitt »Hook-Skripte« in Kapitel 5.

svn resolved

Entfernt einen Konfliktzustand auf Arbeitskopiendateien oder Verzeichnissen.

Synopsis

```
svn resolved PFAD...
```

Beschreibung

Entfernt einen Konfliktzustand auf Arbeitskopiendateien oder Verzeichnissen. Diese Routine löst Konfliktmarker nicht semantisch auf, sie entfernt lediglich mit dem Konflikt zusammenhängende Artefaktdateien und erlaubt, dass PFAD erneut bestätigt wird; das heißt, sie teilt Subversion mit, dass die Konflikte aufgelöst wurden. Mehr über das Auflösen von Konflikten erfahren Sie in »Konflikte auflösen (Änderungen anderer Benutzer einbringen)«.

Alternative Namen

Keine

Änderungen

Arbeitskopie

Greift auf das Repository zu

Nein

Schalter

```
--targets DATEINAME
--recursive (-R)
--quiet (-q)
--config-dir VERZ
```

Beispiele

Falls Sie bei einer Aktualisierung einen Konflikt erhalten, materialisieren sich in Ihrer Arbeitskopie drei neue Dateien:

```
$ svn update
C  foo.c
Updated to revision 31.
$ ls
foo.c
foo.c.mine
foo.c.r30
foo.c.r31
```

Sobald Sie den Konflikt aufgelöst haben und *foo.c* bestätigt werden kann, führen Sie `svn resolved` aus, um Ihre Arbeitskopie davon in Kenntnis zu setzen, dass Sie sich um alles gekümmert haben.

> Sie *können* die Konfliktdateien einfach entfernen und dann bestätigen, allerdings kümmert sich `svn resolved` neben dem Löschen der Konfliktdateien um einige »buchhalterische« Daten im administrativen Bereich der Arbeitskopie, wir empfehlen Ihnen daher, diesen Befehl zu verwenden.

svn revert

Macht alle lokalen Bearbeitungen rückgängig.

Synopsis

```
svn revert PFAD...
```

Beschreibung

Kehrt alle lokalen Änderungen an einer Datei oder einem Verzeichnis um und löst Konfliktzustände auf. `svn revert` stellt nicht nur den Inhalt eines Objekts in Ihrer Arbeitskopie wieder her, sondern auch Eigenschaftsänderungen. Schließlich können Sie es auch dazu einsetzen, um Operationen zur Zeitplanung rückgängig zu machen, die Sie möglicherweise vorgenommen haben (z. B. können Dateien, die für das Hinzufügen oder Löschen vorgemerkt wurden, wieder aus der Planung verschwinden).

Alternative Namen

Keine

Änderungen

Arbeitskopie

Greift auf das Repository zu

Nein

Schalter

```
--targets DATEINAME
--recursive (-R)
--quiet (-q)
--config-dir VERZ
```

Beispiele

Änderungen an einer Datei verwerfen:

```
$ svn revert foo.c
Reverted foo.c
```

Falls Sie ein ganzes Verzeichnis mit Dateien umkehren wollen, benutzen Sie den Schalter `--recursive`:

```
$ svn revert --recursive .
Reverted newdir/afile
Reverted foo.c
Reverted bar.txt
```

Schließlich können Sie Zeitplanungsoperationen rückgängig machen:

```
$ svn add mistake.txt whoops
A         mistake.txt
A         whoops
A         whoops/oopsie.c
$ svn revert mistake.txt whoops
Reverted mistake.txt
Reverted whoops
$ svn status
?      mistake.txt
?      whoops
```

Falls Sie `svn revert` kein Ziel bieten, auf dem es arbeiten kann, tut es nichts – damit Sie nicht versehentlich Änderungen an Ihrer Arbeitskopie verlieren, müssen Sie für `svn revert` wenigstens ein Ziel bereitstellen.

svn status

Synopsis

```
svn status [PFAD...]
```

Beschreibung

Gibt den Status der Arbeitskopiendateien und -verzeichnisse aus. Ohne Argumente werden nur lokal geänderte Objekte ausgegeben (kein Repository-Zugriff). Mit `--show-updates` werden Informationen über Arbeitsrevisionen und unaktuelle Objekte auf dem Server angezeigt. Mit `--verbose` werden zu jedem Objekt vollständige Revisionsinformationen angezeigt.

Die ersten fünf Spalten in der Ausgabe sind jeweils ein Zeichen breit. Jede Spalte liefert Ihnen Informationen über unterschiedliche Aspekte der einzelnen Arbeitskopienobjekte.

Die erste Spalte zeigt an, dass ein Objekt hinzugefügt, gelöscht oder anderweitig verändert wurde.

' ' (leer)
: Keine Veränderungen.

`A`
: Objekt ist für das Hinzufügen vorgesehen.

`D`
: Objekt ist für das Löschen vorgesehen.

`M`
: Objekt wurde verändert.

`C`
: Objekt befindet sich in einem Konflikt mit Aktualisierungen, die vom Repository empfangen wurden.

`I`
: Objekt wird ignoriert (z. B. mit der Eigenschaft `svn:ignore`).

`?`
: Objekt unterliegt nicht der Versionskontrolle.

`!`
: Objekt fehlt (z. B. weil Sie es ohne Hilfe von `svn` verschoben oder gelöscht haben). Dies signalisiert außerdem, dass das Verzeichnis unvollständig ist (ein Auschecken oder eine Aktualisierung wurde unterbrochen).

`~`
: Objekt ist als Verzeichnis versioniert, wurde aber durch eine Datei ersetzt oder umgekehrt.

Die zweite Spalte gibt Auskunft über den Status der Eigenschaften einer Datei oder eines Verzeichnisses.

' ' (leer)
: Keine Veränderungen.

`M`
: Eigenschaften für dieses Objekt wurden geändert.

`C`
: Eigenschaften für dieses Objekt befinden sich im Konflikt mit Eigenschaftsaktualisierungen, die vom Repository empfangen wurden.

In der dritten Spalte gibt es nur dann Einträge, wenn das Arbeitskopienverzeichnis gesperrt ist.

' ' (leer)
: Objekt ist nicht gesperrt.

`L`
: Objekt ist gesperrt.

In der vierten Spalte gibt es nur dann Einträge, wenn das Objekt für das Hinzufügen mit History vorgesehen ist.

' ' (leer)
: Mit dem Commit wird keine History übermittelt.

`+`
: Mit dem Commit wird eine History übermittelt.

In der fünften Spalte gibt es nur dann Einträge, wenn das Objekt relativ zu seinem übergeordneten Objekt verschoben wurde (siehe »Eine Arbeitskopie wechseln« in Kapitel 4).

' ' (leer)
: Objekt ist Kind des übergeordneten Verzeichnisses.

`S`
: Objekt wurde verschoben.

Informationen über die Aktualität tauchen in der achten Spalte auf (nur wenn Sie den Schalter `--show-updates` übergeben).

' ' (leer)
: Das Objekt in Ihrer Arbeitskopie ist auf dem neuesten Stand.

`*`
: Auf dem Server existiert eine neuere Revision des Objekts.

Die verbleibenden Felder haben eine variable Breite und werden durch Leerzeichen abgetrennt. Die Arbeitsrevision ist das nächste Feld, falls die Schalter `--show-updates` oder `--verbose` übergeben werden.

Wenn der Schalter `--verbose` übergeben wird, werden als Nächstes die letzte bestätigte Revision und der zuletzt bestätigte Autor angezeigt.

Der Arbeitskopienpfad bildet immer das letzte Feld, es darf daher Leerzeichen enthalten.

Alternative Namen

`stat`, `st`

Änderungen

Keine

Greift auf das Repository zu

Nur bei Benutzung von `--show-updates`

Schalter

```
--show-updates (-u)
--verbose (-v)
--non-recursive (-N)
--quiet (-q)
--no-ignore
--username BENUTZER
--password PASS
--no-auth-cache
--non-interactive
--config-dir
```

Beispiele

Dies ist die einfachste Methode, um herauszufinden, welche Änderungen Sie an Ihrer Arbeitskopie vorgenommen haben:

```
$ svn status wc
 M     wc/bar.c
A  +   wc/qax.c
```

Falls Sie feststellen wollen, welche Dateien in Ihrer Arbeitskopie nicht mehr auf dem neuesten Stand sind, übergeben Sie den Schalter `--show-updates` (dieser führt *keine* Änderungen an Ihrer Arbeitskopie durch). Hier können Sie sehen, dass *wc/foo.c* im Repository sich seit der letzten Aktualisierung unserer Arbeitskopie geändert hat:

```
$ svn status --show-updates wc
 M           965    wc/bar.c
       *     965    wc/foo.c
A  +         965    wc/qax.c
Status against revision:    981
```

> `--show-updates` setzt *nur* ein Sternchen neben Objekte, die nicht aktuell sind (das heißt Objekte, die vom Repository aktualisiert werden, wenn Sie `svn update` ausführen). `--show-updates` veranlasst das Status-Listing *nicht*, die Repository-Version des Objekts widerzuspiegeln.

Und schließlich hier die meisten Informationen, die Sie mit dem Unterbefehl `status` bekommen können:

```
$ svn status --show-updates --verbose wc
 M           965       938 sally         wc/bar.c
       *     965       922 harry         wc/foo.c
A  +         965       687 harry         wc/qax.c
             965       687 harry         wc/zig.c
Head revision:   981
```

Viele weitere Beispiele für `svn status` finden Sie im Abschnitt »svn status« in Kapitel 3.

svn switch

Aktualisiert die Arbeitskopie auf eine andere URL.

Synopsis

```
svn switch URL [PFAD]
```

Beschreibung

Dieser Unterbefehl aktualisiert Ihre Arbeitskopie so, dass sie eine neue URL widerspiegelt – normalerweise eine URL, die den gleichen Vorfahren wie Ihre Arbeitskopie hat, allerdings nicht unbedingt. Dies ist die Subversion-Methode, mit der eine Arbeitskopie in einen neuen Zweig verschoben wird. Mehr über das Verschieben erfahren Sie im Abschnitt »Eine Arbeitskopie wechseln« in Kapitel 4.

Alternative Namen

`sw`

Änderungen

Arbeitskopie

Greift auf das Repository zu

Ja

Schalter

```
--revision (-r) REV
--non-recursive (-N)
--quiet (-q)
--diff3-cmd BEF
--relocate
--username BENUTZER
--password PASS
--no-auth-cache
--non-interactive
--config-dir VERZ
```

Beispiele

Falls Sie sich gerade im Verzeichnis *vendors* befinden, das in *vendors-with-fix* verzweigt wurde, und Ihre Arbeitskopie in diesen Zweig verschieben wollen:

```
$ svn switch http://svn.red-bean.com/repos/branches/vendors-with-fix .
U  myproj/foo.txt
U  myproj/bar.txt
U  myproj/baz.c
U  myproj/qux.c
Updated to revision 31.
```

Und um zurückzuverschieben, geben Sie einfach die URL auf die Stelle im Repository an, von der Sie Ihre Arbeitskopie ursprünglich ausgecheckt haben:

```
$ svn switch http://svn.red-bean.com/repos/trunk/vendors .
```

```
U  myproj/foo.txt
U  myproj/bar.txt
U  myproj/baz.c
U  myproj/qux.c
Updated to revision 31.
```

Sie können auch einen Teil Ihrer Arbeitskopie in einen Zweig verschieben, falls Sie nicht die ganze Arbeitskopie verschieben wollen.

Falls sich der Standort Ihres Repository ändert und Sie eine bestehende Arbeitskopie haben, die Sie weiterhin benutzen wollen, können Sie `svn switch --relocate` verwenden, um Ihre Arbeitskopie von einer URL zu einer anderen zu verschieben:

```
$ svn checkout file:///tmp/repos test
A  test/a
A  test/b
...
$ mv repos newlocation
$ cd test/
$ svn update
svn: Unable to open an ra_local session to URL
svn: Unable to open repository 'file:///tmp/repos'
$ svn switch --relocate file:///tmp/repos file:///tmp/newlocation .
$ svn update
At revision 3.
```

svn update

Aktualisiert Ihre Arbeitskopie.

Synopsis

```
svn update [PFAD...]
```

Beschreibung

`svn update` bringt Änderungen aus dem Repository in Ihre Arbeitskopie ein. Wenn keine Revision angegeben ist, bringt es Ihre Arbeitskopie auf den gleichen Stand wie die `HEAD`-Revision. Ansonsten synchronisiert es die Arbeitskopie mit der Revision, die durch den Schalter `--revision` angegeben ist.

Für jedes aktualisierte Objekt beginnt eine Zeile mit einem Zeichen, das die durchgeführte Aktion dokumentiert. Diese Zeichen haben folgende Bedeutung:

`A`
: Hinzugefügt

`D`
: Gelöscht

`U`
: Aktualisiert

C
: Konflikt

G
: Zusammengeführt

Ein Zeichen in der ersten Spalte kennzeichnet eine Aktualisierung auf die tatsächliche Datei, während Aktualisierungen der Eigenschaften einer Datei in der zweiten Spalte angezeigt werden.

Alternative Namen

up

Änderungen

Arbeitskopie

Greift auf das Repository zu

Ja

Schalter

```
--revision (-r) REV
--non-recursive (-N)
--quiet (-q)
--diff3-cmd BEF
--username BENUTZER
--password PASS
--no-auth-cache
--non-interactive
--config-dir VERZ
```

Beispiele

Greift Repository-Änderungen auf, die seit Ihrer letzten Aktualisierung geschehen sind:

```
$ svn update
A  newdir/toggle.c
A  newdir/disclose.c
A  newdir/launch.c
D  newdir/README
Updated to revision 32.
```

Sie können Ihre Arbeitskopie auch auf eine ältere Revision aktualisieren (Subversion kennt im Gegensatz zu CVS das Konzept der sticky-Dateien nicht; siehe Anhang A):

```
$ svn update -r30
A  newdir/README
D  newdir/toggle.c
D  newdir/disclose.c
D  newdir/launch.c
U  foo.c
Updated to revision 30.
```

Falls Sie eine ältere Revision einer einzigen Datei untersuchen wollen, könnten Sie `svn cat` verwenden.

svnadmin

`svnadmin` ist das administrative Werkzeug zum Überwachen und Reparieren Ihres Subversion-Repository. Ausführliche Informationen finden Sie im Abschnitt »svnadmin« in Kapitel 5.

Da `svnadmin` über einen direkten Repository-Zugriff funktioniert (und daher nur auf dem Rechner eingesetzt werden kann, auf dem sich das Repository befindet), bezieht es sich auf das Repository mit einem Pfad, nicht auf eine URL.

svnadmin-Schalter

`--bdb-log-keep`
: (Berkeley DB-spezifisch) Deaktiviert die automatische Entfernung von Datenbankprotokolldateien.

`--bdb-txn-nosync`
: (Berkeley DB-spezifisch) Deaktiviert fsync beim Bestätigen von Datenbanktransaktionen.

`--bypass-hooks`
: Umgeht das Repository-Hook-System.

`--clean-logs`
: Entfernt nicht-benutzte Berkeley DB-Protokolle.

`--force-uuid`
: Beim Laden von Daten in ein Repository, das bereits Revisionen enthält, ignoriert `svnadmin` standardmäßig die `UUID` aus dem Dump-Strom. Dieser Schalter veranlasst, dass die `UUID` des Repository auf die `UUID` aus dem Strom gesetzt wird.

`--ignore-uuid`
: Beim Laden eines leeren Repository benutzt `svnadmin` standardmäßig die `UUID` aus dem Dump-Strom. Dieser Schalter sorgt dafür, dass die UUID ignoriert wird.

`--incremental`
: Erzeugt den Dump einer Revision nur als Diff zur vorhergehenden Revision und nicht wie üblich als Volltext.

`--parent-dir` *`VERZ`*
: Beim Laden einer Dump-Datei wird die Wurzel auf *`VERZ`* und nicht auf `/` gesetzt.

`--revision (-r)` *`ARG`*
: Gibt eine bestimmte Revision an, auf der gearbeitet wird.

`--quiet`
: Zeigt nicht den normalen Fortgang, sondern nur Fehler an.

svnadmin-Unterbefehle

svnadmin create

Erzeugt ein neues leeres Repository unter REPOS_PFAD.

Synopsis

```
svnadmin create REPOS_PFAD
```

Beschreibung

Erzeugt ein neues leeres Repository unter dem angegebenen Pfad. Wenn das genannte Verzeichnis nicht existiert, wird es angelegt (`svnadmin` funktioniert nur mit lokalen Pfaden, nicht mit URLs).

Schalter

```
--bdb-txn-nosync
--bdb-log-keep
```

Beispiele

Das Erzeugen eines neuen Repository ist ganz einfach:

```
$ svnadmin create /usr/local/svn/repos
```

svnadmin deltify

Ermittelt die Unterschiede (Delta) zwischen geänderten Pfaden in einem Revisionsbereich.

Synopsis

```
svnadmin deltify [-r NIEDRIGER[:HÖHER]]
REPOS_PFAD
```

Beschreibung

`svnadmin deltify` existiert in 1.0.x nur noch aus historischen Gründen. Dieser Befehl wurde verworfen und ist nicht mehr erforderlich.

Er stammt aus einer Zeit, als Subversion-Administratoren eine größere Kontrolle über Komprimierungsstrategien im Repository bot. Es stellte sich heraus, dass das Ganze sehr kompliziert war und nur *sehr* wenig Nutzen brachte. Deswegen wurde diese Funktion verworfen.

Schalter

```
--revision (-r)
--quiet
```

svnadmin dump

Schickt den Inhalt des Dateisystems als Dump an stdout.

Synopsis

```
svnadmin dump REPOS_PFAD [-r NIEDRIGER[:HÖHER]] [--incremental]
```

Beschreibung

Schickt den Inhalt des Dateisystems in einem portablen Dumpfile-Format an die Standardausgabe, Rückmeldungen gelangen auf die Standardfehlerausgabe. Die Revisionen werden von Revision *NIEDRIGER* bis Revision *HÖHER* gespeichert. Wenn keine Revisionen angegeben sind, werden alle Revisionsbäume behandelt. Falls nur *NIEDRIGER* angegeben ist, wird nur dieser eine Revisionsbaum als Dump gespeichert. Eine praktische Anwendung dafür finden Sie im Abschnitt »Ein Repository migrieren« in Kapitel 5.

Schalter

```
--revision (-r)
--incremental
--quiet
```

Beispiele

Speicherung Ihres gesamten Repository als Dump:

```
$ svnadmin dump /usr/local/svn/repos
SVN-fs-dump-format-version: 1
Revision-number: 0
* Dumped revision 0.
Prop-content-length: 56
Content-length: 56
...
```

Inkrementeller Dump einer einzelnen Transaktion aus Ihrem Repository:

```
$ svnadmin dump /usr/local/svn/repos -r 21 --incremental
* Dumped revision 21.
SVN-fs-dump-format-version: 1
Revision-number: 21
Prop-content-length: 101
Content-length: 101
...
```

svnadmin help

Zeigt die Dokumentation für die Befehle.

Synopsis

```
svnadmin help [UNTERBEFEHL...]
```

Beschreibung

Dieser Unterbefehl ist nützlich, wenn Sie auf einer einsamen Insel gestrandet sind und weder die Online-Version noch eine gedruckte Ausgabe dieses Buches zur Hand haben.

Alternative Namen

?, h

svnadmin hotcopy

Erzeugt eine Hot Copy eines Repository.

Synopsis

```
svnadmin hotcopy ALTER_REPOS_PFAD NEUER_REPOS_PFAD
```

Beschreibung

Dieser Unterbefehl erzeugt ein vollständiges Hot Backup Ihres Repository, einschließlich aller Hooks, Konfigurationsdateien und natürlich Datenbankdateien. Wenn Sie den Schalter `--clean-logs` übergeben, führt `svnadmin` eine Hot Copy Ihres Repository aus und löscht dann nicht-benutzte Berkeley DB-Protokolle aus dem ursprünglichen Repository.

Schalter

```
--clean-logs
```

svnadmin list-dblogs

Fragt Berkeley DB, welche Protokolldateien für ein bestimmtes svn-Repository existieren.

Synopsis

```
svnadmin list-dblogs REPOS_PFAD
```

Beschreibung

Berkeley DB legt Protokolle aller Änderungen am Repository an, die es Ihnen erlauben, es im Katastrophenfall wiederherzustellen. Solange Sie nicht `DB_LOGS_AUTOREMOVE` aktivieren, wachsen die Protokolldateien immer weiter an, obwohl die meisten nicht mehr benötigt werden und gelöscht werden können, um Festplattenplatz zu sparen. Weitere Informationen finden Sie im Abschnitt »Plattenplatz verwalten«.

svnadmin list-unused-dblogs

Fragt Berkeley DB, welche Protokolldateien sicher gelöscht werden können.

Synopsis

```
svnadmin list-unused-dblogs REPOS_PFAD
```

Beschreibung

Berkeley DB legt Protokolle aller Änderungen am Repository an, die es Ihnen erlauben, es im Katastrophenfall wiederherzustellen. Solange Sie nicht `DB_LOGS_AUTOREMOVE` aktivieren, wachsen die Protokolldateien immer weiter an, obwohl die meisten nicht mehr benötigt werden und gelöscht werden können, um Festplattenplatz zu sparen. Weitere Informationen finden Sie im Abschnitt »Plattenplatz verwalten« in Kapitel 5.

Beispiele

Entfernt alle nicht-benutzten Protokolle aus einem Repository:

```
$ svnadmin list-unused-dblogs /path/to/repos
/path/to/repos/log.0000000031
/path/to/repos/log.0000000032
/path/to/repos/log.0000000033
$ svnadmin list-unused-dblogs /path/to/repos | xargs rm
## Plattenplatz zurückgewonnen!
```

svnadmin load

Liest einen Dumpfile-formatierten Strom von der Standardeingabe.

Synopsis

```
svnadmin load REPOS_PFAD
```

Beschreibung

Liest einen Dumpfile-formatierten Strom von der Standardeingabe, wobei neue Revisionen im Dateisystem des Repository bestätigt werden. Rückmeldungen über den Fortgang werden an die Standardausgabe geschickt.

Schalter

```
--quiet (-q)
--ignore-uuid
--force-uuid
--parent-dir
```

Beispiel

Dies zeigt den Anfang des Ladens eines Repository aus einer Sicherungsdatei (die natürlich mit svn dump erzeugt wurde):

```
$ svnadmin load /usr/local/svn/restored < repos-backup
<<< Started new txn, based on original revision 1
     * adding path : test ... done.
     * adding path : test/a ... done.
...
```

Falls Sie es in ein Unterverzeichnis laden wollen:

```
$ svnadmin load --parent-dir new/subdir/for/project /usr/local/svn/restored < repos-
backup
<<< Started new txn, based on original revision 1
     * adding path : test ... done.
     * adding path : test/a ... done.
...
```

svnadmin lstxns

Gibt die Namen aller nicht durch ein Commit bestätigten Transaktionen aus.

Synopsis

```
svnadmin lstxns REPOS_PFAD
```

Beschreibung

Gibt die Namen aller nicht durch ein Commit bestätigten Transaktionen aus. Unter »Aufräumen des Repository« in Kapitel 5 finden Sie Informationen darüber, wie nicht-bestätigte Transaktionen erzeugt werden und was Sie mit ihnen tun sollten.

Beispiele

Listet alle offenen Transaktionen in einem Repository auf:

```
$ svnadmin lstxns /usr/local/svn/repos/
1w
1x
```

svnadmin recover

Stellt einen verloren gegangenen Zustand in einem Repository wieder her.

Synopsis

```
svnadmin recover REPOS_PFAD
```

Beschreibung

Führen Sie diesen Befehl aus, wenn Sie eine Fehlermeldung erhalten, die besagt, dass Ihr Repository wiederhergestellt werden muss.

Beispiele

Stellt ein abgestürztes Repository wieder her:

```
$ svnadmin recover /usr/local/svn/repos/
Acquiring exclusive lock on repository db.
Recovery is running, please stand by...
Recovery completed.
The latest repos revision is 34.
```

svnadmin rmtxns

Löscht Transaktionen aus einem Repository.

Synopsis

```
svnadmin rmtxns REPOS_PFAD TXN_NAME...
```

Beschreibung

Löscht unerledigte Transaktionen aus einem Repository. Dies wird im Abschnitt »Aufräumen des Repository« in Kapitel 5 genauer behandelt.

Schalter

```
--quiet (-q)
```

Beispiele

Löscht benannte Transaktionen:

```
$ svnadmin rmtxns /usr/local/svn/repos/ 1w 1x
```

Glücklicherweise funktioniert die Ausgabe von `svn lstxns` prima als Eingabe für `rmtxns`:

```
$ svnadmin rmtxns /usr/local/svn/repos/  `svnadmin lstxns /usr/local/svn/repos/`
```

Dies löscht alle nicht-bestätigten Transaktionen aus Ihrem Repository.

svnadmin setlog

Legt die Protokollmeldung für eine Revision fest.

Synopsis

```
svnadmin setlog REPOS_PFAD -r REVISION DATEI
```

Beschreibung

Setzt die Protokollmeldung für die Revision REVISION auf den Inhalt von DATEI.

Ähnlich wie `svn propset --revprop` zum Setzen der Eigenschaft `svn:log` auf einer Revision, nur dass Sie hier auch die Option `--bypass-hooks` verwenden können, um das Ausführen von Pre- oder Post-Commit-Hooks zu vermeiden; dies ist sinnvoll, wenn die Veränderung von Revisionseigenschaften im Hook `pre-revprop-change` nicht aktiviert wurde.

> Revisionseigenschaften unterliegen nicht der Versionskontrolle, weshalb dieser Befehl die vorherige Protokollmeldung dauerhaft überschreibt.

Schalter

```
--revision (-r) ARG
--bypass-hooks
```

Beispiele

Setzt die Protokollmeldung für Revision 19 auf den Inhalt der Datei *msg*:

```
$ svnadmin setlog /usr/local/svn/repos/ -r 19 msg
```

svnadmin verify

Überprüft die Daten, die im Repository gespeichert sind.

Synopsis

```
svnadmin verify REPOS_PFAD
```

Beschreibung

Führen Sie diesen Befehl aus, wenn Sie die Integrität Ihres Repository überprüfen wollen. Dabei werden im Grunde alle Revisionen im Repository durchlaufen, indem intern alle Revisionen als Dump ausgegeben und die Ausgaben verworfen werden.

Beispiele

Überprüfen eines abgestürzten Repository:

```
$ svnadmin verify /usr/local/svn/repos/
* Verified revision 1729.
```

svnlook

svnlook ist ein Kommandozeilenwerkzeug, mit dem unterschiedliche Aspekte eines Subversion-Repository untersucht werden können. Es führt keine Änderungen am Repository durch – es dient nur zum Anschauen. svnlook wird typischerweise von den Repository-Hooks benutzt, doch auch ein Repository-Administrator kann es sinvoll für Diagnoseaufgaben einsetzen.

Da svnlook direkt auf das Repository zugreift (und daher nur auf dem Rechner benutzt werden kann, auf dem sich das Repository befindet), bezieht es sich auf das Repository mit einem Pfad, nicht mit einer URL.

Falls weder eine Revision noch eine Transaktion angegeben ist, arbeitet svnlook standardmäßig mit der jüngsten (neuesten) Revision des Repository.

svnlook-Schalter

Schalter in svnlook sind global, genau wie in svn und svnadmin; die meisten Schalter gelten jedoch nur für einen Unterbefehl, da der Geltungsbereich der Funktionalität von svnlook (absichtlich) eingeschränkt ist.

`--no-diff-deleted`
: Verhindert, dass svnlook Unterschiede für gelöschte Dateien ausgibt. Wenn eine Datei in einer Transaktion/Revision gelöscht ist, besteht das Standardverhalten darin, die gleichen Unterschiede auszugeben, die Sie sehen würden, wenn Sie die Datei bestehen gelassen, den Inhalt jedoch gelöscht hätten.

`--revision` *(-r)*
: Legt eine bestimmte Revisionsnummer fest, die Sie untersuchen wollen.

`--transaction` *(-t)*
: Legt eine bestimmte Transaktions-ID fest, die Sie untersuchen wollen.

`--show-ids`
: Zeigt die Revisions-IDs der Dateisystemknoten für jeden Pfad im Dateisystembaum.

svnlook-Unterbefehle

svnlook author

Gibt den Autor aus.

Synopsis

```
svnlook author REPOS_PFAD
```

Beschreibung

Gibt den Autor einer Revision oder Transaktion im Repository aus.

Schalter

```
--revision (-r)
--transaction (-t)
```

Beispiele

`svnlook author` ist praktisch, aber nicht sehr aufregend:

```
$ svnlook author -r 40 /usr/local/svn/repos
sally
```

svnlook cat

Gibt den Inhalt einer Datei aus.

Synopsis

```
svnlook cat REPOS_PFAD PFAD_IN_REPOS
```

Beschreibung

Gibt den Inhalt einer Datei aus.

Schalter

```
--revision (-r)
--transaction (-t)
```

Beispiele

Dies zeigt den Inhalt einer Datei in Transaktion `ax8`, zu finden unter */trunk/README*:

```
$ svnlook cat -t ax8 /usr/local/svn/repos /trunk/README
               Subversion, a version control system.
               =====================================
$LastChangedDate: 2003-07-17 10:45:25 -0500 (Thu, 17 Jul 2003) $
Contents:
     I. A FEW POINTERS
    II. DOCUMENTATION
   III. PARTICIPATING IN THE SUBVERSION COMMUNITY
...
```

svnlook changed

Gibt die Pfade aus, die geändert wurden.

Synopsis

```
svnlook changed REPOS_PFAD
```

Beschreibung

Gibt die Pfade, die in einer bestimmten Revision oder Transaktion geändert wurden, sowie in der ersten Spalte einen Buchstaben aus, der nach Art von `svn update` den Status anzeigt: `A` für hinzugefügt (added), `D` für gelöscht (deleted) und `U` für modifiziert/aktualisiert (updated).

Schalter

```
--revision (-r)
--transaction (-t)
```

Beispiele

Dies zeigt eine Liste aller geänderten Dateien in Revision 39 eines Test-Repository:

```
$ svnlook changed -r 39 /usr/local/svn/repos
A   trunk/vendors/deli/
A   trunk/vendors/deli/chips.txt
A   trunk/vendors/deli/sandwich.txt
A   trunk/vendors/deli/pickle.txt
```

svnlook date

Gibt den Datumsstempel aus.

Synopsis

```
svnlook date REPOS_PFAD
```

Beschreibung

Gibt den Datumsstempel einer Revision oder Transaktion in einem Repository aus.

Schalter

```
--revision (-r)
--transaction (-t)
```

Beispiele

Dies zeigt das Datum von Revision 40 eines Test-Repository:

```
$ svnlook date -r 40 /tmp/repos/
2003-02-22 17:44:49 -0600 (Sat, 22 Feb 2003)
```

svnlook diff

Gibt die Unterschiede geänderter Dateien und Eigenschaften aus.

Synopsis

```
svnlook diff REPOS_PFAD
```

Beschreibung

Gibt im GNU-Stil Unterschiede geänderter Dateien und Eigenschaften in einem Repository aus.

Schalter

```
--revision (-r)
--transaction (-t)
--no-diff-deleted
```

Beispiele

Dies zeigt eine neu hinzugefügte (leere) Datei, eine gelöschte Datei und eine kopierte Datei:

```
$ svnlook diff -r 40 /usr/local/svn/repos/
Copied: egg.txt (from rev 39, trunk/vendors/deli/pickle.txt)
Added: trunk/vendors/deli/soda.txt
==============================================================================
Modified: trunk/vendors/deli/sandwich.txt
==============================================================================
--- trunk/vendors/deli/sandwich.txt        (original)
+++ trunk/vendors/deli/sandwich.txt        2003-02-22 17:45:04.000000000 -0600
@@ -0,0 +1 @@
+Don't forget the mayo!
Deleted: trunk/vendors/deli/chips.txt
==============================================================================
Deleted: trunk/vendors/deli/pickle.txt
==============================================================================
```

svnlook dirs-changed

Gibt die Verzeichnisse aus, die selbst geändert wurden.

Synopsis

```
svnlook dirs-changed REPOS_PFAD
```

Beschreibung

Gibt die Verzeichnisse aus, die selbst (Eigenschaftsbearbeitungen) oder deren Kinder geändert wurden.

Schalter

```
--revision (-r)
--transaction (-t)
```

Beispiele

Dies zeigt die Verzeichnisse, die in Revision 40 in unserem Beispiel-Repository geändert wurden:

```
$ svnlook dirs-changed -r 40 /usr/local/svn/repos
trunk/vendors/deli/
```

svnlook help

Gibt die Hilfenachricht für svnlook aus.

Synopsis

Auch `svnlook -h` und `svnlook -?`.

Beschreibung

Gibt die Hilfenachricht für svnlook aus. Dieser Befehl ist ebenso wie sein Bruder `svn help` Ihr Freund, auch wenn Sie ihn nie anrufen und außerdem vergessen haben, ihn zu Ihrer letzten Fete einzuladen.

Alternative Namen

?, h

svnlook history

Gibt Informationen über die History eines Pfades im Repository aus (oder dem Wurzelverzeichnis, falls kein Pfad angegeben wurde).

Synopsis

```
svnlook history REPOS_PFAD
            [PFAD_IN_REPOS]
```

Beschreibung

Gibt Informationen über die History eines Pfades im Repository aus (oder des Wurzelverzeichnisses, falls kein Pfad angegeben wurde).

Schalter

```
--revision (-r)
--show-ids
```

Beispiele

Dies zeigt die History-Ausgabe für den Pfad */tags/1.0* bis Revision 20 in unserem Beispiel-Repository:

```
$ svnlook history -r 20 /usr/local/svn/repos /tags/1.0 --show-ids
REVISION   PATH <ID>
--------   ---------
      19   /tags/1.0 <1.2.12>
      17   /branches/1.0-rc2 <1.1.10>
      16   /branches/1.0-rc2 <1.1.x>
```

```
14   /trunk <1.0.q>
13   /trunk <1.0.o>
11   /trunk <1.0.k>
 9   /trunk <1.0.g>
 8   /trunk <1.0.e>
 7   /trunk <1.0.b>
 6   /trunk <1.0.9>
 5   /trunk <1.0.7>
 4   /trunk <1.0.6>
 2   /trunk <1.0.3>
 1   /trunk <1.0.2>
```

svnlook info

Gibt den Autor, den Datumsstempel, die Größe der Protokollmeldung sowie die Protokollmeldung aus.

Synopsis

```
svnlook info REPOS_PFAD
```

Beschreibung

Gibt den Autor, den Datumsstempel, die Größe der Protokollmeldung sowie die Protokollmeldung aus.

Schalter

```
--revision (-r)
--transaction (-t)
```

Beispiele

Dies zeigt die Info-Ausgabe für Revision 40 in unserem Beispiel-Repository:

```
$ svnlook info -r 40 /usr/local/svn/repos
sally
2003-02-22 17:44:49 -0600 (Sat, 22 Feb 2003)
15
Rearrange lunch.
```

svnlook log

Gibt die Protokollmeldung aus.

Synopsis

```
svnlook log REPOS_PFAD
```

Beschreibung

Gibt die Protokollmeldung aus.

Schalter

```
--revision (-r)
--transaction (-t)
```

Beispiele

Dies zeigt die Protokollausgabe für Revision 40 in unserem Beispiel-Repository:

```
$ svnlook log /tmp/repos/
Rearrange lunch.
```

svnlook propget

Gibt den Wert einer Eigenschaft auf einem Pfad im Repository aus.

Synopsis

```
svnlook propget REPOS_PFAD EIGENSCHAFTSNAME PFAD_IN_REPOS
```

Beschreibung

Gibt den Wert einer Eigenschaft auf einem Pfad im Repository aus.

Alternative Namen

pg, pget

Schalter

```
--revision (-r)
--transaction (-t)
```

Beispiele

Dies zeigt den Wert der Eigenschaft seasonings der Datei */trunk/sandwich* in der HEAD-Revision:

```
$ svnlook pg /usr/local/svn/repos seasonings /trunk/sandwich
mustard
```

svnlook proplist

Gibt die Namen und Werte der versionierten Datei- und Verzeichniseigenschaften aus.

Synopsis

```
svnlook proplist REPOS_PFAD PFAD_IN_REPOS
```

Beschreibung

Listet die Eigenschaften eines Pfades im Repository auf. Mit --verbose werden auch die Eigenschaftswerte angezeigt.

Alternative Namen

pl, plist

Schalter

```
--revision (-r)
--transaction (-t)
--verbose (-v)
```

Beispiele

Dies zeigt die Namen der Eigenschaften, die auf der Datei */trunk/README* in der HEAD-Revision gesetzt sind:

```
$ svnlook proplist /usr/local/svn/repos /trunk/README
  original-author
  svn:mime-type
```

Dies ist der gleiche Befehl wie im vorangegangenen Beispiel, dieses Mal werden aber auch die Eigenschaftswerte angezeigt:

```
$ svnlook proplist /usr/local/svn/repos /trunk/README
  original-author : fitz
  svn:mime-type : text/plain
```

svnlook tree

Gibt den Baum aus.

Synopsis

```
svnlook tree REPOS_PFAD [PFAD_IN_REPOS]
```

Beschreibung

Gibt den Baum aus, wobei bei *PFAD_IN_REPOS* begonnen wird (falls angegeben, ansonsten wird bei der Wurzel des Baumes begonnen); optional werden die Knoten-IDs der Revision gezeigt.

Schalter

```
--revision (-r)
--transaction (-t)
--show-ids
```

Beispiele

Dies zeigt die Baumausgabe (mit Knoten-IDs) für Revision 40 in unserem Beispiel-Repository:

```
$ svnlook tree -r 40 /usr/local/svn/repos --show-ids
/ <0.0.2j>
 trunk/ <p.0.2j>
  vendors/ <q.0.2j>
   deli/ <1g.0.2j>
    egg.txt <1i.e.2j>
    soda.txt <1k.0.2j>
    sandwich.txt <1j.0.2j>
```

svnlook uuid

Gibt die UUID des Repository aus.

Synopsis

```
svnlook uuid REPOS_PFAD
```

Beschreibung

Gibt die `UUID` für das Repository aus. Die UUID ist der *U*niversal *U*nique *ID*entifier (universeller eindeutiger Identifikator) des Repository. Der Subversion-Client unterscheidet anhand dieses Identifikators zwischen unterschiedlichen Repositorys.

Beispiele

Dies zeigt die UUID für das Repository unter */usr/local/svn/repos*:

```
$ svnlook uuid /usr/local/svn/repos
e7fe1b91-8cd5-0310-98dd-2f12e793c5e8
```

svnlook youngest

Gibt die jüngste Revisionsnummer aus.

Synopsis

```
svnlook youngest REPOS_PFAD
```

Beschreibung

Gibt die jüngste Revisionsnummer eines Repository aus.

Beispiele

Dies zeigt die jüngste Revisionsnummer unseres Beispiel-Repository:

```
$ svnlook youngest /tmp/repos/
42
```

svnserve

`svnserve` erlaubt es Ihnen, mit Hilfe des `svn`-Netzwerkprotokolls auf Subversion-Repositorys zuzugreifen. Sie können svnserve entweder als eigenständigen Server-Prozess ausführen oder einen anderen Prozess, wie etwa `inetd`, `xinetd` oder `sshd` veranlassen, ihn für Sie zu starten.

Sobald der Client ein Repository ausgewählt hat, indem er dessen URL übermittelt hat, liest `svnserve` eine Datei namens *conf/svnserve.conf* im Repository-Verzeichnis, um Repository-spezifische Einstellungen zu ermitteln, wie etwa, welche Authentifizierungsdatenbank benutzt werden soll und welche Autorisierungsregeln gelten. Im Abschnitt »svnserve: Ein eigener Server« in Kapitel 6 finden Sie nähere Informationen über die Datei *svnserve.conf*.

svnserve-Schalter

Im Gegensatz zu den zuvor beschriebenen Befehlen besitzt svnserve keine Unterbefehle – svnserve wird ausschließlich über Schalter gesteuert.

`--daemon` (`-d`)
: Veranlasst svnserve, im Daemon-Modus zu laufen. svnserve geht von sich aus in den Hintergrund und akzeptiert und bedient TCP/IP-Verbindungen auf dem svn-Port (standardmäßig 3690).

`--listen-port=`*PORT*
: Veranlasst svnserve, an *PORT* zu lauschen, wenn es im Daemon-Modus läuft.

`--listen-host=`*HOST*
: Veranlasst svnserve, an der Schnittstelle zu lauschen, die durch *HOST* angegeben ist. Dabei kann es sich um einen Host-Namen oder eine IP-Adresse handeln.

`--foreground`
: Bei Benutzung zusammen mit `-d` veranlasst dieser Schalter svnserve, im Vordergrund zu bleiben. Dieser Schalter ist hauptsächlich zur Fehlersuche gedacht.

`--inetd` (`-i`)
: Veranlasst svnserve, die stdin/stdout-Dateideskriptoren zu benutzen, wie es für einen Daemon, der aus `inetd` heraus läuft, passend ist.

`--help` (`-h`)
: Zeigt eine Zusammenfassung zur Benutzung an und beendet sich dann.

`--root=`*ROOT* (`-r=`*ROOT*)
: Setzt die virtuelle Wurzel für Repositorys, die von svnserve bedient werden. Der Pfadname in URLs, die vom Client geliefert werden, wird relativ zu dieser Wurzel interpretiert und darf diese Wurzel nicht verlassen.

`--tunnel` (`-t`)
: Veranlasst svnserve, im Tunnel-Modus zu laufen. Das funktioniert fast wie der `inetd`-Betriebsmodus (eine Verbindung wird über stdin/stdout bedient), mit der Ausnahme, dass die Verbindung als mit dem Benutzernamen der aktuellen UID vorauthentifiziert angesehen wird. Dieser Schalter wird vom Client gewählt, wenn er über einen Tunnel-Agent wie `ssh` läuft.

`--threads` (`-T`)
: Beim Ausführen im Daemon-Modus wird svnserve veranlasst, für jede Verbindung an Stelle eines Prozesses einen Thread zu erzeugen. Der svnserve-Prozess geht selbst beim Start in den Hintergrund.

`--listen-once` (`-X`)
: Veranlasst svnserve, eine Verbindung am svn-Port zu akzeptieren, diese zu bedienen und sich dann zu beenden. Diese Option dient hauptsächlich der Fehlersuche.

ANHANG A

Subversion für CVS-Benutzer

Dieser Anhang ist eine Hilfestellung für CVS-Benutzer, die neu in Subversion einsteigen. Im Prinzip stellt es eine Liste der Unterschiede zwischen den beiden Systemen dar. In jedem Abschnitt bieten wir, wenn möglich, Verweise auf relevante Kapitel.

Obwohl es das Ziel von Subversion ist, die momentane und künftige Benutzergemeinschaft von CVS zu übernehmen, waren einige neue Funktionen und Designänderungen erforderlich, um bestimmte fehlerhafte Verhaltensweisen von CVS zu beheben. Das bedeutet, dass Sie sich als CVS-Benutzer möglicherweise einiges wieder abgewöhnen müssen.

Die Revisionsnummern sind jetzt anders

In CVS werden Revisionsnummern pro Datei vergeben. Das liegt daran, dass CVS RCS als Backend benutzt; jede Datei besitzt im Repository eine korrespondierende RCS-Datei, und das Repository ist ungefähr entsprechend der Struktur Ihres Projektbaums gestaltet.

In Subversion sieht das Repository wie ein einziges Dateisystem aus. Jedes Commit bringt einen völlig neuen Dateisystembaum hervor; im Prinzip bildet das Repository eine Matrix aus Bäumen. Jeder dieser Bäume ist mit einer einzigen Revisionsnummer bezeichnet. Wenn jemand über Revision 54 spricht, dann spricht er über einen bestimmten Baum (und indirekt darüber, wie das Dateisystem nach dem 54. Commit aussah).

Technisch gesehen ist es nicht zulässig, über Revision 5 von *foo.c* zu reden. Stattdessen würde man sagen: *foo.c*, wie es in Revision 5 auftaucht. Seien Sie außerdem vorsichtig, wenn Sie Annahmen über die Entwicklung einer Datei anstellen. In CVS sind die Revisionen 5 und 6 von *foo.c* immer verschieden. In Subversion ist es am wahrscheinlichsten, dass sich *foo.c* zwischen den Revisionen 5 und 6 *nicht* geändert hat.

Nähere Informationen über dieses Thema finden Sie im Abschnitt »Revisionen« in Kapitel 2.

Verzeichnisversionen

Subversion verfolgt die Baumstrukturen, nicht nur die Dateiinhalte. Dies ist einer der Hauptgründe, weshalb Subversion geschrieben wurde, um CVS zu ersetzen.

Für Sie als früheren CVS-Benutzer bedeutet das Folgendes:

- Die Befehle `svn add` und `svn delete` funktionieren jetzt auf Verzeichnissen, so wie sie auch auf Dateien funktionieren. Dies gilt auch für `svn copy` und `svn move`. Allerdings veranlassen diese Befehle *keinerlei* sofortige Änderung im Repository. Stattdessen werden die Arbeitsobjekte einfach für das Hinzufügen oder Löschen vorgesehen. Repository-Änderungen finden erst statt, wenn Sie `svn commit` ausführen.
- Verzeichnisse sind keine dummen Container mehr; sie haben genau wie Dateien Revisionsnummern. (Oder genauer: Es ist jetzt richtig, über Verzeichnis *foo/* in Revision 5 zu sprechen.)

Auf diesen letzten Punkt wollen wir genauer eingehen. Die Verzeichnisversionierung ist ein schwieriges Problem; da wir Arbeitskopien aus gemischten Revisionen erlauben wollen, gibt es einige Grenzen dahingehend, wie weit wir dieses Modell missbrauchen können.

Aus theoretischer Sicht definieren wir Revision 5 von Verzeichnis *foo* so, dass sie eine bestimmte Sammlung von Verzeichniseinträgen und Eigenschaften bedeutet. Nehmen Sie nun an, dass wir damit beginnen, Dateien in *foo* hinzuzufügen und daraus zu entfernen, und dies anschließend mit Commit bestätigen. Es wäre gelogen, nun immer noch von Revision 5 von *foo* zu sprechen. Hätten wir die Revisionsnummer von *foo* jedoch nach dem Commit erhöht, wäre das ebenfalls gelogen; möglicherweise gibt es andere Änderungen an *foo*, die wir nicht empfangen haben, da wir keine Aktualisierung durchgeführt haben.

Subversion behandelt dieses Problem, indem es bestätigte Ergänzungen und Löschungen stillschweigend im *.svn*-Bereich verfolgt. Wenn Sie schließlich `svn update` ausführen, wird alles mit dem Repository abgerechnet, und die neue Revisionsnummer des Verzeichnisses wird richtig eingestellt. *Deshalb kann man erst nach einer Aktualisierung wirklich davon sprechen, dass man eine fertige Revision eines Verzeichnisses hat.* Meist enthält Ihre Arbeitskopie unfertige Verzeichnisrevisionen.

Es entsteht gleichermaßen ein Problem, wenn Sie versuchen, Eigenschaftsänderungen auf einem Verzeichnis zu bestätigen. Normalerweise würde sich durch das Commit die lokale Revisionsnummer des Arbeitsverzeichnisses erhöhen. Doch auch hier wäre das eine Lüge, weil es viele Ergänzungen und Löschungen geben könnte, die das Verzeichnis gar nicht hat, da keine Aktualisierung ausgeführt wurde. *Deshalb dürfen Sie Eigenschaftsänderungen auf einem Verzeichnis nur dann bestätigen, wenn das Verzeichnis auf dem neuesten Stand ist.*

Weitere Informationen über die Beschränkungen der Verzeichnisversionierung finden Sie im Abschnitt »Die Beschränkungen gemischter Revisionen« in Kapitel 2.

Weitere verbindungslose Operationen

In den letzten Jahren ist Festplattenplatz immer billiger und reichlicher geworden. Das gilt jedoch nicht für die Netzwerkbandbreite. Deshalb wurde die Subversion-Arbeitskopie rund um diese knappere Ressource optimiert.

Der administrative *.svn*-Bereich dient dem gleichen Zweck wie das Verzeichnis *CVS*, mit der Ausnahme, dass er auch schreibgeschützte, unberührte Kopien Ihrer Dateien speichert. Dies erlaubt es Ihnen, viele Dinge offline zu erledigen:

`svn status`
: Zeigt Ihnen alle lokalen Änderungen, die Sie vorgenommen haben (siehe »svn status« in Kapitel 3)

`svn diff`
: Zeigt Ihnen die Einzelheiten Ihrer Änderungen (siehe »svn diff« in Kapitel 3)

`svn revert`
: Löscht Ihre lokalen Änderungen (siehe »svn revert« in Kapitel 3)

Die zwischengespeicherten unberührten Dateien erlauben es dem Subversion-Client außerdem, beim Ausführen eines Commit Differenzen zu versenden, was CVS nicht kann.

Der letzte Unterbefehl in dieser Liste ist neu. Er entfernt nicht nur lokale Änderungen, sondern macht auch bereits vorgemerkte Operationen, wie Ergänzungen und Löschungen, rückgängig. Dies ist die bevorzugte Methode zur Wiederherstellung einer Datei: Sie können weiterhin `rm file; svn update` ausführen, dies verwischt aber den Zweck der Aktualisierung. Und wo wir gerade beim Thema sind…

Unterscheidung zwischen Status und Aktualisierung

In Subversion haben wir versucht, die Verwirrung zwischen den Befehlen `cvs status` und `cvs update` zu mindern.

Der Befehl `cvs status` besitzt zwei Aufgaben: Erstens soll er dem Benutzer alle lokalen Änderungen an der Arbeitskopie zeigen, und zweitens soll er dem Benutzer zeigen, welche Dateien nicht mehr auf dem neuesten Stand sind. Leider machen nicht viele CVS-Anwender Gebrauch von den Vorteilen, die dieser Befehl bietet, weil seine Statusausgabe schwer zu lesen ist. Stattdessen haben sie sich angewöhnt, `cvs up` oder `cvs up -n` auszuführen, um einen schnellen Überblick über ihre Veränderungen zu bekommen. Falls die Benutzer vergessen, die Option -n einzusetzen, hat der Befehl die Nebenwirkung, dass Repository-Änderungen zusammengeführt werden, mit denen Sie noch gar nichts zu tun haben!

Mit Subversion haben wir versucht, dieses Chaos zu vermindern, indem wir die Ausgabe von `svn status` so gestaltet haben, dass sie sowohl von Menschen als auch von Parsern leicht zu lesen ist. svn update gibt außerdem nur Informationen über Dateien aus, die aktualisiert wurden, *keine* lokalen Änderungen.

svn status gibt alle Dateien aus, die lokale Änderungen aufweisen. Standardmäßig wird kein Kontakt zum Repository aufgenommen. Dieser Unterbefehl akzeptiert zwar eine ganze Reihe von Optionen, diese hier werden jedoch am häufigsten eingesetzt:

-u
: Kontaktiert das Repository, um festzustellen, was nicht mehr auf dem neuesten Stand ist, und gibt diese Informationen dann aus

-v
: Zeigt *alle* Einträge, die der Versionskontrolle unterliegen

-N
: Nicht-rekursive Ausführung (es wird nicht in Unterverzeichnisse abgestiegen)

Der status-Befehl besitzt zwei Ausgabeformate. Im kurzen Standardformat sehen lokale Änderungen so aus:

```
% svn status
M     ./foo.c
M     ./bar/baz.c
```

Wenn Sie den Schalter --show-updates (-u) angeben, wird ein längeres Ausgabeformat benutzt:

```
% svn status -u
M              1047    ./foo.c
       *       1045    ./faces.html
       *          -    ./bloo.png
M              1050    ./bar/baz.c
Status against revision:   1066
```

In diesem Fall erscheinen zwei neue Spalten. Die zweite Spalte enthält ein Sternchen, falls die Datei oder das Verzeichnis nicht mehr auf dem neuesten Stand ist. Die dritte Spalte zeigt die Revisionsnummer des Objekts in der Arbeitskopie. Im vorherigen Beispiel signalisiert das Sternchen, dass *faces.html* bei einer Aktualisierung ergänzt werden würde und dass die Datei *bloo.png* neu in das Repository aufgenommen wurde. (Der - neben bloo.png bedeutet, dass diese Datei in der Arbeitskopie noch nicht existiert.)

Hier ist schließlich eine Zusammenfassung der gebräuchlichsten Statuscodes, die Sie vorfinden werden:

```
A    Ressource ist für das Hinzufügen vorgesehen
D    Ressource ist für die Löschung vorgesehen
M    Ressource besitzt lokale Änderungen
C    Ressource weist Konflikte auf (Änderungen zwischen der Repository- und
       der Arbeitskopienversion wurden nicht vollständig zusammengeführt)
X    Ressource ist extern in Bezug auf diese Arbeitskopie (stammt aus einem anderen
       Repository).
```

```
?    Ressource unterliegt nicht der Versionskontrolle
!    Ressource fehlt oder ist unvollständig (wurde mit einem anderen Werkzeug als
       Subversion gelöscht)
```

Subversion hat die CVS-Codes `P` und `U` zum Code `U` kombiniert. Wenn eine Zusammenführung oder ein Konflikt auftritt, gibt Subversion einfach `G` oder `C` aus, anstatt einen ganzen Satz darüber zu verlieren.

Eine ausführlichere Diskussion von `svn status` finden Sie in »svn status« in Kapitel 3.

Verzweigungen und Tags

Subversion unterscheidet nicht zwischen Dateisystemraum und Verzweigungsraum; Verzweigungen und Tags sind normale Verzeichnisse innerhalb des Dateisystems. Das ist vermutlich die größte mentale Hürde, die CVS-Benutzer überwinden müssen. Sie erfahren in Kapitel 4 mehr darüber.

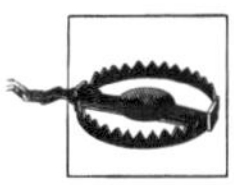

Da Subversion Verzweigungen und Tags als normale Verzeichnisse behandelt, müssen Sie immer daran denken, den Stamm (`http://svn.example.com/repos/calc/trunk/`) Ihres Projekts und nicht das Projekt selbst (`http://svn.example.com/repos/calc/`) auszuchecken. Falls Sie den Fehler machen, das Projekt selbst auszuchecken, erhalten Sie eine Arbeitskopie, die eine Kopie Ihres Projekts für jeden vorhandenen Zweig und jedes vorhandene Tag enthält.[1]

Eigenschaften und Metadaten

Eine neue Eigenart von Subversion besteht darin, dass Sie beliebige Metadaten (oder Eigenschaften) an Dateien und Verzeichnisse anhängen können. Eigenschaften sind beliebige Name/Wert-Paare, die mit Dateien und Verzeichnissen in Ihrer Arbeitskopie verknüpft werden.

Um einen Eigenschaftsnamen festzulegen oder zu bekommen, benutzen Sie die Unterbefehle `svn propset` und `svn propget`. Sie erhalten eine Liste aller Eigenschaften, wenn Sie `svn proplist` verwenden.

Weitere Informationen finden Sie im Abschnitt »Eigenschaften« in Kapitel 7.

Auflösung von Konflikten

CVS markiert Konflikte zeilenweise mit Konfliktmarkern und gibt während einer Aktualisierung ein `C` aus. In der Vergangenheit hat dies Probleme verursacht, weil CVS nicht genug tut. Viele Benutzer vergessen das `C` (oder sehen es nicht), wenn es auf dem Termi-

1 Vorausgesetzt natürlich, Ihnen geht vor der Beendigung des Auscheckens nicht der Plattenplatz aus.

nal vorbeiflitzt. Oft vergessen sie sogar, dass es noch die Konfliktmarker gibt, und bestätigen Dateien, in denen die Konfliktmarker noch enthalten sind.

Subversion löst dieses Problem, indem es die Konflikte greifbarer macht. Es erinnert daran, dass eine Datei sich im Konfliktzustand befindet, und erlaubt eine Bestätigung Ihrer Änderungen durch ein Commit erst, wenn Sie `svn resolved` ausgeführt haben. Weiteres finden Sie im Abschnitt »Konflikte auflösen (Änderungen anderer Benutzer einbringen)« in Kapitel 3.

Binärdateien und Übersetzung

Im ganz allgemeinen Sinn behandelt Subversion Binärdateien ordentlicher als CVS. Da CVS RCS verwendet, kann es nur fortlaufende vollständige Kopien einer sich ändernden Binärdatei speichern. Subversion dagegen drückt intern die Unterschiede zwischen Dateien mit Hilfe eines binären Differenzalgorithmus aus, unabhängig davon, ob die Dateien textliche oder binäre Daten enthalten. Das bedeutet, dass alle Dateien komprimiert im Repository gespeichert und kleine Unterschiede immer über das Netzwerk verschickt werden.

CVS-Benutzer müssen Binärdateien mit `-kb`-Schaltern markieren, um zu verhindern, dass Daten verstümmelt werden (auf Grund von Schlüsselworterweiterungen und Übersetzungen von Zeilenenden). Manchmal vergessen sie das.

Subversion schlägt einen paranoideren Weg ein: Erstens führt es Schlüsselwort- oder Zeilenendeübersetzungen nur dann durch, wenn Sie es explizit dazu auffordern (nähere Einzelheiten finden Sie unter »svn:keywords« und »svn:eol-style« in Kapitel 7). Standardmäßig behandelt Subversion alle Dateidaten als literale Byte-Strings, und Dateien werden im Repository immer im nicht-übersetzten Zustand gespeichert.

Zweitens merkt Subversion sich intern, ob eine Datei Text- oder Binärdaten enthält, drückt dies aber *nur* in der Arbeitskopie aus. Während eines `svn update` führt Subversion kontextbasierte Zusammenführungen an lokal veränderten Textdateien aus, versucht dies aber niemals an Binärdateien.

Um festzustellen, ob eine kontextbasierte Zusammenführung möglich ist, untersucht Subversion die Eigenschaft `svn:mime-type`. Wenn die Datei keine `svn:mime-type`-Eigenschaft besitzt oder einen Mime-Typ aufweist, der auf Text hindeutet (z. B. text/*), dann nimmt Subversion an, dass es sich um Text handelt. Ansonsten geht Subversion von einer Binärdatei aus. Subversion hilft Benutzern außerdem, indem es einen Algorithmus zum Entdecken von Binärdaten in den Befehlen `svn import` und `svn add` benutzt. Diese Befehle raten ganz gut und setzen dann (möglicherweise) die Binäreigenschaft `svn:mime-type` auf der Datei, die hinzugefügt werden soll. (Wenn Subversion falsch liegt, kann der Benutzer immer noch die Eigenschaft löschen oder von Hand nachbearbeiten.)

Versionierte Module

Im Gegensatz zu CVS ist sich eine Subversion-Arbeitskopie dessen bewusst, dass sie ein Modul ausgecheckt hat. Das bedeutet, falls jemand die Definition eines Moduls ändert, wird ein Aufruf von `svn update` die Arbeitskopie entsprechend aktualisieren.

Subversion definiert Module als eine Liste von Verzeichnissen innerhalb einer Verzeichniseigenschaft: siehe »Externals-Definitionen« in Kapitel 7.

Authentifizierung

Mit dem pserver von CVS ist es erforderlich, dass Sie sich auf dem Server anmelden, bevor Sie eine Lese- oder Schreiboperation durchführen können – Sie müssen sich sogar für anonyme Operationen anmelden. Bei einem Subversion-Repository, das Apache-httpd als Server verwendet, müssen Sie zu Beginn überhaupt keine Authentifizierungs-Credentials angeben – wenn eine Operation, die Sie ausführen, eine Authentifizierung verlangt, fragt der Server Sie nach Ihren Credentials (ob es sich dabei nun um Benutzernamen und Kennwort, ein Client-Zertifikat oder sogar beides handelt). Falls also Ihr Repository für jedermann lesbar ist, müssen Sie sich daher für Leseoperationen überhaupt nicht authentifizieren.

Wie bei CVS speichert auch Subversion Ihre Credentials auf der Festplatte (in Ihrem Verzeichnis *~/.subversion/auth/*), es sei denn, Sie untersagen ihm das mit dem Schalter `--no-auth-cache`.

Ein Repository von CVS nach Subversion konvertieren

Die vielleicht wichtigste Methode, um CVS-Benutzer mit Subversion vertraut zu machen, besteht darin ihnen zu ermöglichen, mit dem neuen System weiterhin an ihren Projekten zu arbeiten. Das kann man zwar erreichen, indem einfach ein exportiertes CVS-Repository in ein Subversion-Repository importiert wird, gründlicher ist es jedoch, wenn nicht nur die neueste Momentaufnahme aller Daten, sondern auch die History dahinter vom einen zum anderen System übertragen wird. Dieses Problem ist außerordentlich schwierig zu lösen, da dazu unter anderem Änderungsmengen zu erzeugen sind und zwischen den völlig entgegengesetzten Verzweigungsregelungen der beiden Systeme vermittelt werden muss. Es gibt allerdings einige Werkzeuge, die zumindest teilweise Unterstützung bieten, um bestehende CVS-Repositorys in Subversion-Repositorys zu überführen.

Eines dieser Werkzeuge ist cvs2svn (*http://cvs2svn.tigris.org/*), ein Python-Skript, das ursprünglich von Mitgliedern der Subversion-eigenen Entwicklergemeinschaft entwickelt wurde. Dann gibt es noch Chia-liang Kaos Subversion-Konverter-Plugin für das VCP-Programm (*http://svn.clkao.org/revml/branches/svn-perl/*) und Lev Serebryakovs Refine-

CVS (*http://lev.serebryakov.spb.ru/refinecvs/*). Diese Werkzeuge zeigen unterschiedliche Stufen der Vollständigkeit und treffen möglicherweise völlig verschiedene Entscheidungen darüber, wie Ihre CVS-Repository-History verarbeitet werden soll. Für welches Werkzeug auch immer Sie sich entscheiden, achten Sie darauf, dass Sie so viele Überprüfungen wie möglich mit den Ergebnissen der Konvertierung durchführen – Sie haben schließlich schwer daran gearbeitet, diese History aufzubauen!

Eine aktualisierte Liste mit Verweisen auf Konvertierungswerkzeuge finden Sie auf der Links-Seite der Subversion-Website (*http://subversion.tigris.org/project_links.html*).

ANHANG B

Fehlerbehandlung

Häufig auftretende Probleme

Es gibt eine ganze Reihe von Problemen, die Ihnen bei der Installation und Benutzung von Subversion begegnen können. Einige von ihnen lassen sich lösen, sobald Sie eine bessere Vorstellung davon haben, wie Subversion funktioniert, andere dagegen haben ihre Ursache darin, dass Sie das Arbeiten mit anderen Versionskontrollsystemen gewöhnt sind. Wieder andere Probleme sind möglicherweise auf Grund von Fehlern in den Betriebssystemen, auf denen Subversion läuft, nicht so einfach lösbar (in Anbetracht der Vielzahl der Betriebssysteme, auf denen Subversion ausgeführt werden kann, ist es erstaunlich, dass es nicht mehr solcher Probleme gibt).

Die folgende Liste wurde im Verlaufe mehrerer Jahre der Benutzung von Subversion zusammengestellt. Falls Sie das Problem, das Sie haben, hier nicht finden können, dann schauen Sie sich die neueste Version der FAQ auf der Subversion-Website an. Sollten Sie dann immer noch nicht weiterkommen, schicken Sie eine E-Mail mit einer ausführlichen Beschreibung Ihres Problems an *users@subversion.tigris.org*.[1]

Probleme bei der Benutzung von Subversion

Hier sind einige der am häufigsten gestellten Fragen aus der Subversion-FAQ.

1 Denken Sie daran, dass die Menge der Details, die Sie über Ihre Situation und Ihr Problem mitteilen, direkt proportional zur Wahrscheinlichkeit ist, eine Antwort von der Mailingliste zu erhalten. Teilen Sie uns ruhig auch in aller Kürze mit, was Sie gefrühstückt haben und welchen Mädchennamen Ihre Mutter trug.

Immer wenn ich versuche, auf mein Repository zuzugreifen, bleibt mein Subversion-Client einfach hängen.

Weder ist Ihr Repository beschädigt noch sind Ihre Daten verloren. Wenn Ihr Prozess direkt auf das Repository zugreift (mod_dav_svn, svnlook, svnadmin oder falls Sie eine `file://`-URL verwenden), dann benutzt er Berkeley DB, um Ihre Daten zu erreichen. Berkeley DB ist ein Journaling-System, was bedeutet, dass es alle Aktionen vor der eigentlichen Ausführung protokolliert. Falls Ihr Prozess unterbrochen wird (Kill-Signal oder segfault), dann verbleiben eine Sperrdatei sowie eine Protokolldatei, in der die unvollendete Aufgabe beschrieben wird. Jeder weitere Prozess, der versucht, auf die Datenbank zuzugreifen, bleibt einfach hängen, weil er darauf wartet, dass die Sperrdatei verschwindet. Um Ihr Repository wieder zum Leben zu erwecken, müssen Sie Berkeley DB auffordern, entweder die Arbeit zu beenden oder die Datenbank in einen früheren Zustand zurückzuversetzen, der bekanntermaßen konsistent war.

Achten Sie darauf, diesen Befehl als derjenige Benutzer auszuführen, dem die Datenbank gehört und der sie verwaltet, und nicht als root, da Sie ansonsten Dateien im Datenbankverzeichnis zurücklassen, die root gehören und die von dem Nicht-root-Benutzer, der die Datenbank verwaltet – üblicherweise Sie oder Ihr Apache-Prozess –, nicht geöffnet werden können. Stellen Sie außerdem sicher, dass Sie das richtige umask gesetzt haben, da Sie sonst Benutzer ausschließen, die in der Gruppe sind, der der Zugriff auf das Repository erlaubt ist.

Führen Sie einfach diesen Befehl aus:

```
$ svnadmin recover /pfad/auf/repository
```

Sobald der Befehl abgeschlossen wurde, prüfen Sie die Berechtigungen im Verzeichnis *db/* des Repository.

Immer wenn ich versuche, svn auszuführen, sagt es mir, dass die Arbeitskopie gesperrt ist.

Subversions Arbeitskopie benutzt genau wie die Berkeley DB einen Journaling-Mechanismus, um alle Aktionen auszuführen. Das heißt, es protokolliert alle Aktionen vor der eigentlichen Durchführung. Wenn `svn` unterbrochen wird, während es eine Aktion ausführt, dann hinterlässt es eine oder mehrere Sperrdateien sowie Protokolldateien, in denen die unvollendeten Aktionen beschrieben werden. (`svn status` zeigt ein `L` neben gesperrten Verzeichnissen.)

Jeder andere Prozess, der versucht, auf die Arbeitskopie zuzugreifen, bricht ab, wenn er die Sperren bemerkt. Um Ihre Arbeitskopie wieder zum Leben zu erwecken, müssen Sie den Client anweisen, die Arbeit zu beenden. Führen Sie dazu diesen Befehl im obersten Verzeichnis Ihrer Arbeitskopie aus:

```
$ svn cleanup working-copy
```

Ich erhalte eine Fehlermeldung, wenn ich ein Repository suchen oder öffnen will, ich weiß aber, dass meine Repository-URL richtig ist.

Siehe »Immer wenn ich versuche, auf mein Repository zuzugreifen, bleibt mein Subversion-Client einfach hängen.«

Möglicherweise gibt es auch ein Problem mit den Berechtigungen beim Öffnen des Repository. Siehe »Mehrere Methoden für den Repository-Zugriff unterstützen«.

Wie kann ich einen Windows-Laufwerksbuchstaben in einer file://-URL festlegen?

Siehe Kapitel 2.

Ich habe Probleme beim Ausführen von Schreiboperationen an einem Repository über ein Netzwerk.

Wenn der Import über lokalen Zugriff problemlos funktioniert:

```
$ mkdir test
$ touch test/testfile
$ svn import test file:///var/svn/test -m "Initial import"
Adding         test/testfile
Transmitting file data .
Committed revision 1.
```

Nicht jedoch von einem entfernten Host:

```
$ svn import test http://svn.red-bean.com/test -m "Initial import"
harry's password: xxxxxxx

svn_error: ... The specified activity does not exist.
```

Wir haben so etwas gesehen, als das Verzeichnis *REPOS/dav/* nicht vom httpd-Prozess geschrieben werden konnte. Prüfen Sie die Berechtigungen, um sicherzustellen, dass Apache-httpd das Verzeichnis *dav/* (und das entsprechende *db/*-Verzeichnis natürlich) schreiben darf.

Unter Windows XP scheint der Subversion-Server manchmal beschädigte Daten auszusenden.

Sie müssen Windows XP Service Pack 1 installieren, um einen Fehler im TCP/IP-Stack des Betriebssystems zu beheben. Sie finden alle möglichen Informationen über dieses Service Pack unter *http://support.microsoft.com/default.aspx?scid=kb;EN-US;q317949*.

Welches ist die beste Methode, um die Konversation zwischen einem Subversion-Client und einem Apache-Server über das Netzwerk zu verfolgen?

Benutzen Sie Ethereal, um die Konversation abzuhören:

> Die folgenden Anweisungen beziehen sich speziell auf die grafische Version von Ethereal und gelten nicht für die Kommandozeilenversion (dessen Binary normalerweise `tethereal` heißt).

1. Öffnen Sie das Menü CAPTURE, und wählen Sie START.
2. Geben Sie Port 80 für *Filter* ein, und deaktivieren Sie den PROMISCUOUS MODE.
3. Starten Sie Ihren Subversion-Client.
4. Drücken Sie STOP. Sie haben jetzt einen Mitschnitt. Er sieht aus wie eine lange Liste mit Zeilen.
5. Klicken Sie auf die Spalte *Protocol*, um die Liste zu sortieren.
6. Klicken Sie auf die erste relevante TCP-Zeile, um sie auszuwählen.
7. Klicken Sie mit der rechten Maustaste, und wählen Sie FOLLOW TCP STREAM. Ihnen werden die Anforderung/Antwort-Paare der HTTP-Konversation des Subversion-Client präsentiert.

Alternativ könnten Sie einen Parameter in der *servers*-Laufzeitkonfigurationsdatei Ihres Clients setzen, damit die Debugging-Ausgabe von Neon erscheint. Der numerische Wert der Neon-Debugging-Ausgabe ist eine Kombination aus `NE_DBG_*`-Werten in der Header-Datei *ne_utils.h*. Wenn Sie die Variable `neon-debug-mask` auf 130 (d. h. `NE_DBG_HTTP + NE_DBG_HTTPBODY`) setzen, werden die HTTP-Daten angezeigt.

Möglicherweise werden Sie auch die Komprimierung ausschalten wollen, wenn Sie den Netzwerkverkehr verfolgen, indem Sie den Parameter `http-compression` in der gleichen Datei bearbeiten.

Ich habe gerade das Binary der Distribution kompiliert. Wenn ich nun versuche, Subversion auszuchecken, erhalte ich die Fehlermeldung »Unrecognized URL scheme«[2].

Subversion verwendet ein Plugin-System, um den Zugriff auf Repositorys zu erlauben. Momentan gibt es drei dieser Plugins: ra_local erlaubt den Zugriff auf ein lokales Repository, ra_dav erlaubt den Zugriff auf ein Repository über WebDAV, und ra_svn erlaubt den lokalen oder entfernten Zugriff über den svnserve-Server. Wenn Sie versuchen, eine Operation in Subversion auszuführen, versucht das Programm, ein Plugin auf der Grundlage des URL-Schemas dynamisch zu laden. Eine `file://`-URL versucht, ra_local zu laden, und eine `http://`-URL versucht, ra_dav zu laden.

Der Fehler, den Sie gesehen haben, bedeutet, dass der dynamische Linker/Lader die zu ladenden Plugins nicht finden kann. Das passiert normalerweise, wenn Sie Subversion

2 Wenn Sie diese Fehlermeldung bei https://-URLs bekommen, kann es auch daran liegen, dass Neon ohne Unterstützung für HTTPS übersetzt wurde. Übersetzen und installieren Sie die Neon-Bibliothek neu und stellen Sie dabei sicher, dass das Neon-`configure`-Skript die OpenSSL-Bibliothek auf Ihrem System findet. (Anmerkung des Fachgutachters Clifford Wolf.)

mit Shared Libraries kompilieren und dann versuchen es zu starten, ohne zuerst `make install` auszuführen. Eine andere mögliche Ursache ist, dass Sie zwar `make install` ausgeführt haben, die Bibliotheken aber an einer Stelle installiert sind, die der dynamische Linker/Lader nicht erkennt. Unter Linux können Sie dem Linker/Lader erlauben, die Bibliotheken zu finden, indem Sie das Bibliotheksverzeichnis zu */etc/ld.so.conf* hinzufügen und dann `ldconfig` ausführen. Falls Sie das nicht wollen oder keinen root-Zugriff haben, können Sie das Bibliotheksverzeichnis auch in der Umgebungsvariablen LD_LIBRARY_PATH angeben.

Weshalb erfordert der Befehl svn revert explizit ein Ziel? Wieso ist er nicht standardmäßig rekursiv? Dieses Verhalten unterscheidet sich von dem der ganzen anderen Unterbefehle.

Die schnelle Antwort lautet: Es ist zu Ihrem eigenen Besten.

Subversion räumt dem Schutz Ihrer Daten, und dabei nicht nur Ihrer versionierten Daten, eine sehr hohe Priorität ein. Änderungen, die Sie an bereits versionierten Dateien vornehmen, und neue Dateien, die für das Hinzufügen zum Versionskontrollsystem vorgesehen sind, müssen mit Sorgfalt behandelt werden.

Eine Möglichkeit, dies zu erreichen, besteht darin, dass der Befehl `svn revert` immer ein explizites Ziel verlangt – selbst wenn es sich dabei nur um ».« handelt. Diese Anforderung (genau wie die Notwendigkeit, den Schalter `--recursive` anzugeben, wenn Sie dieses Verhalten wünschen) soll dazu führen, dass Sie genau darüber nachdenken, was Sie wirklich wollen, denn wenn der Zustand Ihrer Dateien erst einmal rückgängig gemacht worden ist, sind Ihre lokalen Änderungen für immer verloren.

Wenn ich Apache starte, beschwert sich mod_dav_svn über eine »bad database version«, nämlich, dass es db-3.X an Stelle von db-4.X gefunden hat.

Ihre Apr-util-Bibliothek wurde gegen DB-3 gelinkt, und svn wurde gegen DB-4 gelinkt. Leider unterscheiden sich die DB-Symbole nicht. Wenn mod_dav_svn in den Prozessraum des Apache geladen wird, löst es die Symbolnamen anhand der DB-3-Bibliothek von Apr-util auf.

Die Lösung besteht darin, Apr-util mit DB-4 zu kompilieren. Sie erreichen dies, indem Sie bestimmte Schalter entweder an das `configure`-Skript von Apr-util oder von Apache übergeben: `--with-dbm=db4 --with-berkeley-db=/the/db/prefix`.

Ich erhalte unter RedHat 9 die Fehlermeldung »Function not implemented«, und nichts funktioniert. Was tun?

Das ist eigentlich kein Problem mit Subversion, es betrifft Subversion-Benutzer aber sehr häufig.

RedHat 9 und Fedora werden mit einer Berkeley DB-Bibliothek ausgeliefert, die sich auf die Kernel-Unterstützung für NPTL (die Native Posix Threads Library) verlässt. Die Kernel, die RedHat bietet, enthalten diese Unterstützung, wenn Sie Ihren eigenen Kernel kompilieren, haben Sie diese NPTL-Unterstützung jedoch möglicherweise nicht. Ist das der Fall, erhalten Sie solche Fehlermeldungen:

```
svn: Berkeley DB error
svn: Berkeley DB error while creating environment for filesystem tester/db:
Function not implemented
```

Es gibt verschiedene Methoden, diese Probleme zu lösen:

- Kompilieren Sie db4 für den Kernel, den Sie benutzen, neu.
- Benutzen Sie einen RedHat 9-Kernel.
- Wenden Sie die NPTL-Patches auf den Kernel an, den Sie verwenden.
- Benutzen Sie einen aktuellen (2.6.x) Kernel, in dem NPTL-Unterstützung enthalten ist.
- Prüfen Sie, ob die Umgebungsvariable `LD_ASSUME_KERNEL` auf 2.2.5 gesetzt ist, und – sollte das der Fall sein – entfernen Sie diesen Wert, bevor Sie Subversion (Apache) starten. (Normalerweise würden Sie diese Variable setzen, um Wine oder Winex unter RedHat 9 auszuführen.)

Wieso steht im Protokoll »(no author)« bei Dateien, die über Apache (ra_dav) bestätigt oder importiert wurden?

Falls Sie einen anonymen Schreibzugriff auf das Repository über den Apache erlauben, fragt der Apache-Server den Client niemals nach einem Benutzernamen und lässt stattdessen die Schreiboperation ohne Authentifizierung zu. Da Subversion keine Ahnung hat, wer den Vorgang ausgeführt hat, erhalten Sie einen solchen Protokolleintrag:

```
$ svn log
------------------------------------------------------------------------
rev 24:  (no author) | 2003-07-29 19:28:35 +0200 (Tue, 29 Jul 2003)
...
```

In Kapitel 6 erfahren Sie mehr über das Aktivieren der Authentifizierung.

Gelegentlich erhalte ich unter Windows die Fehlermeldung »Access Denied«. Sie scheint zufällig aufzutreten.

Diese Fehler scheinen ihre Ursache in den verschiedenen Windows-Diensten zu haben, die das Dateisystem auf Änderungen überwachen (Antivirensoftware, Indexing-Dienste, der COM+ Event Notification Service). Eigentlich ist es kein Fehler in Subversion, weshalb es schwierig ist, dieses Verhalten abzustellen. Eine Zusammenfassung des aktuellen Status der Untersuchung finden Sie unter *http://www.contactor.se/~dast/svn/archive-2003-10/0136.shtml*. Eine provisorische Lösung, die für die meisten Leute die Häufigkeit des Auftretens dieses Verhaltens verringern sollte, wurde in Revision 7598 implementiert.

Unter FreeBSD bleiben bestimmte Operationen (vor allem svnadmin create) manchmal hängen.

Dies liegt normalerweise an mangelnder Entropie auf dem System. Subversion bittet APR von Zeit zu Zeit, Zufallszahlen zu erzeugen, um UUIDs anzulegen. Manche Betriebssysteme blockieren dann, weil sie eine einwandfreie Zufälligkeit erreichen wollen. Sie müssen wahrscheinlich das System so konfigurieren, dass es die Entropie aus Quellen wie Festplatten- und Netzwerk-Interrupts bezieht. Befragen Sie Ihre System-Manpages, speziell `random(4)` und `rndcontrol(8)`, wie Sie diese Änderung erreichen. Eine andere Lösung besteht darin, APR mit */dev/urandom* an Stelle von */dev/random* zu kompilieren.

Ich kann mein Repository in einem Webbrowser sehen, svn checkout jedoch liefert mir die Fehlermeldung »301 Moved Permanently«.

Das bedeutet, dass Ihre *httpd.conf* falsch konfiguriert ist. Normalerweise tritt dieser Fehler auf, wenn Sie die virtuelle Subversion-»Location« so definiert haben, dass sie zur gleichen Zeit innerhalb zweier unterschiedlicher Geltungsbereiche existiert.

Falls Sie beispielsweise ein Repository als `<Location /www/foo>` exportiert, Ihre `DocumentRoot` aber außerdem auf */www* gesetzt haben, sind Sie in Schwierigkeiten. Wenn eine Anfrage nach */www/foo/bar* eintrifft, weiß Apache nicht, ob er eine *echte* Datei namens */foo/bar* innerhalb Ihrer `DocumentRoot` finden kann oder ob er mod_dav_svn auffordern muss, eine Datei */bar* aus dem Repository */www/foo* zu holen. Normalerweise tritt der erste Fall ein, und deshalb erhalten Sie die Fehlermeldung »Moved Permanently«.

Die Lösung besteht darin sicherzustellen, dass sich Ihre Repository-`<Location>` nicht mit Bereichen überschneidet oder in solchen befindet, die bereits als normale Web-Freigaben exportiert wurden.

Ich versuche, eine alte Version meiner Datei anzuschauen, svn behauptet jedoch »path not found«.

Eine schöne Eigenschaft von Subversion ist, dass das Repository Kopien und Umbenennungen versteht und die historischen Verbindungen beibehält. Falls Sie beispielsweise */trunk* nach */branches/mybranch* kopieren, weiß das Repository, dass jede Datei in dem Zweig einen »Vorgänger« im Stamm besitzt. Der Befehl `svn log --verbose` zeigt Ihnen die historische Kopie, so dass Sie die Umbenennung sehen können:

```
r7932 | joe | 2003-12-03 17:54:02 -0600 (Wed, 03 Dec 2003) | 1 line
Changed paths:
   A /branches/mybranch (from /trunk:7931)
```

Nun ist sich zwar das Repository der Kopien und Umbenennungen bewusst, leider jedoch *nicht* alle Unterbefehle des svn-Client in Version 1.0. Befehle wie `svn diff`, `svn merge` und `svn cat` sollten Umbenennungen verstehen und verfolgen, tun dies aber nicht.

Diese Funktion ist für Versionen nach 1.0 vorgesehen. Falls Sie zum Beispiel `svn diff` auffordern, zwei frühere Versionen von */branches/mybranch/foo.c* zu vergleichen, versteht der Befehl nicht automatisch, dass die Aufgabe eigentlich bedeutet, wegen der Umbenennung zwei Versionen von */trunk/foo.c* zu vergleichen. Stattdessen erhalten Sie eine Fehlermeldung, die besagt, dass der Pfad des Zweiges in früheren Revisionen nicht existiert hat.

Um Probleme dieser Art zu lösen, müssen Sie die Kleinarbeit selbst erledigen. Das heißt, *Sie* müssen den Überblick über umbenannte Pfade behalten, sie mit `svn log -v` selbst entdecken und sie dann explizit dem svn-Client angeben. Anstatt beispielsweise

```
$ svn diff -r 1000:2000 http://host/repos/branches/mybranch/foo.c
svn: Filesystem has no item
svn: '/branches/mybranch/foo.c' not found in the repository at revision 1000
```

auszuführen, würden Sie stattdessen diesen Befehl ausführen:

```
$ svn diff -r1000:2000 http://host/repos/trunk/foo.c
...
```

ANHANG C

WebDAV und Autoversionierung

WebDAV ist eine Erweiterung von HTTP und wird als Standard für das Filesharing immer beliebter. Heutige Betriebssysteme enthalten bereits Web-Fähigkeiten und besitzen inzwischen integrierte Unterstützung zum Mounten von Freigaben, die von WebDAV-Servern exportiert wurden.

Wenn Sie Apache/mod_dav_svn als Subversion-Netzwerk-Server einsetzen, betreiben Sie in einem gewissen Sinne ebenfalls einen WebDAV-Server. Dieser Anhang bietet Ihnen einige Hintergrundinformationen über das Wesen dieses Protokolls, wie Subversion es verwendet und wie gut Subversion mit anderen Programmen zusammenarbeitet, die auch WebDAV-fähig sind.

Grundlegende WebDAV-Konzepte

Dieser Abschnitt liefert Ihnen einen sehr kurzen, sehr allgemeinen Überblick über den Gedanken hinter WebDAV. Er sollte die Grundlage für das Verständnis der WebDAV-Kompatibilitätsprobleme zwischen Clients und Servern liefern.

Nur einfaches WebDAV

RFC 2518 definiert eine Reihe von Konzepten und begleitenden Erweiterungsmethoden zu HTTP 1.1, die das Web zu einem universelleren Lese-/Schreibmedium machen. Die Grundidee besteht darin, dass ein WebDAV-fähiger Webserver wie ein generischer Fileserver agieren kann; Clients können WebDAV-Freigaben mounten, die sich fast wie NFS- oder SMB-Freigaben verhalten.

Es ist jedoch wichtig anzumerken, dass RFC 2518 *kein* Modell für eine Versionskontrolle bietet – trotz des V in DAV. Einfache WebDAV-Clients und -Server nehmen an, dass nur eine Version aller Dateien oder Verzeichnisse existiert, die wiederholt überschrieben werden kann.[1]

Dies sind die neuen Konzepte und Methoden, die mit dem einfachen WebDAV eingeführt wurden:

Neue Schreibmethoden
: Über die Standard-HTTP-Methode `PUT` hinaus (die eine Web-Ressource erzeugt oder überschreibt) definiert WebDAV neue `COPY`- und `MOVE`-Methoden zum Duplizieren oder Neuanordnen von Ressourcen.

Collection (Sammlung)
: Dies ist einfach der WebDAV-Begriff für eine Gruppierung von Ressourcen (URIs). In den meisten Fällen ist dies analog einem Verzeichnis. Sie können etwas eine Sammlung nennen, wenn es mit einem abschließenden / endet. Während Dateiressourcen mit einer `PUT`-Methode geschrieben oder erzeugt werden können, werden Sammlungsressourcen mit der neuen `MKCOL`-Methode angelegt.

Eigenschaften
: Hierbei handelt es sich um die gleiche Idee, die es auch in Subversion gibt – Metadaten, die an Dateien und Sammlungen angehängt werden. Ein Client kann Eigenschaften, die an eine Ressource angehängt sind, mit der neuen `PROPFIND`-Methode auflisten oder beziehen und sie mit der Methode `PROPPATCH` ändern. Manche Eigenschaften werden vollständig von den Benutzern erzeugt und kontrolliert (z. B. eine Eigenschaft namens color), andere dagegen werden vollständig vom WebDAV-Server erzeugt und kontrolliert (z. B. eine Eigenschaft, die den Zeitpunkt der letzten Änderung einer Datei enthält). Die erste Art wird als tote Eigenschaft (»dead property«) bezeichnet, die zweite Art als lebende Eigenschaft (»live property«).

Sperren
: Ein WebDAV-Server kann beschließen, den Clients eine Sperrfunktion anzubieten – dieser Teil der Spezifikation ist optional, obwohl die meisten WebDAV-Server diese Funktion bieten. Falls vorhanden, können die Clients dann die neuen Methoden `LOCK` und `UNLOCK` verwenden, um den Zugriff auf eine Ressource zu vermitteln. In den meisten Fällen werden diese Methoden eingesetzt, um exklusive Schreibsperren zu erzeugen (wie in »Die Sperren-Verändern-Entsperren-Lösung« in Kapitel 2 diskutiert), obwohl gemeinsame Schreibsperren ebenfalls möglich sind.

DeltaV-Erweiterungen

Da RFC 2518 keine Versionierungskonzepte enthielt, wurde eine andere kompetente Gruppe damit betraut, RFC 3253 zu schreiben, eine RFC, die WebDAV um die Versio-

---

1 Aus diesem Grund bezeichnen manche Leute generische WebDAV-Clients scherzhaft auch als WebDA-Clients!

nierung erweitert. WebDAV/DeltaV-Clients und -Server werden oft einfach als DeltaV-Clients und -Server bezeichnet, da DeltaV das Vorhandensein von WebDAV impliziert.

DeltaV führt eine Menge neuer Akronyme ein, von denen Sie sich aber nicht einschüchtern lassen sollten. Die Gedanken dahinter sind relativ einfach. Hier sind die neuen Konzepte und Methoden, die in DeltaV eingeführt werden:

Ressourcenweise Versionierung
: Ebenso wie CVS und andere Versionskontrollsysteme nimmt DeltaV an, dass jede Ressource eine potenziell unendliche Anzahl von Zuständen besitzt. Ein Client beginnt, indem er eine Ressource mittels der neuen Methode `VERSION-CONTROL` der Versionskontrolle unterstellt. Dies erzeugt eine neue Version Controlled Resource (VCR). Jedes Mal wenn Sie die VCR ändern (über `PUT`, `PROPPATCH` usw.), wird ein neuer Zustand der Ressource erzeugt, eine so genannte Version Resource (VR). VCRs und VRs sind immer noch normale Web-Ressourcen, definiert durch URLs. Bestimmte VRs können aber auch menschenfreundliche Namen tragen.

Serverseitiges Arbeitskopienmodell
: Einige DeltaV-Server unterstützen die Fähigkeit, einen virtuellen Arbeitsbereich auf dem Server anzulegen, in dem Ihre gesamte Arbeit ausgeführt wird. Clients verwenden die Methode `MKWORKSPACE`, um einen privaten Bereich zu erzeugen; dann signalisieren sie, dass sie bestimmte VCRs ändern wollen, indem sie sie in den Arbeitsbereich auschecken, sie bearbeiten und dann wieder einchecken. In HTTP-Begriffen würde die Folge der Methoden `CHECKOUT`, `PUT`, `CHECKIN` lauten. Nach jedem `CHECKIN` wird eine neue VR erzeugt, und der Inhalt der bearbeiteten VCR verweist nun auf die neueste VR. Jede VCR besitzt außerdem eine History-Ressource, die ihre verschiedenen VR-Zustände verfolgt und ordnet.

Clientseitiges Arbeitskopienmodell
: Manche DeltaV-Server unterstützen außerdem die Idee, dass der Client eine private Arbeitskopie haben kann, die voll mit bestimmten VRs ist. (So funktionieren CVS und Subversion.) Wenn der Client Änderungen am Server durch ein Commit bestätigen möchte, erzeugt er zunächst mit der Methode `MKACTIVITY` eine temporäre Server-Transaktion (eine so genannte Aktivität). Der Client führt dann ein `CHECKOUT` auf jeder VR aus, die er ändern will, wodurch in der Aktivität eine Reihe temporärer Arbeitsressourcen entstehen, die mit Hilfe der Methoden `PUT` und `PROPPATCH` verändert werden können. Schließlich führt der Client auf jeder Arbeitsressource ein `CHECKIN` aus, wodurch innerhalb jeder VCR eine neue VR angelegt wird. Dann wird die gesamte Aktivität gelöscht.

Konfigurationen
: DeltaV erlaubt es Ihnen, flexible Sammlungen von VCRs, so genannte Konfigurationen, zu erzeugen, die nicht unbedingt zu bestimmten Verzeichnissen gehören. Der Inhalt jeder VCR kann mit der Methode `UPDATE` dazu gebracht werden, auf eine bestimmte VR zu verweisen. Sobald die Konfiguration abgeschlossen ist, kann der

Client eine Momentaufnahme der gesamten Konfiguration anlegen, die als Baseline bezeichnet wird. Clients verwenden die Methoden `CHECKOUT` und `CHECKIN`, um bestimmte Zustände von Konfigurationen zu erfassen, etwa so, wie sie diese Methoden benutzen, um bestimmte VR-Zustände von VCRs anzulegen.

Erweiterbarkeit
: DeltaV definiert eine neue Methode, `REPORT`, die es dem Client und dem Server erlaubt, einen eigenen Datenaustausch durchzuführen. Der Client sendet eine `REPORT`-Anforderung mit einem entsprechend bezeichneten XML-Body, voll mit eigenen Daten; vorausgesetzt, der Server versteht diesen speziellen Reporttyp, antwortet er mit einem ähnlichen eigenen XML-Body. Diese Technik ist mit XML-RPC vergleichbar.

Autoversionierung
: Für viele ist dies die wichtigste Funktion von DeltaV. Wenn der DeltaV-Server diese Funktion unterstützt, dann können einfache WebDAV-Clients (d. h. solche, die keine Versionierung kennen) weiterhin auf den Server schreiben, und der Server führt stillschweigend die Versionierung aus. Im einfachsten Beispiel könnte ein ignorantes `PUT` von einem einfachen WebDAV-Client durch den Server als `CHECKOUT`, `PUT`, `CHECKIN` übersetzt werden.

Subversion und DeltaV

Wie kompatibel ist nun Subversion mit anderer DeltaV-Software? In zwei Worten: nicht sehr. Zumindest nicht in Subversion 1.0.

libsvn_ra_dav sendet zwar DeltaV-Anfragen an den Server, der Subversion-Client ist jedoch *kein* allgemein einsetzbarer DeltaV-Client. Um genau zu sein, erwartet er einige eigene Funktionen vom Server (vor allem durch eigene `REPORT`-Anfragen). Außerdem ist mod_dav_svn *kein* allgemein einsetzbarer DeltaV-Server. Er implementiert nur eine begrenzte Teilmenge der DeltaV-Spezifikation. Ein allgemeinerer WebDAV- oder DeltaV-Client könnte wohl in der Lage sein, damit zusammenzuarbeiten, aber nur wenn dieser Client innerhalb der engen Grenzen dieser Funktionen operiert, die der Server implementiert hat. Das Subversion-Entwicklerteam sieht vor, in einer künftigen Version von Subversion die allgemeine WebDAV-Interoperabilität zu realisieren.

Subversion auf DeltaV abbilden

Hier finden Sie eine allgemeine Beschreibung, wie die verschiedenen Subversion-Client-Operationen DeltaV benutzen. In vielen Fällen sind diese Erklärungen grobe Vereinfachungen. Sie dürfen *nicht* als Ersatz für das Lesen des Subversion-Quellcodes oder für die Kommunikation mit seinen Entwicklern betrachtet werden.

svn checkout/list
: Führt ein `PROPFIND` der Tiefe 1 auf einer Sammlung aus, um eine Liste der unmittelbaren Kinder zu erhalten. Führt ein `GET` (und möglicherweise ein `PROPFIND`) auf jedem Eintrag aus. Steigt in die Sammlungen ab und wiederholt alles.

svn commit
: Erzeugt eine Aktivität mit `MKACTIVITY` und führt ein `CHECKOUT` jedes geänderten Objekts, gefolgt von einem `PUT` der neuen Daten, aus. Eine `MERGE`-Anforderung veranlasst schließlich ein implizites `CHECKIN` aller Arbeitsressourcen.

svn update/switch/status/merge/diff
: Sendet eine eigene `REPORT`-Anfrage, die den Mixed-Revision (und Mixed-URL)-Zustand der Arbeitskopie beschreibt. Der Server sendet eine eigene Antwort, die beschreibt, welche Objekte aktualisiert werden müssen. Der Client führt eine Schleife über die Antwort aus, wobei er nach Bedarf `GET`- und `PROPFIND`-Anfragen durchführt. Zum Aktualisieren und Wechseln werden die neuen Daten in der Arbeitskopie installiert. Für Differenz- und Zusammenführungsbefehle werden die Daten mit der Arbeitskopie verglichen, wobei Änderungen als lokale Modifikationen ausgeführt werden.

Unterstützung für die Autoversionierung

Zum Zeitpunkt der Entstehung dieses Buches gab es nur sehr wenige DeltaV-Clients; RFC 3253 ist auch noch relativ neu. Die Benutzer haben jedoch Zugriff auf generische Clients, da in fast jedes moderne Betriebssystem ein einfacher WebDAV-Client integriert ist. Mit diesem Wissen stellten die Subversion-Entwickler fest, dass Unterstützung für die DeltaV-Autoversionierung der beste Ansatz wäre, falls Subversion 1.0 überhaupt *irgendwelche* Funktionen zur Zusammenarbeit besitzen sollte.

Um die Autoversionierung in mod_dav_svn zu aktivieren, benutzen Sie die Anweisung `SVNAutoversioning` innerhalb des `Location`-Blocks der *httpd.conf*:

```
<Location /repos>
  DAV svn
  SVNPath /absolute/path/to/repository
  SVNAutoversioning on
</Location>
```

Falls normalerweise ein generischer WebDAV-Client versuchen würde, auf einem Pfad innerhalb Ihres Repository ein `PUT` auszuführen, würde mod_dav_svn diese Anfrage auf der Stelle abweisen. (Eigentlich erlaubt es solche Operationen nur auf Arbeitsressourcen innerhalb von DeltaV-Aktivitäten.) Wenn `SVNAutoversioning` eingeschaltet ist, interpretiert der Server jedoch die `PUT`-Anfrage als ein internes `MKACTIVITY`, `CHECKOUT`, `PUT` und `CHECKIN`. Eine generische Protokollmeldung wird automatisch generiert, und eine neue Dateisystemrevision wird angelegt.

Da so viele Betriebssysteme bereits integrierte WebDAV-Fähigkeiten haben, sind die möglichen Anwendungsfälle für diese Funktion fantastisch: Stellen Sie sich ein Büro normaler Benutzer vor, die Microsoft Windows oder Mac OS betreiben. Alle Computer mounten das Subversion-Repository, das eine normale Netzwerkfreigabe zu sein scheint. Sie benutzen den Server so wie immer: öffnen Dateien vom Server, bearbeiten sie und sichern sie dann wieder auf dem Server. In dieser Fantasievorstellung versioniert der Server automatisch alles. Später dann kann ein Systemadministrator einen Subversion-Client verwenden, um alle älteren Versionen zu suchen und zu beziehen.

Ist diese Fantasie echt? Noch nicht. Die Hauptschwierigkeit liegt darin, dass Subversion 1.0 keinerlei Unterstützung für die WebDAV-Methoden `LOCK` oder `UNLOCK` bietet. Die meisten Betriebssystem-DAV-Clients versuchen, eine Ressource, die direkt von einer mit DAV gemounteten Freigabe geöffnet wurde, mit `LOCK` zu sperren. Momentan müssen Benutzer eine Datei von der DAV-Freigabe auf die lokale Platte kopieren, sie bearbeiten und dann wieder zurückkopieren. Keine ideale Autoversionierung, aber immerhin machbar.

Die mod_dav_lock-Alternative

Das Apache-Modul mod_dav ist ein komplexes Ungetüm: Es versteht und parst alle WebDAV- und DeltaV-Methoden, ist aber von einem Backend-Provider abhängig, um auf die Ressourcen selbst zugreifen zu können.

In seiner einfachsten Inkarnation kann ein Benutzer mod_dav_fs als Provider für mod_dav einsetzen. mod_dav_fs verwendet das normale Dateisystem, um Dateien und Verzeichnisse zu speichern, und versteht nur ganz einfache WebDAV-Methoden und kein DeltaV.

Subversion benutzt andererseits mod_dav_svn als Provider für mod_dav. mod_dav_svn versteht alle WebDAV-Methoden mit Ausnahme von `LOCK` und kennt auch eine ziemlich große Teilgruppe der DeltaV-Methoden. Es greift auf die Daten im Subversion-Repository anstatt auf die im echten Dateisystem zu. Subversion 1.0 unterstützt Sperren nicht, weil diese schwierig zu implementieren wären, da Subversion das Kopieren-Verändern-Zusammenführen-Modell verwendet.[2]

In Apache-httpd-2.0 unterstützt mod_dav die Methode `LOCK`, indem es Sperren in einer privaten Datenbank verfolgt, vorausgesetzt, der Provider akzeptiert diese. In Apache-httpd-2.1 oder später wurde jedoch die Unterstützung für Sperren in ein unabhängiges Modul, mod_dav_lock, verschoben. Damit kann jeder mod_dav-Provider, einschließlich mod_dav_svn, die Vorteile der Sperrdatenbank ausnutzen, obwohl auch mod_dav_svn Sperren nicht wirklich versteht.

2 Subversion entwickelt möglicherweise eines Tages ein Reserved-Checkout-Locking-Modell, das in Frieden mit Kopieren-Verändern-Zusammenführen existieren kann – das wird aber vermutlich nicht so bald der Fall sein.

War das verwirrend genug?

Kurz gesagt: Sie können mod_dav_lock in Apache-httpd-2.1 (oder später) verwenden, um die *Illusion* hervorzurufen, dass mod_dav_svn `LOCK`-Anfragen beachtet. Stellen Sie sicher, dass mod_dav_lock entweder in httpd kompiliert ist oder in Ihre *httpd.conf* geladen wurde. Fügen Sie dann einfach die Anweisung `DAVGenericLockDB` zu Ihrer `Location` hinzu:

```
<Location /repos>
  DAV svn
  SVNPath /absolute/path/to/repository
  SVNAutoversioning on
  DavGenericLockDB /path/to/store/locks
</Location>
```

Diese Technik ist riskant; in einem gewissen Sinn lügt mod_dav_svn den WebDAV-Client nun an. Es behauptet, dass es die `LOCK`-Anfrage akzeptiert, in Wirklichkeit wird die Sperre jedoch nicht auf allen Ebenen durchgesetzt. Wenn ein zweiter WebDAV-Client versucht, die gleiche Ressource mit einem `LOCK` zu sperren, bemerkt mod_dav_lock dies und weist die Anfrage korrekterweise zurück. Nichts verhindert jedoch, dass ein einfacher Subversion-Client die Datei über ein normales `svn commit` verändert! Falls Sie diese Technik einsetzen, bieten Sie den Benutzern die Möglichkeit, sich gegenseitig die Änderungen zu zerstören. Vor allem könnte ein WebDAV-Client versehentlich eine Änderung überschreiben, die von einem regulären svn-Client bestätigt worden ist.

Wenn Sie andererseits Ihre Umgebung sehr sorgfältig einrichten, könnten Sie das Risiko entschärfen. Falls beispielsweise *alle* Ihre Benutzer über einfache WebDAV-Clients arbeiten (anstatt über svn-Clients), sollte alles in Ordnung sein.

Interoperabilität bei Autoversionierung

In diesem Abschnitt beschreiben wir die gebräuchlichsten generischen WebDAV-Clients (zum Zeitpunkt des Schreibens) und wie gut sie mit einem mod_dav_svn-Server zusammenarbeiten, der die Anweisung `SVNAutoversioning` benutzt. RFC 2518 ist ein bisschen groß und vielleicht ein bisschen zu flexibel. Jeder WebDAV-Client verhält sich ein wenig anders und verursacht etwas andere Probleme.

Win32 WebFolders

Windows 98, 2000 und XP haben einen integrierten WebDAV-Client, der als *WebFolders* bekannt ist. Unter Windows 98 muss die Funktion unter Umständen ausdrücklich installiert werden; falls sie vorhanden ist, erscheint ein Verzeichnis *Webordner* direkt im Fenster ARBEITSPLATZ. Unter Windows 2000 und XP öffnen Sie einfach NETZWERKUMGEBUNG und klicken auf das Symbol NETZWERKRESSOURCE HINZUFÜGEN. Geben Sie bei der entsprechenden Aufforderung die WebDAV-URL ein. Der freigegebene Ordner erscheint innerhalb der Netzwerkumgebung.

Die meisten Schreiboperationen funktionieren mit einem Autoversionierungs-mod_dav_svn-Server, es gibt aber einige Probleme:

- Wenn der Computer Mitglied einer NT-Domäne ist, dann scheint er nicht in der Lage zu sein, eine Verbindung zu einer WebDAV-Freigabe herzustellen. Er fragt wiederholt nach einem Namen und einem Kennwort, obwohl der Apache-Server gar keine Authentifizierungsanforderung geschickt hat! Manche haben vermutet, dass dies daran liegt, dass WebFolders eigentlich dafür gedacht ist, mit Microsofts SharePoint-DAV-Server zu funktionieren. Wenn der Rechner nicht Teil einer NT-Domäne ist, dann wird die Freigabe problemlos gemountet. Das Rätsel ist noch nicht gelöst.
- Eine Datei kann für eine direkte Bearbeitung aus der Freigabe heraus nicht geöffnet werden; sie ist immer schreibgeschützt. Die mod_dav_lock-Technik hilft nicht, da WebFolders die Methode `LOCK` überhaupt nicht benutzt. Die zuvor erwähnte Methode des Kopierens, Bearbeitens und erneuten Kopierens funktioniert jedoch. Die Datei in der Freigabe kann durch eine lokal bearbeitete Kopie erfolgreich überschrieben werden.

Mac OS X

Apples Betriebssystem Mac OS X besitzt einen integrierten WebDAV-Client. Wählen Sie im Finder den Eintrag MIT SERVER VERBINDEN aus dem Menü GEHE ZU. Geben Sie eine WebDAV-URL ein, und sie erscheint wie jeder beliebige Fileserver auf dem Schreibtisch.[3]

Leider verweigert dieser Client bei einem mod_dav_svn mit Autoversionierung die Arbeit, da ihm die Unterstützung für `LOCK` fehlt. Mac OS X bemerkt die fehlende `LOCK`-Fähigkeit während des anfänglichen HTTP-`OPTIONS`-Funktionsaustauschs und beschließt dann, das Subversion-Repository als schreibgeschützte Freigabe zu mounten. Danach sind überhaupt keine Schreiboperationen mehr möglich. Um das Repository als Lese-/Schreib-Freigabe zu mounten, *müssen* Sie den mod_dav_lock-Trick benutzen, den wir zuvor besprochen haben. Sobald das Sperren zu funktionieren scheint, benimmt sich die Freigabe ganz vorzüglich: Dateien können direkt im Lese-/Schreib-Modus geöffnet werden, obwohl jeder Speichervorgang den Client veranlasst, ein `PUT` an eine temporäre Stelle, dann ein `DELETE` der ursprünglichen Datei und ein `MOVE` der temporären Ressource auf den Originaldateinamen auszuführen. Das sind pro Speicherung drei neue Subversion-Revisionen!

Noch eine weitere Warnung: Der WebDAV-Client von OS X kann übermäßig empfindlich auf HTTP-Redirects reagieren. Falls Sie das Repository überhaupt nicht mounten können, müssen Sie möglicherweise die Anweisung `BrowserMatch` in Ihrer *httpd.conf* aktivieren:

```
BrowserMatch "^WebDAVFS/1.[012]" redirect-carefully
```

3 Unix-Benutzer können auch `mount -t webdav URL /mount-punkt` ausführen.

Unix: Nautilus 2

Nautilus ist der offizielle Datei-Manager/Browser für den GNOME-Desktop. Seine offizielle Homepage finden Sie unter *http://www.gnome.org/projects/nautilus/*. Tippen Sie einfach eine WebDAV-URL in das Nautilus-Fenster ein, die DAV-Freigabe erscheint dann wie ein lokales Dateisystem.

Im Allgemeinen funktioniert Nautilus 2 relativ gut mit einem mod_dav_svn mit Autoversionierung. Folgende Dinge sollten Sie jedoch beachten:

- Alle Dateien, die direkt aus der Freigabe heraus geöffnet werden, werden als schreibgeschützte Dateien behandelt. Selbst der mod_dav_lock-Trick scheint keine Wirkung zu haben. Es sieht so aus, als würde Nautilus die `LOCK`-Methode überhaupt nicht anwenden. Der Trick, lokal zu kopieren, zu bearbeiten und zurückzukopieren funktioniert allerdings. Leider überschreibt Nautilus die alte Datei, indem es zuerst ein `DELETE` ausführt, wodurch eine weitere Revision erzeugt wird.
- Beim Überschreiben oder Anlegen einer Datei führt Nautilus zuerst ein `PUT` einer leeren Datei aus und überschreibt diese dann mit einem zweiten `PUT`. Dies erzeugt zwei Subversion-Dateisystemrevisionen statt einer.
- Beim Löschen einer Sammlung führt es ein HTTP-`DELETE` auf jedem einzelnen Eintrag aus, anstatt auf der Sammlung selbst. Dadurch erhalten Sie gleich einen ganzen Haufen neuer Revisionen.

Linux davfs2

Linux davfs2 ist ein Dateisystemmodul für den Linux-Kernel, dessen Entwicklung unter *http://dav.sourceforge.net/* stattfindet. Nach der Installation kann eine WebDAV-Netzwerkfreigabe mit dem normalen Linux-`mount`-Befehl gemountet werden.

Allgemein wird behauptet, dass dieser DAV-Client überhaupt nicht mit der Autoversionierung von mod_dav_svn zusammenarbeitet. Jedem Versuch, auf den Server zu schreiben, geht eine `LOCK`-Anforderung voraus, die mod_dav_svn nicht unterstützt. Momentan gibt es keine Daten, die darauf hindeuten, ob die Benutzung von mod_dav_lock dieses Problem löst.

ANHANG D

Werkzeuge von Drittanbietern

Subversions modularer Aufbau (behandelt in »Geschichteter Bibliotheksaufbau« in Kapitel 8) und das Vorhandensein von Sprachbindungen (wie in »Andere Sprachen als C und C++ verwenden« in Kapitel 8 beschrieben) machen es zu einem möglichen Kandidaten für den Einsatz als Erweiterung oder Backend für andere Softwareprogramme. In diesem Anhang stellen wir Ihnen einige der vielen Werkzeuge von Drittanbietern vor, die intern auf die Subversion-Funktionalität zurückgreifen.

Eine aktualisierte Version dieser Informationen finden Sie auf der Links-Seite der Subversion-Website (*http://subversion.tigris.org/project_links.html*).

Clients und Plugins

AnkhSVN (http://ankhsvn.tigris.org/)
: Subversion-Zusatz für Microsoft Visual Studio .NET

JSVN (http://jsvn.alternatecomputing.com/)
: Java-Subversion-Client, enthält ein Plugin für IDEA

psvn.el (http://xsteve.nit.at/prg/vc_svn/)
: Subversion-Schnittstelle für emacs

RapidSVN (http://rapidsvn.tigris.org/)
: Plattformübergreifende Subversion-GUI, basiert auf den WxPython-Bibliotheken

Subclipse (http://subclipse.tigris.org/)
: Subversion-Plugin für die Eclipse-Umgebung

Subway (http://nidaros.homedns.org/subway/)
: Microsoft-SCC-Provider für Subversion

sourcecross.org (http://www.sourcecross.org/)
: Microsoft-SCC-Provider für Subversion

Supervision (http://supervision.tigris.org/)
: Visueller Java/Swing-Client für Subversion

Sven (http://www.nikwest.de/Software/#SvenOverview)
: Native GUI für Subversion, die das Mac OS X-Cocoa-Framework benutzt

Svn4Eclipse (http://svn4eclipse.tigris.org/)
: Subversion-Plugin für die Eclipse-IDE

Svn-Up (http://svnup.tigris.org/)
: Java-basierte GUI für Subversion und Plugin für die IDEA-IDE

TortoiseSVN (http://tortoisesvn.tigris.org/)
: Subversion-Client, implementiert als Microsoft Windows-Shell-Erweiterung

WorkBench (http://pysvn.tigris.org/)
: Plattformübergreifende Python-basierte Softwareentwicklungs-GUI, die auf Subversion aufbaut

Sprachbindungen

PySVN (http://pysvn.tigris.org/)
: Objektorientierte Python-Bindungen für die Subversion-Client-API

Subversion (http://subversion.tigris.org/)
: Python-, Perl- und Java-Bindungen für die Subversion-API, die die C-API widerspiegeln

SVNCPP (http://rapidsvn.tigris.org/)
: Objektorientierte C++-Bindungen für die Subversion-Client-API

Repository-Konverter

cvs2svn (http://cvs2svn.tigris.org/)
: CVS-zu-Subversion-Konvertierung

Subversion VCP Plugin (http://svn.clkao.org/revml/branches/svn-perl/)
: VCP-Plugin für CVS-zu-Subversion

Übergeordnete Werkzeuge

Kwiki (http://www.kwiki.org/)
: Wiki mit einem Subversion-Sicherungs-Backend

Subissue (http://subissue.tigris.org/)
: Spürt Probleme direkt in Ihrem Subversion-Repository auf

Subwiki (http://subwiki.tigris.org/)
: Wiki, das Subversion für sein Daten-Repository einsetzt

svk (http://svk.elixus.org/)
: Dezentrales Versionskontrollsystem, das auf Subversion beruht

submaster (http://www.rocklinux.org/submaster.html)
: System für verteilte Softwareentwicklung, das auf Subversion beruht

Werkzeuge zum Durchsuchen eines Repository

SVN::Web (http://svn.elixus.org/repos/member/clkao/)
: Perl-basierte Subversion-Repository-Web-Schnittstelle

ViewCVS (http://viewcvs.sourceforge.net/)
: Python-basiertes CGI-Skript zum Durchsuchen von CVS- und Subversion-Repositorys

WebSVN (http://websvn.tigris.org/)
: PHP-basierter Subversion-Repository-Browser

Trac (http://projects.edgewall.com/trac/)
: Minimalistisches webbasiertes Softwareprojektverwaltungs- und Fehler-/Problemverfolgungssystem mit Schnittstellen zur Versionskontrolle und integrierter Wiki-Unterstützung

ANHANG E

Die Creative Commons-Lizenz

Dieses Werk ist unter der *Creative Commons-Lizenz* veröffentlicht. Eine Zusammenfassung dieser Lizenz finden Sie nachstehend, gefolgt von der deutschen Adaption des vollständigen juristischen Textes, so wie sie unter *http://creativecommons.org/projects/international/de/translated-license* zu finden ist.

Sie dürfen

- dieses Werk vervielfältigen, verbreiten, ausstellen und öffentlich wiedergeben,
- es bearbeiten sowie
- es zu kommerziellen Zwecken nutzen.

Folgende Bedingungen müssen Sie dabei beachten:

Zum einen muss der Urheber genannt sowie auch die Creative Commons-Lizenz vollständig abgedruckt werden.

- Zum Zweck der Wiederverwendung oder Verbreitung müssen Sie Dritte über die Lizenz-Bestimmungen dieses Werkes informieren.
- Jede dieser Bestimmungen kann mit der entsprechenden Zustimmung des Autors hinfällig werden.

Die angemessene Verwendung sowie andere Rechte werden in keiner Weise von Obenstehendem beeinträchtigt.

Creative Commons: Juristische Bestimmungen

Urhebernennung – Nicht-kommerziell – Gegenseitigkeit 1.0

CREATIVE COMMONS IST KEINE RECHTSANWALTSGESELLSCHAFT UND LEISTET KEINE RECHTSBERATUNG. DIE WEITERGABE DIESES LIZENZENTWURFES FÜHRT ZU KEINEM MANDATSVERHÄLTNIS. CREATIVE COMMONS ERBRINGT DIESE INFORMATIONEN OHNE GEWÄHR. CREATIVE COMMONS ÜBERNIMMT KEINE GEWÄHRLEISTUNG FÜR DIE GELIEFERTEN INFORMATIONEN UND SCHLIEẞT DIE HAFTUNG FÜR SCHÄDEN AUS, DIE SICH AUS IHREM GEBRAUCH ERGEBEN.

Lizenzvertrag

DAS WERK (WIE UNTEN BESCHRIEBEN) WIRD UNTER DEN BEDINGUNGEN DIESER CREATIVE COMMONS PUBLIC LICENSE (»CCPL« ODER »LIZENZVERTRAG«) ZUR VERFÜGUNG GESTELLT. DAS WERK IST DURCH DAS URHEBERRECHT UND/ODER EINSCHLÄGIGE GESETZE GESCHÜTZT. JEDE NUTZUNG, DIE DURCH DIESEN LIZENZVERTRAG ODER DAS URHEBERRECHT NICHT GESTATTET WURDE, IST UNTERSAGT.

DURCH DIE AUSÜBUNG EINES DURCH DIESEN LIZENZVERTRAG GEWÄHRTEN RECHTS AN DEM WERK ERKLÄREN SIE SICH MIT DEN LIZENZBEDINGUNGEN RECHTSVERBINDLICH EINVERSTANDEN. DER LIZENZGEBER RÄUMT IHNEN DIE HIER BESCHRIEBENEN RECHTE IN ANBETRACHT DESSEN EIN, DASS SIE SICH MIT DIESEN VERTRAGSBEDINGUNGEN EINVERSTANDEN ERKLÄREN.

1. **Definitionen**

   a. Unter einer »Bearbeitung« wird eine Übersetzung oder andere Bearbeitung des Werkes verstanden, die eine persönliche geistige Schöpfung des Urhebers ist. Eine freie Benutzung des Werkes wird nicht als Bearbeitung angesehen.

   b. Unter den »Lizenzelementen« werden die folgenden Lizenzcharakteristika verstanden, die vom Lizenzgeber ausgewählt und im Namen der Lizenz genannt werden: »Urhebernennung«, »Nicht-kommerziell«, »Gegenseitigkeit«.

   c. Unter dem »Lizenzgeber« wird die natürliche oder juristische Person verstanden, die das Werk unter den Bedingungen dieser Lizenz anbietet.

   d. Unter einem »Sammelwerk« wird eine Sammlung von Werken, Daten oder anderen unabhängigen Elementen verstanden, die aufgrund der Auswahl oder Anordnung der Elemente eine persönliche geistige Schöpfung ist. Darunter fallen auch solche Sammelwerke, deren Elemente systematisch oder methodisch angeordnet und einzeln mit Hilfe elektronischer Mittel oder auf andere Weise zugänglich sind (Datenbankwerke). Ein Sammelwerk wird im Zusammenhang mit dieser Lizenz nicht als Bearbeitung (wie oben beschrieben) angesehen.

e. Mit »SIE« und »Ihnen« ist die natürliche oder juristische Person gemeint, die die durch diese Lizenz gewährten Nutzungsrechte ausübt und die zuvor die Bedingungen dieser Lizenz im Hinblick auf das Werk nicht verletzt hat, oder die die ausdrückliche Erlaubnis des Lizenzgebers erhalten hat, die durch diese Lizenz gewährten Nutzungsrechte trotz einer vorherigen Verletzung auszuüben.

f. Unter dem »Urheber« wird die natürliche Person verstanden, die das Werk geschaffen hat.

g. Unter dem »Werk« wird eine persönliche geistige Schöpfung verstanden, die unter den Bedingungen dieser Lizenz angeboten wird.

2. **Schranken des Urheberrechts.** Dieser Lizenzvertrag lässt sämtliche Befugnisse unberührt, die sich aus den Schranken des Urheberrechts ergeben, aus dem Erschöpfungsgrundsatz oder anderen Beschränkungen der Ausschließlichkeitsrechte des Rechtsinhabers, die sich aus dem Urheberrecht ergeben.

3. **Lizenzierung.** Unter den Bedingungen dieses Lizenzvertrages räumt Ihnen der Lizenzgeber ein lizenzgebührenfreies, räumlich und zeitlich (für die Dauer des Urheberrechts) unbeschränktes einfaches Nutzungsrecht ein, das Werk in der folgenden Art und Weise zu nutzen:

   a. das Werk in körperlicher Form zu verwerten, insbesondere zu vervielfältigen, zu verbreiten und auszustellen;

   b. das Werk in unkörperlicher Form öffentlich wiederzugeben, insbesondere vorzutragen, aufzuführen und vorzuführen, öffentlich zugänglich zu machen, zu senden, durch Bild- und Tonträger wiederzugeben sowie Funksendungen und öffentliche Zugänglichmachungen wiederzugeben;

   c. das Werk zu bearbeiten oder in anderer Weise umzugestalten und die Bearbeitungen zu veröffentlichen und in dem in a. und b. genannten Umfang zu verwerten;

Die genannten Nutzungsrechte können für alle bekannten Nutzungsarten ausgeübt werden. Die genannten Nutzungsrechte beinhalten das Recht, solche Veränderungen an dem Werk vorzunehmen, die technisch erforderlich sind, um die Nutzungsrechte für alle Nutzungsarten wahrzunehmen, insbesondere für andere Medien und auf Dateiformate anzupassen.

4. **Beschränkungen.** Die Einräumung der Nutzungsrechte gemäß Ziffer 3 erfolgt ausdrücklich nur unter den folgenden Bedingungen:

   a. Sie dürfen das Werk ausschließlich unter den Bedingungen dieser Lizenz vervielfältigen, verbreiten oder öffentlich wiedergeben, und Sie müssen stets eine Kopie oder die entsprechende Internetadresse dieser Lizenz beifügen, wenn Sie das Werk vervielfältigen, verbreiten oder öffentlich wiedergeben. Sie dürfen keine Vertragsbedingungen anbieten oder fordern, die die Bedingungen dieser Lizenz ändern oder beschränken oder die durch sie gewährten Rechte. Sie dürfen das Werk nicht unterlizenzieren. Sie müssen alle Hinweise unverändert lassen, die auf diese Lizenz und den Haftungsausschluss hinweisen. Sie dürfen das Werk nicht unter der Anwendung von technischen Schutzmaßnahmen nutzen, die den Zugang oder den Gebrauch des Werkes in einer Weise kontrollieren, die mit den Bedingungen dieser Lizenz im Widerspruch stehen. Die genannten Beschränkungen gelten auch für den Fall, dass das Werk einen Bestandteil eines Sammelwerkes bildet; sie erfordern aber nicht, dass das Sammelwerk insgesamt zum Gegenstand dieser Lizenz gemacht werden muss. Wenn Sie ein Sammelwerk erstellen, müssen Sie – soweit dies praktikabel ist – auf die Mitteilung eines Lizenzgebers hin, aus dem Sammelwerk jeglichen Hinweis auf den Lizenzgeber oder den Urheber entfernen. Wenn Sie das Werk bearbeiten, müssen Sie – soweit dies praktikabel ist – auf die Mitteilung eines Lizenzgebers hin, von der Bearbeitung jeglichen Hinweis auf den Lizenzgeber oder den Urheber entfernen.

b. Sie dürfen eine Bearbeitung ausschließlich unter den Bedingungen dieser Lizenz – oder einer anderen Creative Commons Lizenz, die dieselben Lizenzelemente enthält (z.B. eine neuere Version dieser Creative Commons Lizenz oder die Creative Commons Lizenz für Japan, die dieselben Lizenzelemente enthält wie diese Lizenz) – vervielfältigen, verbreiten oder öffentlich wiedergeben. Sie müssen stets eine Kopie oder die entsprechende Internetadresse dieser Lizenz oder einer anderen Creative Commons Lizenz, die dieselben Lizenzelemente enthält wie diese Lizenz, beifügen, wenn Sie die Bearbeitung vervielfältigen, verbreiten oder öffentlich wiedergeben. Falls Ihre Bearbeitung auf dem Werk beruht sowie einem oder mehreren anderen Werken, die unter anderen Creative Commons Lizenzen als dieser lizenziert sind, müssen Sie eine Kopie oder die entsprechende Internetadresse für jede Creative Commons Lizenz beifügen, die alle Lizenzelemente enthält, die diese Lizenz enthält, sowie diejenigen Lizenzelemente der Lizenz(en), die für die anderen Werke gelten. Sie dürfen keine Vertragsbedingungen anbieten oder fordern, die die Bedingungen dieser Lizenz ändern oder beschränken oder die durch sie gewährten Rechte, und Sie müssen alle Hinweise unverändert lassen, die auf diese Lizenz und den Haftungsausschluss hinweisen. Sie dürfen eine Bearbeitung nicht unter der Anwendung von technischen Schutzmaßnahmen nutzen, die den Zugang oder den Gebrauch der Bearbeitung in einer Weise kontrollieren, die mit den Bedingungen dieser Lizenz im Widerspruch stehen. Die genannten Beschränkungen gelten auch für eine Bearbeitung als Bestandteil eines Sammelwerkes; sie erfordern aber nicht, dass das Sammelwerk insgesamt zum Gegenstand dieser Lizenz gemacht werden muss.

c. Sie dürfen die in Ziffer 3 gewährten Nutzungsrechte in keiner Weise verwenden, die hauptsächlich auf einen geschäftlichen Vorteil oder eine vertraglich geschuldete geldwerte Vergütung abzielt oder darauf gerichtet ist. Der Tausch des Werkes gegen andere urheberrechtlich geschützte Werke durch digitale File-Sharing-Systeme oder in anderer Art und Weise wird nicht als geschäftlicher Vorteil oder vertraglich geschuldete geldwerte Vergütung angesehen, wenn keine Zahlung oder geldwerte Vergütung in Verbindung mit dem Tausch der urheberrechtlich geschützten Werke geleistet wird.

d. Wenn Sie das Werk oder eine Bearbeitung oder ein Sammelwerk vervielfältigen, verbreiten oder öffentlich wiedergeben, müssen Sie alle Urhebervermerke für das Werk unverändert lassen und die Urheberschaft in einer der von Ihnen vorgenommenen Nutzung angemessenen Form anerkennen, indem Sie den Namen (oder das Pseudonym, falls ein solches verwendet wird) des Urhebers nennen, wenn dieser angegeben ist. Dies gilt auch für den Titel des Werkes, wenn dieser angegeben ist, sowie – in einem vernünftigerweise durchführbaren Umfang – für die mit dem Werk zu verbindende Internetadresse, wie sie der Lizenzgeber angegeben hat, sofern dies geschehen ist, es sei denn, diese Internetadresse verweist nicht auf den Urhebervermerk oder die Lizenzinformationen zu dem Werk. Bei einer Bearbeitung ist ein Hinweis darauf aufzuführen, in welcher Form das Werk in die Bearbeitung eingegangen ist (z.B. »Französische Übersetzung des ... (Werk) durch ... (Urheber)« oder »Das Drehbuch beruht auf dem Werk des ... (Urheber)«). Ein solcher Hinweis kann in jeder angemessenen Weise erfolgen, wobei jedoch bei einer Bearbeitung oder einem Sammelwerk der Hinweis zumindest an gleicher Stelle und in ebenso auffälliger Weise zu erfolgen hat wie vergleichbare Hinweise auf andere Urheber.

5. **Gewährleistung.** Sofern nicht Mängel arglistig verschwiegen wurden oder dies von den Parteien nicht anderweitig schriftlich vereinbart wurde, bietet der Lizenzgeber keine Gewährleistung für das Werk, insbesondere nicht für die Nutzbarkeit des Werkes und die darin enthaltenen Informationen.

6. **Haftung.** Über die in Ziffer 5 genannte Gewährleistung hinaus haftet Ihnen der Lizenzgeber nur für Vorsatz und grobe Fahrlässigkeit.

7. **Vertragsende.**

   a. Diese Lizenz und die durch sie eingeräumten Nutzungsrechte enden automatisch bei jeder Verletzung der Vertragsbedingungen durch Sie. Für natürliche und juristische Personen, die von Ihnen eine Bearbeitung oder ein Sammelwerk unter diesen Lizenzbedingungen erhalten haben, gilt die Lizenz jedoch weiter, vorausgesetzt, diese natürlichen oder juristischen Personen erfüllen sämtliche Vertragsbedingungen. Die Ziffern 1, 2, 5, 6, 7 und 8 gelten bei einer Vertragsbeendigung fort.

   b. Unter den oben genannten Bedingungen erfolgt die Lizenz dauerhaft (für die Dauer des Urheberrechts an dem Werk). Dennoch behält sich der Lizenzgeber das Recht vor, das Werk unter anderen Lizenzbedingungen zu nutzen oder die eigene Weitergabe des Werks jederzeit zu beenden, vorausgesetzt, dass solche Handlungen nicht dem Widerruf dieser Lizenz dienen (oder jeder anderen Lizenzierung, die auf Grundlage dieser Lizenz erfolgt ist oder erfolgen muss) und diese Lizenz wirksam bleibt, bis Sie unter den oben genannten Voraussetzungen endet.

8. **Schlussbestimmungen.**

   a. Jedes Mal, wenn Sie das Werk oder ein Sammelwerk vervielfältigen, verbreiten oder öffentlich wiedergeben, bietet der Lizenzgeber dem Erwerber eine Lizenz für das Werk unter denselben Vertragsbedingungen an, unter denen er Ihnen die Lizenz eingeräumt hat.

b. Jedes Mal, wenn Sie eine Bearbeitung vervielfältigen, verbreiten oder öffentlich wiedergeben, bietet der Lizenzgeber dem Erwerber eine Lizenz für das ursprüngliche Werk unter denselben Vertragsbedingungen an, unter denen er Ihnen die Lizenz eingeräumt hat.

c. Sollte eine Bestimmung dieses Lizenzvertrages unwirksam sein, so wird die Wirksamkeit der übrigen Lizenzbestimmungen dadurch nicht berührt und an die Stelle der unwirksamen Bestimmung tritt eine Ersatzregelung, die dem mit der unwirksamen Bestimmung angestrebten Zweck am nächsten kommt.

d. Nichts soll dahingehend ausgelegt werden, dass auf eine Bestimmung dieses Lizenzvertrages verzichtet oder einer Vertragsverletzung zugestimmt wird, solange ein solcher Verzicht oder eine solche Zustimmung nicht schriftlich vorliegt und von der verzichtenden oder zustimmenden Vertragspartei unterschrieben ist.

e. Dieser Lizenzvertrag stellt die vollständige Vereinbarung zwischen den Vertragsparteien im Hinblick auf das Werk dar. Es gibt keine weiteren ergänzenden Vereinbarungen oder mündlichen Abreden im Hinblick auf das Werk. Der Lizenzgeber ist an keine zusätzlichen Abreden gebunden, die aus irgendeiner Absprache mit Ihnen entstehen könnten. Der Lizenzvertrag kann nicht ohne eine übereinstimmende schriftliche Vereinbarung zwischen dem Lizenzgeber und Ihnen abgeändert werden.

CREATIVE COMMONS IST KEINE VERTRAGSPARTEI DIESES LIZENZVERTRAGES UND ÜBERNIMMT KEINERLEI GEWÄHRLEISTUNG FÜR DAS WERK. CREATIVE COMMONS IST IHNEN ODER DRITTEN GEGENÜBER NICHT HAFTBAR FÜR SCHÄDEN JEDWEDER ART. UNGEACHTET DER VORSTEHENDEN ZWEI (2) SÄTZE HAT CREATIVE COMMONS ALLE RECHTE UND PFLICHTEN EINES LIZENZGEBERS, WENN SICH CREATIVE COMMONS AUSDRÜCKLICH ALS LIZENZGEBER BEZEICHNET.

AUßER FÜR DEN BESCHRÄNKTEN ZWECK EINES HINWEISES AN DIE ÖFFENTLICHKEIT, DASS DAS WERK UNTER DER CCPL LIZENZIERT WIRD, DARF KEINE VERTRAGSPARTEI DIE MARKE »CREATIVE COMMONS« ODER EINE ÄHNLICHE MARKE ODER DAS LOGO VON CREATIVE COMMONS OHNE VORHERIGE GENEHMIGUNG VON CREATIVE COMMONS NUTZEN. JEDE GESTATTETE NUTZUNG HAT IN ÜBEREINSTIMMUNG MIT DEN JEWEILS GÜLTIGEN NUTZUNGSBEDINGUNGEN FÜR MARKEN VON CREATIVE COMMONS ZU ERFOLGEN, WIE SIE AUF DER WEBSITE ODER IN ANDERER WEISE AUF ANFRAGE VON ZEIT ZU ZEIT ZUGÄNGLICH GEMACHT WERDEN.

CREATIVE COMMONS KANN UNTER *HTTP://CREATIVECOMMONS.ORG/* KONTAKTIERT WERDEN.

Index

Symbole

A

B

C

D

E

F

G

H

M

N

O

P

Q

R

S

T

U

V

W

X

Y

Z

Über die Autoren

Ben Collins-Sussman gehört zu den ursprünglichen Entwicklern und Autoren von Subversion. Momentan arbeitet er für CollabNet als Subversion-Entwickler und Leiter der Gemeinschaft. Er besitzt einen Abschluss in Mathematik der University of Chicago. Seine Homepage findet man unter *http://www.red-bean.com/sussman*. Wenn er sich einmal von seinem Computer wegbewegt, versucht er sich als Komponist an Theatern rund um Chicago. Er lebt mit seiner Frau und drei Katzen zusammen. An sonnigen Abenden kann man ihn beim Banjo-Spielen erwischen.

Brian W. Fitzpatrick hat seit mehr als sieben Jahren mit Open Source-Software zu tun und ist Mitglied der Apache Software Foundation. Inzwischen ist er, seit 2000 freiwillig an der Entwicklung von Subversion mitarbeitend, bei CollabNet angestellt, um an Subversion und ähnlichen Werkzeugen zur Versionskontrolle zu arbeiten. Seine Freizeit verbringt er mit der Familie und mit Freunden beim Lesen, Reisen und Essen. Vor allem beim Essen – seine Frau Marie ist eine wunderbare Köchin. Brian, der ursprünglich aus New Orleans stammt, zog nach Chicago, um die Loyola University zu besuchen, wo er einen Abschluss in Lateinisch und Griechisch erworben hat. Nach einem dreijährigen Aufenthalt in Rom kam er wieder zurück nach Chicago, wo er momentan mit seiner Frau lebt.

C. Michael Pilato (Mike) ist einer der Leiter der Subversion-Gemeinschaft und einer der Hauptentwickler sowohl von Subversion als auch von ViewCVS. Zurzeit ist er bei CollabNet angestellt, wo er seine Tage (und viele Nächte) damit verbringt, Subversion und andere Werkzeuge, in das es integriert ist, zu verbessern. Wenn er nicht programmiert, dann komponiert und musiziert Mike gern, arbeitet als Grafiker, wandert und verbringt Zeit mit seiner Frau und seinem Sohn. Mike besitzt einen Abschluss in Informatik und Mathematik der University of North Carolina in Charlotte. Seine persönliche Website finden Sie unter *http://cmichaelpilato.com*.

Über die Übersetzerin

Kathrin Lichtenberg studierte nach der Ausbildung zur Elektronikfacharbeiterin Informatik an der Technischen Universität Ilmenau. Dort war sie anschließend drei Semester lang als Wissenschaftliche Mitarbeiterin beschäftigt, bevor sie sich als Übersetzerin und Lektorin technischer Publikationen selbständig machte. Für O'Reilly hat sie bereits eine ganze Reihe von Büchern übersetzt.

Kolophon

Die auf dem Cover von *Versionskontrolle mit Subversion* dargestellten Tiere sind Echte Karettschildkröten (Eretmochelys imbricata) oder Honu ´Ea, wie sie auf Hawaii genannt werden. Karettschildkröten gehören zu den mittelgroßen Meeresschildkröten und erreichen ein Gewicht von bis zu 75 kg bei einer Länge des Panzers von ca. 90 cm. Man findet sie vorwiegend in tropischen Riffen des Atlantiks, Pazifiks und des Indischen Ozeans.

Der Kopf und die spitze Maulform erinnern an einen Greifvogel (daher der englische Name "Hawksbill"). Männliche Schildkröten sind gut von den Weibchen zu unterscheiden, da sie einen längeren Schwanz haben, der unter dem hinteren Teil des Panzers herausschaut. Karettschildkröten wurden jahrzehntelang wegen ihres farbintensiven Panzers, dem echten Schildpatt, gejagt und für die Modeindustrie ausgebeutet. Sie sind vom Aussterben bedroht und stehen durch das Washingtoner Artenschutzabkommen unter internationalem Schutz.

Bei der Geburt sind die kleinen Schildkröten nicht größer als ein Handteller. Nach einer Brutzeit von 50 bis 70 Tagen schlüpfen sie meist in Gruppen bei Nacht, da die Temperatur des Sandbodens niedriger und die Gefahr durch Feinde geringer ist. Durch das Mondlicht und die Reflexionen der Sterne auf dem Wasser werden die Schlüpflinge ins Wasser gelotst, wo sie, wenn sie sicher angekommen sind, im Ozean verschwinden und erst, wenn sie älter sind, wiederkehren. Die Sterblichkeitsrate ist allerdings hoch.

Die Eiablage erfolgt ebenfalls bei Nacht – meist in den Monaten Mai und Oktober. Die Weibchen kommen an Land und suchen sich einen geeigneten Platz für das Nest aus. Dabei bevorzugen sie kleine, abgelegene Buchten. Wenn sie einen passenden Ort gefunden haben, der häufig über der Flutlinie und unterhalb der Vegetation liegt, beginnen sie mit ihren Vorder- und Hinterflossen ein Loch zu graben, in das sie ihre Eier legen. Danach füllen sie die Grube wieder mit Sand und kehren ins Meer zurück. Weibchen legen nur alle zwei oder drei Jahre ihre Eier ab, aber innerhalb einer Brutsaison kann die Eiablage bis zu sechsmal erfolgen. Im Durchschnitt besteht ein Gelege aus 130 Eiern. Häufig kehren die Weibchen immer wieder zur selben Bucht zurück und bevorzugen Plätze, wo sie schon früher ihre Nester gegraben haben.

Der Umschlagentwurf dieses Buches basiert auf dem Reihenlayout von Edie Freedman und stammt von Ellie Volckhausen, die hierfür einen Stich von *Cuvier's Animals* aus dem 19. Jahrhundert verwendet hat. Das Coverlayout der deutschen Ausgabe wurde von Hanna Dyer und Clay Fernald mit Quark XPress 4.1 unter Verwendung der Schriftart ITC Garamond von Adobe erstellt. Als Textschrift verwenden wir die Linotype Birka, die Überschriftenschrift ist die Adobe Myriad Condensed und die Nichtproportionalschrift für Codes ist LucasFont's TheSansMono Condensed. Die in diesem Buch enthaltenen Abbildungen stammen von Robert Romano und Jessamyn Read und wurden mit Adobe Photoshop 6 und Macromedia Freehand 9 erzeugt. Das Kolophon wurde von Janet Santakkas und Geesche Kieckbusch geschrieben.